Parfit
帕菲特

以拯救道德为使命的哲学家
A Philosopher and His Mission to Save Morality

David Edmonds
[英]大卫·埃德蒙兹 著
葛四友 宋学芳 译

上海文艺出版社

（上左图）欢迎来到这个世界：婴儿德里克和他父亲诺曼、姐姐西奥多拉，中国成都，1943年。
（上右图）学步时的德里克和母亲杰茜、姐姐西奥多拉，纽约，1944年。
（下图）德里克和他的姐姐西奥多拉、妹妹乔安娜，伦敦，1949年前后。

(上图)德里克和他的密友比尔·尼莫·史密斯,伊顿,1956年。照片由比尔·尼莫·史密斯惠予。

(下图)德里克在龙校话剧《仲夏夜之梦》中,1955年。

伊顿六年级时的德里克，正在炫耀他的 Pop 社团马甲。

（上图）德里克和玛丽·克莱米在1965年他们美国公路之旅的起点。
（下图）帕菲特一家，1975年前后；从左到右依次为：德里克、诺曼、西奥多拉、杰茜和乔安娜。

（上左图）全副摄影装备的德里克，正在早年的圣彼得堡之旅中拍摄相片。由苏珊·赫尔利拍摄。照片由 Nicholas Rawlins 惠予。

（上中图）无忧无虑的德里克（1982 年前后），由苏珊·赫尔利拍摄。照片由 Nicholas Rawlins 惠予。

（上右图）珍妮特·拉德克利夫·理查兹，Peter Johns 在珍妮特出版她的《怀疑论的女权主义者》（1980）前后拍摄。Copyright Guardian News & Media Ltd 2022.

（下图）倒立的德里克，1989 年前后。

（上左图）牛津，万灵学院：从德里克房间旁边的楼梯平台俯瞰霍克斯莫尔设计的北院所见景色。
（上右图）点亮牛津：德里克设计的路灯。
（下图）德里克与他的朋友汤姆·内格尔交谈中，2015 年。照片由 David Chalmers 惠予。

（上图）德里克和珍妮特，2010年8月31日：婚礼后的野餐。
（下图）德里克和珍妮特位于西肯尼特的房子，"就像是爱上了一张美丽的面孔"。

（上左图）长达 1900 页的《论重要之事》三卷本。
（上右图）在美国缅因州划皮划艇，2015 年。
（下图）在牛津授课时的德里克，2014 年。照片由 Toby Ord 惠予。

威尼斯救主堂,从威尼斯海关现代艺术馆(德里克在这个世界上最喜欢的位置)望过去的景色。

（上图）从另一个视角，Fondamenta delle Zattere 街，看过去的威尼斯救主堂。
（下图）圣彼得堡：总参谋部大楼。

牛津：从德里克的房间望去的拉德克利夫图书馆。

（上图）雾中的威尼斯：大运河上看雷佐尼科宫。
（下图）圣彼得堡，涅瓦河岸的景色。

万灵学院双塔，北院。

(上图)威尼斯:大运河边的 Fondamenta de Ca Labia。
(下图)圣彼得堡:冬宫。

（上图）从冬运河拱门拍摄的圣彼得堡，这张照片被用作《论重要之事》第一卷的封面。视野的尽头是彼得保罗要塞。

（下图）威尼斯：圣乔治·马焦雷修道院。太阳低垂，乌云高悬。

圣乔治·马焦雷修道院,这张照片被用作《理由与人格》的封面。

本书出版前获得的褒奖

本书充满趣味,阅读过程让人停不下来,作者轻松地记录下了世界上最伟大的道德哲学家之一的生平和思想——大多数人完全不了解这位哲学家,但他的思想却能改变我们对自己和人类未来的看法。

牛津大学　张美露

这是一本文笔优美、心理描写细腻的传记。即使是不同意帕菲特观点的读者,也会从这本引人入胜的书中得到启发和感动。

多伦多大学　谢丽尔·米萨克

德里克·帕菲特是一个多世纪以来最杰出、最具原创性的道德哲学家。在某些方面,他是圣人,但也是传奇式的怪人。大卫·埃德蒙兹所作的这本帕菲特传记备受期待,它以生动、迷人的方式讲述了帕菲特引人入胜的一生,同时还对他最重要的哲学思想进行了通俗易懂的解释。这本书兼具启发性和趣味,非常值得阅读。

牛津大学　杰夫·麦克马汉

献给

赫伯特·埃德蒙兹（1930—2022）

他是一个伟大的父亲。
他从未读过我的任何一本书，
但他确保所有与他接触过的人都读过。

目录

序言　重要之事 1

致谢 10

第 1 章　中国制造 19

第 2 章　生活的准备 31

第 3 章　伊顿泰坦 48

第 4 章　历史男孩 63

第 5 章　牛津单词 72

第 6 章　一场美国梦 96

第 7 章　万灵人 113

第 8 章　远程传送机 136

第 9 章　跨大西洋事件 158

第 10 章　帕菲特事件 169

第 11 章　工作、工作、工作和珍妮特 196

第 12 章	道德数学	217
第 13 章	雾与雪中的心灵之眼	235
第 14 章	荣耀！晋升！	250
第 15 章	蓝调与蓝铃花林	263
第 16 章	优先性观点	279
第 17 章	德里卡尼亚	299
第 18 章	瑕不掩瑜的康德	311
第 19 章	攀登山峰	326
第 20 章	救生艇、隧道和桥梁	347
第 21 章	婚姻与披萨	360
第 22 章	与生命不相容	382
第 23 章	帕菲特的冒险	393

年表 406

注释 413

参考文献 441

译后记 444

序言　重要之事

"你是做什么的?"照顾他的美国护士问英国人德里克·帕菲特。那是 2014 年的秋天,这位哲学家在新泽西州住院,他的情况非常糟糕,因为一阵剧烈咳嗽后肺部停止工作而险些丧命。他看起来筋疲力尽,几乎说不出话,尽显七十一岁的疲态。但接二连三有忧心忡忡的访客来探望这位白发苍苍的病人,护士因此对他很感兴趣。

"我做些,"他用沙哑的声音回答道,"重要之事。"

* * *

《论重要之事》(*On What Matters*)是帕菲特的第二本书,也是最后一本书。第一本是《理由与人格》(*Reasons and Persons*)。所以,他一生只有两本书。但这两本书就足够为帕菲特在政治哲学家和道德哲学家中赢得声誉,让他成为过去的百年内最伟大的道德思想家之一。这一评价并非众口一词——他曾受到过尖锐的批评——但却广为流传。事实上,有些人更进一步,认为他是自其英国同胞哲学家约翰·斯图亚特·密尔(John Stuart Mill)和亨利·西季威克(Henry Sidgwick)以来最重要的道德哲学家。

许多认识他的人，都对他能容许以他的名字出版一本书感到惊讶。"完美"（perfect）一词源于中古英语"parfit"，而帕菲特（Parfit），一个终极的完美主义者，名字也恰如其分。他的完美主义经常会给他带来麻烦，比如他的手稿曾多次因不合自己的要求而无法按期出版。

《论重要之事》最终分 2 卷出版，长达 1440 页（如果加上他身后出版的第 3 卷，则为 1900 页）。《理由与人格》相对而言是轻量级的，只有 537 页。帕菲特的两本书都被誉为会经久不衰的杰作。他还撰写了大量文章，在许多主题上做出了开创性的贡献，包括平等和"人格同一性"（personal identity）：是什么（如果有的话）使一个人在不同时段都是同一个人。他的思想会在相当实际的情况中得到应用，影响着我们所有人；这些思想改变了我们对惩罚、资源分配以及如何规划未来的看法。

* * *

本书部分程度上描绘了 20 世纪下半叶和 21 世纪初期的大学生活和学院哲学，也描绘了帕菲特在其中度过了几乎他整个成年时光的独特机构——牛津大学万灵学院。但从本质上讲，本书依然是一本关于一个人的书。

对记录帕菲特人生的人来说，帕菲特是一个谜。在刚开始写这本书时，我对帕菲特是个什么样的人有清晰的看法。我觉得我了解他的个性、他想要什么以及他为何有这样的行为方式。但是，当我和更多人聊起他，尤其是那些在他成为哲学家之前就认识他的人聊起他时，我逐渐觉得原来的看法大错特错。于是就有了一番痛苦的改写。然而，有些帕菲特的故事让我一直耿耿于怀；最终我第二次改变了自己的看法。当然，有点讽刺意味的是，一个传记作者试图跟探究传主的本质这件事情搏斗，而传主却恰好论证了人的同一性不是什么重要之事。

对传记作家来说，帕菲特既是噩梦，也是美梦。从某种角度看，他的一生完全是平淡无奇的。他的生活是修道院式的，字面意义上的修道院式——从伊顿公学的回廊到牛津大学贝利奥尔学院的回廊、哈佛大学的回廊、牛津大学万灵学院的回廊。*他的生活就是阅读、讨论、撰写哲学论文和书籍。这样的经历并不吸引人。另一方面，他至少在生命的后半段是一个非常古怪的人——可爱却另类。我被淹没在关于他的趣闻轶事之中。

如何整理这些信息是有点挑战的。总体而言，本书采用了标准的时间顺序叙述方式。但从1970年左右开始，帕菲特的生活开始出现一些规律。例如，每年前往威尼斯和圣彼得堡进行摄影旅行，定期在哈佛大学、纽约大学和罗格斯大学授课。他有学生在那里。反复回到这些主题会让人不舒服。因此，我选择按照主题呈现帕菲特后半段的部分生活。

我认为这种结构也与他的生活方式相契合。他的前几十年充满多样的活动、兴趣以及对多个领域的好奇心。而后几十年的活动全在于几个执念，而且变得越来越界限分明。可以说，他的前半生充满生活，后半生则充满哲学。除了哲学细节之外，德里克让我着迷的一点在于，他是一个极端的例子，说明了一个人怎么可能把某些价值置于其他一切价值之上——于他而言，这种价值

---

* 原文中的"回廊"（cloister）兼有修道院的含义，而"修道院式的"（cloistered）是该词的形容词形式，即（生活于）被回廊隔离出来的空间，所以作者说帕菲特过的是字面意义上的修道院式生活。（如无特别说明，本书脚注为编者注。）

就是解决重要哲学问题的强烈冲动。

他在生命的最后二十五年里,深受与其他哲学家之哲学分歧的折磨。尤其是许多严肃的哲学家认为道德毫无客观基础,让他越来越不安。他认为,他必须证明世俗道德——即无神论下的道德——是客观的,有理性基础。正如动物、花草、石头、瀑布、书籍和笔记本电脑都有相关的事实一样,道德也有相关的事实。

他真心相信,如果他无法证明这一点,那么他的存在将是徒劳一场。如果道德不是客观的,那么不仅仅是他的存在,我们所有人的生命都将毫无意义。对他来说,反驳这一点从而拯救道德,既是一个沉重的思想负担,也是一个巨大的情感负担。本书的主题就是,他是如何承担这一重担的,这一重担又如何将一个早慧、外向的历史系学生,塑造成一个倾向于修道式生活的哲学家,只痴迷于解决最棘手的道德问题。

* * *

我必须声明,我与德里克·帕菲特有私人关系。尽管我并不是特别了解他,但他在 1987 年担任了我的论文联合导师,当时我正在攻读牛津大学的哲学硕士学位[*]。我确信当时自己并没有勇气请

---

[*] 牛津大学的哲学硕士学位(BPhil degree)按如今的惯例从字面上看是哲学学士(Bachelor)而非硕士(Master),但最初颁发时该学位在牛津大学就是硕士学位,后因国际学生的反对 BPhil 才改名为 MPhil,但学校允许哲学系保留了该称呼,因为后者认为 BPhil 学位在哲学圈内享有盛誉(取得过该学位的知名哲学家有 G. A. Cohen、Daniel Dennett 及 Galen Strawson 等),改名会引起混淆。同时,牛津哲学系的 BPhil 如继续攻读牛津哲学系的博士学位 DPhil,可享有时间和费用上的一些额外折抵。参见 https://www.ox.ac.uk/admissions/graduate/courses/bphil-philosophy。本书后文我们会看到,帕菲特本人也攻读过该学位。

他指导我，所以我想一定是我的另一位导师，萨宾娜·拉维邦德（Sabina Lovibond）提出的建议，她也是我本科时的导师，思维方式与帕菲特截然不同。但德里克无疑是一个显而易见的选择。因为我决定把论文的重点放在与"未来人"——尚未出生的人——有关的一些伦理问题上，而这是德里克在道德哲学中做了很多工作而开创的一个子领域。在论文中，我给自己设定了一个任务，试图解决"不对称问题"——后面会详细讨论这一点。我当时以为自己已经解决了这个问题，但德里克并不认同。

老实说，我对当时的会面记得不多，大概总共只有三四次。我还记得，自己走在万灵学院后院 11 号楼梯间的石阶时有多么紧张。我不知道为什么，竟然记得自己坐过的沙发，还记得他的红领带，以及他那头已经花白的微卷长发，尽管那时他只有四十来岁。

当时我当然读过《理由与人格》，这本书在三年前出版，对我与许多其他人一样，产生了振奋人心的冲击。毫无疑问，这也让我对这位伟人更加敬畏。但我本不必如此担心。他认真阅读了我的作品，耐心地与我争论。我只是一个研究生这一点对他来说似乎并不重要。

当我开始写这本书时，我重读了我的论文，开头是简短的致谢：

> 我想向我的联合导师萨宾娜·拉维邦德和德里克·帕菲特表达最诚挚的感谢。当我逐渐适应了他们那种神秘的、几乎像心灵感应般在每个基本问题上意见相左的能力后，我从他们公平而详细的批评中获益良多，并因他们的巨大热情而深受鼓舞。

德里克对哲学的热情从未减退。

多年来我们再无交集,但我时常听到他在遥远地方的发声。虽然我在英国广播公司(BBC)找到了一份工作,但我仍然觉得自己对哲学感兴趣,感到有必要满足它,于是我开始兼职攻读博士学位。这次我的研究主题是歧视的哲学,导师是珍妮特·拉德克利夫·理查兹(Janet Radcliffe Richards),她是德里克的伴侣。我会去珍妮特位于伦敦北部的塔夫内尔帕克的家中拜访她;我们的会面总是会被牛津大学准时打来的电话打断,我几乎能听出德里克独特的男中音。"我不方便说话,我和大卫·埃德蒙兹在一起。"珍妮特说,虽然我怀疑德里克是否还记得我。

那是 20 世纪 90 年代的事了。2010 年,在珍妮特的引荐下,我加入了牛津大学哲学系下属的上广实践伦理学中心(Uehiro Centre for Practical Ethics)。珍妮特自 2007 年就在那里工作。现在,我很荣幸以杰出研究员的身份与该中心保持联系。在上广中心工作的最初几年里,我每周都会去一次——每次走进我们的共用办公室,我都会瞥一眼门上印着的四个名字,并获得一种小型多巴胺的刺激。因为在我和珍妮特的名字旁边,是 D. 帕菲特的名字。他从未真正在办公室出现过,他更喜欢在家工作。但我也会偶尔吹嘘自己和这位(从未露过面的)办公室同事的关系。

我还应该讲述一个私人故事——它的简略版本出现在我为《泰晤士报》撰写的帕菲特讣告中。2014 年,《前景》(Prospect)杂志进行了一次关于谁是世界上最重要思想家的调查。初始名单中包括珍妮特和德里克。与大多数此类榜单一样,这份榜单有些场面上的考量,珍妮特对此感到异常愤慨,认为自己被列入榜单是出于政治正确和"平权行动"(affirmative action)。无论如何,我还是给《前景》杂志写了一封信，询问他们是否知道，在他们的名单中有两个人彼此熟悉异常。他们并不知情，于是委托我撰写一篇长文，他们定的题目是《理性与浪漫：世界上最有思想的婚姻》。

为了撰写这篇文章，我安排在塔夫内尔帕克拜访了珍妮特和德里克。德里克容忍了我提出的私人问题，但觉得乏味，但当我们转而讨论哲学时，他就活跃多了。我随身带着笔记本电脑，在他谈话时，我拼命地敲打着键盘。

后来，在完成文章的初稿后，我把它发给了珍妮特和德里克，因为我想确保其中没有事实性错误。这篇文章折磨了我好几天时间，不过我对它感到很满意，实际上可以说是很自豪。然后，我和妻子一起去散步。当我们爬到山顶时，我瞟了一眼手机上的邮件消息，发现德里克发来了一条信息：

亲爱的大卫：
希望你一切安好。
我在附件里放了一封信。恐怕你不会喜欢，我在此深表歉意。
祝好

德里克

我感到不安，急忙赶回家，打开附件一看，里面有一份请求，要求我不要发表这篇文章，还附有一长串错误和误解的清单。我的心跳加速，开始通读这份清单。读着读着，焦虑变成了困惑。因为第一个所谓的"错误"并没有出现在我的文章中，第二个、第三个错误也没有在其中。第四个、第五个也是如此。我写信给他，表达了我的困惑。

然后，我突然间明白问题出在哪里了。我寄给德里克的不是我的文章，而是我们在塔夫内尔帕克讨论时我所做的记录和笔记。正如我在《泰晤士报》上写的那样，除了德里克·帕菲特外，没有人——绝对没有任何人——"竟然会相信这些胡言乱语是用于发表的。如果你告诉他，一堆东拉西扯、逻辑混乱的文字即将发表在一本知名刊物上，他会相信这是真的"。[1]

这个故事有一个圆满的结局。他对文章很满意。他要求我做的唯一实质性改动是，在文章中加入对珍妮特的新著《移植伦理：为什么草率的思考会以生命为代价》（*The Ethics of Transplants: Why Careless Thought Costs Lives*）的一些赞美之词，例如彼得·辛格（Peter Singer）的评论："这是应用伦理学的巅峰之作"。

* * *

尽管《前景》杂志称帕菲特是世界上最重要的思想家之一，但他更像是哲学家的哲学家，而不是公共哲学家或面向大众的哲学家。有一些并不特别深刻的哲学家，他们通过在广泛关注的问题上发表自己的立场，获得了很高的知名度；也有一些重要的思想家，通过参与公共事务而广为人知。在不太久远的过去，伯特兰·罗素就是一个例子——尽管很少有人阅读他早年赖以成名的特别技术化的哲学著作。帕菲特对研讨室之外的现实问题非常着迷，但他并没有通过接受媒体采访、撰写主流文章或专栏文章，或向政治家或政策专家提供建议等方式来参与公共讨论。他不参加宣传或活动,不在社交媒体上出现,从不追名逐利。因此,他在哲学界之外几乎默默无闻。

我希望这本书能在一定程度上弥补这种不公正。我也希望这本书能表明,他在新泽西州住院时对护士的回应是真实的。他确实是致力于重要之事。

致 谢

和德里克一样，我也有完美主义倾向，尽管没有他那么极端。但我喜欢翻箱倒柜。几乎每次我和别人谈起德里克，都会有新的想法出现，或者新的采访安排建议。要追寻所有的事实和角度，既耗时又费力，而我的家人也分担了其中的负担。因此，我要向丽兹、索尔和艾萨克致以最深切的感谢。在开始这个项目之前，我曾与人合写过一本童书《卧底机器人》(Undercover Robot)，索尔和艾萨克会更希望我新写的是另一本童书。他们把这个项目称为BDB，"那本无聊的德里克之书"(the boring Derek book)；当然，相比针对他们这个年龄段的那本书来说，这本书确实少了一些浮夸的笑话。但我最希望的是，读者会觉得他们用的形容词不准确。

* * *

德里克不大喜欢谈论他的个人背景和私人生活，即使最了解他的人，对他的了解也有惊人的空白。但是，如果没有某些人的重要帮助，我永远也写不出这本书。我应该从三个最重要的人说起。

如果没有珍妮特·拉德克利夫·理查兹的祝福，我根本就不会着手写这本书。被人当成写作主题的感觉一定很复杂，但珍妮特从一开始就鼓励我。德里克的姐姐西奥多拉·乌姆斯（Theodora Ooms）也给予了同样的支持，尤其是在重构德里克的早年生活方面不可或缺。杰夫·麦克马汉（Jeff McMahan）是德里克最亲密的朋友之一，他是第三个我从一开始就咨询的人，在本书的整个酝酿过程中，我都不断向他请教。珍妮特、西奥和杰夫都阅读了书稿，并提出了许多改进意见。（杰夫本可作为文字编辑获得一份成功的事业，做一名著名的哲学家真是太浪费了！）

几位哲学家阅读了全书；在此要特别感谢德里克的好友英马尔·佩尔松（Ingmar Persson），还有索尔·斯米兰斯基（Saul Smilansky），他将帕菲特称为"自康德以来最具原创性的道德哲学家"。感谢我的老朋友罗杰·克里斯普（Roger Crisp），很久之前是他劝说我攻读哲学研究生课程，并在几十年后纠正了我的几个重大错误。普林斯顿大学出版社曾邀请四位推荐人为本书提供反馈意见。他们有权保持匿名，但都选择了公开身份。他们的意见非常宝贵。感谢张美露、泰勒·考恩（Tyler Cowen）、谢丽尔·米萨克（Cheryl Misak）和彼得·辛格。

我希望这本书能让普通人，也就是非哲学家也能读懂。为了检验我是否做到了这一点，我征召了三位多少有点意愿阅读手稿的朋友。其中两位是粗暴的逗号管制暴君内维尔·沙克（Neville Shack）和我的芝加哥棋友大卫·富兰克林（David Franklin），他们都在我的前几本书的邀请名单中。第13章注释17完全是大卫的功劳。丹尼·芬克尔斯坦（Danny Finkelstein）的加入使他们成为强大的三人组。我非常感谢他们三人。

在新冠期间，每周我都会和乔尼·哈斯克尔（Jonny Haskel）[*]一起去汉普斯特德荒野（Hampstead Heath）散步。他容忍了许多有关德里克的谈话，并在这个过程中帮我想通了写作中的一些问题和困境。还要感谢年过八旬的校对超人汉娜·埃德蒙兹（Hannah Edmonds），在本书写作的后期阶段，她为我父亲的病情付出了艰辛的努力。

非常感谢以下人士阅读了本书的部分章节：John Ashdown、Quassim Cassam、Jessica Eccles、Bill Ewald、Adam Hodgkin、Michelle Hutchinson、Stephen Jessel、Guy Longworth、Peter Momtchilof、Bill Nimmo Smith、Adam Ridley、Jen Rogers、Paul Snowdon 和 Adam Zeman。我还应该特别提到罗宾·布里格斯（Robin Briggs，不幸于 2022 年去世），我曾多次寻求他的帮助，他阅读了关于牛津大学和万灵学院的章节。他是德里克在牛津大学的学伴，后来又是他在万灵学院的同事。他优雅而耐心地回答了我所有的问题。

肖恩·麦克帕特林（Sean McPartlin）和马修·范德梅韦（Mathew van der Merwe）替我找到了德里克在牛津大学所有讲座和研讨会的题目。约翰·古斯塔夫松（Johan Gustafsson）正试图拼凑德里克的哲学史——他在什么时候从事什么工作——并提供了许多重要信息。

正如我在序言中提到的，我为《前景》杂志撰写了一篇关于德里克和珍妮特关系的长文：《理性与浪漫：世界上最有思想的婚

---

[*] 即 Jonathan Haskel，英国经济学家、经济学教授。

姻》。感谢乔纳森·德比希尔（Jonathan Derbyshire）在2014年委托我撰写这篇文章。

我不得不求助于许多行政人员和档案保管员，并大肆利用了许多档案，包括万灵学院（Gaye Morgan）、贝利奥尔学院（Bethany Hamblen）、博德雷恩图书馆（Daniel Drury、Oliver House、Julie Anne Lambert、Alice Millea）、伯明翰大学（Ivana Frian 和 Jenny Childs）特藏室收藏的关于英国海外传道会、龙校（Gay Sturt）、德里奇预科学校（Ann Revell）、伊顿公学（Georgina Robinson）、哈佛大学（Emily Ware）、以赛亚·伯林文献信托基金（Henry Hardy）、自由基金会（Carol Homel）、纽约大学（Janet Bunde）、牛津大学哲学系（Pavlina Gatou）、牛津大学出版社（Martin Maw）、普林斯顿大学（Anna Faiola）、收藏哈克尼斯档案的洛克菲勒档案中心（Bethany Antos）和耶鲁大学（Eric Sonnenberg）的档案。[*]其中，Bethany Hamblen、Gay Sturt、Henry Hardy、Martin Maw 和 Georgina Robinson 在其职责之外的帮助值得特别一提。还要感谢米丽娅姆·科恩（Miriam Cohen），她从其父亲科恩（G. A. Cohen）的个人档案中为我提供了一些资料。

这是我与普林斯顿大学出版社合作的第三本书。作者们总是对出版社怨声载道，但普林斯顿大学出版社自始至终都非常专业；更重要的是，他们还很有趣。我欠罗布·坦皮奥（Rob Tempio）和马特·罗哈尔（Mat Rohal）很多人情。普林斯顿大学出版社很早就看中了这本书，我猜部分原因是马特曾在罗格斯大学受教于德里克。他们对书稿进行了极严谨的修改（在当今，我们不应该认

---

[*] 括号中的原文为各机构档案具体的处理人。

为这是出版界里理所当然的事）。罗布在读了德里克的《理由与人格》一书中猫的轶事后，给我写了一张便条，建议这本书应该取名为《理由与猫奴》（*Reasons and Purrsons*）。* 这是所有作家都渴望得到的宝贵的编辑干预。还要感谢从罗布处收到这本书的马特·麦克亚当（Mat McAdam），以及普林斯顿大学出版社团队中为本书工作的人员：Kathleen Ciof、Chloe Coy、Francis Eaves、Kate Farquhar-Thomson、Carmen Jimenez 和 Maria Whela。

我还要感谢一个机构——牛津大学上广实践伦理学中心。十几年前，朱利安·萨武列斯库（Julian Savulescu）将我带入该中心，从那时起，它就一直是我伟大的哲学基地。

感谢我在 David Higham 工作的经纪人，尤其是 Veronique Baxter。

最后，感谢为本书提供帮助的数百位受访者。我们通过 Zoom、电话和电子邮件进行了交流，偶尔也当面交流。我收到的电子邮件和我的采访笔记比《论重要之事》还要长。我一直在努力记录所有我感谢的人，但可能（抱歉！）不经意间漏掉了一两个。按字母顺序，我要向以下人士致以谢意：

R. M. Adams, Timothy Adès, Jonathan Aitken, Gustaf Arrhenius, John Ashdown, Liz Ashford, Norma Aubertin-Potter, Simon BaronCohen, Raquel Barradas De Freitas, Simon Beard, Helen Beebee, Kathy Behrendt, Richard Bellamy, Michael Belof, Selim Berker, Angela Blackburn, Simon Blackburn, Ned Block, Nick Bostrom, Andrew Boucher, Karin Boxer, Robin Briggs, John Broome, Krister Bykvist, Tim Campbell,

---

* pur 在英语中代表猫咪感到惬意时发出的呼噜声，purrsons 因此可理解为爱猫人士的顽皮俗称，即"猫奴"。

Quassim Cassam, David Chalmers, Ruth Chang, SophieGrace Chappell, Anthony Cheetham（从他那里我了解到了德里克在伊顿公学的回忆）, Bill Child, John Clarke, Mary Clemmey, Marshall Cohen, Miriam Cohen, John Cotingham, Tyler Cowen, Caroline Cracraf, Harriet Crisp and her father, Roger Crisp, Robert Curtis, Fara Dabhoiwala, John Davies, Ann Davis, Jonathan Dancy（他为英国国家学术院写了德里克的回忆）, Judith De Wit, John Dunn, Jessica Eccles, Ben Eggleston, Gideon Elford, Humaira Erfan-Ahmed（她是万灵学院的秘书）, William Ewald, Cécile Fabre, Kit Fine, Alan Fletcher, Stefan Forrester, Johann Frick, Stephen Fry, Sarah Garfnkel, James Garvey, Brian Gascoigne, Allan Gibbard, Peter Gillman, Jonathan Glover, Frances Grant, Johan Gustafsson, Steve Hales, Henry Hardy, David Heyd, Cecilia Heyes, Joanna van Heyningen, Angie Hobbs, Adam Hodgkin, Stuart Holland, Brad Hooker, Peregrine Horden（有关万灵学院）, poetry consultant Anna Horsbrugh-Porter, Tim Hunt, Tom Hurka, Edward Hussey, Michelle Hutchinson, Danial Isaacson, Dale Jamieson, Richard Jenkyns（他写了有关德里克万灵学院时期的长长的、迷人的回忆并发给了我）, the Jessel brothers, David and Stephen（他给我发了一份详细的总结，关于校刊 *The Draconian* 中德里克提到的地方）, Shelly Kagan, Guy Kahane, Frances Kamm, Thomas Kelly, Anthony Kenny, Richard Keshen, Simon Kirchin, Charles Kolb, Christine Korsgaard, Douglas Kremm, Rahul Kumar, Nicola Lacey, Robin Lane Fox, Brian Leiter, John Leslie, Max Levinson, Paul Linton, Kasper Lippert-Rasmussen, Paul Lodge, Guy Longworth, William MacAskill, Alan Macfarlane, Julia Markovits, Jamie Mayerfeld, Iain McGilchrist, Jef McMahan, Sean McPartlin, Mathew van der Merwe, Andreas Mogensen, Peter Momtchilof, Alan Montefore, Adrian Moore, Sophia Moreau, Ben Morison, Patricia Morison, Edward Mortimer (他于 2021 年不幸辞世), Liam Murphy, Jan Narveson, Jake Nebel, Bill Newton-Smith, Sven Nyholm, Joyce Carol Oates, Peter Ohlin, Martin O'Neill, Onora O'Neill, Bill Nimmo Smith, Alexander Ooms (德里克的外甥), Teodora Ooms, Toby Ord, Michael Otsuka, Paul Owens (联合诗歌顾问，不过他在网球场上华丽的反手上旋穿越球更为人熟知), Gavin Parfit (德里克的堂兄弟), Michael Parfit (德里克的另一位堂兄弟), Tom Parfit Grant (德里克的侄子), Richard Parry, Chris Paten, Catherine Paxton, Ingmar Persson, Hanna Pickard, Tomas Pogge, Michael Prestwich, Jonathan Pugh, Teron Pummer, Douglas Quine, Wlodek Rabinowicz, Stuart Rachels, Janet Radcliffe Richards, Peter Railton, Nick Rawlins, Judith Richards, Adam Ridley, Simon Rippon, Alvaro Rodríguez, Jen Rogers, Jacob Ross, Bill Ruddick, Alan Ryan, Anders Sandberg, Carol Sanger, Julian Savulescu, Tim Scanlon, Sam Schefer, Paul Schofield, Paul Seabright, Amartya Sen, Kieran Setiya, Neville Shack, Tomas Sinclair, Peter Singer, Quentin Skinner, John Skorupski, Saul Smilansky, Barry Smith, Paul Snowdon, Sam Sokolsky-Tif, Timothy Sommers, Richard Sorabji, Amia Srinivasan, Pablo Stafforini, Gareth Stedman Jones, Philip Straton-Lake, Galen Strawson, Sharon Street, Christer Sturmark, Jussi Suikkanen, Daniel Susskind, Richard Swinburne, Victor Tadros, John Tamosi, John Tasioulas, Charles Taylor, Larry Temkin, Patrick Tomlin, Peter Unger, Nick Vanston, David Velleman, John Vickers, Ben Vilhauer, William Waldegrave, Maurice Walsh, Nigel Warburton, Marina Warner, Ralph Wedgwood, David Wiggins,

Dan Wikler, Dominic Wilkinson, Patricia Williams, Tim Williamson, Deirdre Wilson, Andy Wimbush, Susan Wolf, Bob Wolf, Allen Wood, Miriam Wood, Adrian Wooldridge, Aurelia Young, Ben Zander, Jessica Zander, and Adam Zeman。

总之，感谢的话到此为止，不过我想开创一种致谢之词收尾的新风格：一则小气的抱怨。疫情封锁期间，我们的 WiFi 和网络连接不断中断，妨碍了研究工作。我们多次尝试联系宽带提供商维珍传媒，但都被他们处理故障和投诉的系统所阻挠——这个系统如迷宫般巧妙，以至于我们根本无法攻破。德里克的过人之处在于，即使是对那些真正对不起他的人，他也毫无报复之心。我曾试图以他为榜样，但对维珍传媒，我却做不到这一点。

"迷宫般巧妙"也可以用来形容德里克的哲学。但我希望读者在读完这本书之后，会发现德里克的哲学既可理解又重要。在我二十出头的时候，德里克教过我，结果他启发了我对哲学的终生追求。

所以，谢谢你，德里克。

第 1 章　中国制造

德里克·帕菲特一生都有一种传教般的热情。他热衷于解决重要的哲学问题，然后说服人们相信他是对的。

不仅德里克的父母都是传教士，更神奇的是，他的祖父母与外祖父母也全是传教士。他就是成长于这样的一个家庭，他虽然放弃了信仰，但却保留了传教士精神。这种精神根深蒂固，其核心是一种基本的冲动：行善助人。

* * *

关于帕菲特的家族，一种说法是，其父系祖先帕菲特家族是法国移民的后裔，可能是 17 世纪逃离法国迫害的胡格诺新教徒的后裔，但更有可能是 11 世纪诺曼征服时期的后裔。关于 Parfits 及其变体名称（Parfitt、Parfytt、Parfait）的记载可以追溯到数百年前。

要到 19 世纪才有德里克家族更加确定的事实。约瑟夫·帕菲特（Joseph Parfit）出生于 1870 年，在伦敦东部帕普勒贫困地区的切希尔街长大。约瑟夫的父亲先是一名丝织工，后来成为了邮递员，他们住在典型的织工平房里。然而，1894 年，约瑟夫被英国海外传道会（Church Mission Society）按立为执事和牧师后，启程前往中东，立志毕生在英国海岸以外的地方传扬福音。他生活于孟买、巴格达、耶路撒冷和贝鲁特等各地，至少写了六七本书，书名包括《佩特拉和巴尔米拉的奇妙城市》《黎巴嫩和巴山的德鲁兹人》和《巴格达铁路的浪漫故事》（*The Wondrous Cities of Petra and Palmyra, Among the Druzes of Lebanon and Bashan,* and *The Romance of the Baghdad Railway*）等。1897 年，他在巴格达迎娶了第一任妻子，但不到一年，他妻子就在一个闷热的夜晚死于流感。海外传道会派遣了诺拉·斯蒂芬斯（Norah Stephens）前往巴格达，可能是希望她成为约瑟夫的第二任妻子。他们于 1902 年结婚，在接下来的十年里，诺拉生了六个孩子，诺曼是第二个孩子，于 1904 年出生。

帕菲特一家在黎巴嫩生活了十二年，约瑟夫在贝鲁特的圣乔治教堂担任教士。诺曼在那里度过了大部分童年时光。在炎热的夏天，他们一家人会逃离城市，退居到山上的一个村庄，约瑟夫在那里教英语。约瑟夫和诺曼的关系不好，就像诺曼和德里克一样。诺曼会尿床，而他的父亲会揍他。

第一次世界大战爆发后，帕菲特一家从中东回来，然后定居在英格兰的格洛斯特。学校里有很多高年级学生都去了战壕打仗，再也没有回来，诺曼因此变成了一名和平主义者；对用刺刀刺穿"德军"假人的训练，他也深感厌恶。

他获得了牛津大学布拉森诺斯学院（Brasenose College）的录取名额，在那儿他成了学院里的游泳冠军，并以糟糕的成绩（第四等）获得了生理学学位——这反倒成了某种成就。之后，他在伦敦国王学院医院（King's College Hospital, London）接受了医生培训。1931年至1933年，他在伦敦北部的皇家自由医院（Royal Free Hospital）工作，并在那里遇到了他未来的妻子杰茜。

杰茜·布朗（Jessie Browne）的背景与诺曼一样具有异国情调。1896年，她刚满四十岁的严谨的父亲阿瑟·赫伯特·布朗（Arthur Herbert Browne）博士放弃了利物浦收入丰厚的医疗事业，成为一名传教士，先是在巴基斯坦的白沙瓦，后到印度阿姆利则。他说："无论留在国内的诱惑有多大，国外的需求和召唤始终不变。我更愿待在国内，但职责召唤我离开。"[1]布朗博士有一头白发，与几十年后他那富有哲理的外孙一模一样。他开始了一项启蒙性事业，让基督徒和穆斯林在其中进行公开讨论。世纪之交发生的骇人听闻的饥荒摧毁了比尔斯族，而此期间他提供的医疗支持被证明是非常有用的。1905年印度旁遮普邦的冈格拉山谷发生了地震，约有20万人丧生，而他的医疗服务再次派上了用场。他在一封家书中写道，最艰难的部分是确认和掩埋残骸。

命运弄人，阿瑟·布朗遭遇了与约瑟夫·帕菲特同样的悲剧：他的第一任妻子在生育前就去世了。与约瑟夫一样，布朗也再婚了（1909年），这次娶的是一位护士埃伦。杰茜生于1910年。布朗博士和夫人的福音工作十分繁重：他们本应在旁遮普的一个特定地区传教，该地区约有700个村庄和30万人口。但布朗夫妇所在的地区，还有一些从外地来的孤立的基督徒群体定居。埃伦认为："除非帮助他们找到认同感，否则这些人很可能很快就会回到异教徒的状态"。[2]杰茜对母亲的评价不是很高，她后来写道："她对印度人的兴趣主要是把他们当作异教徒病人，他们的身体需要治愈，灵魂需要归主。"[3]虽然他们与世隔绝，但杰茜曾经收到过一封信，地址栏只写了她的名字和"印度"。

阿瑟·布朗于1913年8月因败血症和腹泻并发症去世。一篇讣告描述了他那颗伟大的心，"充满了爱［……］但像所有热烈的爱人一样，他也能表现出强烈的愤慨，他的鼻孔在听到某些不公或失职的故事时微微颤动，体现了他性格中那股'雷霆之子'的元素"。[4] 杰茜当时只有三岁。她和埃伦回到了英国，但一战爆发后，埃伦投身于军队护理工作，杰茜则寄居于北安普敦郡凯特林镇的叔叔和婶婶家。

杰茜在假期被送往各种宗教静修所，她自己也变得非常虔诚。一战结束后，她搬回来与母亲居住，她告诉母亲，因为"第二次世界大战"即将来临，她"认为为考试做准备毫无意义"。[5] 尽管如此，她长大后还是成了一名优等生，并和诺曼一样学医（在当时，女性学医是非常罕见的），从1928年开始，先是在伦敦女子医学院（London School of Medicine for Women），后又在皇家自由医院。虽然她几乎不认识自己的父亲，但父亲的事业却激励着她。

作为学位课程的一部分，她被派到诺曼负责的伤员（急救）部门工作了一段时间。事实上，诺曼一直在盼着她来，因为几个月前，杰茜在怀特岛参加了一个宗教静修，在那里她遇到了诺曼的兄弟埃里克，埃里克向诺曼汇报说她是个"好女孩"。[6]

他们很快就订婚了，但由于诺曼年长几岁，而且已经完成了伦敦的学业，所以独自前往印度学习热带疾病学，并获得了加尔各答大学（Calcutta University）的文凭。诺曼1934年返回，这年杰茜获得了伦敦大学杰出学生金奖——此前的获奖者是亚历山大·弗莱明（Alexander Fleming）——她在外科和病理学方面都获得了优异成绩。总之，她在学习期间一共获得了十二个奖项，这些奖项的名字都会在年度颁奖典礼上宣读。《每日镜报》（*Daily Mirror*）甚至认为应该刊登一篇关于二十三岁杰茜的文章，并设法找到了"真实的故事"：不是一个学生惊人的学术成就，而是爱情。文章的标题是《一位医生女孩的浪漫》（Romance of a Girl Doctor），开头是杰茜同学们的掌声，"响彻她的耳畔［……］但当她身着学术礼服，以纤细的身材走回座位时［……］她的目光只投向坐在观众席中的一位身材高大、皮肤古铜色的年轻人。他们会心地相视一笑。"[7]

骄傲的诺曼·帕菲特医生有着进步的态度："她的事业不会受我们婚姻的拖累"。[8] 确实，杰茜得以继续她的学业，获得了伦敦卫生和热带医学学院的卫生学博士资格，而诺曼也获得了同一学院的公共卫生博士文凭。

在某个阶段，诺曼和杰茜加入了牛津小组，这是 20 世纪 20 年代由美国路德会牧师弗兰克·布克曼创立的福音派基督教运动，他与中国有着密切的联系。该运动认为，只有将自己的生命交托给上帝，并向他人传达上帝的信息，才能克服人类的核心弱点——恐惧和自私。虽然人们并不期望能够达到该运动的绝对诚实、绝对纯洁、绝对无私和绝对仁爱这四个绝对标准，但他们应该以此为指导。该组织的部分实践是让个人讨论他们归于自己个人罪行的个人生活和决定，并解释他们为改变自己的行为而采取的措施。（匿名戒酒协会的创始人曾是牛津小组的成员，这绝非巧合。）

诺曼和杰茜在婚前曾向英国海外传道会提出出国传教的想法。传道会同意（1934 年底）派他们去中国，但建议他们在那儿的头两年不要生孩子，这样他们就有时间适应环境和学习语言。当然，

第 1 章　中国制造　　23

这意味着他们必须禁欲或采取节育措施。他们不是天主教徒，但埃伦对这一要求和女儿的同意感到非常愤怒，于是拒绝参加他们的婚礼。

这场婚礼于 1935 年 7 月 29 日在北牛津举行。婚礼蛋糕的顶部装饰着牛津大学的校训，下层则是装饰有带中国地图的银链，几个月后，这对新婚夫妇便启程前往中国。他们经由加拿大和日本，于 1935 年底抵达中国，行李中还带着蛋糕的上半部分（最后在他们第一个结婚纪念日被吃掉了*）。他们的驻地是成都，位于中国西南的四川省的省会，因大熊猫而闻名西方。这对夫妇在 1936 年 1 月的一封长信中写下了对成都的初步印象："我们只觉得这里是一个令人惊叹的地方［……］，能被上帝派到这里让我们感到莫大的荣幸。"[9]

不久，他们将在基督教传教士开办的华西协合大学任教；美丽的校园就在老派的城墙之外。但他们首先前往的是成都东南部的佛教圣山（峨嵋山）的一个偏远社区，部分是为了让自己沉浸在四川话环境中（杰茜很快就学会了这门语言，但诺曼怎么样都学不会，这让他非常沮丧）。

诺曼先行前往山中，为他们的平房做准备，而杰茜与其他几人随后于 1936 年 6 月中旬出发。旅途中，在乘船前往该地区时，发生了一场惊险的事件。他们的船遭到了五六名土匪的抢劫，这些土匪撕开了箱子和包裹，偷走了钱财，并夺走了杰茜的手表、钢笔、手电筒、蚊帐和戒指。事后，杰茜还能从中看到一些滑稽

---

* 把结婚蛋糕的上半部分保留到一年后的结婚纪念日食用是当时英美国家的一种传统，即便在 20 世纪、旅行途中缺乏冷藏条件，蛋糕可能因为本身的高糖或高酒精含量而具有防腐性。

之处。在给英国海外传教会的一份报告中,她描述了一名土匪的搞笑场景:他一手拿着左轮手枪,另一手拿着一只女士粉饼盒,腰带上还披着几件偷来的女士内衣。

不知何故,这个故事传到了德里克那里,不过版本有些歪曲。他声称,强盗虽然偷走了杰茜的钱,但允许她保留结婚戒指或订婚戒指之一。正如我们将要看到的,他用这个案例来说明,解释18世纪德国哲学家伊曼纽尔·康德的准则有多么困难。

1937年,杰茜和诺曼开始在华西协合大学公共卫生系任教,讲授个人卫生、营养、运动以及如何确保饮用水安全等课程。他们遵守了两年内不能有孩子的约定,但1939年西奥多拉出生了,1942年12月11日,德里克·安东尼·帕菲特出现在这个世界上。他曾说过:"我出生在人类历史的最低点。"[10]

他一向讨厌自己的名字,羡慕姐姐的古典名字(Theodora)。后来,他在Skype上的名字是Theodoricus,因为他有趣地设想自己有一个虚构的罗马祖先,名叫西奥多里库斯·完美(Theodoricus Perfectus)。

德里克在大约九个月大时差点死掉。他生病了,不停地尖叫。当地的医生毫无头绪,但杰茜正确地诊断出是肠套叠,即肠道像望远镜一样折叠进自身,导致的急性腹痛。她命令医生用水灌肠,立即解决了问题。

* * *

当西奥多拉和德里克出现于这个世界时,战争已经开始影响成都人的生活。1931年,日本人入侵中国东北并在那里建立了一个傀儡政权。1937年，也就是帕菲特夫妇搬到成都的那一年，日本和中国之间的紧张局势爆发成了全面冲突。在1937年12月至1938年1月臭名昭著的南京大屠杀中，数十万名中国平民丧生。

那个地方在成都以东近一千英里，但随着战事的持续，难民开始涌入成都。他们带来了许多公共卫生方面的挑战，杰茜和诺曼忙得不可开交。生活成本开始飙升，儿童营养不良问题日益严重。为此，帕菲特夫妇参与开发了一种用大豆制成的奶粉。这种奶粉比牛奶便宜，而且据说大豆是中国的奶牛。在校园里，这种奶粉的一个生产单位建立了，在最初的八个月里，它就分发了四万包奶粉。

另一个主要的公共问题是学生健康。宿舍里挤满了从其他城市（包括南京）的大学逃来的学生。这样的生活条件极大便利了肺结核的传染。为此，帕菲特夫妇帮助建立了一个检测和隔离的检疫制度。

成都还没有受到日本地面部队的攻击，但它未能免于日军的空袭。日本轰炸机时不时地从成都上空飞过。杰茜仔细清数过空袭的次数。西奥多拉还记得她仰望天空的样子，还好奇她是否在寻找上帝。

事实上，尽管西奥多拉和德里克在孩提时代都在吸收基督教教义，他们的父母杰茜和诺曼却逐渐对自己的信仰感到失望。他们积极参与传教士社群，诺曼成为当地传教会的负责人，杰茜则忙于编辑通讯。但他们并不喜欢其他的传教士同伴，认为他们是种族主义者。美国和加拿大的传教士资源更丰富，而且气派非凡，他们大多数人认为当地的中国人只能从后门进屋，前门只为地位较高的客人保留。帕菲特夫妇认为，他们的宗教对中国古老而复杂的文化没有什么帮助，而且肯定不应该由外人强加给中国人；诺曼一度成为一名毛派，并巧妙地将这一立场与他的和平主义相结合。随后，他们还面临着个人困境：他们经济拮据，并向英国海外传道会抱怨物价上涨使得他们的薪水不够用。诺曼的不快与日俱增：他开始患上严重的抑郁症。

＊＊

1944年2月，在中国生活了九年之后，传道会决定让诺曼和杰茜撤离，尽管抗日战争的局势已明显开始转变。帕菲特夫妇早该回国休假了。然而，1944年1月，所谓的"婴儿闪电战"（纳粹德国空军对英国发动的新一轮轰炸行动）开始了，因此，诺曼和杰茜没有立即返回英国，而是变卖所有财产，绕道返回，先去了相对安全的美国，诺曼的兄弟埃里克就住在那里。

杰茜当时怀有两个月的身孕，这是计划外的第三个孩子，并且在漫长而艰苦的旅途中一直感到恶心。行程开始时，他们搭乘一架"解放者"轰炸机向南飞往昆明市，为此诺曼和杰茜必须练习跳伞，而西奥多拉和德里克坐在驾驶舱机枪塔下方。如果飞机遭到袭击，计划是飞行员将两个孩子抱在膝上，然后跳伞逃生。

然后他们又飞往加尔各答，从那里搭火车向西走了1200英里，最终抵达孟买。在那里，有几千名外籍人士和难民在等待遣返。帕菲特一家在一间破旧的旅馆住了几天，有一天杰茜"发现德里克躺在他的小床上，浑身都是臭虫"。[11] 最终，他们分到了位置，踏上两艘离港运输船之一：非美国乘客根据姓氏字母顺序被分流到一艘海军军舰和一艘陆军军舰上，"P"字母开头的家庭被分到

第1章 中国制造 27

的是后者。

他们在海上将航行九个星期，首先前往澳大利亚，在那里卸下了 1000 名意大利战俘，然后穿越太平洋，经巴拿马运河，最终到达波士顿。船上每天只有两餐，孩子们只能早晚用餐，所以西奥多拉和德里克白天没有食物。杰茜和其他一些母亲向一位军官请愿，希望允许她们给孩子们中午提供汤，这个本来是会作为晚饭的，并且她们愿意自己做所有的服务和洗涤工作。然而，军官坚决地拒绝了，"他说妇女和儿童不该战争时期旅行，他不会做任何事情来让她们过得更轻松"。[12] 杰茜只好从早餐中偷偷顺走一些食物。

杰茜承受着几乎难以承受的压力。她、西奥多拉和德里克与其他九个人同住在一间船舱里，而诺曼"大部分时间都待在船的男性区的床上"[13]，饱受晕船之苦。每天都有一次演习，杰茜和孩子们必须穿着救生衣爬到顶层甲板。疲惫不堪的杰茜用冰冷的海水清洗德里克的尿布。孩子们似乎完全没有意识到父母的心情。西奥多拉回忆说，她很喜欢这次乘船旅行。德里克在船经巴拿马运河时迈出了人生的第一步。

* * *

帕菲特夫妇没在波士顿耽误多少时间，很快就继续前往纽约。他们在哥伦比亚大学一位教授位于克莱蒙特大道的公寓里住了两三个月，然后搬进了位于曼哈顿西北部华盛顿高地的一套便宜但"沉闷"[14]的公寓，这里是一个犹太移民区，"商店总是因为某个犹太节日或其他节日而关门"。[15] 不久之后的 10 月，杰茜预订了她能找到的最便宜的一家医院，生下了她的第三个孩子乔安娜。杰茜设法把照顾新生儿和在哥伦比亚大学研究儿童行为问题结合起来。她利用了一个尿布服务的便利，每周有一位"黑人女孩"[16]来帮忙打扫卫生。诺曼因为他的学位在美国不被承认而无法赚钱，但他访问了多家医院以提升自己的医学知识。1945年4月12日，他正在华盛顿国会大厦的台阶上，听到了富兰克林·罗斯福总统逝世这一令人痛心的噩耗。

在经历了中国的匮乏之后，美国简直让他们大开眼界，是一片"富饶而奢华"[17]的土地，商店里人头攒动，商品琳琅满目。帕菲特夫妇尤其被自动快餐售卖机吸引住了。他们简直不敢相信肥皂只要7美分一块。诺曼爱上了"满是坚果"的午餐柜台，那里售卖坚果芝士三明治——一种混合了奶油芝士和坚果葡萄干的面包。他们与西奥多拉和德里克一起去中央公园动物园游玩了好几次。

他们的目标是回到英国，但战时穿越大西洋是不可能的。西奥多拉和德里克被送到霍勒斯曼幼儿园。杰茜在一封信中把德里克描述成满头金色卷发、调皮捣蛋的一个小淘气鬼。他很晚才开口说话，诺曼担心他们需要把他送到有学习障碍的学校。但后来他变得很健谈。他最喜欢说的词是"不"，有一次，有人建议他去公园玩，他说了到那时为止最长的一句话："不玩球，不走路，不坐公车，不坐电车。"[18]

小乔安娜的到来给这个家庭的返英计划又增添了一道官僚主义障碍。她出生在美国本土，是美国公民，还需要办理相关手续，才能获准持英国护照回国。不过随着战争结束，帕菲特一家买到了玛丽皇后号远洋邮轮的船票。这艘巨轮在战争期间曾被改装成一艘运兵船，帕菲特夫妇是这艘船和平时期（因此不再有灯火管制）首次航行的乘客。1945年6月,他们停靠在苏格兰东海岸的格林诺克,然后连夜乘火车前往伦敦国王十字车站。

一家人终于回到了家。在那之后不长的一段时间里,德里克出现了口吃。他的父母认为这是因为他过于兴奋了。

第 2 章　生活的准备

战后初期的英国，经济萧条，情绪低落，债务缠身，民众忍饥挨饿。二战期间实施的配给制度——包括肉类、面包、黄油和鸡蛋等基本食品——在欧洲胜利日之后一段时间里还更加严格了，直到 1954 年才完全取消。

帕菲特一家经济窘迫，前途未卜。回到英国的最初几个月，他们待过好几个地方，借宿于亲戚家，包括在诺曼富有的哥哥西里尔位于伦敦北部郊区的家里。尽管没有精神病学背景，杰茜还是成功申请到一份工作，进入了一家新成立的精神病康复机构——位于萨里郡霍舍姆附近的罗菲公园康复中心（Roffey Park Rehabilitation Centre），该中心旨在治疗压力和焦虑症患者，让他们恢复活力，重返工作岗位。帕菲特一家再一次搬到了伦敦西南部的乡村。这个地方有两项诱人的福利：一套舒适的公寓和一个向员工子女提供的日托所，德里克就被送到了这里。

与此同时，诺曼正参加一个进修课程，到 1946 年的春天他才得到一个职位，担任中央健康教育委员会（Central Council for Health Education）的副医疗主任。帕菲特一家搬进了位于伦敦南部达利奇的克罗克斯特德路 116 号，这是一栋被轰炸过的便宜房子。花园的尽头处有一条铁轨,每天早上,他们都能看到豪华的金箭船快速列车驶过,前往多佛港运送乘客。德里克的姐姐记得,德里克曾被花园里一条蠕动的虫子吸引,决定把它切成两半,然后因自己的冷酷无情而心碎。这是他一生中唯一一次无端残忍的行为。

杰茜在伦敦郡议会获得了一份兼职工作,因此需要雇一个保姆来照顾三个孩子。保姆走后,他们又先后雇了几个外国互惠生,其中包括比利时人西蒙妮,金发甜美的米歇尔(她的丈夫是一名在越南作战的法国士兵)、甚至不会煎鸡蛋的丹尼斯、其貌不扬的一个挪威人,最后是塔蒂,一位高贵的巴黎人。

在伦敦,帕菲特一家经济上陷入了困境,他们只能通过在拍卖会上购买廉价家具来布置新家。然而,他们的困境也源于他们的消费优先顺序。在接下来的十五年里,诺曼和杰茜几乎将每一分钱都用在了孩子们的教育上。当德里克五岁时,他被送到了当地的独立男校——杜利奇学院预备学校(现为杜利奇预备伦敦学校),离家步行十分钟。学校有他的出勤记录,名字被拼错了("Derek Anthony G. Parfitt,1942 年 12 月 11 日出生——1947 至 1949"),但没有更多的细节。

诺曼一直未能找到心仪的工作,这让他产生了自杀的念头。他连续几年申请薪水和地位更高的公共卫生官职位,1949 年终于在伯克郡得到了它,工作地点在牛津附近的阿宾顿镇。这是一个相当体面的职位,他余下的职业生涯一直担任这个职位。他的两个主要关注点——有些人称之为痴迷——是乳腺癌和水氟化;他积极倡导筛查乳腺癌,并力主在饮用水中增加氟化物以强化儿童的牙齿。他对健康的关注还包括反对白面包,他认为它几乎等同于毒药。

帕菲特一家后来定居在北牛津的诺斯穆尔路 5 号，那时这个地区并不像现在这样只有富人才能负担得起。尽管如此，这里仍是一个安静、绿树成荫的住宅街道。离家不远，J. R. R. 托尔金就在这里写下了《霍比特人》和《魔戒》的大部分。同样在诺斯穆尔路，诺贝尔奖获得者物理学家埃尔温·薛定谔也曾在这里写过一篇论文，讨论一只神秘的猫，根据当时仍属新颖的量子力学的逻辑，这只猫既是活的又是死的。

七岁时，德里克放弃了成为蒸汽机司机的理想，决定以后成为修道士。因为极度失望于父母放弃了基督教信仰，他晚上会为他们祈祷。但大约一年后，他也放弃了信仰。他觉得无法相信，基督教的上帝，一个善良的上帝，会像教义规定的那样惩罚人，把他们打入地狱。当然，他本可以选择改变自己对上帝的看法；也许上帝是存在的，但并不是全善的？或者上帝不允许惩罚，也就是不存在地狱？这些都与他对惩罚的立场相一致。但他并没有这么做，他选择了完全摒弃基督教，从此再也没有受到宗教的诱惑。

搬到牛津后，德里克在当地的格雷科茨小学就读了一年书。之后，他被转到龙校。这是牛津最负盛名的预备学校，离家不远。虽然龙校也接纳一些女孩入学，但西奥多拉被送到德文郡达廷顿霍尔寄宿学校，这是一所进步的男女混校，距离家有四小时车程。诺曼不喜欢拥抱，但每当孩子们离开时，他的眼睛都会泛起泪光。

到访过帕菲特在诺斯穆尔路家的人，都能回忆起那里的混乱场景。从房屋的维护状况来看，可能没人能想到，居住在这里的两个大人还是卫生专家。诺曼和杰茜并不和睦，家庭生活经常充满紧张,这也许是德里克一生都避开冲突的原因之一。当孩子们的朋友来家里吃午饭时,诺曼可以装出一副健谈、友好甚至机智的样子。但和家人单独在一起时,他却沉默寡言,满腔压抑的怒火。引来他怒气的可能是日常琐事,比如孩子们的哭闹或调皮捣蛋,也可能是完全超出控制范围的事件,比如在他看来愚蠢至极的最新政府公告。他也从不试图掩饰自己的脾气,甚至对孩子们的朋友也不例外。乔安娜的一个朋友记得,因为把黄油刀插进果酱里,她被诺曼大声训斥[1];德里克的一位同学则记得诺曼曾在公众场合狠狠地打了德里克一顿——不过西奥多拉说她从未被打过。

其他访客则回忆起诺曼的各种怪癖,他的儿子继承了其中的一些。他是个囤积狂;一个房间里堆满了杂志和报纸,还有一排排闲置的旧西装。他还很节俭。他让汽车滑行下坡来节省汽油。曾经有一次,他得到了卫生检查员没收的一些火腿,他们认为这些火腿不适合食用。他削去发绿霉的边缘,从中间切开,一半留给帕菲特家,另一半给几个朋友,他们不太礼貌地拒绝了。

当诺曼吃午饭时——他通常是饭桌上最后一个——他会带一个装满水的奶瓶。(也许德里克在潜意识中受到了这种影响,后来,他也养成了一个习惯。随身携带装满水的伏特加酒瓶。)然后,他会插上热盘器,不知为什么,这需要拧下餐桌上方的灯泡。他会向困惑的来访者解释说,他喜欢热的食物,好像不同寻常的是这种偏好本身,而不是他的说法。

他与所有孩子的关系都很紧张。他觉得最容易相处的孩子是西奥多拉。她聪明、善良、听话。最让他头疼的孩子是最小的乔安娜。如今,像乔安娜这样的孩子可能会被诊断为有学习障碍。不管如何,她学习很吃力,也许是为了掩饰这一点,她在学校很淘气，经常惹麻烦；她的父母对她的成绩单和不良评语感到绝望。她和德里克一起玩耍，但也吵架，在汽车里，必须有人坐在中间维持秩序，以防他们打闹。她的哥哥姐姐都长得很好看，甚至很迷人，而她却长相奇特：异常高，脚大，蓝眼睛炯炯有神，茂盛的红头发。她很黏人，焦虑不安，像父亲一样不快乐。她还像父亲小时候那样尿床。

德里克是唯一的男孩，诺曼对他管得最紧，也最引以为豪，把最深的父爱寄托在这个孩子身上。然而，德里克对他来说仍然是个谜。诺曼认为这个孩子本该感兴趣的科目和活动，他都毫无兴趣。诺曼曾试图引导德里克学习科学，但没有成功。他还希望通过自己热衷的网球运动激发儿子的兴趣，但同样遭遇了顽固的抵制。（诺曼好胜心很强：重要的是获胜，而不是参与。）电影是父亲和孩子的共同爱好，他们经常去牛津杰里科区的斯卡拉电影院看电影，从家到那儿步行只需 15 分钟。

每年 11 月 5 日盖伊·福克斯日（英国烟火节），帕菲特一家都会举行烟花表演。有一次，一枚烟花火箭发生了故障，诺曼把所有在场宾客都赶进屋里，其态度的强硬和侵略性让他们震惊不已。这很可能是因为他压力很大，因为 11 月总是他难熬的一个月份。在那时，诺曼必须为工作编写一份年度报告，理论上讲这项任务应该是容易完成的，德里克认为他聪明的母亲一个小时就能完成，但诺曼却备受煎熬。他忍不住就氟化物发表党派言论，这让他陷入麻烦：议会一度试图解雇他，但最终他表达意见的权利得到了保护。后来，德里克会将父亲在文字上的挣扎与自己的相提并论。无论如何，诺曼在提交报告后会以官方医生的身份，免费与当地滑雪队一起前往阿尔卑斯山，直到平安夜才返回。

第 2 章 生活的准备

相比之下，杰茜·帕菲特比丈夫更温柔、更有亲和力。诺曼可能觉得自己在智力上不如妻子。德里克声称，他父亲成年后只读过两本书，"萨克里的《亨利·埃斯蒙德》(*Henry Esmond*，是别人送给他的)，还有《扫除一切害人虫》(*Away with All Pests*)，后者讲述了中国成功消灭带病苍蝇的运动"[2]。相比之下，杰茜极爱阅读小说和非虚构。她的领地是客厅，她在那里工作和编织精致的毛衣，这些毛衣非常漂亮，只是手臂过长。周末，她会带孩子们去散步，教他们植物学和古生物学。她能熟练地弹奏他们家的贝希斯坦钢琴，向孩子们介绍她钟爱的巴赫，周六还带孩子们去留声机图书馆，他们在那里可以借唱片。例如，1954年7月30日，德里克借到了彼得罗·马斯卡尼的歌剧《乡村骑士》(*Cavalleria rusticana*)，而他的母亲则选择了戴流士的《生命的弥撒》(*Delius's A Mass of Life*)。杰茜还通过参观由18世纪建筑师尼古拉斯·霍克斯莫尔(Nicholas Hawksmoor)设计的教堂，激发孩子们对建筑的兴趣。她担心的是如何确保德里克受到激励，因为他"早期学习非常优异，思想深邃，即使身为小孩，他对大人来说也常是一个挑战"。[3]

杰茜的事业迅速超越了丈夫。她在社会医学研究所从事了几项研究工作，其中包括一项比较男孩和女孩出生后第一年体重增长的研究，与此同时，她还在牛津大学圣安妮学院(St Anne's College)获得了心理学和生理学学位(因为她想要更多了解儿童精神病学)。1954年9月，她加入了伦敦的主要地方当局伦敦郡议会的中央医疗团队，不久就被提升为儿童精神病学的首席医务官，负责管理约三万名精神失常、贫困和残疾的儿童。

帕菲特一家因此有了两份薪水，杰茜的薪水较高，但大部分钱仍用于支付学费。后来，很多人都意识到并评论德里克显然具备的优越的背景，他确实接受了精英和特权教育。但这背后需要付出牺牲。诺斯穆尔路的房子家具很简陋，家里买不起洗衣机，很多年都没有中央供暖系统。节假日过得也很简朴。

杰茜的新工作意味着她工作日必须待在伦敦，因此，从11岁起，德里克成了龙校的寄宿生，只有周末才回到诺斯穆尔路的家。他的父母每周只有两天的时间需要相互容忍，可能正是这种安排挽救了他们的婚姻。

* * *

在大多数龙校学生的记忆中，龙校文化是愉快而宽松的，但也有些人认为这里的气氛傲慢且"竞争极其激烈"。[4] 学校有几百名学生，大约一半是寄宿生。有些寄宿生的父母在海外，比如在军队或殖民地服役。这里有很多聪明的孩子；许多牛津大学老师都把孩子送到这所学校。校刊《龙傲天》（The Draconian）在牛津大学各学院的教员公共休息室中流传，学者们都会翻阅后面的排名表，看看同事孩子们的学业成绩如何。

虽然老师们都被称为"先生"，但学生们还是给他们每人起了一个绰号，如 Hum、Ticks、Box、Inky、Tubby、Fuzz 或 Oof。[5] 整体而言，老师们并不介意学生叫他们的绰号或听到这种绰号〔甚至连巴勒克拉夫先生也是这样，他又名"大鼻子"（PuttyNose）〕。这些教员里有些人参加过第一次和第二次世界大战，身上留有伤疤；还有一位教师仍然留有年轻时参加布尔战争（Boer War）所受的枪伤。

第 2 章　生活的准备

有些老师非常严格,其中一位会让犯错的学生坐进废纸篓。但总体来说,这所学校的校规执行得不是很严格。至于着装要求,学校有校徽夹克,但除此之外,孩子们基本上可以穿自己喜欢的衣服。有一次,当波特草地——附近的公共土地上的河边草地——发生洪水并且水面结冰时,校长宣布放假一天,学生们纷纷去滑冰。学校鼓励学生独立思考,或许这是学校培养出众多哲学家〔包括安东尼·普赖斯(Anthony Price)、理查德·索拉布吉(Richard Sorabji)和盖伦·斯特劳森(Galen Strawson)〕的原因之一。

德里克是个认真严谨的男孩,既不张扬也不失人缘。他很早就表现出了学术才能,随着年级的升高而不断进步。学生们从一开始就学习拉丁语,一年后学习希腊语,每天两小时的课程。班级按学习能力分流,并经常进行测试。

德里克在学校最好的朋友是一个叫比尔·尼莫·史密斯(Bill Nimmo Smith)的男孩,他在困难的家庭环境中成长。杰茜帮助照看他,经常带他和德里克外出游玩,包括去汉普顿宫和参观牛津的煤气厂。比尔和德里克在学术上是"友好的竞争对手"[6]。他们每天都要经过学校的大荣誉板,上面骄傲地展示着获得顶级私立学校奖学金学生的名字。九岁那年,比尔和德里克决定,要一起申请英国最著名的学校——伊顿公学的奖学金。

几年来,两个男孩的关系非常亲密,甚至一起举办生日派对。他们的友谊是典型的男孩友谊。他们常去彼此家里玩,一起搭树屋,还发明了一种骑自行车一对一马球的游戏,他们骑着自行车四处奔跑,用棍子击球。他们也玩其他游戏:挑圆片、蛇梯棋、战略棋盘游戏《哈尔马》(Halma),以及德里克发明的一些游戏。

比尔后来回忆说:"我不会说规则偏向他,但作为游戏的创作者,他肯定在利用规则方面有优势。"[7]

在学校,德里克积极参与课外活动。他在体育方面既不出彩也不丢人。一年级时,学校举行了一场"学校宝贝"足球赛,对手是低年级学生,比赛用了四个球,每方 15 名球员,场地呈斜坡状。德里克在比赛中"防守出色",同时还"为前锋喂球"。[8] 他擅长手工艺和绘画,热衷于国际象棋,曾在国际象棋淘汰赛中获胜。

几十年后,《纽约客》上有篇关于帕菲特的长篇报道,称他不会演奏任何乐器。事实上,他是一位相当出色的钢琴(后来是小号)演奏家。在学校的音乐会上,他表演了许多钢琴独奏曲目,包括肖邦和巴赫的作品,1954 年还演奏了莫扎特的《土耳其进行曲》(*Rondo alla turca*):"帕菲特开始表现不错,但后来被音乐带跑了。"[9]

他为《龙傲天》写过几篇文章。有一篇写的是学校组织他们去伦敦塔旅行,他对那里的王冠珠宝惊叹不已:"我唯一记得的是一个普通的金盘子;因为当我走进房间时,这个盘子发出的光芒太过耀眼,以至于我接下来十分钟里什么都看不清楚"。[10] 有段时间他对诗歌情有独钟,有位英语老师布朗先生(绰号布鲁诺)鼓励他发挥这方面的才华。德里克不再想成为一名修道士,现在他立志成为一名诗人。

然后是戏剧和唱歌。每年秋天,学校都会上演吉尔伯特和沙利文的歌剧,每年夏天则上演莎士比亚戏剧。1953 年 11 月,德里克在《彭赞斯海盗》(*The Pirates of Penzance*)中扮演斯坦利将军的女儿之一。在随后的演出中,他参加了《天皇》(*The Mikado*)中的贵族合唱团,在《仲夏夜之梦》中饰演德米特里厄斯(他的表

第 2 章 生活的准备

演"充满了阳刚之气"[11]），并在《第十二夜》中饰演托比·贝尔奇爵士，身着垫腹装，与同学蒂姆·亨特（Tim Hunt）演对手戏，后者饰演托比爵士的侄女奥利维亚。《龙傲天》上对该剧有两篇赞美的评论。第一位评论人称赞德里克"演技精湛，从头到尾都让人觉得他至少有 50 岁"。第二位评论人认为德里克"引发了阵阵笑声"。[12]

* * *

1952、1953 和 1954 年的暑假，学校给男生们发了日记本，愿意的学生可以在上面写东西。德里克欣然照做。其中保留下来的日记只有最后两本（他 1952 年的日记获得了"一等"评价），但这两本日记为十至十一岁的年轻德里克在 1953 年和 1954 年的生活留下了非凡快照。1953 年的日记是"献给读者"，早期 7 月 23 日的一条记录写道：

> 午饭前我听到消息，我 83 岁的爷爷去世了[13]。我觉得有点奇怪，因为他是我唯一的爷爷，但妈妈告诉我，他已经昏迷了一个星期，能这样安详地离开人世对他来说更好。这让我心情好了不少。[14]

他很快恢复过来，当天就坐公共汽车去朋友家了，他在那里进行了体育运动，还玩了名为"多佛巡逻"的"刺激"海战棋盘游戏。然后他准备乘车返回，但"不幸的是，在格罗斯特格林（Gloster green，原文如此）[15]，我稀里糊涂地把钱都用来买了一支冰淇淋！于是只能步行回家！"。[16]

两天后，德里克读了简化版的柏拉图《会饮篇》。然后他就去了法国，准备住到一户法国人家里，这家人的儿子让·德拉萨布利埃（Jean de la Sablière）前一年曾在德里克家住过。德里克很高兴，因为这给了他提高法语的机会。驶入法国的途中，他在火车上观赏风景："我注意到了与英国不同的主要有两件事情，要不然我们还以为在萨里郡。第一，男人十有八九穿的都是蓝色短裤和蓝色夹克；第二，这里没有树篱，只有栅栏。"[17]

搬到法国寄宿家庭后，他开始用法语写日记。但日记中最值得注意的，是他对艺术、建筑、歌剧的那种早熟的兴趣与写作风格。日记中充满了引人注目的比喻、生动的描述和成年人般的词汇。有一天，一家人开车去远游兜风，德里克盯着窗外的胜景，写下了：

> 雄伟壮丽的蓝色阿尔卑斯山，在地平线上起起伏伏，蔚为壮观［……］欣赏这个美景大约一刻钟后，汽车突然冲进一条峡谷，然后穿过一座山丘；就像甲虫看到鸟后迅速窜到石头下面一样；我们再也看不见阿尔卑斯山了！[18]

他还描绘了阳光穿透树叶、溪流潺潺和泉水"轻快地将欢乐的液体抛向空中"[19]。读者如果能回忆自己十岁时的情景，就会发现这些形象化的描写和语言显示出了非同一般的成熟。

值得注意的是，鉴于德里克在未来生活中缺少对美食的热爱，他竟然还曾对法国菜情有独钟过。他描述了令人垂涎欲滴的一餐，开头是水灵灵的甜瓜，五颗略带苦味的黑橄榄，这是"美妙的前奏"，然后是"精致的生菜"，配有食用油、醋、水芹、甜椒植物以及许多香料和特产。[20]

现存的第二本日记是德里克11岁时写的，记载了从1954年7月下旬到9月的内容。其中有对其家庭的温馨描述，一次在威尔士度过的湿漉漉的假期，与姐妹和母亲的乒乓球比赛，许多书评（他已经是一个快速阅读者，每天读完一本书），描述了他自己的油画作品，"由三颗成熟的苹果、一根熟透的香蕉、一颗橙子、一把带黄色斑点的棕色壶和一个较小的釉面花瓶组成"[21]，还有对莫里斯汽车厂之旅的描述：

> 到达工厂后，我们在一个布置精美的大房间里等待，墙上挂着巨大的彩色风景照，直到一位男士进来把我们带出去，导游在那里迎接我们。他带着我们穿过无数几乎一模一样的工作间，里面有巨大的钢梁和复杂的机器，车身的金属骨架一排排地排列着。[22]

日记中几乎没有提到家里的任何紧张气氛，尽管他指出7月29日是他妈妈（原文如此）的结婚纪念日，但没有举行任何庆祝活动。此外，还有一些暗示，显示德里克终生对早晨的厌恶：

> 有件事我始终无法理解，所有写给孩子们的现代冒险故事中，年轻的男孩主人公总是在黎明破晓时分醒来，一睁开眼睛就从床上一跃而起，像一只活力十足的小羚羊一样，立刻冲到窗前，推开百叶窗，让潮湿的晨风冷冷地吹进来，仿佛他快要窒息了似的。我从来没有，也永远不会这样做。[23]

这真是既风趣又敏锐的观察。1954年8月7日，德里克去牛津剧院观看了约瑟夫·凯塞林的黑色喜剧《毒药与老妇》(*Arsenic and Old Lace*)。"该剧情节荒诞，但又带有病态的幽默，两位迷人的、看似无害的老太太，习惯于悄悄地毒死孤独的老绅士，让人误以为她们是在'让可怜的亲人安息！'。"[24]

一个典型的11岁孩子可能会用"下雨了"来记录一个潮湿的日子。德里克是这样说的："连续两天天气都好极了，但老天爷觉得对我们太宽容了，所以今天早上我被窗外不祥的滴答水声吵醒了。"[25]

* * *

德里克在龙校的最后一年是1955—56学年。这一阶段学生们开始写希腊诗歌，这对德里克来说容易至极："他写出的五言诗，抑扬顿挫，无人能及"。[26]1956年初，他写了一篇文章，是关于沃尔特·雷利爵士的，赢得了校级作文奖。他还写了一篇惊人之作，名为《一个梦》，刊登在校刊上。这篇文章的成熟性值得全文转载。叙述者进入了一个迷人的有异国风情的花园，但却反感且攻击花园里的植物和建筑：

> 一本褪色明显的黄色手稿向我飘来，它略有弯曲，似乎曾被卷起过。上面用美丽的伊丽莎白时代的字迹，描绘着复杂的曲线和精致的故事。阳光照在它上面，露出惬意的笑容，映衬着那份满足，向我飘来，奇异而又庄重，直到文字变得像一排橘子那么大。橙色的阳光照在上面，然后穿过它，文字渐渐消

第 2 章　生活的准备

失不见了。

在它的背后,我看到一片宁静的树林空地,那里耸立着一座废塔。塔虽已塌,但从未像现在这样安宁祥和。塔的一边是一大片紫色的藤本植物,攀爬缠绕在温暖的石头上,另一边是一棵红玫瑰树,懒洋洋地向中间伸展着。下面有一块比周围石头都要大的石头,上面刻着一串精美铭文,奇特而又可爱。我凑近了一些,但这一切都从我眼前飘浮过去,我来到了一个里面铺着石板的院子。院子两侧各有一排柱子,支撑着呈淡橘黄色的瓦片屋顶,后者向上倾斜,逐渐消失在我的视线之外。一座优雅的喷泉弯曲地射向湛蓝的天空,泉水碎裂开来,轻柔地洒下,落入一个清澈的浅池塘中。

我脚下的石头很温暖,白色的柱子在舒适的灰色表面上投下优雅的阴影。在我前面几码远的地方就是露台的边缘,几级宽阔的台阶通向花园。一浪温暖的柏树在阳光下轻轻摇曳。透过这些柏树,我看到了一排新月形的柱子,尖尖的两角指向我,柱子上爬满了常春藤,藤蔓的色彩从白到灰,再到绿色交错。正中间有一道拱门,我透过拱门看到了一个林木葱茏的山丘,山丘上有一座白色的寺庙,紧贴着小村庄被日照温暖的墙壁。

但此时,一种奇怪的感觉涌上心头,我蔑视这一切。我急不可耐地向前跑去,从台阶上一跃而下,与柏树擦肩而过,扯下常春藤,踢向拱门的底部。

我最大声地喊道:"你们都很丑,我讨厌你们,我要去看比你们好得多的东西!"

声音在山谷间回荡,一直传到遥远的海边,微风变成了风。柏树摇晃，喷泉疯狂地摇摆，常春藤被从颤抖的柱子上扯下。狂风呼啸，天昏地暗，柏树被从地面拔起，在铺路石上疯狂地滚动，喷泉将污浊的水雾泼向淡橘黄色的瓦片，溅起水花，喷泉熄灭了，柱子压倒了第一株垮倒在草地上的百合。山谷暗了下来，上空乌云密布。最后一棵树无力地倒下了，眼前一片漆黑。然后我感觉到了变化，一切都变得刺耳和不安……

我凝视着房间的空白天花板。一股强烈的渴望和悲伤涌上心头。我现在才意识到，我所看到并蔑视的事物有多美，我痛哭流涕，因为我知道它们永远丢失了。[27]

这部作品略显夸张，过于追求效果，但其中有许多令人印象深刻的文字：寓言般的意象，秘密花园，杂草丛生的废墟，罗马或哥特式的场景，使用了各种文学技巧（如拟人），橙色的主题，突如其来的戏剧性瞬间。或许还预示着康德/柏拉图主义和基督教的主题：人类无法把握的超验之美的世界，犯罪的诱惑，带来遗憾和不幸。这一切都被巧妙地表现出来，具有质感和节奏，再现了梦境的现象学。而德里克才刚满 13 岁。

这个孩子诗意盎然、轻松且无忧无虑的写作风格，最终会被成年帕菲特刻板狭隘的乏味论文所取代。这与哲学的特殊要求有很大关系，但其中还有更多的原因。

* * *

德里克的成绩一直在班上名列前茅，现在几乎无人能敌。他就读的所有学校都极为竞争激烈。他后来向《纽约客》的人物专访者解释说，竞争是一种享受，因为他几乎总是第一名，"除了数学"[28]。这是一个错误的记忆。他的数学成绩一直名列前茅。事实上，在最后一学期的考试中，他在古典文学、英语、法语和数学等所有科目上都名列前茅。他的朋友比尔也表现出色。蒂姆·亨特的古典文学和法语成绩垫底。不过，他在生物学方面倒是展现出一些天赋，后来还获得了诺贝尔生理学或医学奖〔这让日后英国广播公司驻巴黎记者斯蒂芬·杰塞尔（Stephen Jessel，曾在《第十二夜》中饰演塞巴斯蒂安，与亨特饰演的奥利维亚配戏）打趣说，他曾经娶过一位诺贝尔奖获得者〕。德里克一生都坚持认为自己在数学方面毫无希望。在美国，当他与朋友外出就餐时，到了自愿支付 15% 小费的时候，他会声称自己算不出来，让别人去算。这显然是无稽之谈。他之所以有算术恐惧症，可能是因为数学对他来说不如其他科目那么自然。总之，他设法让自己相信，他的数学水平远不如实际情况那么好。

在最后一年，他获得了几乎令人尴尬的一系列奖项：国际象棋奖、作文奖、拉丁文散文奖、艺术奖、学校法语奖、阅读奖、英语文学奖和总体表现金奖。帕菲特夫人应邀在学校发表了演讲，这大概与德里克的成功有关。她向学生们提供了一些填写学校日记的幽默建议，只有帕菲特和其他一两个人会发现其中的讽刺意味。杰茜说，"有一个非常唠叨、冷酷的母亲"和"有一个和蔼可亲、善于鼓励的父亲"是非常重要的，"他会带你去有趣的地方，让你写日记，并给你一些可以写在日记上的东西"。[29]

在提出雄心勃勃的计划四年之后，比尔和德里克参加了伊顿公学的考试，他们是全校仅有的两名参加考试的男生。他们的老师雅克先生（绰号贾科）陪同他们前往学校，他们三人住在附近斯劳镇的一家民宿里。考试持续了好几天。德里克对考试很紧张，也为自己的紧张而紧张：每天他都要在民宿的体重秤上称体重，担心压力会让自己的体重下降。在 20 世纪 50 年代，任何一个有自尊的民宿主人都会确保你离开时的体重比入住时更重，所以民宿老板显然生气了："怎么了，难道我没给你喂饱吗？"[30]

德里克其实根本不必担心。伊顿公学为他颁发了最高奖学金。

第 3 章　伊顿泰坦

　　爱德华·莫蒂默（Edward Mortimer）为他伊顿公学最亲密的朋友设想了这样的未来："我非常愿意看到他成为首相［……］而不是一个隐居的牛津哲学家。"[1]德里克·帕菲特成为首相？在其他任何学校，这样的预测都显得荒谬可笑，只会是一个天真的、不谙世事的孩子在痴人说梦。但伊顿公学不是其他学校。

　　1956 年秋，德里克就读伊顿公学时，英国首相是安东尼·伊登（Anthony Eden），他以前也是伊顿公学的学生。苏伊士运河危机迫使伊登辞职后，哈罗德·麦克米伦（Harold Macmillan）搬进了唐宁街 10 号，他也是老伊顿人。1963 年，亚历克·道格拉斯-霍姆（Alec Douglas-Home）接替了麦克米伦的职位，他也是伊顿公学的老学生，他的儿子是德里克在伊顿公学的同学。道格拉斯-霍姆在首相职位上的主要竞争对手是黑尔什姆勋爵昆廷·霍格（Quintin Hogg），又是一位老伊顿人。在英国的公众眼中，没有哪所学校与阶级特权联系得如此紧密，也没有哪所学校与权力有着如此持续不断、历史悠久的联系，坦率地说，是令人发指的联系。

　　因此，德里克有朝一日可能成为首相的想法并不那么可笑。尤其是考虑到他在学校的成绩。

*＊＊

伊顿公学由英王亨利六世于 1440 年创建，他给学校提供资金，用于资助穷人接受教育。在入学考试中取得优异成绩并获得基金奖学金的学生被称为"国王学者"（King's Scholars），他们的人数上限为 70 人。几个世纪以来，学校的规模不断扩大，自费生也加入其中，到德里克就读伊顿公学时，学校人数已经超过一千名。这些人中的大多数未获得国王奖学金，被称为"校外寄宿生"（Oppidans 或 townies，拉丁语 *oppidum* 意为"城镇"）。德里克不仅是国王奖学金获得者，还是同年级 14 名国王奖学金获得者中的佼佼者。他的同班同学都是出类拔萃的。第二名是爱德华·莫蒂默，第三名是他在龙校的好友比尔·尼莫·史密斯。

国王学者与校外寄宿生之间的等级制度一直沿用至今，并通过仪式、着装和物质利益得到强化。国王学者住在学院里，吃在学院大厅，而校外寄宿生则住在伊顿镇上的各种寄宿公寓里。每当学校在考试成绩等场合提到德里克的名字时，他的名字后面都会跟上国王学者的首字母 KS，每个国王学者均如此。虽然伊顿公学的所有学生都穿着燕尾服，领口系着白色领带，但在上课和做礼拜时，国王学者还会穿上黑色长袍。这就是他们贬义绰号 Tugs 的由来，Tugs 源于拉丁语 *togati*，意为"穿长袍的人"。正如一位前国王学者所说："不懂拉丁语的吵闹的校外寄宿生往往会把 tug 这个词当成是一种'拽'的邀请。"[2]

20 世纪 50 年代，校外寄宿学生中有 60% 是老伊顿人的儿子，比例高得令人吃惊，而且这些老伊顿人中的大多数人本身也是更老的老伊顿人的儿子；他们"像继承老手表一样继承了学校"。[3]

这些男孩在很大程度上来自英国贵族和上层社会。国王学者和校外寄宿生之间的关系是一种相互瞧不起的关系。国王学者认为校外寄宿生在智力上不如他们。如今，伊顿公学的入学竞争非常激烈，但在 20 世纪 50 年代却并非如此。据德里克的一位同代人说，至少有四分之一的学生"真的很笨"[4]。人们认为，这些傻瓜的智力水平只配得上军队、股票经纪或保守党后座议员这样的职业生涯。与此同时，校外寄宿生则讥讽国王学者们是榆木脑袋和低等种族。糟糕的是，有些人甚至是外国人。更糟的是，在他们眼中，有传言说这些人中有一两个犹太人。

* * *

1956 年秋季学期，德里克抵达伊顿后的第一件事就是在富丽堂皇的学院图书馆举行仪式，国王学者们跪在地上，用拉丁语举行伊顿入校仪式。当时的校长罗伯特·伯利（Robert Birley）持中间派政治观点，但在一些伊顿人眼中，这使他成了一名革命者，他也因此获得了"残忍而无知"[5]的绰号"革命罗伯特"。

起初，德里克被安置在一个叫做"长厅"的长房间里，这个房间用窗帘隔成一个个小隔间，每个隔间都有自己的书桌、小洗脸盆、床和可以存放衣物的长椅。床铺每天都有被称为"男孩的侍女"的仆人来整理，然后用铰链将床抬起固定到墙上，以便腾出更多空间。

刚开始时，学校的节奏非常快。管家福尔摩斯先生是一位健壮的退伍军人，他会在早上 6:50 开灯，并用热情洋溢的"早上好，先生"问候 13 岁的学生们。早餐前的第一节课是上午 7:30。上午

9:50 有一场强制的礼拜仪式，国王学者们坐在一起，在某些圣徒日还会穿上白色罩袍。在德里克就读的第一年里，小教堂正在翻修，因此他需要沿主街步行到教区教堂。

国王学者之间有着强烈的情谊，德里克大部分时间都与他们在一起。他们一起用餐，并且由于学科是按能力分流的，所以他们往往被分在尖子班。他最亲密的朋友大多是国王学者。除了莫蒂默和尼莫·史密斯，还有安东尼·奇塔姆（Anthony Cheetham）和弗朗西斯·克里普斯（Francis Cripps）。这个群体说明，夸大国王学者和校外寄宿生之间的社会差距是多么容易：克里普斯是前财政大臣斯塔福德·克里普斯爵士（Sir Stafford Cripps）的孙子，而莫蒂默的父亲作为一名高级主教，成了上议院议员。德里克从来不是一个社交上的势利小人，但至少在伊顿公学，他在意友人的知识水平。在伊顿公学的第一年，他就创造了"tritic"这个词，定义为"人们希望与之交往的那种人"。[6] 爱德华和弗朗西斯就是这样的人。

无论当时还是现在，伊顿公学都以自由而闻名，让学生发展自己的想法和兴趣。与许多精英私立学校不同，学生们享有一定程度的隐私权。从长厅"毕业"后，男生们就有了自己的卧室。这些卧室是根据学业排名分配的。最优秀的国王奖学金获得者可以挑选房间，德里克将是这个制度的受益者。

* * *

伊顿有自己的方言。老师就是"鸟嘴"。戴维·科威尔（David Cornwell）是一位年轻的"鸟嘴"，他在德里克就读伊顿公学的头两年教授语言，后来成了一名作家，笔名约翰·勒卡雷（John Le Carré）。[20世纪70年代，BBC的一个摄制组在牛津北部寻找外景地时发现了诺斯穆尔路，并在德里克的家中拍摄了勒卡雷著作《锅匠，裁缝，士兵，间谍》（Tinker Tailor Soldier Spy）改编电影的一个场景。]每年在校学生的组群被称为"被选中者"。"学期"在这里叫"半学期"，这是一个特别奇怪的词，因为一年之中的半学期有三个。每个学期末都有考试，称为"试炼"。

德里克被他同期一位同学称为"高级劳斯莱斯学术机器"。[7]考试成绩由校长宣读，并确定下半年的排名。除了有一次（1958年夏季）他被挤到了第二名之外，德里克每次都名列榜首。他也会为这些考试发愁，这让他的朋友们恼火，因为他们认为结果是必然的。他的朋友安东尼·奇塔姆回忆说："他比其他人领先太多了，以至于我们都认为他得第一名是理所当然的。对我们其他人来说，这显然是天经地义的事。"[8]

假期里，他会去拜访朋友。14岁那年，德里克和莫蒂默一家一起去威尔士北部度假时，他试图在纸牌游戏"赛马恶魔"中作弊，结果被抓了个正着。当他回到家时，莫蒂默的父母因为没有收到他的感谢信而感到不安，直到有一天，他们收到了一个大信封，里面装着一首史诗，德里克在诗中描述了他的假期。他还拜访了奇塔姆一家，安东尼·奇塔姆学习驾驶时，他也在场。"众所周知，德里克对任何事情都有独到的见解。他极端确定，如果你想把车开到右边，就得把方向盘转到左边。"为了验证他特立独行的假设，德里克输掉了一场赌局，还差点搭上一辆车。

在学校，他在课外活动中表现出色。那些只知道他是一个狭隘而狂热专注的成年人的人，会对他曾经有如此广泛的兴趣而感到惊讶。音乐只是其中之一：德里克已经完成了钢琴的学习，现在弹奏圆号（小号），参加各个宿舍之间的管弦乐队比赛。他演奏了拉威尔的《波莱罗》，1958年当晚他打破传统，脱掉燕尾服，穿着衬衫演奏了贝多芬的《第8号交响曲》，赢得了全场最热烈的欢呼。他痴迷于查理·帕克（Charlie Parker），并且成了塞隆尼斯·蒙克（Thelonious Monk）的传播者。有几年，他曾是一支比波普爵士乐队的成员。安德鲁·格林（Andrew Glyn，后来成为著名的左翼经济学家）吹单簧管，尼古拉斯·劳瑟（Nicholas Lowther，子爵）吹长号，布莱恩·加斯科因（Brian Gascoigne）弹键盘。他们的合奏音调不和谐，单独演奏也没多大改进——加斯科因除外，他后来成了职业音乐人，参与了《哈利·波特与火焰杯》等电影的配乐工作。

六年级时，[9] 德里克成了《伊顿纪事报》（*The Eton Chronicle*）的编辑。该报报道学校新闻、奖项、体育成绩和演出信息，但也有诗歌和评论。总的来说，学生们可以随意刊登他们想刊登的内容，虽然罗伯特·伯利不鼓励提及"塔普"酒吧——位于主街旁的一个半地下酒吧——只有高年级男生才可以在那里喝最多两品脱的苹果酒或啤酒。校长很害怕有关塔普酒吧放荡不羁的消息传播出去，导致不良影响。《伊顿纪事报》唯一一次受到审查是安东尼·奇塔姆提议进行一项调查，看有多少学生的家庭住址包含大庄园（Hall）、庄园（Manor）、地产（Estate）或城堡（Castle）字样。校长认为这样做会造成社会分裂。

德里克以热爱语言游戏和猜谜而闻名：例如，他可能会拿一首诗，然后以一种新的方式将其中的词或诗节拆分。六十年后，一位同学仍能记得他的一些文字游戏——比如他在课桌上涂鸦的一行字"有一些关于美国颂歌旋律的基本手艺"(have some fundamental know-how about American canticle melody),他把这句话改成了"玩得开心点,女士,再说说话。现在,要不来点梅肯罐头挠我痒痒吧,女士"(Have some fun, dame, 'n' talk. Now how about a merican- can ticle me, lady)[10]。

除了音乐和新闻,德里克还参与了国际象棋俱乐部、文学社和戏剧社。德里克在学校上演的《安东尼与埃及艳后》中扮演安东尼,得到了《伊顿纪事报》的一致好评:帕菲特的声音带着一种迷人的轻蔑。[11] 他在《暴风雨》中的表现则是"一个技艺精湛、张牙舞爪的卡利班"[12]。每年年底,每一支"被选中者"都会举办一个年度晚会,人们都期待德里克的那一场,因为他写了这个剧本,而且是最搞笑的。

伊顿公学有一个哲学俱乐部,邀请过各种哲学家,德里克也会参加——他可能还亲自做过演讲。但这个俱乐部并不特别活跃,德里克更多参与的是辩论协会。当辩论的主题涉及社会或政治时,他总是站在进步立场上发声。辩论的辩题通常都设计得非常聪明巧妙,以便让那些自信的伊顿男生展示他们的口才和城市化的幽默风趣。德里克显然是一个流利的演讲者,并且巩固了他机智幽默的声誉。

1959年9月,他发表了一次"精彩的演讲"[13],支持"应将投票权扩大到十八岁及以上"这一辩题。他提议说,设立一些仅限女性参与的投票,或是仅限八岁以下儿童的投票,这也许是好主意。

10月25日进行了一场更为严肃的辩论:"本院不赞成惩罚。"这个话题之所以引人注目,是因为德里克的立场——他终其一生始终坚持的立场——即世界无法通过让一些人痛苦变得更好——即便是让罪犯痛苦也不行。"在人们记忆中最精彩的一次演讲中，帕菲特先生自信地提出了一个观点：既然只有机遇、遗传和环境对我们的行为负责，那么惩罚肯定是无效的。"[14]这种观点被哲学家称为"决定论"，即所有行为和事件都是由先前存在的原因决定的。帕菲特认为，如果我们的所有行为都像他所相信的那样是由别的原因造成的，那么我们就无法拥有通常理解的自由意志。我们并不比那种因为不知情地服用了让人产生幻觉的药物而被迫行动的人更自由。只是迫使我们行动的原因不那么明显。被下药的人不"理应"因他们的行为受到惩罚，我们也不例外。

1960年5月初，还有一个更具戏谑性质的辩题："本院认为哥伦布做得太过分了。"出于某种原因，德里克谈到了弗拉基米尔·纳博科夫（Vladimir Nabokov）最近出版的《洛丽塔》（*Lolita*），"（它）将英语扭曲到了极端的变态程度"[15]。7月，他发表了一番"冗长却精彩的演讲，充满了双关语、警句和微妙的意味"，内容关于辩题"本院会在伊顿燃烧时演奏竖琴"。这并不是他最精彩的表演，"他最幽默的言论未能获得应有的赞誉"。[16]

1960年10月又举行了一次庄重的辩论："本院认为军队生涯不配现代伊顿学子。"这一辩论吸引了许多人出席，但对德里克表现的评价出奇地严厉。德里克引用了罗伯斯庇尔和"卢梭的一些愚蠢且充满神秘主义的段落"。虽然他发表了充满激情的演讲，但记者兼评论员给出了咒骂般的评价：他的"风格带有些许空洞感，正如他的材料一样"。[17]

这种贬低并没有妨碍德里克成为辩论协会的主席。他上任后，辩论的议题语气发生了显著变化，从模糊和轻佻转向了直白和严

第 3 章　伊顿泰坦

肃。1960年11月20日，星期日，他就众议院"彻底废除死刑"的提案发表了"精彩的演讲"[18]。这是在国会辩论过的热门话题。德里克再次采纳了反死刑的立场：

> 他以戏剧化和雄辩的语调，痛陈官方谋杀有辱人格地不人道，强烈讥讽了所有保留死刑的惯用论调，并动情地讲述了人类生命脆弱的神圣性。他渴望和撒克里一起，"让这一可耻的罪恶从我们中间消失，清洗掉我们这片土地中的血腥"。[19]

该辩题以61票赞成对50票反对获得通过。

然后，在1961年2月，伊顿公学罕见地在校外组织了一次辩论赛，一支精锐的校辩论队对阵几英里外的梅登黑德辩论协会（Maidenhead Debating Society）。爱德华·莫蒂默发言支持"公校应当被废除"[20]的辩题，他用疯狂的手势主张"摧毁阶级差别的围墙"。随后，"帕菲特先生"发言。他"恢复了以往的革命性风格，猛烈谴责公校与其他学校之间灾难性的社会分裂。他断言：'出生时就为一个男孩定下伊顿公学的命运，就像在婴儿屁股上盖上一个皇冠。'"[21]他的炽热演讲并不足以避免投票的失败。但在三月份，德里克和他的辩论搭档乔纳森·艾特肯（Jonathan Aitken）进入了英国公学辩论赛的决赛，见证了他的辩论实力。

* * *

在英国的教育体系中，参加完O-Level考试[22]——16岁左右参加的公共考试——继续留在学校的学生只需集中学习三到四个科目,即可获得 A-Level 资格证书。德里克在 1958 年 12 月参加了九门 O-Level 考试,包括初等数学和高等数学。此后,学校的排名已经确定——德里克名列第一。和龙校一样,伊顿公学注重拉丁语和希腊语,当他有机会选择学科时,德里克选择了现代史,"并非因为我特别想学习历史,而是因为我不想专攻拉丁语和希腊语"。[23] 在伊顿公学,"现代史"指的是公元 410 年罗马人撤出英国之后的历史。他还学习了 A-Level 要求的古代史和英国文学。

在高中部的第一年,德里克就赢得了罗斯伯里奖,这是学校最高的历史奖项,尽管他是与高年级的学生竞争。大约在同一时间,他还赢得了由《每日镜报》主办的全国文学竞赛。1959 年至 1960 年间,他的四篇学校作业被评为出类拔萃的作品,并以"呈送"的方式提交给校长。四篇作品中有三篇是关于十八和十九世纪的法国历史,第四篇是关于意大利的问题:"是什么力量导致罗马在十九世纪六十年代没有成为意大利王国的一部分呢?"

1960 年底,德里克以一篇题为《恣意之美》(Wanton Beauty)的文章参加了特里维廉奖的角逐,并最终获奖。虽然有字数限制,但按照他日后常用的方式,德里克自认可以免受规则约束,只要加上一个迷人而诚恳的道歉,再配以一个(通常是牵强的)解释,就足以让任何违规行为得到原谅。"如果我的冗长造成了任何麻烦,我只能表示歉意。"他声称,虽然他的文章超出了规定篇幅,但这并没有真正违反规则,因为"接下来大部分内容都是引文"。[24]

这篇长文对语言的本质进行了引人入胜的探讨;探讨的并不是语言如何指称世界这一哲学问题——他从未感过兴趣的一个棘手话题——而更多地是探讨语言的现象学:大脑是如何体验声音和节奏的。他特别感兴趣的是"声音本身具有的任意性 [……]

因为它们在本质上就由元音和辅音（摩擦音、爆破音、唇音和其他音）以复杂模式组成"。[25] 这篇文章揭示了他对语言细微差别的高度敏感，同时也解释了他在人生这个阶段为什么如此着迷于诗歌。他写道："正是在诗歌中，我们从言语走向歌唱，正是那些我们聆听的声音直接触动我们的感官，那些声音不再只是未被承认的感官的信使。"[26]

论文还有一小部分是关于文字的视觉效果。几十年后，他因过分痴迷书籍制作中的视觉元素而令出版商们头痛，这种痴迷的种子在这里已有所显现，体现在他讨论大脑如何对字母和单词在页面上呈现的方式非常敏感。

* * *

通常情况下，伊顿公学对学生影响最大的老师是舍监——在德里克的第一年是斯蒂芬·麦克沃特斯（Stephen McWatters），随后是雷夫·佩恩（Raef Payne），两人都是古典学者和老伊顿学子。但是，在德里克的人生中，真正起到更大作用的是历史学家雷蒙德·帕里（Raymond Parry）。帕里有"威尔士巫师"之称，他性格豪爽，易激动，带有浓重的威尔士口音。他曾在牛津大学获得板球蓝色荣誉，[27] 是英国内战史专家，还教授过一门受欢迎的美国历史课程，内容涉及奴隶制和美国南部各州脱离联邦的问题。

他还是自己学科的热情传播者。很明显，德里克打算申请牛津或剑桥大学，但当他提出想学习哲学、政治学和经济学（牛津大学著名的"PPE"学位）时，帕里回复说："胡说，孩子，你该学历史。"[28] 让德里克轻易打消念头的是经济学中的数学部分——

他正确地预感到这会涉及方程式和符号。

牛津大学是一所由三十多个独立学院组成的大学体系，接下来的问题就是申请哪个学院。对帕里来说，这个问题也很容易解决。他本人曾是贝利奥尔学院（Balliol）的本科生，并与仍在那里任教的历史导师克里斯托弗·希尔（Christopher Hill）保持着联系。（当然，这些非正式的关系，让私立学校中本已享有特权的学生更有优势，无疑助长了英国阶级制度的延续。）1960 年 2 月 2 日，帕里写信给贝利奥尔，支持德里克的奖学金申请："他从龙校毕业并赢得了伊顿的最高奖学金，从那时起，他就一直名列前茅。"他接着写道："我可以毫不犹豫地说，帕菲特先生是我十四年教学生涯中遇到的最好的历史学家。"在详细介绍了德里克的许多课外成就后，帕里写道："也许他令人印象最深刻的一点是，尽管他才华横溢，但他保持着谦虚且有魅力的个性。"[29] 一个月后，德里克回到牛津，参加在基布尔学院（Keble）举办的奖学金入学考试，他很快就收到了结果。1960 年 3 月 22 日，他获得了贝利奥尔学院的最高历史奖学金——布拉肯伯里奖学金（Brackenbury）。

* * *

在英国的过去（和现在），只有一小部分孩子在私立学校接受教育，而其中只有更小的一部分是寄宿生，远离家乡生活。许多寄宿生感到很孤独。有些人会受到虐待。德里克·帕菲特从不多愁善感；有一些人也从伊顿公学寄给妹妹乔安娜的信件保存了下来，但这些信件并未透露太多他当时的情绪，也没有多少关于他在做什么的信息。不过，这些信件中充满了亲切和玩笑，语气与德里克未来的自我截然不同。1959 年 10 月 11 日,他写给他"最梦幻、最亲切、最可爱、最温柔的妹妹",并在信的结尾写道:"一大桶的爱,来自哥哥"。[30]

他会在乔安娜生日和钢琴考级等特别场合写信祝她好运,但也会随意地给她发些信件。他还建议她不要过度工作:"亲爱的,每天工作时间不要超过 12 小时;像我一样,只工作 11 小时就好。"[31] 1960 年 2 月 14 日,他寄出了一张有趣的情人节贺卡,在贺卡中,他想象了乔安娜和一位崇拜者之间荒诞的电话对话,乔安娜最后问道:"你疯了吗?只是半疯。半糊涂、半疯癫、半疯子、半圣诞巧克力!哦,闭嘴。"[32]

他的信纸上印有伊顿公学的地址(New Buildings, Eton College, Windsor, Berks)。这些信纸是乔安娜用自己的印刷版制作的。1960 年 10 月 12 日——那天在菲律宾代表谴责苏联东欧镇压人权后,苏联领导人尼基塔·赫鲁晓夫愤怒地捶打联合国讲台,从而塑造了一个经久不衰的冷战形象[33]——德里克提出了一个资本主义的建议:"如果你想不费多少力气就赚大钱,我已经想到了一个你可以做到的方法。"很多人都看过并欣赏他的信纸,他提议"以相当高的价格"帮她出售这些信纸。[34]

* * *

德里克绝不是伊顿公学唯一一个特别聪明的学生,但他的成就使他在学生中成了传奇人物。即使离开伊顿多年后,校刊上仍有关于他的报道。人们本可能期待他的学术才能会引发怨恨和嫉妒,但他从不张扬,从不居高临下,从不傲慢无礼,因此很少有人不喜欢他。相反，他被视为相当成熟，甚至很酷。他告诉人们他崇拜三位神灵，并为这神圣的三位一体想出了一个流行语。他称他们为"鸟儿、吟游诗人和芭铎"（the Bird, the Bard, and Bardot）：查理·帕克、莎士比亚和碧姬·安-玛丽·芭铎（Brigitte Anne-Marie Bardot）。[36]

学校里最负盛名的社团——至少在学生眼中——是伊顿协会，也被称为 Pop 社团。Pop 的新会员由老会员选举产生，人们普遍认为这个名字代表"受欢迎"。事实上，"Pop"可能源于拉丁语 *popina*，意为"厨房""食堂"或"小食店"，Pop 最初就是在这里聚会的。会员资格很受追捧，因为它能带来特权，比如可以穿颜色鲜艳的马甲。这是个"学监"的社团，所以盛装打扮的 Pop 成员会在伊顿大摇大摆地走来走去，警告那些没有把衬衫塞进裤子里的小男孩。

Pop 成员大约只有 20 人，德里克能够当选为成员，充分体现了他的受欢迎程度，尤其是在 1960 年 7 月的辩论中，他猛烈抨击过这个社团，辩题是"本院会在伊顿燃烧时演奏竖琴"。他的当选还显示他对社会地位的渴望以及对人类动机的世故理解：在当选前一晚的学校音乐会上，他买了一盒糖渍栗子，分发给主要是 Pop 成员的同学们。[35] 1961 年 2 月 9 日，他写信给妹妹乔安娜，说他"每天早上躺在床上，我都在想该穿哪件马甲，这让我非常烦恼"。[36]

德里克在六十多岁时写道："我完全能想象得到，很多孩子在寄宿学校里，运气不好、遇到残酷的老师或其他男孩，可能会恨不得不在那里。两个最著名的反乌托邦小说，《美丽新世界》和《1984》，都是由老伊顿学子写的，这并非巧合。"[37] 然而，德里克自己的学校生活是快乐的。在伊顿这样的学校里，他茁壮成

第 3 章 伊顿泰坦

长。他的最后一份学校报告列出了他在五年中获得的奖项和奖学金——总共16项。伊顿公学的档案管理员"从未见过如此多奖项的纪录"。[38]

如果德里克在伊顿公学一直待到1960—61学年结束,他就会以第一名的成绩自然而然地成为"学校领袖"。但是,由于他已经获得贝利奥尔学院的入学资格,他觉得再待下去没有什么意义,尤其是他刚刚收到了一份极不寻常的邀请——到一家著名的美国杂志社实习。

第 4 章　历史男孩

帕菲特在半个世纪后写道:"我突然收到了《纽约客》编辑威廉·肖恩(William Shawn)的邀请。"[1] 很少有学生能收到一位传奇编辑的主动邀请,去可以说是美国当时堪称最负盛名的杂志社工作。我一直没有弄清《纽约客》这份梦幻邀请是如何发生的。最明显的途径是通过德里克在纽约人脉丰富的姐姐西奥多拉,但她坚决否认。无论如何,这是任何一个人都绝不会拒绝的邀请。

整整半个世纪后,同一本杂志刊登了拉丽莎·麦克法夸尔(Larissa MacFarquhar)撰写的帕菲特的长篇人物特稿:

> 1961 年初夏,年仅 18 岁的帕菲特前往纽约。他差点被拒签——移民官看到他出生在中国,告诉他中国的签证名额已经满了。他抗议说自己是英国人;移民官征求了一位同事的意见,告诉他说,他会得到签证,因为他是他们喜欢的那种华人。他开始在《纽约客》工作,担任"街谈巷议"(Talk of the Town)栏目的调查员。他和姐姐西奥以及她的几位牛津大学朋友(大多是归国的罗德学者)住在上西区的一栋华丽的高顶公寓里。他充满热情和自信,发表了各种各样的言论,既让一些

罗德学者觉得有趣，也让另一些人感到恼火。[2]

38 "街谈巷议"是《纽约客》的一个专栏。帕菲特的任务是开始研究新兴的非洲国家，特别是加纳。那是非洲去殖民化的十年——1960年，哈罗德·麦克米伦首相发表了"变革之风吹遍非洲大陆"的演讲。加纳（前身为黄金海岸）在去殖民化过程中处于前列，于1957年获得独立，其受过美国教育的领导人夸梅·恩克鲁玛（Kwame Nkrumah）是泛非主义（pan-Africanism）的倡导者，也是西方社会一直着迷的人物。

当时冷战正处于最严峻的时刻。1961年4月，美国中央情报局（CIA）资助了古巴灾难性的猪湾登陆行动，该行动是由反对菲德尔·卡斯特罗（Fidel Castro）的古巴流亡者实施的。同年8月中旬，柏林市中心竖起了一道巨大的铁丝网屏障，紧接着是砖块、混凝土和瞭望塔组成的柏林墙。与此同时，另一个国际新闻也引起了《纽约客》的兴趣。帕菲特在纽约工作期间，哲学家汉娜·阿伦特（Hannah Arendt）正在耶路撒冷为《纽约客》报道纳粹头目阿道夫·艾希曼（Adolf Eichmann）的战争罪审判。她的报道被出版为一系列轰动文章，然后形成了《艾希曼在耶路撒冷：关于恶之平庸的报告》一书；该书对艾希曼和种族灭绝的官僚机制的分析至今仍存在争议。

帕菲特被安排在E. B. 怀特（E. B. White）的办公室工作。怀特是《纽约客》的一位资深作者，在业余时间还写了一系列成功的儿童读物，但当时他正外出。与帕菲特年龄相仿的是另一位《纽约客》的工作人员，印度出生的维德·梅塔（Ved Mehta）。梅塔不久前还是牛津大学贝利奥尔学院历史系的学生，而这正是帕菲特自己选择的教育方向。帕菲特后来讲述了一个故事,在他在东43街差点被一辆车撞到时,梅塔及时拉住了他,救了他的命,或至少避免了严重受伤。值得一提的是,梅塔是盲人。

帕菲特非常喜欢纽约。他对摩天大楼以及偶尔能看到的天空和河流的美景感到着迷。他有机会尽情享受他对爵士乐的热爱,还观看了几场迈尔斯·戴维斯(Miles Davis)和塞隆尼斯·蒙克的现场演出。他还发现了比莉·霍利迪(Billie Holliday)的音乐,后者已于1959年去世。腼腆的《纽约客》编辑威廉·肖恩(梅塔写过一本关于他的书)与他有着相似的音乐品味。他到《纽约客》办公室的第一天就遇到了肖恩,而当天晚上他去一家爵士俱乐部时,又与肖恩不期而遇。两人都坐在禁酒区;肖恩不喝酒,而帕菲特则是太年轻,不能点酒。

* * *

在纽约的三个月喧嚣与繁忙之后,帕菲特的实习结束,回到了他成长的建筑低矮的城市,也回到了他最感舒适的那种学术机构。贝利奥尔学院成立于13世纪,是牛津大学最古老的学院之一,培养了大量著名校友:政治家、总主教、法官、外交官、诗人、小说家和学者。

对帕菲特来说,新的学术环境意味着要适应新的院落、新的规则和风俗。在第一学期末,他犯了一个小小的失误。当时他天真地认为,在牛津大学,向学院院长汇报学术进展的惯例在贝利奥尔的术语中被称为"院长握手"(Master's Handshaking),一定包括握手。于是,他伸出手臂去握院长的手,结果这一举动令贝利奥尔学院院长大卫·林赛·基尔爵士（Sir David Lindsay Keir）颇为惊讶。

牛津的学期很短——只有八周——但课业却非常繁重。那一代的本科生每周有两次辅导课，并且被要求提交一篇论文，通常会与导师和另外一位学习伙伴一起就论文进行讨论。对于一名英国历史专业的本科生来说，贝利奥尔学院无疑是最好的地方。帕菲特在这里时，学院有四位历史学导师。约翰·普雷斯特（John Prest）是其中之一，帕菲特对他评价不高，他是一位亲切但缺乏启发性的维多利亚时代专家，贝利奥尔的前学生（后来的内阁部长、香港总督和牛津大学校监 Chris Patten）彭定康认为他是"一位举止优雅、面颊圆润的绅士"[3]。另外三位导师则更为出色。莫里斯·基恩（Maurice Keen）是中世纪历史的杰出专家，在贝利奥尔学院工作了40年；弗雷德里克·福赛思（Frederick Forsyth）的小说《调解人》（*The Negotiator*）中的历史导师原型就是他[4]，这让基恩成了一位大众知名人物。基恩采用苏格拉底式的教学方法，通过提问揭示学生论证中的困难和矛盾。彭定康回忆说："他抽着肮脏的小雪茄，走来走去，听本科生朗读论文，偶尔停下来，伸手舀一勺牛津切厚果酱，咀嚼着，边吸烟边深思。"[5] 他是个害羞的人，后来他告诉罗宾·布里格斯（Robin Briggs，帕菲特的中世纪历史学习伙伴）说，他在智力上被布里格斯和帕菲特的搭档组合吓到。

基恩喜欢喝酒，辅导时有时会带着宿醉，但与他最好的朋友理查德·科布（Richard Cobb）相比，他的酒量显得有些业余。科布在1962年加入贝利奥尔，是世界上最著名的法国大革命专家之一，在早期的职业生涯中，他几乎全是用法语写作。他关注的是

"底层的历史"——关注的是穷人而非富人,是妓女而非公爵。他是一位充满魅力和启发性的老师,能让法国大革命变得生动而有现实感,同时,他还是一位极具才华的作家,最初的声誉便来源于他对法国历史书籍的精彩且常常令人震惊的抨击性评论。牛津的讲座开始时,他会把一品脱啤酒放在讲台上。

在个人方面,他像在文字上那样富有攻击性,喜欢辱骂权威人物。有一次,在与朋友们一起在餐厅吃完晚餐后,他喝醉了,回到贝利奥尔学院,蹒跚走在主楼旁边的布罗德街上,边走边大喊:"去你妈的院长!"当他喝醉时,还会以流利的法语站在贝利奥尔的窗前,完美模仿法国总统戴高乐的声音。

帕菲特曾在科布的指导下学习过 18 世纪的英国历史,后来选择法国大革命作为专门课题时,又是由科布来指导。四位贝利奥尔历史学导师中,毫无疑问,科布对帕菲特的思想影响最大,但第四位贝利奥尔历史导师对帕菲特的职业生涯更为重要。克里斯托弗·希尔是一位马克思主义历史学家,他为理解 17 世纪的英国历史,包括内战和奥利弗·克伦威尔(Oliver Cromwell)动荡的革命统治,提供了一个新的框架。希尔一家和帕菲特一家是多年老友:两家人都居住在北牛津,那里一直是一小块联系紧密的地区。希尔直到 20 世纪 50 年代才脱离共产党,但这并未妨碍他在牛津的事业。他是大家最喜欢的马克思主义者,也是一个和蔼可亲的人,尽管"他非常小心,避免让别人发现他在行善"。[6]帕菲特毕业后不久,希尔当选为贝利奥尔学院的院长。帕菲特之后会向他寻找支持,帮助他从历史转向哲学。

后来,帕菲特曾表示,他对历史的兴趣一直低于哲学。事实上,在第一学年的下学期,他曾考虑转学 PPE:哲学、政治学和经济学。经济学部分仍然让他望而却步，他担心其中的数学部分超出能力范围。为了测试自己，他开始阅读一本经济学教科书。[7] 课本的第一部分讲述了豌豆的边际效用如何递减（吃得越多，豌豆给你带来的愉悦感就越小），这非常有道理。

> 由于我理解这一说法，我在餐厅吃晚饭时告诉我的朋友们，我要改学 PPE 了。但在餐厅晚饭之后，我又读了几页，看到了一个我不明白的符号，它是一条线，上面和下面各有一个点。我去问附近的一个人这个符号是什么意思。当他告诉我这是一个除号时，我觉得非常丢脸，于是就继续学历史。[8]

再次强调，我们也很难理解这个故事。帕菲特以自己是数学盲而自豪，但很难相信这个在学校里数学成绩第一的孩子会不认识除号。不过，尽管如此，每个学习 PPE 的人都必须学习一些基本的形式逻辑，帕菲特很高兴自己坚持学了历史，因为如果转到了 PPE 学位他一定会讨厌形式逻辑，"然后［……］可能会被哲学拒之门外"。[9]

* * *

在学业上，帕菲特继续取得成功。据理查德·柯布的一位本科同学说，柯布对自己的学生感到敬畏："他认为帕菲特是个天才"。[10] 帕菲特的分析能力，组织事实和论据的技巧，给他的搭档罗宾·布里格斯留下了深刻印象。他是那种喜欢直截了当的问题和可靠答案的历史学家；他会提出一个引人入胜的问题，然后寻求解决之道。在第一年期末考试结束时,他获得了牛津大学历史学最佳表现奖——H. W. C. 戴维斯奖。

与伊顿公学时一样,帕菲特在学术追求之外有着广泛兴趣。首先他涉足学生政治。牛津大学联盟(Oxford Union),一家"建制派"辩论协会,是那些雄心勃勃的学生希望进入党派政治的练兵场和彩排场所。辩论者通常需要戴黑领结,具有精英气息的氛围让许多来自公立学校的学生感到不适。帕菲特加入了辩论协会,但并未积极参与其中。不过,他更多参与的是大学的劳工俱乐部(Labour Club),组织了一系列讲座,其中包括一些杰出学者的讲座;这些学者包括哲学家和思想史学家以赛亚·伯林(Isaiah Berlin,可能是关于政治中的想象)、社会研究员理查德·蒂特马斯(Richard Titmuss,关于福利国家)、爱尔兰出生的生物学家J. D. 伯纳尔(J. D. Bernal,关于马克思主义辩证法与生物学的相关性)以及斯图尔特·汉普希尔(Stuart Hampshire,关于精神分析、自由和政治)。[11]

然而,在政治上,他似乎采取了观望态度:他还先后担任了坎宁俱乐部(Canning Club)的副注册官和秘书。该俱乐部以19世纪初英国保守党首相乔治·坎宁(George Canning)的名字命名,旨在推广和讨论保守党的原则。至少在20世纪60年代,它似乎是一个高度精英化的社团。其中一位资深成员是万灵学院的院长(Warden,相当于贝利奥尔学院的Master)约翰·斯帕罗(John Sparrow),另一位是杰出的历史学家休·特雷弗-罗珀(Hugh Trevor-Roper)。俱乐部不常开会,通常会邀请一位演讲人讲解政治史上的某个话题,如西班牙内战、帝国主义、二战前英国的法西斯主义、坎宁勋爵本人等,会议通常在学生宿舍举行。帕菲特

第 4 章 历史男孩

曾主持过一次会议，他根据自己在《纽约客》上的研究成果，讲述了加纳的故事。[12] 他滔滔不绝地讲述了加纳获得独立前的一千年的历史，帕菲特指出，对恩克鲁玛的半神化不应被过于认真看待。帕菲特主张，对于恩克鲁玛的一些压制性措施应有一定的宽容态度，这些措施可能产生于"一个新兴国家的特殊需求"，因而是可以理解的。[13] 至于西方对加纳可能被卷入苏联阵营的担忧，他表示这种担忧是错位的：加纳仍然主要融入的是西方经济体系，而恩克鲁玛并不希望依赖莫斯科。

每年，坎宁俱乐部都会举行盛大的年会晚宴。虽然1961年晚宴的宾客名单已经遗失，但几乎可以肯定，帕菲特出席了这次晚宴。他从没缺席过坎宁俱乐部的任何活动，而且即将被选为副注册官。晚宴于1961年12月11日举行，所以很可能在那天他与英国首相哈罗德·麦克米伦共度了他的19岁生日。晚宴在伦敦高档的多尔切斯特酒店举行，会议记录显示，一年前还担任牛津大学校监的首相"担任了晚宴的主席"。[14] 约翰·斯帕罗提议为女王干杯，克利瑟罗勋爵（Lord Clitheroe，代表上议院）以及养老金和国家保险部长约翰·博伊德·卡彭特（John Boyd Carpenter，代表下议院）也分别致了祝酒词。斯帕罗发表了简短的讲话，谈论权力如何从上议院逐渐转向下议院。（首相认为斯帕罗搞错了那段历史，三天后竟然抽空写了封信纠正他。）

接下来发生的事情超出了一般性学生聚会的范畴：与油腻的炸鱼薯条或烤肉串不同，晚宴的菜肴包括清汤海龟汤、香槟鲽鱼片配糕点花边和格鲁耶尔奶酪舒芙蕾，每道菜都配有昂贵的美酒（鲽鱼片配的是一杯木桐酒庄1952年产的红葡萄酒）。

坎宁俱乐部是一个讨论性协会，而不是辩论协会。帕菲特在牛津期间很少公开演讲。然而，至少有一次值得记忆的场合，他和他的伊顿辩论搭档乔纳森·艾特肯重聚了。牛津大学在西伦敦的沃姆伍德·斯克鲁布斯（Wormwood Scrubs）监狱安排了一场辩论，辩题是私立学校是否比监狱更糟糕。[15]（有趣的是，艾特肯后来自己经历了这两种情况：在 1995 年辞去保守党内阁部长职务后，他因涉嫌与一些有权势的沙特人有不正当交易而起诉一份报纸诽谤。他败诉了，后来因伪证罪和企图妨碍司法公正被判刑 18 个月，实际服刑 7 个月。）

在喧闹的沃姆伍德·斯克鲁布斯监狱辩论中，帕菲特表现出了"高水平喜剧演员的风范"[16]，他在辩论中讲述了私立学校的种种弊端，但他和艾特肯依然遭到了惨败。监狱方阵营的明星辩手是受过剑桥教育且被定间谍罪的乔治·布雷克（George Blake），他曾为苏联工作并充当双重间谍。布雷克在 1961 年被曝光，并被判刑 42 年。在辩论中，他声称，如果不减少他的惩罚性刑期，他会自己减刑。这让大学方的辩论者们感到困惑——他到底是什么意思？不久之后，世界将会知道答案：1966 年，在绳梯的帮助（以及外部同伙的配合）下，布雷克翻越了监狱的围墙，最终逃到俄罗斯，度过了他漫长的余生。

布雷克曾向苏联提供了英国间谍的详细信息，其中一些间谍因此被处决。他认为，追求共产主义社会的光辉目标可以为他所采取的叛国行为提供正当性。这种推理在未来成为帕菲特大量写作的主题。至于当时，他的笔却还在撰写一些较轻的主题。

第 4 章　历史男孩

第 5 章　牛津单词

和在伊顿公学时一样,帕菲特也涉足新闻写作。他为贝利奥尔的讽刺杂志《美索不达米亚》(Mesopotamia)编辑和撰写笑话,还试图招募人手推销杂志——这是历史学家和女权主义者希拉·罗博特姆(Sheila Rowbotham)发现的,她在打开自己(圣希尔达)学院的大门时遇到了他。她发现帕菲特"艺术气息浓厚",但因为他的头发斜垂在额头上,她立刻就不喜欢他了,在她看来这是一种"中上层阶级特有的方式[……]他几步就跃到了我房间的另一边,盘腿坐在衣柜顶上,像刘易斯·卡罗尔(Lewis Carroll)笔下的毛毛虫那样俯视着我。"[1] 虽然帕菲特的家庭背景并非特权阶层,但他伊顿公学的教育背景无疑让他被视作"高贵的人"。

《美索不达米亚》并不是帕菲特的主要创作平台。牛津大学有两本全校发行的学生刊物,一本是《彻韦尔》(Cherwell,牛津的泰晤士河支流名),另一本是《伊希斯》(Isis,牛津境内的泰晤士河名)。帕菲特选择了当时还是周刊的《伊希斯》作为他的创作平台。这本杂志自诩为英国历史最悠久的独立学生杂志,培养了许多记者和作家,它的撰稿人包括伊夫林·沃(Evelyn Waugh)和西尔维娅·普拉思(Sylvia Plath)。

帕菲特刚到牛津时，《伊希斯》因刊登批评和嘲讽大学讲座的文章引起了全国关注，在大学当局看来，这有些超过言论自由的界限，因此该杂志一度被暂时停刊。然而，帕菲特刚来牛津不到一个月就开始为它撰稿。他评论了一场歌舞表演，并在一个特别的专栏中报道了牛津大学联盟的一场辩论，辩题是"本院认为应摧毁大众宣传机器"。这篇文章颇为特别，因为他自己也参加了辩论，并在文章中既充当法官又充当被告。作为自己的法官时，他并不宽容："罗伯特·斯基德尔斯基（Robert Skidelsky）提出的反驳令人印象深刻，而德里克·帕菲特提出的论证则显得轻率。"[2]

他尝试了多种写作风格。在第二学期他写了一首诗，在夏季学期，他写了一篇音乐评论，还更多地报道了牛津联盟的辩论，其中包括一场关于上帝是否存在的辩论。伯特兰·罗素的儿子康拉德（Conrad Russell）和哲学家安东尼·弗卢（Antony Flew）都否认上帝的存在。根据帕菲特的报道，有一次插话惹恼了弗卢，他"气得紧闭嘴唇，暴怒异常。仿佛地狱爆发般，而他愤怒的对象就是地狱。永恒诅咒的上帝不是无限的好，而是无法形容的坏。'你们在崇拜一个施虐者！'他尖叫道"。[3]

在另一场辩论中，帕菲特对保守党议员伊诺克·鲍威尔（Enoch Powell）的一次演讲给予了正面评价，认为鲍威尔"加速较慢，但一旦进入高速，便具有巨大的动能"。[4] 六年后，鲍威尔发表了臭名昭著的种族主义演说"血流成河"（rivers of blood），导致他被保守党反对党领袖爱德华·希思（Edward Heath）解除了前排党内发言人职务。鲍威尔也许没有什么优点，但他很少显得无聊。相比之下，帕菲特认为下一周的辩论"像议事日程一样单调乏味"。[5]

1962 年 6 月，帕菲特在《纽约客》上发表了一首诗。即使是对一个 19 岁的年轻人来说，这无疑也是一项了不起的成就，但事实上，这首诗是两三年前，也就是他十六七岁时完成的，曾被转载于他在伊顿公学获得特里维廉奖的论文中。他后来坦言，自己觉得这首诗"过于浮夸，让人难为情"。[6] 这个评价未免过于苛刻。第一节诗句笨拙且刻意，但其意象别出心裁，其中不乏凄美之句。这首诗揭示了一种真诚的共鸣能力，与他后来的哲学写作风格截然不同。这首诗的题目是《一位伯爵夫人的照片》（Photograph of a Comtesse），主题是衰老：一位年轻女孩的照片"被时间捕捉到"，与"枯萎、焦灼、饱经风霜、疾病缠身"的老太太进行对比。这首诗的灵感来自他回访十岁时在一次法国交换生旅行中曾待过的一座古堡。除了管家和一位老妇人外，其他住客都搬出了城堡，他与那位老妇人单独待了几分钟。尽管帕菲特本人从未将这首诗与他后来的哲学作品作对比，但我们却很难不看到其中的关联。年轻的少女和衰老、病弱的老太太是同一个人吗？

> 她的眼睛睁得大大的，给人些许甜美的安慰。
> 孩童式的眉梢，映着她下巴的苍白。
> 满月般的弯曲，超越了那黑色的水晶；
> 乌黑的长发如浪潮翻涌，
> 染上她皮肤的苍白。
>
> 那严肃的表情只是意味着
> 戏谑般的悲欢，正如她年纪的女孩。
> 瓷一般的胳膊轻轻触碰，脖间的项链

为她的裙子添光，裙摆的天蓝
在曝光中渐渐消散，仿佛空白的页。

时间定格——那渐逝的微笑，定格、复生，
在镜头里汲取了些许新鲜的水分，
却终究消散——
悬挂在阳光斜射，光线刺破窗棂的地方，
她静躺在床上。

枯萎，焦灼，煎熬，病热！
冬霜已剥去那枯萎的躯壳！
多少纠结的年岁，多少喜怒哀乐，
与这位疲惫的年迈女人相依，多少光线，
照亮这颤抖的心灵，又多少黄昏？

她点头，仿佛捕捉到一个甜美的念头，
遥远的日出渐渐浮现，但那双曾经闪耀的眼睛
如今已然失明，曾经绽放的微笑，
只剩一朵枯萎的玫瑰。当黑夜降临，她沉睡，
孤单，手中握着一张旧照片，
照片里是那个小女孩。

这首诗的韵律是 ABAAB，这一点显而易见。但帕菲特有条不紊的思维方式却在这首诗精心构思的音律中显露无遗。我们可以从他在特里维廉奖论文的两页文字中看到这一点。例如，

诗中每个结构内音调都呈现出起伏的变化，多数情况下 B 韵是 A 韵的放松补充，因此"ine"与"in"搭配，"ived"与"ed"搭配［……］此外，正如每节诗中第三和第四韵的重复效果使得最后一行带有一种平静和舒缓感，诗中前四节中重复使用长音元单 I（如 line 中的发音）也给第五节的整个 E 韵带来了平静感，抚平了激情的波动。[7]

在第四节中，他进一步解释说，刺耳的辅音和意外感，就是为了制造冲击感，因为随着叙事的展开，我们可以清楚地看到，床上的人物是一位"疲惫的年迈女人"。

* * *

诗歌只是语言表达的一种形式。帕菲特还写过一篇短篇小说《像鹅卵石一样》（Like Pebbles），讲述了一个年轻男子度假时迷恋上一个年轻女子的故事[8]（这篇短篇小说在今天很可能无法出版；因为故事的结尾是男子晚上不请自来，进入女子的酒店房间偷吻了她）。但帕菲特在《伊希斯》中最不成功的文学形式是讽刺作品。在他二年级的第一个学期，在由"南非之家"（Suid Afrika Haus）资助的专栏里面，他写了一篇滑稽地模仿亲种族隔离宣传的文章，声称"当地人"对种族隔离心存感激，并且"没有暴乱就证明了这一点"。[9]第二篇同样不好笑的讽刺文章则是帕菲特以保守党中央办公室（Conservative Central Office）的名义写的。

值得庆幸的是，他放弃了模仿政治对手的讽刺，转而采用一种更自然的新闻写作风格，即条分缕析式的、立场鲜明的文章，显示出了他的世界性的眼光和对国际事务的好奇心。最有争议的是，在一篇题为《战争国家》（The Warfare State）的文章中，他谈到了基督教右翼给美国带来的危险。这篇文章之所以引起争议，不仅因为它的黑暗预言，还因为它与弗雷德·J. 库克（Fred J. Cook）在《国家》杂志（*The Nation*）上发表的系列文章中的素材有可疑的相似之处。直到帕菲特被指控剽窃后，发表他文章的杂志才姗姗来迟地（在接着的一期）承认了他的主要信源。我们一直无法确定对帕菲特的指控是否公正：他声称，他在寄送原文时附上了他的资料来源，但《伊希斯》的编辑选择了不予刊登。至于文章的内容，他在公开回应中安抚了一位愤怒的美国人，称文章中的"模糊、不理性的分析"[10]并非他的本意，自己"对美国抱有很大的希望，我只是写下了一些我内心的忧虑"。[11]

帕菲特还对更切近的社会不公现象十分敏感，尤其关注住在牛津的巴基斯坦移民所面临的恶劣住房条件。在第二年的第二学期的一篇专栏中，他为采取措施消除全球贫困发出了强烈的呼吁，强调向世界上最需援助的地区提供更多的援助和技术支持："（如果）我们对东南亚地区置之不理，如果我们让更多的人躺在臭水沟里，那将不仅是邪恶的，简直是疯狂的。这是世界上最重要的问题。"[12]

这一主题在1963年的圣三一学期（即夏季学期）再次被提起，那时他成了《伊希斯》杂志的编辑。这个职位需要自己申请，由杂志的其他学生编辑和制作"团队"投票选择。帕菲特的《伊希斯》支持者和合作伙伴包括斯蒂芬·弗赖伊（Stephen Fry）[13]和他自己的密友爱德华·莫蒂默。弗赖伊学习的是物理，但他既不喜欢也不懂。在三一学院的面试官确认他是传奇板球运动员 C. B. 弗赖伊的孙子后,他才获得了入学资格。他没有运动能力,但却巧妙地让面试官相信,他会成为学院板球队的有力资产。不过,他是一位才华横溢的摄影师和平面设计师,他为帕菲特版《伊希斯》设计的封面非常专业,足以刊登在商业出版物上。

尽管帕菲特对这些问题的处理并没有达到调查报道的水平——毕竟这对学生杂志来说要求太高——但帕菲特所关注的问题确实是当时紧迫的社会关切。1963年5月1日的一段方框框出的文字阐述了他执掌杂志期间的雄心壮志。这段话现在仍令人着迷,因为他提到的"两种痛苦"正是他在接下来的五十年不断回到的话题:

> 本期不谈道德。只有一个出发点:所有行动的目标都应是减少痛苦。有两种痛苦最为突出:一种是假设性的痛苦——核战争带来的痛苦(它会带走世界三分之一的人口,10亿具尸体),另一种是其他三分之二人口现在遭受的实际痛苦。第10页和第11页针对这两种痛苦提出了两项提案。人们似乎至少意识到了第一个问题,即我们三分之一人口的潜在死亡。第二个问题,即另外三分之二的人口日益增长的痛苦,将是本学期的主要主题。[14]

人们可能会认为,帕菲特所说的世界上三分之二人口的"实际痛苦"指的一定是贫穷。事实上,他在那个学期的写作并未局限于经济困难。那时他发表过一篇反越战的论战文章(值得注意的是,这是在美国反战抗议真正兴起之前);还有一篇文章强调纳粹分子在德国重新崛起并担任要职的问题;以及一篇现在回想起来似乎荒谬而幼稚的文章，讨论苏联是否有可能在经济上赶上美国。1961 年，尤里·加加林完成了环绕地球的飞行，苏联看起来赢得了"太空竞赛"；相信共产主义在实现技术突破和管理经济方面上有高效性，在这方面帕菲特并非唯一一人；没有预见到中央集权经济如何无法充分满足快速变化的消费者需求，在这点上他也绝不孤单。但他至少做出了一个有趣的区分："哪种制度——是苏联还是美国——更有利于实现富裕，与一旦实现富裕，哪种制度会更好，这两个问题是完全不同的。"[15]

* * *

除了新闻写作，帕菲特还有一个课外兴趣值得关注：女性。伊顿公学是男校，帕菲特几乎没有机会与异性接触。贝利奥尔学院也全是男生，但周围也有几所学院全是女生，包括从贝利奥尔沿着圣吉尔斯大街步行五分钟就能到达的萨默维尔学院（Somerville），以及位于城边主街尽头的圣希尔达学院。男女生比例约为七比一，这与自然演化的设计不太一样，因此年轻异性恋男子之间的竞争尤为激烈。男学生少有一心扑在学习上的，更多的是喝酒、打牌和追女孩——这种夸张描述与帕菲特并不相符。

尽管如此，年轻女性还是走进了帕菲特的生活，不过开端是相当糟糕的。1962 年初春，他爱上了圣希尔达学院一位 25 岁的女孩黛安娜。几年后，他在写给妹妹乔安娜的信中透露，黛安娜是他真正爱上的第一个女孩，而且和他交往不到六个星期就分手了。"我感到前所未有的痛苦［……］我觉得自己完全麻木了，毫无价值。"[16] 最糟糕的是被拒绝的方式：当他向她坦白他对她的深情时，

"她却把这——认为她竟然会有任何理由爱我——当成一个天大的笑话。因此,除了失望之外,我还感到完全被羞辱了,好像这就证明了我是不值得爱的"。[17]

他的沮丧感很快就过去了。尽管有这个不愉快的开端,帕菲特却并不真的缺少女性的关注。他有社会地位、聪明、轻松就能展现出公学子弟的魅力,而且相貌堂堂,身高六英尺(1.83米),金发和湛蓝的眼睛。与许多牛津大学的年轻男生不同,他并不粗野。更重要的是,他还是个浪漫主义者。在第一次被拒绝后不久,他就遇到了一位女士,与他断断续续交往了数年。玛丽·克莱米(Mary Clemmey)正攻读物理学本科学位,她来自利物浦,很受欢迎,爱运动,爱参加聚会,外表迷人但有些脆弱。"他写了最漂亮的情书和卡片。其中有一张是河流的照片,他还为之创作了一首诗。"[18] 有一次,玛丽乘坐公共汽车旅行,在距离牛津一小时车程的伯明翰会有个中途停留;帕菲特前往伯明翰,只为了在她停留的20分钟间隙里与她聊天。

当时还没有避孕药,因此这段关系中的身体接触受到了限制。正如玛丽·克莱米所说的那样,两人有很多"汗津津的摸索"时刻。[19] 她后来重新振作起来,在出版业取得了成功,但牛津的时光对她来说并不快乐。因为在1962年的米迦勒学期(Michaelmas,10月至12月)的大部分时间里,她因精神崩溃而住进了沃纳福德(Warneford)医院。帕菲特每天都去看望她,并帮助起草了一份给萨默维尔院长的信,希望允许她重返校园。

有一段时间,她被禁止离开医院。有一天,她请帕菲特帮她寄一篇她参加《每日先驱报》(Daily Herald)的竞赛文章,内容是"应该带什么物品去荒岛";这篇文章是为了宣传迪士尼冒险电影

《格兰特船长的儿女》(*In Search of the Castaways*)。竞赛要求使用邮政汇票支付参赛费，但帕菲特搞不清楚邮政汇票的系统，只是用胶带把硬币粘在信封上。不知怎么的，作品通过了审核，而且还获奖了。克莱米在那年复活节出院，之后享受了一次为期三周的环球旅行，所有费用由主办方全包。

在克莱米关在沃纳福德医院期间和之后，她与德里克经常通过牛津大学的内部邮政系统保持联系，该系统每天有三次投递服务。他保留了她的一些信件，很多都装饰有精美的线条画，风格类似毕加索的作品。在他的私人文件中，也有一些看起来是他写给她的信的草稿。1962年12月帕菲特度过了他的20岁生日，当时参加了大学在奥地利境内的阿尔卑斯山滑雪旅行，他一些有社会地位、社会关系广泛的朋友们的旅行照片出现在了《塔特勒》(*Tatler*)杂志上。但他告诉玛丽，他无法融入假期的气氛，让他感到迷惑不已的是，"800人组成一支庞大的探险队，分成半军事化的训练小组，咬紧800个下巴，在两周时间里什么也不做，只是飞驰下山，如果飞驰得没有那么快，就骂人"。[20]

这些信件（大多未注明日期）清晰地展现了帕菲特对克莱米的迷恋：

> 我一点都没醉。我只是想和你在一起，非常想。我甚至无法用言语表达这种感觉。我就是能感觉到它，在我的手指、肋骨、喉咙、手、膝盖、胸膛[……]
>
> 当你必须离开我时，当你身处世界的另一端时，我一点也不觉得孤单，因为只要我们想着对方，我们就是幸福且真正地在一起的。但当我知道我可以和你在一起，而你却只在700多

第 5 章　牛津单词　　81

米之外时，我就会感到痛苦。[21]

在某个阶段，他将对家庭的爱——他称之为偶然的爱——与自己选择的爱进行了对比："第一种爱有一个偶然的基础，但却是真实的；第二种爱，背后有设计和理性的所有力量，是巅峰状态的真实"。[22] 同时，从玛丽的许多信件中，我们可以清楚地看到她的心理波动：

> 德里克，我就像一个瓶塞，在欣喜和绝望之间摇摆，总是充满梦想。无人叩问的理论和想法在我心中砰砰作响，直到我觉得自己怀了龙牙。昨天我非常快乐。今天，它却像是干痛。

还有，

> 我亲爱的德里克，很抱歉昨晚我的情绪如此低落，但我的想象力肆意驰骋得太过深入、太过自觉。你说我在寻找不可能存在的东西，我想你可能是对的。我说你还没有准备好去理解，我也可能是对的。我的痛苦是真实的，而且一直持续着；我是个醒悟不了的傻瓜。[23]

其中一张便条上写道："亲爱的德里克。很抱歉我来看你。我很抱歉我无法做到。我非常抱歉。"[24]

1964年2月，他送给她一枚镶了七颗月光石的戒指和一枚镶了五颗珊瑚石的戒指，以及她形容为"成千上万"的玫瑰花。[25] 她含蓄地感谢他说："哦，德里克，如果我是个善良体贴的人就好了，但我不是，我充满了激情，这些激情主宰了一切——休谟会为此高兴，但我不是。"在同年，他另一封信中用金色墨水给她写道："最近几天我有了一种奇怪的感觉，现在我终于知道了，那就是无论发生什么，我都会永远爱你，这种爱是任何东西（甚至是另一种爱）都无法摧毁的爱，我会永远通过你的眼睛看世界，永远不会对任何人有感觉，亲爱的，除非通过。因为你是我的一部分。"[26]

* * *

有一天晚上，帕菲特前往萨默维尔学院看望玛丽·克莱米回来时，与死神擦肩而过。20世纪60年代，贝利奥尔学院的门禁时间是晚上10点。刚入学的新生被院长警告，如果他们试图在关闭后进入一楼，将会受到严厉的惩罚。但院长有时会用眼神和暗示传递这样一个信息，如果通过一楼或更高的地方进入是可以接受的——因为这至少是个不错的挑战。

有几条路可以进去，都很危险，但帕菲特更喜欢借由学院玛格达伦街一侧的排水管进去。1963年5月18日星期六，他在午夜时分离开萨默维尔。成功爬上排水管后，他必须沿着一个窗台小心踱步，然后跳跃到另一扇窗户，才能进入学院。但就在这一特殊时刻，这次闯关出了大问题。他脚下一滑，手臂被金属尖刺卡刺伤，造成一个长约30厘米的伤口，动脉和神经都暴露出来了，"差一点因失血过多而死"。[27]他请出租车司机送他去医院，但遭到了拒绝："什么？这会弄脏我的车！"[28]幸好，呼叫的救护车及时赶到了。

第 5 章 牛津单词

这次事故给帕菲特的左臂留下了永久的疤痕。由于他无法撰写当周的《伊希斯》社论,这项任务落在了平面设计师斯蒂芬·弗赖伊的肩上。弗赖伊在首篇文章中解释了杂志主编的遭遇。有一个代表团去拉德克利夫(Radcliffe)医院的克伦肖病房探望帕菲特,并向他传授一些智慧之言:"如果你出门,看在上帝的分上,不要吃得太晚:因为他们要到凌晨 1 点半才会给你打麻药,而且还会给你洗胃。"[29] 最让帕菲特感到不满的是学院的矛盾信息:"我的意思是,他们把尖刺放在那里(a)是为了阻止你爬进去,并且(b)好让你把它当作支撑点。"[30]

这群朋友提议为帕菲特提供一些读物:他想要什么呢?这位卧病在床的编辑要了一本新出版的《马克思主义的伦理基础》(*The Ethical Foundations of Marxism*),还要了一份消遣性的周日报纸《观察家报》(*The Observer*)。之后,学院里竖起了一块告示牌,建议"先生们〔……〕在安装把手之前,不要使用攀爬通道"。[31]

* * *

人们常说,奥地利出生的哲学家路德维希·维特根斯坦一生只出版了一本书,即《逻辑哲学论》(1921 年)。事实上,在 20 世纪 20 年代中期,他还编纂了一本儿童字典。帕菲特通常被认为只写了两本书。这是事实,但他还与人合编并部分撰写了第三本书《伊顿微观世界》(*Eton Microcosm*),该书在他还是学生时就出版了。据他的朋友兼合编者安东尼·奇塔姆说,这本书"俏皮且有点傻气"。[32] 这两个年轻人都曾是《伊顿纪事报》的编辑,他们萌生了将该报的优秀文章汇编成一本杂志的想法。后来,奇塔姆遇到一位编辑，建议将这本杂志做成精装书。这本书1963年完成，是一本零散的大杂烩，分为伊顿公学生活的不同方面："纪律""娱乐""危机""公共舆论"等。书中摘录了如奥尔德斯·赫胥黎（Aldous Huxley）等著名老伊顿人的文章，还有关于伊顿公学的爱情和学校的体育运动——"墙球游戏"等各个方面的文章。

帕菲特从不隐瞒自己的伊顿公学背景，也没有奔走呼号，以改革这种少数精英接受私立学校教育的特权制度。这本书对伊顿公学进行了深情的描绘，虽然作者也承认，"对于憎恨伊顿公学的人来说，普通的伊顿公学学子就像自负的小狗和脑袋空空的羚羊的结合体"[33]。帕菲特对这本书的个人贡献是写了一首题为"钓鱼"的黑暗长诗，其中写道："你缠绕的线／正在穿透肉体，带着钩尖的恐惧与愉悦。"[34] 以及一篇为怪癖辩护的文章，其中没有大写字母：

> 注意，注意，这是你们仅存的一名记者，为你们提供紧急新闻。一场革命刚刚发生，是的，就在《伊顿纪事报》的头版，在一群微不足道的狂热分子的领导下，一大批小写字母奋起反抗，占领了编辑部。它们一举夺取了统治权，沉浸在胜利的喜悦中，现在正发表它们的宣言[。][35]

帕菲特的宣言模仿了马克思和恩格斯的《共产党宣言》的风格，呼吁推翻大写字母和所有现存的排版制度："这个自鸣得意地笑着的字母做了什么配得上它的特权装饰呢？有什么闪亮的优点让它凌驾于卑微的同类之上呢？"[36] 鉴于后来关于帕菲特的轶事数以百计，宣言中赞美怪癖的段落值得一引：

第 5 章　牛津单词

为什么我不能吃牙膏？这是一个自由的世界，为什么我不能啃脚趾甲？我碰巧踩到了一些蜂蜜。为什么我不能在中央公园潇洒地侧身跳跃？我知道你的回答会是："没有这样做的。"但光说没有这样做的是没有用的。如果有不这样做的理由，那就给出理由——如果没有理由，就不要试图阻止我这样做。在其他条件相同的情况下，"没有这样做的"这个事实本身就是很好的理由去这样做。[37]

文章宣称，受迫害的怪人会得到自己的回报。那些喜欢倒立的人，会看到一个不同的世界。"穿着粉色短裤和绿松石睡袜〔……〕漫步进入教堂的人〔……〕会有一种〔……〕穿着粉色短裤和绿松石睡袜漫步进入教堂的美妙感觉"。[38]

虽然他们不能靠版税致富，但奇塔姆说他们"喜欢这样做，有些内容还真是相当不错"。[39]

* * *

帕菲特1963年获得了塞西尔·斯普林-赖斯旅行奖学金，前往巴黎度过了这个夏天。他大部分时间都在法国国家图书馆（Bibliothèque nationale de France）进行研究，阅读他打算最后一年专门研究的课题——法国大革命——的材料并参观了与此相关的城市景点，如普罗科普咖啡馆（马克西米利安·罗伯斯庇尔曾把它用作聚会地）。但他也做过一些典型的旅游活动，比如参观凡尔赛宫和去剧院。他对莎士比亚的《威尼斯商人》的法文译本感到震惊，听到它时"很有创伤感"。[40]那年是画家欧仁·德拉克洛瓦（Eugène

Delacroix）逝世一百周年，帕菲特去看了三场不同的德拉克洛瓦画展。为了提高自己的法语水平，他还阅读《费加罗报》和《世界报》。他的法语已经足够流利，以至于在一次晚宴上，他就法国和英国的国家卫生系统展开了长时间的讨论。1963年10月14日星期一，帕菲特回到英国后，写信给贝利奥尔学院院长戴维·基尔爵士（Sir David Keir）表示感谢——这种礼节是理所应当的，如果学生写的信过于简短或不够热情，会受到批评。帕菲特在信中写道："您让我度过了一个最愉快、最有益的夏天。"他已深度融入了语言和文化，"总之，当我九月底回到英国时，我觉得自己既是法国人，也是英国人"。[41]

之后，他进入了最后一年也就是本科三年级的学习。在第一学期开始时，历史系学生有一项可选考试，用来竞争吉布斯奖。与数学试卷相比，历史试卷的评分显然主观程度更高，因此帕菲特再次获奖就更加难能可贵。他的导师和考官从未发现的是，帕菲特在考试中不惜编造引文。他的动机很简单，就是想得到尽可能高的分数——他对一位朋友说过，他在考试中编造了奥托·冯·俾斯麦的语录。他对俾斯麦的厌恶超过了几乎所有其他历史人物，认为这位19世纪的德国政治家是20世纪许多灾难的根源。

接下来的毕业考试将在第二年夏天举行，但帕菲特现在考虑的是学位之后的生活。他希望继续学业，但又想换个环境。1963年11月，他填写了一份哈克尼斯奖学金的申请表，该奖项由美国的联邦基金会（Commonwealth Fund）资助，能够支持他在美国大学的两年学习。申请表上问他有什么职业规划。"我想写关于政治和社会问题的文章，也许以后会进入政府或政治领域。"[42]

他申请这次奖学金的研究计划很粗糙。他写道，自己的总体目标是"看到未来，并了解它是如何运作的"。他对社会的新发展很感兴趣，比如富裕、自动化和日益增长的闲暇时间。美国的这些趋势比在其他地方更为领先，"我想问的是，传统的社会和政治理论是否能容纳这些发展：新社会是否能用传统的方法实行民主控制，传统的社会和道德准则（比如对工作的态度）是否仍然与新的事实合拍"。[43]

他特别感兴趣的是，心理学和动机的研究是否能应用于政治和社会理论。我们对工作、财富、成功和安全的态度，会如何影响社会理论？"对侵略、挫折、不安全感等动机的更深入的研究，是否能解释近代史上的非理性事件？最简单地说：政治和社会制度在多大程度上给们人提供了他们真正想要的东西？"[44]

有趣的是，在"活动"标题下，他写得很少，只字未提大学的劳工俱乐部，却说自己是坎宁俱乐部的秘书。也许他认为，美国的奖学金更有可能授予具有中间派或右翼政治倾向的人。

帕菲特那份薄薄的学习计划看起来完全是匆忙完成的，几乎没有经过深思熟虑。但接下来就是推荐信了。帕菲特列出了三位：他的老教师帕里，以及两位历史导师希尔和科布。他们的表扬让帕菲特获得奖学金成为板上钉钉的事。帕里在信中写道："即便接下来的内容听起来像是过度的赞美，我也必须指出，帕菲特先生是我教过的最杰出的年轻人。"[45]随后的赞美果然不遗余力。科布写了一封简短的推荐信，称帕菲特"绝对是一流的人物，才华横溢，魅力四射，却又令人难以置信地谦逊"。[46]在更详细的推荐信中，他指出帕菲特"天赋异禀"。毫无疑问，他是"贝利奥尔，甚至可能是同年级大学里最优秀的历史学家。[……]我从未如此确信,我还有其他学生也能像帕菲特那样在现代史荣誉学院获得第一名"。他在历史学方面颇有天赋,尤其是"他有极其出色的写作风格,论文和文章都是小小的杰作"。[47] 希尔则写道,帕菲特"在许多方面都是我带过的最优秀的学生"。[48] 他向哈克尼斯委员会保证,帕菲特具有强烈的社会责任感,且有兴趣将高质量的学术研究用于让世界变得更加宜居。

哈克尼斯奖学金的规定是,获奖者必须同意在研究结束后离开美国至少两年。申请表中询问申请人在奖学金结束后打算回到哪里;"希望得到牛津大学的研究奖学金。尚未确定",帕菲特写道。表格还问他是否在其他地方寻求资助。帕菲特写道,他向基金资助机构国际英语联合会(English Speaking Union)申请过资金。

事实上,他同时向布兰迪斯大学和哥伦比亚大学申请了资助,这后来让他相当苦恼。在得到答复之前,他联系了哈佛大学、社会研究新学院(New School for Social Research,简称为新学院)和纽约大学等多家机构,询问作为他哈克尼斯奖学金学习基地的可能性。结果,所有这些学校都想要他,哥伦比亚大学和布兰迪斯大学也是如此。哥伦比亚大学为他提供为期五年的社会学教职奖学金资助。布兰迪斯大学为他提供了维也纳国际奖学金。帕菲特之所以被布兰迪斯吸引,是因为德国出生的哲学家赫伯特·马尔库塞(Herbert Marcuse)曾在这里任教。马尔库塞是一位与法兰克福学派有联系的新马克思主义者,他在1968年将成为学生起义的思想启蒙根源之一。(欧洲学生以"三M"旗帜进行游行:马克思、毛泽东和马尔库塞。)

要如何处理这么多的邀约?联邦基金会的一位友好的官员小

约翰·B. 福克斯（John B. Fox Jr）在 5 月份写信给帕菲特，理解他目前的困境。他看得出，帕菲特"正遭受幸福的烦恼"。[49] 帕菲特在给福克斯的回信中说，"幸福的烦恼已成为一场噩梦［……］我感觉自己就像维多利亚时代情节剧中的男主角，同时被三位受委屈的女士起诉违背诺言，同时还在追求另外两位女士"。[50]

这个困境是他自找的，联邦基金会倾向于让他自己找到解决办法。1964 年 5 月 15 日，福克斯在信中写道："在我看来，你似乎发现了快速获得许可的公式。你应该可以把它高价卖给你那些在学术上不太幸运的同事。目前的这个局面就留给你自己解决吧。"[51]

最后，帕菲特研究了现有各种课程后得出结论，他希望在纽约大学和新学院这两所提供社会心理学课程的大学获得非学位学习身份。哥伦比亚大学没有让他轻易退出。在他告诉哥伦比亚大学自己要放弃他们后，他们写了一封伤感的信："我们怀着相当失望的心情得知，您明年将不在哥伦比亚大学学习。为了评估我们的处境，能否请您给我们写一封信，解释您做出这一决定的动机，因为我们不希望将来再次失去像您这样优秀的学生。"[52] 为了让他们不那么失望，他再次表示歉意，但也询问是否可以选修罗伯特·D. 卡明（Robert D. Cumming）教授开设的题为"效用主义或约翰·斯图亚特·密尔"的课程。

* * *

牛津大学的学位分类完全取决于最后一年夏天的考试成绩，这给学生带来了难以承受的压力。帕菲特和其他大多数本科生一样，在三年级时加快了学习进度，但仍有时间参加一些其他活动，包括社交活动。他在 1963 年 11 月 22 日参加了莫里斯·基恩举办的酒会，当时传来了约翰·肯尼迪总统在得克萨斯州达拉斯遇刺身亡的消息。他对此感到"极为悲痛"，[53] 就像他父亲在二十年前得知罗斯福去世时一样。

1964 年 3 月下旬，他本科毕业后的去向尘埃落定。哈克尼斯奖学金竞争激烈，炙手可热，但帕菲特已经习惯了成功。哈克尼斯基金会在贺信中告诉他，已经为他预定了 9 月 3 日起航的伊丽莎白女王号远洋轮船。

在此之前，他还要参加期末考试（学位考试）。如果是在其他年份，帕菲特肯定能拿到一等学位。但 1964 年的历史主考官是查尔斯·斯图亚特（Charles Stuart），他是"一个有些尖刻的人物"，[54] 曾是势利、傲慢的休·特雷弗-罗珀的学生，毫无疑问，他也深受特雷弗-罗珀的影响。特雷弗-罗珀自己也是那年的考官之一，他认为，他们"不该给任何一个不如自己（在他看来，也就是不如吉本）优秀的人一等学位"。[55] 而且，在《星期日泰晤士报》(*Sunday Times*) 一篇傲慢的文章中，他把学生比作在牧场里游走的马匹，他自称对成绩并不在意（尽管他显然很在意）："我的一些最优秀的研究生和最令人钦佩的同事获得的都是二等学位，仍然继续思考。而一些最出色的拿到一等学位的学生却满足于此，不再努力"。[56]

艰苦的考试周从 6 月 4 日星期四开始，包括星期六在内，一直持续到 6 月 10 日星期三。星期一是综合试卷。这不是必考的试卷，但如果不参加考试，就没有机会获得一等学位。1961 年，考生必须从包括以下内容的清单中选出三道题：

你是否同意，欧洲犹太人的毁灭是 20 世纪上半叶最重要的事件？

伟大的艺术与高度文明之间是否存在直接关联？

自由从来都不是给予的，而是要夺取的。请讨论苏巴斯·钱德拉·博斯（Subhas Chandra Bose）的这一论断。

6 月 9 日下午和 6 月 10 日上午，帕菲特参加了关于法国大革命的特别科目考试。周二的考试都是必考的，而且必须用法语作答。在周三的最后一场考试，他可以选择回答一些问题，其中包括一个关于罗伯斯庇尔垮台的问题，以及一个典型的牛津式聪明的"元"问题，即关于法国大革命早期领导人米拉波伯爵的问题："米拉波的政治意义是否被过分夸大，考虑到他在这门特别科目中所占的地位？"

考试的第一天，帕菲特经历了一个相当戏剧性的时刻。他坐在考试大楼的北室，考试开始 40 分钟左右时，他突然脸色苍白，站起来，跟跟跄跄地走向监考人身边，监考人名叫约翰·库珀（John Cooper），曾是万灵学院的研究员，罗宾·布里格斯形容他"身材魁梧，脸颊宽阔，头尖尖的，［……］激动时［……］会用一只肉乎乎的大手敲打自己的后脑勺"。德里克和他说话时，他就开始这样做。"然后他转身站起来去按身后的门铃求救。这时，德里克像麻袋一样倒下，砸在讲台上，发出类似末日般的声音；由于讲台下面有很大的空间，听起来就像敲打一面大鼓一样。"[57]

在帕菲特以"之"字形跌跌撞撞走向库珀过程中，他像醉汉一般撞到了其他课桌。他的导师理查德·科布被传唤了，正如多年后他在一封信中描述的那样：

> （帕菲特）突然发作，打翻桌子后躺在地板上呻吟，发出可怕的呕吐声，墨水溅到我的一个萨默维尔的学生身上，也是一位姓氏 P 字打头的（平德女士），整个 M 到 Z 的教室里一片混乱。我拉着帕菲特的胳膊，带他在外面的院子里走来走去。他的父母都是医生，给他开了两批效果截然相反的药。[58]

布里格斯回忆说，四个大男人才把帕菲特抬出去，当时他似乎已经失去了意识。当考试结束后，布里格斯离开房间时，他发现帕菲特坐在大厅的一张桌子旁，已被允许继续考试。

在接下来的考试周里，再没有什么特别的事发生，帕菲特肯定觉得自己的总体表现很出色，因为在最后一门考试结束后，他就开始考虑申请成为万灵学院的奖学金研究员（Prize Fellowship）。这一职位为期七年，薪水丰厚，还包食宿。申请过程通常竞争异常激烈，如果没有一等学位，成功的可能性微乎其微。

然而，万灵考试是在 10 月初——而他 9 月初就要前往纽约。于是，他心中萌生了一个新的想法。也许他可以将哈克尼斯奖学金推迟几个月；与其 1964 年秋季开始在美国学习，不如 1965 年 1 月开始。他联系了纽约大学和新学院，两所学校都没有反对，随后 6 月 29 日他给联邦基金会写了一封长信，提出了推迟的三个理由。

第一个理由是，在此之前，他一直在学习历史；因此，"我下一年将主要为我的心理学、社会学和道德哲学三门新学科奠定基础"。帕菲特诉诸基金会的自身利益。他认为，如果能提前几个月进行密集阅读，他会从美国的课程中获益更多。"但这种基础阅读在英国和美国都可以完成。我深知自己作为联邦奖学金获得者所肩负的重大责任［……］我深信，如果我在这段时间里进行基础阅读，那就是浪费基金会的钱。"[59]

第二个理由是，"几乎所有我感兴趣的课程都要到明年才开设"。第三个"个人性"理由是，这样他就能参加10月份的万灵奖学金考试。他认为他的最大胜算是在历史学专业申请，而不是在转到新专业后再申请。

和往常一样，帕菲特如愿以偿，联邦基金会同意了他的提议。期末考试的结果在8月份公布；考官们颁发了大量三等学位，299个学位中只有11个一等学位。帕菲特和他的学习伙伴罗宾·布里格斯都获得了一个。他激动地给玛丽·克莱米写了一封信，信的边缘涂上了金色颜料，还附上了一枝金银花。他现在正在帮助一些朋友准备口试，因为主考官不确定要授予他们何种成绩。他松了一口气，不用马上去美国，但在接下来的两个月里，他必须全力以赴准备万灵考试。他浏览了一些旧的万灵学院试卷，"发现它们非常令人兴奋"。[60]

1964年10月1日至3日（星期四至星期六），他和其他十几名考生一起参加了考试。成败完全取决于这三天紧张考试中的表现。[61] 考试包括所选专业（帕菲特的是历史专业）的两篇试卷，然后是一些综合试卷，包括类似牛津大学本科生在综合试卷中可能会遇到的问题："'骆驼穿过针眼，会比富人进入神的国度还容易。'你同意吗？""什么是艺术？""科学与宗教相容吗？""我们对死者负有责任吗？""大学是用来做什么的？"等等。罗宾·布里格斯记得，那年的论文包括"配了乐的诗歌是被摧毁的诗歌。请讨论。"

考试过程中最臭名昭著的部分是另一场长达三小时的考试，

考生们翻开空白页，面对的是"像一个小小引爆装置"的单词，[62]他们必须根据这个单词写一篇文章，展示自己的学识。一个可能是神话般的故事是，外界对考试的这个部分非常着迷，甚至非考生也会聚集在学院外，想要知道被选中的是哪个单词。[63]多年来，被选中的单词有"和谐""混乱""慈悲""慈善"和"腐败"。1964年，当帕菲特翻开那页纸时，他看到的是"纯真"（innocence）。

然后，在周六，迎来了最后也是最令人生畏的部分——翻译和面试。考生有一分钟的时间从希腊文、拉丁文、法文和德文中选择一段话。然后，他们被带进昏暗的公共休息室，面对大约50名穿着长袍的研究员，朗读并翻译这段文字，这些研究员在昏暗的光线下盯着他们。（一位落选的候选人，几年后形容他们"像吸血蝙蝠一样围绕在房间里"。[64]）随后，研究员们提出一些琐碎的问题，例如，如果候选人成功，他们将从事什么研究。这个程序的某些方面很愚蠢：例如，候选人不能被问及他们的论文，因为这些研究员们还没有机会阅读这些论文。

大约四周后，通常是在万灵节或临近万灵节时，研究员们会投票决定结果。在学术竞赛中落榜，对帕菲特来说是稀有经历。因此，被拒之门外一定会让他感到震惊，特别是当年唯一的奖学金研究员资格授予了他的学习搭档罗宾·布里格斯，这或许让他更加感到难过。

显然，万灵学院认为没有第二名候选人配得上奖学金。不过，帕菲特可能会从万灵学院院长约翰·斯帕罗的信中得到安慰，他告诉帕菲特，当时的决定非常接近，他鼓励帕菲特再试一次。帕菲特会这么做的。不过，他现在可以前往美国接受推迟的奖学金了，在此期间，他将爱上一门新学科，并为之奉献余生。

第 5 章 牛津单词

第 6 章　一场美国梦

1965 年 1 月 13 日，德里克·帕菲特在南安普顿登上了老旧的伊丽莎白女王号远洋轮船，开始了为期六天横穿大西洋前往纽约的航程。在接下来的两年里，他将成为哈克尼斯奖学金研究员。

哈克尼斯奖学金由爱德华·哈克尼斯（Edward Harkness）设立，他是斯蒂芬·哈克尼斯（Stephen Harkness）的儿子。斯蒂芬的职业生涯始于一名马具匠学徒，后来成了标准石油公司的创始投资人之一，赚取了巨额财富。该奖学金计划最初只面向英国人，作为对罗德奖学金（Rhodes Scholarships）的回应。20 世纪 60 年代，奖学金主要是颁发给 20 岁出头、刚完成本科学位的优秀学生。少数奖学金获得者的年龄稍大——例如帕菲特的同班同学包括小说家戴维·洛奇（David Lodge），他当时二十大几，已经结婚生子。[1] 大多数奖学金获得者隶属于一所大学，奖学金用于支付学费和食宿费。

了解了美国你就会爱上它，至少这是哈克尼斯的初衷和目标。总体上来说，它奏效了。BBC 的广播员阿利斯泰尔·库克（Alistair Cooke）在 20 世纪 30 年代初作为奖学金获得者期间，对美国产生了浓厚的兴趣，并将自己的大半生都用于向英国观众报道和解释美国。帕菲特与美国的情缘，始于他在《纽约客》杂志的实习，而奖学金期间这一情缘加深了。他对纽约的熟悉程度甚至超过了伦敦。

* * *

包括帕菲特在内，1965 年英国共有 15 名哈克尼斯奖学金获得者。他们分布在美国各地的不同大学，学术兴趣各异，从化学到银行学，从人类学到法学，从城市规划到创意写作，不一而足。帕菲特最初定居在纽约，他选择的第一个住处是位于西 23 街的切尔西酒店，这是一座混乱、破旧的十二层红砖建筑，尽管外表颓废，却具有一种独特的魅力，且长期以来是许多艺术家和作家最爱的去处。切尔西酒店提供的公寓非常适合长期居住。阿瑟·米勒在 1961 年与玛丽莲·梦露离婚后，搬到了这里，一住就是六年。米勒写道，在切尔西，"没有吸尘器，没有规则和羞耻，"[2] 甚至可以"在电梯里因残留的大麻烟雾而陶醉"。[3] 大约在帕菲特居住期间，米勒经常会与阿瑟·C. 克拉克共进早餐，克拉克正和斯坦利·库布里克（Stanley Kubrick）合作开发《2001：太空漫游》（*2001: A Space Odyssey*）。克拉克住在顶楼，以茶、饼干和肝酱为生。毫无疑问，他们的谈话曾涉及温斯顿·丘吉尔的死因，而丘吉尔恰好是在帕菲特搬进来五天后去世的。

从 2 月 7 日到 5 月底，帕菲特租住在东 22 街 144 号的公寓，然后搬到了百老汇与西 104 街交汇处的 245 号 1E 公寓。他同时隶属于新学院和纽约大学。奖学金使他可以不需要参加考试就能自由旁听课程。我们知道他计划参加哪些课程，但不知道他实际参加了多少课程。他的计划包括"民主、自由与责任""社会心理学""文化与人格"和"精神分析与社会"等课程。在纽约大学，他曾想旁听社会学家丹尼斯·休姆·朗（Dennis Hume Wrong）的课程，后者受了C. W. 米尔斯（C. W. Mills）的启发。朗最近写了一篇被广泛引用的文章，驳斥了人类行为受内化的社会规范支配的观点。（他认为，更好的理论是人类行为受性冲动和人性的支配。）但是，尽管帕菲特在申请表中特别提到了朗，却没有证据表明他上过朗的课。

帕菲特希望，在美国的两年"能让我有时间决定是否继续攻读研究生学位，以及是否要尝试将研究方向从历史改为哲学"。[4]纽约最古老的大学哥伦比亚大学就在他曼哈顿的寓所附近，他确实去那里上过课。其中一门课是悉尼·摩根贝瑟（Sidney Morgenbesser）主讲，在这个公认缺乏竞争力的领域，摩根贝瑟被认为是最机智的哲学家之一——尽管他的许多调侃和趣闻轶事在该学科之外传播并不广。当被问及他对实用主义（实用主义认为语言和思想是解决问题的工具，而不是表征实在的工具）的看法时，摩根贝瑟回答说："在理论上这很好，但在实践中行不通。"在哥伦比亚大学的一次会议上，牛津大学的语言学家J. L. 奥斯汀（J. L. Austin）指出，虽然在英语中可以用双重否定来表达肯定，如"他并不是没有吸引力的"（he is not unattractive），但在英语中却没有双重肯定表达否定的例子。摩根贝瑟打断说："是呀，是呀。"还有他在餐厅点甜点的故事：女服务员说有苹果派和蓝莓派。他点了苹果派。她很快回来说樱桃派也可以选，摩根贝瑟回答说："既然如此，那我要蓝莓派。"如果你是决策理论方面的专家，那么这就真是个经典的笑话。摩根贝瑟涉猎很广；他那锋利如刀的智慧和质询学生的方式——可以套用一个描述来形容,带有犹太口音的苏格拉底式——令学生们感到畏惧,而对于刚接触这一学科的帕菲特来说,这无疑是一次大开眼界的经历。

帕菲特原计划深入研究的各种课题之中,包括社会学和心理学,最终是哲学深深地吸引了他。他很快开始考虑在奖学金结束后,回到牛津学习哲学。牛津大学以其分析哲学著称,强调对概念的审视。20世纪50年代,在维也纳出生、剑桥大学毕业的路德维希·维特根斯坦(Ludwig Wittgenstein,1951年去世)的启发下,牛津大学成了所谓的日常语言哲学的中心,根据这种观点,如果哲学家密切关注词汇在日常意义上的实际使用方式,而不是哲学家如何使用它们,传统的哲学问题就可以迎刃而解。帕菲特曾在2011年接受《纽约客》采访时说:"在美国,我去听了一位'大陆'哲学家的演讲[……]演讲的主题很重要,比如自杀或生命的意义,但我觉得非常晦涩难懂。我还去听了一位分析哲学家的讲座,主题非常琐碎,但却非常清晰。我记得当时曾想过,究竟是大陆哲学家更有可能做出改变,通过更清晰、更有力的论证来讨论重要问题,还是分析哲学家更有可能做出改变,通过将清晰和逻辑应用于重要的主题。我认为第二种可能性更大,我想我是对的。"[5]这位晦涩难懂的"大陆"哲学家是谁?我们无法确定,但很可能是罗伯特·卡明,帕菲特曾表示有兴趣听他的讲座,他曾在巴黎索邦大学学习。他的兴趣包括让·保罗·萨特(Jean-Paul Sartre)的存在主义。

我们仍然不太清楚具体的细节,但我们知道,帕菲特在某个阶段拜访了当时在普林斯顿大学的英国哲学家斯图尔特·汉普希尔(Stuart Hampshire)。汉普希尔对帕菲特转向哲学产生了重大影

第 6 章 一场美国梦

响，部分原因是他也是从历史学家起步的。

* * *

帕菲特1965年的夏天是在旅途中度过的。哈克尼斯奖学金项目有一项宗旨一直是鼓励奖学金获得者通过旅行融入美国。在我自己成为哈克尼斯奖学金获得者的时候，所有获得者都会得到一张航空通票，允许他们在60天内自由飞往美国本土的任何地方：足够吃掉成堆的小包椒盐饼和花生。但是，在帕菲特那个时代，奖学金获得者收到的是一笔用来买车的钱，基金会期望他们在夏天期间尽可能多地游历美国。并不是每个人都认为这是值得做的事情，帕菲特当年有一位奖学金获得者玩弄了这一制度，他从美国的家中写了一系列明信片，并让朋友们从不同的城市寄来这些明信片。

然而，帕菲特非常认真地对待了这一要求，周末到纽黑文的姐姐家学习驾驶，然后规划了从纽约出发的一条详细而曲折的旅行路线。他问玛丽·克莱米是否愿意和他一起去，她欣然同意了。他去肯尼迪机场接上她（肯尼迪遇刺后，机场名称才从八个月前的"艾德怀尔德"更名为"肯尼迪"）。然后他们从纽约出发，前往波士顿、布法罗、尼亚加拉瀑布、芝加哥，穿越整个中西部地区。帕菲特为每个城市安排了参观的景点和活动：例如，在布法罗，他们去看了弗兰克·劳埃德·赖特（Frank Lloyd Wright）的建筑。在城市之间行驶时，他们会收听当地的广播电台。在中西部的某个地方，他们偶然遇到了一个户外舞池，里面的年轻人开始跳的是扭扭舞，然后是玛莎和范德拉斯乐队（Martha and the Vandellas）最近发行的《街头之舞》（Dancing in the Street）的旋律。接下来他们到了爱达荷州的斯内克河和内华达山脉的火山湖。在那里，帕菲特忙着下车欣赏壮观景色，忘了拉手刹，差点就失去了车子。幸运的是，车没有翻下悬崖，而是慢慢地滚向了山坡。

最终他们抵达了旧金山。他们原计划住在帕菲特姐姐的朋友家，但住了一晚后，由于其中一位主人被诊断出患有癌症，他们只好搬出去。从伯克利出发，他们开车前往斯坦福大学，接上了玛丽的大学同学安妮·奇泽姆（Anne Chisholm），以及安妮的朋友大卫·威金斯（David Wiggins），他当时正在斯坦福大学教授暑期课程。威金斯日后成了一位著名的哲学家；他当时三十出头，是牛津大学新学院（New College）的哲学导师。他之所以被斯坦福大学的暑期教职所吸引，是因为他对唐纳德·戴维森（Donald Davidson）当时还鲜为人知的工作产生了浓厚的兴趣，戴维森正在发展一种复杂但后来却很有影响的语言理论，即语言如何获得意义，它把意图和信念等心理状态与关于句子何时为真或为假的一种理论联系在一起。

这四人沿着太平洋海岸公路前往洛杉矶，他们抵达之前不久，那里刚爆发了瓦兹骚乱，起因是一名年轻的非裔美国人因鲁莽驾驶遭到警棍击打面部。帕菲特一直在阅读有关这一事件的资料，并向同行的人做了详细的背景介绍。然后，他们和安妮认识的几位朋友在海滩上野餐，其中包括约翰·格雷戈里·邓恩（John Gregory Dunne），以及一位名叫琼·狄迪恩（Joan Didion）的有抱负的作家。*

---

* 安妮·奇泽姆、约翰·格雷戈里·邓恩与琼·狄迪恩一样，也是作家（后来狄迪恩在写作上的成就要大得多），后两人刚于 1964 年结婚。

第 6 章　一场美国梦

下一站是拉斯维加斯，需要途经死亡谷。由于汽车没有空调，他们决定在傍晚时分驱车穿越死亡谷，终于在午夜时分抵达拉斯维加斯。唯一的房间是一间有两张双人床的房间，在那个保守的年代，男士们决定共睡一张床，女士们睡另一张。他们发现，其中一张床上有一个投币槽，如果投入硬币，床架会轻轻摇晃一分半钟，这让他们兴奋得半夜无法入睡，玩得不亦乐乎。

他们在拉斯维加斯吃完威金斯形容为令人作呕的自助早餐后，前往大峡谷，由于时间紧迫，他们决定乘飞机游览大峡谷。在他们的小飞机的跑道前，他们看到了另一架明显是紧急降落的飞机，并听到他们的飞行员对空中交通管制喊道："看在上帝的分上，把那个东西挪走！"[6]

降落下来后，他们踏上了1200英里的旅程，前往得克萨斯州的新拉雷多，*途经亚利桑那州和新墨西哥州。帕菲特全程开车，前进的速度通常由他和威金斯的哲学讨论决定，每当辩论变得激烈时，帕菲特就会放慢速度，几乎达到爬行的程度。帕菲特从未对语言哲学感兴趣过，似乎也不太可能是唐纳德·戴维森的著作让他们如此专注：更有可能的是，帕菲特第一次深入接触了同一性问题。1964年秋季（牛津大学的米迦勒学期），威金斯以"同一性的绝对性"（The Absoluteness of Identity）为题举办了一系列讲座。他对"实体（substance）是什么"这个问题很感兴趣，或者正如他后来所说的那样，"我们谈论和思考——并且必定会与之互动——的对象，是如何在世界中被界定、隔离、发现、构建、塑造或雕刻出来的"。[7]

---

* 原文如此，但新拉雷多是位于美墨边境的墨西哥城市的名称，边境的另一头是得克萨斯州的拉雷多。

这与同一性问题息息相关。如果一块大理石是一种实体,那么当它被制作成雕塑时,它还是同一种实体吗?这是一个古老的难题。公元前500年左右,前苏格拉底时代的哲学家赫拉克利特声称,"人不可能两次踏入同一条河流"。他还讨论了传奇英雄忒修斯的船:忒修斯的船多次停靠港口,由于木头腐烂,慢慢地船板被一块块地换掉。最后,原船没有一块木板留下来,这就产生了它是否还是原来那艘船的问题。如果假设这些腐烂木板都被保存下来并重新拼接在一起,那么这个问题就更加令人头疼了。这艘船还是原来的那艘吗?

人不像大理石块或轮船那样是无生命的物体,但有一个类似的难题:旅行开始时的帕菲特与旅行结束时的帕菲特是同一个人吗?婴儿时期的他与旅途中的他是同一个人吗?如果是,是什么因素让他成为同一个人呢?

帕菲特和威金斯是哲学界最奇特的搭档;在接下来的半个世纪里,他们将在一系列问题上发展各自的思想,但两人几乎没有什么共同的智识基础,也永远不会成为朋友。不过,帕菲特可能会认为自己很幸运,因为偶然间坐在副驾驶的人不仅是一位杰出的哲学家,而且在这个阶段,比他本人更博学,更加沉浸于这门学科。而且,威金斯对同一性问题的兴趣,似乎对帕菲特未来的哲学方向产生了重大影响。

在新拉雷多,帕菲特停好车,四人登上了一列开往墨西哥城的豪华列车。在墨西哥城的几天里,他们参观了墨西哥国家人类学博物馆,并乘车前往特奥蒂瓦坎(Teotihuacan)金字塔。他们观看了当地人玩的一种手球游戏——巴斯克球(Basque pelota),这一定让帕菲特想起了它的球类表亲"伊顿五人制足球"(Eton

Fives）。随后，一行人分开，威金斯和奇泽姆前往尤卡坦，帕菲特和克莱米乘火车返回新拉雷多取车。漫长旅程的最后一段，他们途经路易斯安那州、密西西比州和亚拉巴马州，最终回到纽约。

在亚拉巴马州，他们遭遇了当时盛行于美国南方的残酷的种族主义。这是美国种族关系的一个关键时期。民权革命建立在两项重要的立法支柱上：1964 年的《民权法案》（Civil Rights Act）和 1965 年的《投票权法案》（Voting Rights Act）。《民权法案》及其他措施禁止餐馆因种族或肤色而歧视顾客。1965 年 8 月 6 日，林登·约翰逊（Lyndon Johnson）总统刚刚签署了《投票权法案》；该法案取缔了剥夺非裔美国人投票权的识字测试和其他加试手段。约翰逊称这是任何战场上的胜利都无法比拟的巨大胜利，但亚拉巴马州的大多数白人选民并不这么认为。吉姆·克劳法[*]留下的习惯依然存在于许多生活领域之中。在一个炎热潮湿的晚上，帕菲特和克莱米去一家家庭经营的小汉堡店吃饭。店里没有空调，只有一个转动时嗡嗡作响的吊扇。一位"满头大汗"的白人少女递给他们菜单。"我们完全懵了，菜单上显示汉堡的价格是 50.65 美元，可乐的价格是 50.15 美元。当我们询问时，她用南方口音说：'别在意这些价格，它们只是针对有色人种的。'"[8]

帕菲特和克莱米到达曼哈顿时，他在伊顿公学和牛津大学的朋友爱德华·莫蒂默正在纽约。他们三人来到下东区一家名为"远东蚯蚓"的破破的爵士俱乐部。爵士乐让人精神振奋，但几个小时后，他们发现车胎瘪了。他们都不知道该怎么办，尤其是帕菲特。路过的一位行人，可能也来自爵士俱乐部，帮了他们一把。

---

[*] 吉姆·克劳法（Jim Crow laws）是规定了种族隔离制度的法律的统称。

他长得非常像帕菲特推崇的约翰·科尔特兰（John Coltrane），当他们问他是否是科尔特兰时，他说"是的"，但克莱米说："我觉得他不是！"[9] 莫蒂默开玩笑说："那你一定认识塞隆尼斯·蒙克吧？"他回答说："蒙克？当然，他现在正在外面遛狗呢。"[10]

1965年9月，另一位哈克尼斯奖金获得者本·赞德（Ben Zander）和他的未婚妻帕特里夏搬进了帕菲特西104街的公寓。本是一位才华横溢的大提琴家和指挥家，此次赴美是为了学习音乐。帕特里夏是一位著名钢琴家。帕菲特与他们见面很少，通常只在晚上，因为他已经变成了半个夜猫子。赞德对他的声音记忆尤深："只有两个人，当我想象他们的样子时，我能清楚地辨别他们的声音，一个是本杰明·布里顿（Benjamin Britten），我小时候跟他学习，另一个就是帕菲特。他说话声音急促，活力满满，热情洋溢。"[11]

帕特里夏和本于1966年结婚，1970年代中期和平离婚。帕菲特和帕特里夏开始了一段交往。现有证据表明，这段恋情是在她婚姻期间开始的，如果此事为人所知，即使在他们所处的自由派圈子中，也会引起震惊。帕特里夏后来成为哈佛大学的教授，之后又进入世界上最负盛名的音乐学院之一，新英格兰音乐学院（New England Conservatory）担任教授。帕特里夏出身于多塞特郡的一个工人家庭，她的父亲曾在风流奢华的社交名流斯蒂芬·坦南特（Stephen Tennant）的庄园做园丁，后者被认为是伊夫林·沃的《故园风雨后》（Evelyn Waugh's *Brideshead Revisited*）中的角色塞巴斯蒂安·弗莱特的灵感来源。帕特里夏其实是通过偷偷溜进坦南特家的庄园学会了弹钢琴。后来，她虽然因神经损伤未能继续，但曾与世界顶级大提琴家马友友（Yo-Yo Ma）一起进行过国际巡演，并与他一起录制了两张专辑。许多年轻的音乐家不远万里前来向她请教，而许多著名作曲家也曾向她倾诉自己正在进行的创作。

帕特里夏成长的家庭里面一本书都没有，年轻时，她对自己在文学和文化教育方面的不足感到不自信。最终，她在她哈佛广场附近的复式公寓里建立了一个令人印象深刻的图书馆，其中包括许多哲学著作。帕菲特会向她推荐书籍。不过，他们早期的大部分谈话都是关于音乐的。20世纪60年代中期，帕菲特正疯狂迷恋巴赫的音乐。本·赞德回忆说："这些音乐就像是为他而创作的。"[12] 他告诉赞德夫妇，宇宙中应该有一个循环，人们可以随时进入，里面一直播放巴赫的音乐。

* * *

帕菲特与威金斯在汽车上的对话，一定加强了他对哲学日益浓厚的兴趣。1965年秋天，他参加了哥伦比亚大学罗伯特·保罗（鲍勃）·沃尔夫（Robert Paul Wolff，也作Bob Wolff）主讲的伦理理论课程。帕菲特对这个主题有着浓厚的兴趣。"德里克以交换生的身份出现，问我他能否旁听我的伦理理论课。我很自然地答应了。学期结束时，他问我是否可以提交一篇论文，尽管他不是为了学分而选修这门课程。好吧，我想，我反正会收到20多篇论文的，多一篇又何妨，于是我答应了。"[13]

事实证明，这种想法太天真了。帕菲特很快就写出了一篇长达48页的以单倍行距排版的文章。这篇文章是为了辩护行为效用主义（act-utilitarianism）——这种理论认为，在任何情况下，我们的行为都应该产生尽可能好的结果（杰里米·边沁、约翰·斯图亚特·密尔和亨利·西季威克都提倡这种理论)。"不用说,这篇论文值得我花时间去阅读和评论。"[14] 那个学期之后,沃尔夫再也没见过帕菲特,"但毫不奇怪的是,他给我留下了深刻的印象"。[15]

到 1966 年 1 月,帕菲特决定申请为期两年的牛津大学哲学硕士学位,并写信给哲学系系主任吉尔伯特·赖尔(Gilbert Ryle)。赖尔因《心灵的概念》(*The Concept of Mind*)一书而闻名,他在书中指出,二元论(即身体和心灵是不同的实体)在哲学上是不融贯的。二元论最初由 16 世纪法国哲学家勒内·笛卡尔(René Descartes)提出;赖尔对其进行了嘲讽,并创造了"机器中的幽灵"这一短语。赖尔给帕菲特回了一封鼓励的信,但他想知道,帕菲特是否可以考虑用三年而不是两年的时间来完成哲学硕士学位,因为他没有接受过这方面的正规训练。他还说帕菲特应该提交两篇哲学文章。

1 月 10 日,帕菲特写信给贝利奥尔哲学导师之一艾伦·蒙蒂菲奥里(Alan Montefiore)。他提醒蒙蒂菲奥里,1962 年他们曾见过,当时他正在考虑是否要转学哲学、政治学和经济学,但"当时,我因害怕经济学而退缩了"。在去美国之前,他曾获得攻读政治学哲学硕士学位的机会。然而,"我现在的兴趣显然更多的是在哲学"。[16] 他将交给赖尔的两篇论文是关于经验价值论和道德情感的。他已经有了第一篇论文的初稿,但不知道蒙蒂菲奥里是否愿意在他提交之前看看他的第二篇论文。

随后,他联系了三位人士,请求为他的哲学硕士申请提供推荐信:他们是斯图尔特·汉普希尔、鲍勃·沃尔夫和克里斯托弗·希尔(他以前的历史导师,现已升任贝利奥尔的院长)。他在给希尔的信中写道:"给我这个糊涂脑袋一年的自由时间吧,我一定会在新的学科上摇摆不定。"他担心自己的历史学背景会被"哲学委员会视为不够严谨（他们并不欣赏我们学科更微妙的严谨性）"。他向希尔建议了一种措辞方式：他希望"我温和的辩论性（你肯定受到过这种辩论性的影响）可能为你提供写下'他适合学习哲学课程'的真实依据。（在'该死'的意义上'适合'）"。[17]

在接下来的几周里，所有的推荐信都来了。沃尔夫说，帕菲特交给他的这篇论文，"如果作为博士论文的一部分，肯定是写得很好的［……］他的论证技巧和对文献的掌握，对一个没受过或只受过极少正规哲学训练的人来说是非常出色的。"[18]汉普希尔"对他的聪颖过人感到很满意"。帕菲特阅读并理解的20世纪文献，数量之多，令人吃惊，但"他显然还有很多书要读，尤其是逻辑学方面的书"。[19]希尔最了解帕菲特，对他赞不绝口："帕菲特先生从很多方面来讲都是我带过的最出色的学生。"他接着列举了帕菲特在伊顿公学和牛津大学获得的一系列学术奖项。"在每个阶段，他都以获得最高荣誉为目标，且从未失手。"[20]

申请表格上有一栏，要求申请人说明期待获得何种学习资助。帕菲特表示希望能被授予国家奖学金。但他写道，他并不依赖于这种奖学金。接下来的一栏要求详细说明，在没有资助或奖学金的情况下，他将如何养活自己；他的回答是："父母？"[21]

1966年3月18日，吉尔伯特·赖尔通知艾伦·蒙蒂菲奥里，帕菲特已被录取。他建议提醒帕菲特，可能用三年时间而不是按惯例的两年时间攻读学位对他更有利。蒙蒂菲奥里转达了这一消息，帕菲特于1966年3月31日回信感谢了蒙蒂菲奥里在整个申请过程中的指导。信的标题是"选举日"（ELECTION DAY），工党首相哈罗德·威尔逊（Harold Wilson）宣布举行紧急选举，而这一天他以压倒性优势再次当选。

按照帕菲特的习惯，他认为适用于他的规则可以有一定程度的弹性。他请求获准将他的哲学硕士学位推迟到 1967 年 1 月开始，这样他就可以在哈佛度过 1966 年的秋季学期。5 月 2 日，鲍勃·沃尔夫写信给联邦基金会，让他们确信选择帕菲特作为哈克尼斯奖学金获得者是明智之举。"帕菲特上了我几门课，我看到他已经有了 100 多页的写作。我在哈佛大学、芝加哥大学和哥伦比亚大学八年的教学生涯中，帕菲特先生是其中最好的三四个学生之一。他的工作非常出色，我多么希望能说服他留在这里。你们的这笔钱花得真是太值了。"[22]

1966 年夏天，帕菲特除了去法国参加一位牛津朋友的婚礼外，其余时间都待在英国。到 8 月 26 日，帕菲特回到美国，听到了一个令人欣慰的消息：他获得了国家奖学金，会覆盖他所有的硕士学位学费，并提供 375 英镑的生活补助金，分三年支付。

* * *

在哈佛大学的学习期间，帕菲特遇到了写出《正义论》（*A Theory of Justice*）的那位教授，这本书将揭开政治哲学尘封已久的盖子，重新激发哲学界对正义与平等问题的兴趣，尤其是因为，这些价值与自由民主制度息息相关。二战之后，确实出现了一些著名的政治哲学著作，如卡尔·波普尔的《开放社会及其敌人》（Karl Popper's *The Open Society and its Enemies*，1945）和汉娜·阿伦特的《极权主义的起源》（*The Origins of Totalitarianism*，1951）。但维也纳学圈（Vienna Circle）的残余影响阻碍了这一学科的发展。

维也纳学圈是一群具有科学素养的哲学家和数学家，在20世纪20年代和30年代聚集在奥地利首都，他们认为"谋杀是错的"或"民主是好的"这样的规范性陈述是没有意义的，因为它们无法通过经验检验。日常语言哲学家坚持认为，理论家的任务只是分析"所有权""权利""权力""民主"等政治术语的使用方式，从而进一步挫伤了人们对政治理论的热情。

《正义论》的作者约翰·罗尔斯（John Rawls）打破了这一局面。他讨论的是实质性问题，而且不是通过语言分析这种狭隘的棱镜。他坚持认为，正义的原则和资源的正义配置可以从他称为的"原初状态"中推衍而来。罗尔斯问道，如果我们在"无知面纱"之后，不知道自己的社会地位、阶级地位、种族或性别、兴趣或才能，也不知道自己是否擅长数学、体育或艺术，甚至不知道自己是否有任何技能，那么我们将如何分配社会资源。罗尔斯声称，在这些条件下，我们会采取多种多样的正义规则；最重要的是，我们会允许一些不平等，但前提是这种不平等会有利于社会中情况最糟糕的群体。例如，用以奖励有抱负和有能力的人的金钱和其他激励措施，很可能对社会中最穷的人也有好处。尽管罗尔斯遭遇了99.99%的哲学家的命运，即在学术界之外，他几乎默默无闻，但他的影响力却难以被夸大，世界上许多人都受到了他的影响。每当官僚们审查一项潜在的政策，询问它将如何影响处境最不利者时，他们其实是在提出一个罗尔斯式的问题。

《正义论》于1971年问世，但它是多年思考的结晶，帕菲特在1966年底就接触到了其中的一些想法。帕菲特与罗尔斯的初次接触是由丹尼斯·汤普森（Dennis Thompson）安排的；汤普森和帕菲特在牛津时就已相识，这时是哈佛大学政府系的研究生。罗尔斯一眼就看出帕菲特"具有惊人的哲学智慧和敏锐的洞察力"[23]，而帕菲特显然被罗尔斯所吸引。他给罗尔斯看了自己的行为效用主义论文，并在万圣节的一封信中写道，他们两人进行了"特别愉快的会谈"。[24]

过去，帕菲特通常都能巧妙地利用制度规则为自己谋利。他似乎认为，规则是为别人制定的。1966年11月24日感恩节那天，他再次尝试自己的运气。哈克尼斯奖学金的授予条件是，所有奖学金获得者都必须在奖学金结束后离开美国至少两年。但帕菲特另有想法。他在给联邦基金会的信中写道："令我兴奋的是，我发现这里的道德哲学家罗尔斯教授所从事的工作，与我想做的工作极为接近。部分由于这个原因，他和另一位与我合作的教授一个月前向我建议，我应该申请哈佛大学的资助，计划明年九月回到这里攻读博士学位。"[25]

帕菲特解释道，罗尔斯教授的道德哲学进路与英国的明显不同。罗尔斯对这一主题有更广泛的理解，并引入了经验假设。帕菲特写道，他想写一篇关于道德中经验假设的论文，而这是牛津大学的学者认为他们没必要涉足的领域：

> 罗尔斯教授认识（并喜欢）牛津大学的几位哲学家，但正是他提醒我，我想做的事情完全不适合牛津大学现有的学术框架。更宽泛地说，我对哲学的其他几项兴趣都与哈佛大学具体的研究领域有关（例如，普特南教授正在进行的关于人工大脑意义的研究，或麻省理工学院的新语言学研究）。[26]

罗尔斯的哲学博士提议很有吸引力："在我看来，在三年后带着这种美国背景开始在英国做哲学研究,将是特别激动人心且富有成效的职业生涯。"[27]

我们不禁会去推测,如果帕菲特的计划获得批准,20世纪下半叶的政治和道德哲学可能会发生怎样的变化。他可能会卷入政治理论,而他实际上除了写过一篇关于平等的有影响力的文章外,大部分时间都在回避政治理论。他还可能会影响《正义论》中的论证。这本书引发了一个围绕它自发形成的由书籍和文章构成的产业,但帕菲特本人却认为这本书含糊不清,缺乏说服力。

然而,他的魅力和说服力在这一特殊时刻却撞上了官僚主义的"铁墙"。联邦基金会始终不肯让步。帕菲特只好回到牛津大学,攻读哲学硕士学位。至少,他已经明确决定转专业。正如他的朋友爱德华·莫蒂默所说:"剩下的就是……嗯,我想不是历史了。"[28]

第 7 章　万灵人

帕菲特已经把目光投向了更大的目标，但目前，他获得了颇具声望的哲学硕士课程上课的名额，并回到了贝利奥尔学院，尽管他还住在诺斯穆尔路 5 号的家中。

战前，英国最重要的哲学发展都发生在剑桥，这里是 G. E. 摩尔、伯特兰·罗素和路德维希·维特根斯坦的学术家园。但战后，哲学活动的中心决定性地转移到了牛津。哲学硕士学位（BPhil）过去与现在都是为期两年的研究生学位。学生不仅要通过考试，还要完成论文。在牛津的其他学科中，BPhil 被重新命名为 MPhil，以反映其硕士地位。但牛津大学哲学系成功地争辩说，BPhil 学位在哲学界众所周知，他们应该坚持使用原来的命名。在 20 世纪 60 年代，只要有 BPhil 学位（没有博士学位），有志成为哲学家的学者会被认为有充分资格申请那些有声誉的学术职位。

当时，牛津大学的道德哲学主要侧重于元伦理学，也就是说，考察道德主张的地位。如果我说"谋杀是错误的"，我是在陈述一个客观事实吗？如果是，如何理解这种"事实"？在过去的十年中，牛津大学已经将自身打造成为日常语言哲学的唯一中心，在这里，传统的问题被认为是源于对词语的正常使用方式的误解。

J. L. 奥斯汀是语言哲学的主要代表人物，他的方法不可避免地渗入到了伦理学的研究中。

帕菲特 BPhil 学位的其他同学于 1966 年 10 月开始了他们的学位课程。和他的哈克尼斯奖学金一样，他违背规则，申请了延期。1967 年 1 月 15 日，也就是第二学期（在牛津被称为希拉里学期）开始时，帕菲特才出现在那儿。他的导师反映了牛津哲学系的实力和深度。阿尔弗雷德·艾耶尔（Alfred Ayer，即 A.J. Ayer）、彼得·斯特劳森（Peter Strawson）、大卫·皮尔斯（David Pears）和艾伦·蒙蒂菲奥里都曾教过他。在他的第一本书《理由与人格》中，他还感谢了他初期的老师，包括 R.M.（迪克·）黑尔。这些人中有几位是哲学界的巨擘。

蒙蒂菲奥里出身于显赫的犹太家庭，也许部分是出于这个理由，他的研究兴趣包括一个人在多大程度上能够掌控自己的同一性。在牛津，他的不同寻常之处在于，他熟知并同情许多欧洲大陆哲学家，如莫里斯·梅洛-庞蒂（Maurice Merleau-Ponty）。大卫·皮尔斯专门研究维特根斯坦。作为牛津大学的学生，他为躲避一场斗殴从高档的兰多夫酒店（Randolph Hotel）跳窗下来后，发现了维特根斯坦：他在被抬上救护车时从朋友手中抢走了《逻辑哲学论》，并在医院康复期间被这本书迷住了。

艾耶尔和斯特劳森的哲学追求非常广泛，他们与黑尔一起，为伦理学做出了重要贡献。张扬的"弗雷迪"·艾耶尔是另一位老伊顿人。他有一个名声——完全合情理——是不可救药的花花公子，这让他受到了一些同僚的反感（和一些人的嫉妒）。20 世纪 30 年代，他将前文提到的维也纳学圈的思想（到 20 世纪 60 年代已声名狼藉）引入英美哲学界。维也纳学圈推崇所谓的逻辑经验主义

（有时称为逻辑实证主义）及其相关的证实原则（Verification Principle）。证实原则认为，一个命题要有意义，它必定要么根据定义为真（比如"所有三角形都有三条边"），要么是可以验证的（比如"威尼斯有 417 座桥"）。这对伦理学产生了根本的影响。因为如"谋杀是错误的"这样的道德主张，既不是据定义为真的，也不是可检验的，因此，根据维也纳学圈的观点，它们是没有意义的。[1] 艾耶尔扩展了逻辑经验主义的观点，认为道德陈述只是情绪的表达。他的情绪主义（有时被称为"呸/好耶理论"）将"谋杀是错误的"翻译成了"谋杀。呸！"。

维也纳学圈在哲学界风靡一时，但后来人们发现其框架的某些方面，包括证实原则，存在诸多困难。首先，证实原则似乎无法通过自己的检验，因为它既不是据定义为真的，也不是经验上可验证的。在帕菲特开始攻读 BPhil 学位后不久，有一册《哲学百科全书》（The Encyclopedia of Philosophy）出版了，它宣布逻辑实证主义"已死，或者说作为一场哲学运动已死"。[2]

在帕菲特攻读 BPhil 学位时，对他影响更大的是黑尔的著作，黑尔在 1966 年成为怀特道德哲学教授（怀特教席是牛津历史最悠久的哲学教授职位）。黑尔在第二次世界大战后回到牛津大学，他身心俱疲、瘦弱不堪，因为他经历了作为战俘的艰难岁月，被日本人强迫在连接缅甸和泰国的"死亡铁路"上工作。尽管如此，他的经历并没有让他相信，道德是客观的，行为有客观上的对错。相反，他的前两本书《道德语言》（The Language of Morals）和《自由与理性》（Freedom and Reason）深受奥斯汀语言哲学的影响，奠定了他通过分析道德术语而确立的声誉。当我们说"我应当说真话"时，"应当"这样的词语让我们承诺的是什么？他的答案是，这些词语意味着命令每个人在类似的情况下说真话。这个命令还适用于我们不是行动者而是行动的接受者的情况。要想知道我应该做什么，我必须不仅从自己的角度来看想要这一行动发生，而且必须设身处地地为每一个和所有受这一行动影响的人着想，并愿意从他们的角度来接受这一行动。

帕菲特的最后一位导师是彼得·斯特劳森，他最著名的论文是《自由与怨恨》（Freedom and Resentment），这篇论文在帕菲特读本科时就已发表。这篇文章的观点是，即使我们认为人类没有真正的自由意志，只是决定论世界的一部分，和宇宙中的其他事物一样受因果律的支配，我们对他人仍然必定会有斯特劳森所说的"反应性态度"。换句话说，即使我们相信，在某种意义上，某人冤枉了我们是他别无选择的结果，因为他们既不对自己的性格负责，也不对自己所处的环境负责，我们仍然必定会对他们感到愤怒和怨恨。

所有这些观点都对帕菲特产生了影响，尽管大多是负面的，因为他抵制这些观点。尤其是，他对斯特劳森的立场感到困惑，因为他，帕菲特，并没有斯特劳森所坚持的那种天生的强烈反应性态度。如果有人对他不好，他可能会感到某种程度的伤害，但不会产生怨恨或报复的欲望。

无论认同与否，他都觉得哲学令人振奋。他后来回忆说，他第一次参加哲学辩论是在牛津哲学学会（Oxford Philosophical Society）的活动上。一位哲学家在回应一个演讲时评论说，演讲中的所有论证都是无效的，都是基于错误的前提，结论即使是真的，也是微不足道的。"我想：'哇！'"[3] 帕菲特不赞成那些喜欢拳击的人，他想知道这种态度与他对这些哲学"拳击赛"的热衷是否相一致。[4]

* * *

暂时而言，帕菲特的目标还只是尽可能多地吸收哲学知识。他在美国时一定接触过亨利·西季威克的作品，他后来说，他买了一本西季威克1874年出版的《伦理学方法》（*Methods of Ethics*）的二手书，[5]但在牛津，他进一步加深了对这本"伟大而单调的书"[6]的喜爱。《伦理学方法》是西季威克年仅36岁之时所著，书中包含了令帕菲特着迷的一个核心主题：利己主义（主张我们应该为自身利益而行动）和后果主义（主张我们应该采取产生最好的整体后果的行动）之间的相互拉扯。在帕菲特看来，西季威克提供了如何进行哲学研究的模板。西季威克是一位真理追求者，纯粹而无私，足以遵循论证的逻辑，并勇于得出挑战维多利亚时代规范的结论。帕菲特认为，他也应该追求真理，即使真理让人感到不舒服。

帕菲特和西季威克都出身于深受宗教影响的家庭（西季威克的父亲是一位牧师）。两人都曾在英国享有盛誉的学府接受教育（西季威克曾就读于拉格比公学和剑桥大学）。帕菲特后来发展出了与西季威克相似的写作风格，朴实无华、直截了当，句子力求清晰明了。《伦理学方法》被誉为"哲学的宝藏"，[7]帕菲特给学生们留下了深刻的印象，他大步走进教室，砰的一声把《伦理学方法》扔在桌子上，然后宣称："这是有史以来最伟大的道德哲学著作。"[8]

* * *

"我在这里的生活（就爱情而言）目前非常空虚。不是不幸福之类的，只是一片空白（也许我太挑剔了，我不知道［……］也许她们都躲得远远的，等等，自怨自艾［……］）。"[9]1967年6月27日，帕菲特在即将参加万灵学院考试前不久，给他22岁的妹妹乔安娜写了这封信。乔安娜暂时搬到了康涅狄格州的纽黑文，帮姐姐西奥照顾年幼的孩子。帕菲特是在回复她写给他的信，乔安娜在信里请求他对她的感情生活提供一些建议。她在纽黑文和一个名叫乔恩的男友纠缠不清，乔恩是俄亥俄州欧柏林学院（Oberlin College）的学生，他性情暴躁，情感不稳定。乔安娜想知道和乔恩的关系是否还有未来。乔恩即将返回俄亥俄州，帕菲特劝她说，他的感情可能会发生变化："我认为女人更能在异地恋中保持忠诚，因为她们的爱更'精神化'等等"。[10]他还告诉她说，如果自己知道对方要离开牛津大学，他也会谨慎地考虑是否与对方交往。

但乔安娜也问他，她是否应该和男友发生关系。乔恩一直在给她施压，声称他的心理医生提议这样做有益于心理健康。帕菲特对此提出了警告。

> 我认为，你不应该仅仅因为你认为可能会帮助他克服情感障碍（就像他的心理医生建议的那样）而与乔恩发生关系。我这样说的理由并不是我认为这样做不道德；相反，我认为这样做是非常道德和善良的。但问题是，如果这是你的理由，你可能会觉得不舒服，这就很遗憾，因为这让你一开始就会走错路。对于一个女人（这里说话的是阅历丰富的男人！！！）来说，与人发生关系需要一些时间来适应；开始通常会非常失望，后来才会变得越来越重要。[11]

当然，还需要考虑其他潜在的后果。虽然那时有了避孕药，但直到 1973 年最高法院对"罗伊诉韦德"一案做出裁决后，美国妇女堕胎的权利才得到保障。帕菲特从未写过关于堕胎伦理的文章，但在 1967 年，他的立场已经非常明确。他告诉他的妹妹，

> 一旦中招，第一时间告诉西奥，整个过程不到一周就能结束（越到后来会越痛苦）。我和西奥认识很多人（我就不点名了，但几乎每个人），他们对几乎看不见的胎儿都能泰然处之（唯一麻烦的是费用）。我自己的想法表达得不是很直接，不是吗？如果你需要这个，如果你和西奥谈过，我相信她会知道在哪里可以处理。如果你不想跟她谈，我记得两年前纽黑文有一位非常不错的不可知论者的医生开了一家诊所，为未婚女性提供节育服务，电话簿上可能会有。[……] 如果我是个女孩，为了自己的钱着想，我宁可吃避孕药。[12]

随后，信转向了一些令人开心的话题。披头士在一个月前发行了《佩珀军士的孤独之心俱乐部乐队》（*Sgt. Pepper's Lonely Hearts Club Band*）专辑。乔安娜曾让她哥哥给她买一张，但他指出这样做"有点傻"，因为美国版的专辑与英国的曲目一模一样，而且价格更便宜。他已经听过这张专辑了，他认为第二面的最后一首歌《生命中的一天》（*A Day in the Life*）特别好听。他再没有更多的信息。爸爸"偶尔也会心情不好，但在这之间还是很开朗的"。他说他自己的生活也很平淡。他在信的最后希望乔安娜能振作起来："照顾好自己，因为我不想看到我最喜欢的小妹妹不开心。"[13]

第 7 章 万灵人

不出所料，乔安娜和乔恩之间的关系并没有发展下去。关系的结束似乎很突然。乔安娜一定给她哥哥写过一封绝望的信，诉说她觉得自己得不到爱。他安慰她说，那是无稽之谈。每个了解她的人都很关心她，问题是她在美国认识的人不多。"我敢打赌，虽然我认识的人比你多，但我认识的人中爱我的比例却没有你的情况好，其中有几个还非常讨厌我。"[14] 由于似乎很少有人真正讨厌年轻时的帕菲特，因此这句话可能只是为了给乔安娜提气而写的。

乔安娜的焦虑有一部分是她担心自己智商不足。帕菲特本可以选择否认这一点。但他没有，他告诉她，在他看来，智商的发达被高估了。

> 亲爱的妹妹，事实是，自从我一月份从哈佛大学回来后，我就一直在寻找我的梦中女孩，但一直没有找到，因为我试过交往的五六个女孩都是智商发达的，但除此之外不值一提。大约一个月前，我在安慰一个非常聪明机智的女孩，她一直很痛苦，她的主要问题是对任何人都无法产生强烈的情感。大脑接管了一切，心灵却逐渐枯萎（为什么你的信写得比我好这么多，就是因为我的信自我意识强，比较迂回，而你的信真诚而直率）。我真正觉得自己可能会娶的唯一一个女孩（当然，如果她没有订婚的话）——（请替我严格保密）——是我见过的最不"知性"的女孩帕特里夏——本杰的妻子。她非常自卑，经常向我抱怨说，她不能像本杰那样讨论问题，但她比本杰敏感和善解人意得多（保密）。所以，看在爱因斯坦的分上，别以为男人想要的女人，是能讨论不同乐团指挥之优劣的人！

（那种事情他们可以读论文去了解。）[15]

* * *

1967年8月下旬，帕菲特与爱德华·莫蒂默和莫蒂默当时的女友、未来的妻子伊丽莎白（人称"维姿"）驾车前往意大利北部。行程还包括威尼斯。在《理由与人格》一书中，帕菲特声称那一年他曾与哲学家加雷思·埃文斯（Gareth Evans）一起在西班牙旅行，但除非他能使用传送机，否则这在物理上是不可能的。与埃文斯的旅行一定是在次年夏天。

帕菲特已经下定决心，回到牛津后要重新申请万灵奖学金研究员职位。他上一次在1964年申请的是历史学科，那是他在高中和大学里都擅长的学科，成绩和一系列奖项和奖学金足以证明这一点。他现在认为自己已经准备好在哲学领域大展身手，尽管几乎没有东西能证明他在这方面过去的表现和未来的潜力，这体现了他的自信，而有人可能会说这是胆大妄为。

他再次参加了从周四开始的为期三天的考试。1967年的单词论文题目是"空间"。当然，这也是关键所在，它允许考生以不同的方式理解这个词，但无论有意还是无意，考试命题者肯定受到了冷战时期持续且激烈的太空竞赛的影响。

接下来，是开始为万灵奖寻找推荐信。约翰·斯帕罗是万灵学院的主要人物和院长（Warden），他是一名大律师、保守派和论战家，而且脾气暴躁，"如果没有人反驳他的论证，他会自己编出反驳"。他喜欢现有的世界，如果他能阻止它的革新，他一定会这么做。他厌恶"胡子拉碴、蓬头垢面的学生一代"中的煽动者。[16]

第 7 章　万灵人

他的朋友、思想史学家以赛亚·伯林将他的三大兴趣描述为"1. 自己。2. 性。3. 与这些相去甚远的，古书"。[17]

1967 年 10 月 31 日，斯帕罗写信给他在贝利奥尔同级别的克里斯托弗·希尔。[18]希尔立即征求了帕菲特在贝利奥尔的导师艾伦·蒙蒂菲奥里的意见，后者在第二天做出了回应，那天是万灵节。蒙蒂菲奥里曾与他的贝利奥尔同事讨论过帕菲特的情况。蒙蒂菲奥里写道，历史学家们认为帕菲特聪明但轻浮。"然而，现在他开始研究哲学了，毫无疑问，他对这门学科的投入是完全严肃的。他非常勤奋，做事细致入微，但我真正打动我的是他强烈的哲学想象力。我认为，有朝一日他一定能创作出极具独创性和震撼力的作品。"[19]

希尔随后给斯帕罗写信，不是一封，而是两封。第一封信是知道它会被所有在万灵学院有投票权的人都会看到的情况下发出的。信中列出了帕菲特获得的众多学术奖项。希尔在信中写道："他（帕菲特）在很多方面都是我曾教过的最优秀的学生。"

> 三年前，我觉得德里克·帕菲特虽然能力出众，但还没有真正找到自己。历史和他涉猎的其他学科一样，都是他能做得非常出色的事情。然而，从那时起，他就明确而坚定地认定自己要成为一名哲学家［……］总的说来，毫无疑问，他会在某些哲学领域达到顶尖水平。[20]

但希尔随后又写了第二封信。第一封信可能被罗宾·布里格斯读到了，他于 1964 年超过帕菲特被选中，那时仍是万灵奖学金的获得者，帕菲特是他在贝利奥尔的学习伙伴。第二封信仅供斯帕罗阅读。

> 三年前,当您选择罗宾·布里格斯而不是德里克·帕菲特时,我们感到非常高兴。在那之前,德里克一直是第一名,而罗宾(只是)第二名。我们认为,万灵透过德里克表面上的聪明才智,看到了罗宾·布里格斯更踏实的价值。事实上,我认为你们的决定对德里克大有裨益。这是他在竞争中第一次真正的失败。但他现在已经摆脱了幼稚的聪明,成了一个严肃的人,也是我所知同代人中最有能力的人。[21]

换一种说法:成功对帕菲特来说太容易;为了他好,需要挫一挫他的锐气。但是,说帕菲特在学业上或更宽泛的生活中有些轻浮,这似乎是一个奇怪的指控,因为离事实甚远。帕菲特并没有轻浮这种缺点。

不久帕菲特收到通知,他被选为万灵奖学金研究员,而另一资格则授予了历史学家约翰·克拉克(John Clarke)。希尔写信向帕菲特表示祝贺,帕菲特在1967年11月9日的回信中说:"是我在综合试卷中的表演帮了我,恐怕我还需要一段时间才能成为一名专业(而非业余)的哲学家。(反正我也不完全想这么做)。"[22] 这是一句隐晦的话。他在暗示什么呢?也许他还不相信哲学是他的天职。也许他认为,作为一个业余爱好者,他对哲学问题保留了局外人的视角,从而能够更清楚地看到问题的复杂性。更有可能的是,他是在俗务意义上说的:他不喜欢职业哲学家的生活,因为有随之而来的责任,尤其是教学。

无论如何,这种苦差事被推迟了七年之久。因为他现在将进入万灵学院的特殊环境，在那里，他有幸能够专注于研究他申报的课题："哲学，尤其是心灵哲学和道德哲学"。[23] 他不可能知道，万灵学院将成为他接下来43年的家。

* * *

主街是牛津最繁忙的交通街道，也是进出牛津城的主要干道。白天，街道上总是拥挤不堪，公交车、出租车和小汽车交织在一起，都试图避开那些穿梭其间、看起来有些"自杀式"骑行的自行车手。但是穿过门房厚重的木门，进入被称为"所有忠实的逝者灵魂所属的学院"（俗称万灵学院）时，却有一种近乎阴森的宁静。对某些人来说，这里太安静了。学院曾有一位秘书在一周内就离开了，因为她无法忍受这里的寂静。学院的一位图书馆员曾开玩笑说，"即使第三次世界大战在学院外爆发，我们也可能会浑然不觉"。[24]

在世界上，鲜有其他学术机构能够像这里一样，研究人员可以不从事教学工作。普林斯顿的高等研究院（Institute for Advanced Study，以下简称IAS）是其中之一，它成立于1930年。亚伯拉罕·弗莱克斯纳（Abraham Flexner）是IAS的智囊，但并非财囊。他设想的IAS"应该向有能力、受过良好教育的人开放，这些人不需要，且也不会接受灌输式教育"，并且"在这里，世俗的纷扰、对未成熟学生们的父母责任等干扰因素都将不复存在［……］它应当是一个小而精的地方［……］但它的推动力将是巨大的"。它将提供"最重要的平静"。[25] 万灵学院成立于14世纪30年代，正式创始人之一是英王亨利六世（比英王亨利六世创建伊顿公学只早几年），拥有比 IAS 多达六百年的历史。最初，万灵奖学金的获奖者被要求为那些在与法国的战争中阵亡的灵魂祈祷。但即使在那时，他们的主要任务是学习；那时和帕菲特进入万灵时情况一样，学院没有本科生。

学院目前的组织结构可以追溯到 19 世纪末的改革，当时引入了包括奖学金研究员在内的各类研究员。尽管如此，万灵学院大部分时间都注重传统而非改革。万灵学院的哲学家杰里·科恩（Jerry Cohen，即 G. A. Cohen）曾写过一篇文章，为反对改革做辩护。文章开头如下：

"科恩教授，换新（change）一个灯泡需要多少个万灵研究员？"

"换新？！？"[26]

帕菲特成为获奖研究员时，这所学院仍是男性学院。周围有许多研究员决心保持这种状况，阻止以"进步"或"与时俱进"为名的任何变革。其中之一就是多产的历史学家 A. L. 罗斯（A. L. Rowse），他乐于传播这样一种观点，即所有其他历史学家都是二流的。这个学院不是一个缺乏自信的机构。虽然研究员将其视为学术的顶峰，但来访者却对其自视甚高的程度感到震惊。

老伊顿人和老贝利奥尔人的比例极高。"多样性"没有提上议事日程。学院在 1959 年选了一位加纳人威廉·亚伯拉罕（William Abraham），[27] 斯帕罗院长勉为其难同意了。有一位仆人抱怨自己无法在红木家具的背景下辨认出亚伯拉罕，[28] 这位院长感到非常好笑。斯帕罗鼓励亚伯拉罕返回加纳。

当然，正如我们将要看到的那样，学院的管理方式有了一些重要的发展，学者的构成也发生了根本的变化，但学院的脉搏和节奏基本上没有受到影响。学院满足了学者大部分的基本需求。这里有早餐、午餐（在叫做"贮藏室"的餐厅供应）和正式晚宴，院长会在晚宴上用拉丁语致辞，而且必须穿长袍。早餐如果点马麦酱，它会装在带银色螺旋盖的罐子里，放在一个银色小托盘上送来。每天下午，在所谓的"吸烟室"里会有新鲜出炉的蛋糕和中国瓷杯装的茶。晚餐桌上摆放着各式餐具和杯子，新手必须学会哪道菜该用哪种餐具。至于您的房间，不需要打扫：这是由"侍者"负责的，这一群体现在几乎都是女性，但在20世纪60年代都是男性。

帕菲特被分到北院第11号楼梯间的4号房间，该房间是由尼古拉斯·霍克斯莫尔于80年代初设计的，帕菲特小时候曾游历过他设计的教堂。事实上，这是一个三房套间，一个小卧室、一个小办公室和一个相对宽敞的休息室，他还在壁炉里安装了电暖器。从这里可以欣赏到院子的迷人景色，还有远处圆顶的拉德克利夫图书馆（Radcliffe Camera），让人流连忘返。诺斯穆尔路5号也在步行可达的范围，帕菲特经常尽责地去拜访，但那里已经不再是他的家了。

有些研究员需要一段时间来适应学院生活。少数人则永远无法完全适应。吃饭时有人侍应，餐盘不用收拾，工作人员不会直呼你的名字：这让一些研究员感到不自在和疏远。帕菲特不会。他从不对学院的员工无礼，他太和蔼可亲了。但他一生都在古老的学院中，被人伺候。一些年轻的研究员在二十出头到不到三十时来到万灵学院，可能会感受到巨大的社交压力：晚餐时坐在他们旁边的客人，可能包括内阁部长或高级公务员、外交官或法官。帕菲特对此毫无察觉；他的身份意识尚未发展成熟，对世俗人士的生活和成就不感兴趣，也不以为然。

几乎无法夸大万灵学院对帕菲特的影响，但这种影响是如何产生的，却很难评估。是万灵学院让他做回了原来的自己，让他展现真实的自我？还是说它扭曲了他，慢慢地把他变成了后来的专注狂呢？

* * *

目前，帕菲特继续攻读他的 BPhil 学位，并不断给导师带来惊喜。大卫·皮尔斯在 1968 年 3 月的一份报告中写道："对于一个刚开始学习哲学的人来说，他本学期在心灵哲学方面的研究成果令人惊叹，而且颇具独创性。"[29] 帕菲特本应在夏天获得这个学位，但在约翰·斯帕罗的鼓励下——对他来说正式的学历就是几张不相关的纸片——帕菲特决定从 BPhil 学位转到博士，或者用牛津的方言来说，DPhil 学位。他的导师是艾伦·蒙蒂菲奥里，帕菲特提议的论文题目是"人格同一性的哲学概念"。但他后来也没能完成这篇论文。因此，帕菲特的高等教育学历永远停留在本科学位——还是历史学的。

帕菲特没有接受过正规的哲学训练，这虽然不是独一无二的，但也比较罕见。其后果之一是，他的哲学视野与其同侪比起来狭窄一点。在逻辑学或科学哲学等众多哲学领域，他都没有任何基础。他对如莱布尼茨和维特根斯坦这样的哲学大师，知之甚少。如果你在《理由与人格》索引中查找亚里士多德的名字，你将一无所获。不过，帕菲特也看到了其中的积极方面，他对《纽约客》说："因为我从未拿过哲学学位，所以我只读那些我想读的书和文章。这有助于我爱上这门学科。"[30]

* * *

前面提到的与加雷思·埃文斯一起前往西班牙的夏季自驾旅行，很可能发生在 1968 年。埃文斯比帕菲特小四岁。他在 PPE 期末考试中获得了年级第一名，随后获得了基督堂（Christ Church）学院一年的奖学金。我们不清楚埃文斯和帕菲特是如何相识的；可能是通过斯特劳森，他教过他们俩。无论如何，学术明星们总是能够相互发现。埃文斯本人的哲学兴趣在于逻辑学和语言哲学。

埃文斯后来英年早逝，在那之前最戏剧性的时刻发生在 20 世纪 70 年代末，当时他和一位朋友（墨西哥一位著名政治家的儿子）在墨西哥城开车。四名男子试图绑架他们，导致他的朋友雨果·马加因（Hugo Margáin）死亡，埃文斯被误认为是保镖，膝盖中弹。[31] 不久之后，他被诊断出患有肺癌；在最后一些辅导课上，他痛得躺在地上。他有一本遗作《指称的多样性》（*The Varieties of Reference*）。该书探讨了名称（例如"晨星今天清晰可见"）或代词（"他去了书店"）如何指称或"指代"（denote）对象的问题。这个主题是德国逻辑学家戈特洛布·弗雷格（Gottlob Frege）和伯特兰·罗素的主要关切。考虑一下人们的人名。罗素认为，人名，比如说"德里克·帕菲特"，就是用作描述（在这种情况下相当于"《理由与人格》的作者"）。但在美国逻辑学家索尔·克里普克（Saul Kripke）的批评下，这一观点逐渐被否定。如果我使用"德里克·帕菲特"这个名字,即使帕菲特根本没有写过《理由与人格》,而是花钱请另一位哲学家写的,它仍然指向帕菲特。《指称的多样性》旨在部分地恢复弗雷格和罗素的理论。

语言哲学中的这些问题并没有引起帕菲特的兴趣,两人在长途的自驾旅行中讨论了什么也不得而知。从各方面来看,埃文斯有着令人震惊的敏锐和深刻思维。在他去世后,帕菲特写道:"我曾希望成为一名哲学家,当我们开车穿越法国时,我向他提出了我的初步想法。他无情的批评让我绝望。在我们到达西班牙之前,我又找回了希望。我看到他对自己的思想也几乎同样严苛。"[32]

在牛津,语言与道德有很大的交集。如上所述,20 世纪 60 年代的道德哲学围绕的是道德命题的意义和地位。这是一个深奥的话题。不管是元伦理学,还是语言哲学,都不关心实际的道德问题,如堕胎或死刑,而这两个问题在 20 世纪 60 年代引起了很大争议。1967 年,堕胎在英国合法化,两年后,死刑被正式废除。社会、文化和政治世界都在不断变化。1968 年,越南战争因"春节攻势"(Tet Offensive)而升级,苏联入侵捷克,马丁·路德·金和罗伯特·肯尼迪遇刺身亡,两名非裔美国运动员在墨西哥奥运会上向"黑人力量"致敬。巴黎、伦敦政治经济学院等地方都爆发了学生主导的抗议活动。牛津大学的抗议活动则较为平淡,不过万灵学院也感受到了些许压力。沃德姆学院(Wadham College)的一名大学生迈克·罗森(Mike Rosen),[33] 在学生报纸《彻韦尔》上发表了一篇尖锐的文章,批评约翰·斯帕罗和万灵特权:如果你要求一个人"发明一个不可思议的东西,让人的大脑无法一口气理解,那么他很难提出一个比万灵更奇特的概念"。[34] 牛津革命社会主义学生会的另外三名成员直接写信给斯帕罗,告诉他"贵机构的

第 7 章 万灵人

理据、结构和运作［……］与革命社会党倡导的一切格格不入"。[35]

但是，20世纪60年代的大部分变动，对牛津大学的哲学家们并没有产生直接的影响。他们中只有少数人关注实际的道德问题，并参与实际事务。例如，伊丽莎白·安斯康姆（Elizabeth Anscombe）曾在1956年发起一场运动，阻止授予哈里·杜鲁门（Harry Truman）牛津大学的荣誉学位，因为他曾下令在日本使用原子弹。迈克尔·达米特（Michael Dummett）不知疲倦地为移民和少数族裔奔走呼号。与达米特一样，以赛亚·伯林也是万灵学院的研究员，他曾于1958年做过一次颇具影响力的演讲，题为《两种自由概念》，讲述了政治自由的本质。该演讲区分了消极自由和积极自由，消极自由是指没有胁迫或干涉，而积极自由是指自我管理的自由，即掌握自己的思想、价值观和激情的自由。

但应用伦理学并不在牛津大学的课程大纲中。帕菲特与年轻哲学家乔纳森·格洛弗（Jonathan Glover，在新学院任教）和吉姆·格里芬（Jim Griffin，在基布尔学院任教）一起萌生了一个想法，共同开设一门关于惩罚、公民不服从、堕胎、安乐死、慈善和贫困等现实道德问题的课程。格洛弗提议将其命名为"生命、幸福与道德"。帕菲特则建议取一个更响亮的名字——"死亡、痛苦与道德"。

这门课于1970年开设，在牛津大学的夏季学期（也就是牛津所谓的三一学期）的周二下午举行，并立即取得了成功。许多杰出的哲学家，如法律哲学家H. L. A. 哈特（H. L. A. Hart）和怀特道德哲学教授黑尔，以及一些后来成名的研究生，其中就有一位年轻的澳大利亚人彼得·辛格（Peter Singer），都去听了这门课。

在接下来的几年里，三人小组又数次在三一学期聚首，但课程名称和地点各不相同：1973年是"生活质量"，1974年是"权利、利益和可能的人"，1975年是"效用主义"，1976年是"伦理学的问题"。课程的形式是，格里芬、格洛弗或帕菲特发表演讲，其中一人做出回应，他们事先会收到演讲稿。然后是由听众提出问题和意见。三位年轻哲学家中的每一位都给人留下了深刻印象，而德里克则是其中的"明星"，[36] 一位哲学家将他比作温布尔登网球冠军罗德·拉沃尔，并形容"他具有拉沃尔式的能力，无论球从哪里来，他都能迅速回击"。[37] 他给辛格留下了终生难忘的印象："自五十多年前我开始研究哲学以来，在我认识的所有哲学家中，帕菲特是最接近天才的一位。与他进行哲学争论就像与国际象棋大师下棋：他已经想到了我对他的论证可能做出的每一种反驳，考虑了几种可能的回答，知道对每种回答的反驳，以及对这些反驳的最佳应对"。[38] 研讨课成功地营造出一种哲学界罕见的兴奋感。"我们都觉得自己坐在一个哲学实验室里，不同于科学实验室的是，实验是在德里克的脑海里进行的！"[39]

帕菲特独特的交流方式在讨论会上展现得淋漓尽致。他的嗓音是男中音，语调单一，但每说十几个字，他都会突然强调一个词，就像突然从睡梦中惊醒。正是在这个研讨课上，许多他日后因之成名的想法都以雏形首次亮相。这里并不适合详尽介绍帕菲特现已闻名遐迩的"未来人口"论证，但乔纳森·格洛弗是最早听到这些论证的人之一。一天下午，轮到帕菲特主持讨论，他答应给格洛弗看论文，但一拖再拖。他对这篇论文很不满意，所以想继续修补，永不满足是埋藏在他内心深处的特质。最终，研讨课的日子到了，可论文还是没有完成。"带着荒谬的过度自信，我说：'没关系，德里克，我会听完后即兴回应的。'其实我所知甚

第 7 章　万灵人

少。"原来,帕菲特一直在为人口悖论而苦恼,这个悖论涉及生活质量和人口数量之间的平衡。他在黑板上画满了图表。当最后格洛弗试图提出一些反对意见时,帕菲特已经有了一些现成的回答,"他至少已经想到了后面的四五步。我感觉自己就像一个新手棋手,误打误撞地进了一位大师的棋局"。[40]

事实上,在整个研讨课期间,格洛弗自己也提出了几个引人入胜的观点。其中涉及的一个问题是,如果行为本身的危害微不足道,只有当每个人都以同样方式行事时才会造成重大伤害,那么我们应该如何评价个人的这种个体行动?这种难题经常出现在研讨教室之外的现实世界里。许多人认为,他们不需要费心控制个人的碳排放量,因为他们对全球变暖的影响可以忽略不计。

为了回应这类论证,格洛弗设计了一个巧妙的思想实验。设想有一个村庄,村里有一百名手无寸铁的居民。正当他们吃着一盘一百颗烤豆的午餐时,一百名饥饿的武装强盗来到了这里,他们每人拿走了一盘。每个强盗都以显著的方式伤害了一个村民。但有些土匪开始有了道德上的顾虑。第二周,他们再次袭击了村庄。不过,这一次他们的偷窃方式很巧妙,虽然略显缓慢。强盗1只从村民1处拿走一颗豆子,从村民2处拿走另一颗豆子,从村民3处拿走第三颗豆子,以此类推。他对每个村民造成的伤害可以忽略不计,因为少一颗豆子对单个村民的午餐没有明显的影响。强盗2也是如此,从每个村民的盘子里拿走一颗豆子。强盗3到100也是如此。[41]结果是,每个强盗最后都吃到了一百颗豆子的丰盛午餐,而每个村民最后只剩个空盘子。

难道我们能说,在第二次袭击中,每个强盗都没做错事吗?格洛弗认为,这显然是个荒谬的结论。帕菲特同意这一看法。我们将在帕菲特的第一本书中再次看到这个谜题，即"无害的虐待者"案例。

* * *

帕菲特的第一本书会在何时问世？尽管牛津大学出版社（OUP）后来在哲学出版市场上占据了主导地位，但在20世纪60和70年代，剑桥大学出版社仍是该领域的主要出版商。但在1968年12月的一次社交活动中，帕菲特遇到了牛津大学出版社的资深学术编辑丹·达文（Dan Davin），后者表达了对他研究的兴趣。一个月后，也就是1969年1月，帕菲特写信说，如果他关于人格同一性的博士论文"还过得去"，[42] 他很乐意将其改写成一本OUP的书。但他在信中说，这要等上几年。在接下来的十二年里，OUP的编辑们学会了对帕菲特的时间表及宣称的出版计划持怀疑态度。

* * *

帕菲特的第一次重大挫折发生在1964年，他未能获得万灵学院的奖学金研究员资格。第二次挫折发生在1970年。一年前，贝利奥尔的逻辑学家阿瑟·普赖尔（Arthur Prior）去世，年仅五十来岁，哲学系导师研究员的职位因此空缺一个。帕菲特和其他几位哲学家，包括另一位年轻的英国哲学家基特·法恩（Kit Fine）和加拿大人比尔·牛顿-史密斯（Bill Newton-Smith），都提出了申请。

这个职位是为修读PPE的本科生提供教学。面试小组有六人，其中两人教古典文学，分别是贾斯珀·格里芬（Jasper Griffin）和奥斯温·默里（Oswyn Murray）；两人教政治，分别是史蒂文·卢克斯（Steven Lukes）和比尔·温斯坦（Bill Weinstein）；两人教哲学，分别是艾伦·蒙蒂菲奥里和安东尼·肯尼（Anthony Kenny）。从理论上讲，这个职位任期为七年。实际上，这是一份终身职位。帕菲特显然很想得到这份工作，但面试之后，奇怪的事情发生了。出于某种理由，他认为基特·法恩已经得到了这个职位。他不清楚究竟发生了什么，但他现在对自己的前途感到担忧，且情绪激动，于是找到牛顿-史密斯告知了这个毫无根据的消息。后来，牛顿-史密斯带着一瓶香槟去拜访基特·法恩，向他表示祝贺。法恩对此一无所知，因此感到十分困惑。第二天，牛顿-史密斯接到一个电话，通知他已被选中担任这个职位。

按照安东尼·肯尼的看法，做出这一决定并非纯粹出于哲学能力的考虑：

> 德里克带来了本科时教过他的历史导师们的精彩推荐信，而且他还赢得了一系列奖项。他有可能（事实也证明了这一点）比比尔更有才华。但最终我们还是选择了比尔，部分原因是他的哲学领域与阿瑟的领域相近，还有部分原因是我们认为，德里克更感兴趣的可能是自己的研究，而不是本科生的哲学教授工作。[43]

这是一个明智的判断。这个工作会要求帕菲特不仅要每周讲授至少 12 个小时的辅导教学，而且还要讲授他毫无兴趣且不怎么擅长的主题。PPE 的第一年要求本科生学习约翰·斯图亚特·密尔的《效用主义》、大卫·休谟（David Hume）的《人类理解研究》(*An Enquiry Concerning Human Understanding*)，并通过一本名为《逻辑学入门》(*Beginning Logic*，约翰·莱蒙著）的书学习一些基本的逻辑知识。帕菲特没有接受过逻辑学方面的训练，无法教授后一门课程。此外，贝利奥尔最近招收了两名学生，学习物理哲学，正在寻找一位能接手他们的导师。牛顿-史密斯拥有相关领域的背景，即数学和哲学。

这些都是未聘用帕菲特的充分理由。还有一个理由，他还没有属于自己的一篇博士论文，更不用说出版著作了。但这种情况即将改变。

第 8 章 远程传送机

"我认为,没有哪位年轻哲学家像我一样,仅凭一篇文章就有这么多收获。"[1]帕菲特所指的文章发表在 1971 年的《哲学评论》(*The Philosophical Review*)上。这篇文章让他声名鹊起。帕菲特说,很多人基于这篇 24 页的论文邀请他去做演讲:"我的介绍人经常说:'《人格同一性》等文章的作者……',然后我意识到他们没有读过我的任何其他作品"。[2]

关于人格同一性的核心哲学问题非常简单。一个名叫德里克·安东尼·帕菲特的婴儿出生于 1942 年。有个同名同姓的人写了一本书,名叫《理由与人格》。德里克·帕菲特于 2017 年去世。但是,1942 年出生的德里克·帕菲特,与写《理由与人格》的人是同一个人吗,又与 2017 年去世的德里克·帕菲特是同一个人吗?换种说法,1942 年出生的德里克·帕菲特什么时候不再存在呢?

非哲学家对这个问题并不感到困惑,因为我们许多日常行为和价值观都植根于对同一性的常识理解。一个人可能会为多年前犯下的恶行感到羞愧和内疚,而只有当他认为自己与该行为的责任人是同一个人时,这种情绪才有意义。个人 A 对个人 B 承诺三个月内归还 100 英镑的借款，只有当偿还借款的（A还）是 A 时，才能理解 A 对 B 承诺的义务。同样，我把钱存入个人的养老金账户，是因为我默认最终的受益人，即退休人员，将是我自己！非哲学家在把自己历时地看作同一个人方面毫无困难。他们把自己和过去某个新生儿看作同一个人。如果要求他们证成自己的观点，他们很可能会把他们拥有相同的身体作为根据。

初看起来这似乎是一个令人信服的回答，但事实并非如此简单。因为拥有同一个身体意味着什么？我的身体是什么时候开始存在的？我是作为一个单细胞的受精卵开始就存在的，还是我的身体在后来的某个时刻开始存在的？如果一位生物学家告诉我，写下这句话的身体与我母亲在 58 年前生下的我的身体几乎由完全不同的细胞组成，我该如何回应他呢？而且，如果我就是我的身体，只要我的身体作为一具尸体继续存在，死亡似乎也无法带走我。

* * *

"把我传送过去，斯科蒂。"

只有对流行文化异常陌生的人，才会没听说过这句话。但帕菲特从不看《星际迷航》，也很少读科幻小说。熟悉他作品的人可能很难相信这一点；因为在他关于人格同一性的著作中，充满了似乎是借用自《星际迷航》中的思想实验，这一电视剧最初是在 1966 年播出的。特别是，帕菲特有一个传送机，它与"企业号"星舰上的柯克船长和其他成员的传送机并无二致，这种传送机可以让他们在一个地方非物质化，再在另一个地方重新"物质化"。[3]

第 8 章　远程传送机

帕菲特绝不是第一个用思想实验来检验我们的人格同一性信念的人。十七世纪英国哲学家约翰·洛克曾设想王子和鞋匠的灵魂互换，王子的所有记忆都在鞋匠的身体里，鞋匠的则在王子身体里。洛克写道，我们想说的是，曾经在王子身体里的人现在在鞋匠的身体里。他主张，同一性的关键在于记忆。

　　美国哲学学家悉尼·舒梅克（Sydney Shoemaker）和大卫·威金斯在 20 世纪也发展了这种思想实验，后者曾在帕菲特的美国自驾旅行中坐在副驾驶位置上。舒梅克设想了一种技术，可以把一个人的大脑取出来，放在另一个人的头骨里。威金斯设想了一种变体，不是将大脑整体移植，而是将大脑的左右半球分开，移植到不同的身体里。[4]

　　因此，帕菲特的第一篇哲学文章出现时，他是在一个丰富的传统中继承这一思想实验的。文章中的许多内容在做了修正之后再次出现在《理由与人格》的第三部分，我在此介绍的就是这个版本。这里值得重现文章的第一页，以说明帕菲特的风格，并展示他的文章在最佳状态下，如何将深度、清晰和优雅融为一体。

　　　　我进入了远程传送机。我以前去过火星，只是用的是老方法，需要乘坐几个星期的宇宙飞船。这台机器能以光速把我送到火星。我只需按下绿色按钮。和其他人一样，我也很紧张。这能成功吗？我提醒自己，我已被告知会发生的事情。当我按下按钮时，我将失去知觉，然后在似乎片刻间醒来。事实上，我已经昏迷了大约一个小时。地球上的扫描仪将摧毁我的大脑和身体，同时记录下我所有细胞的确切状态。然后它将通过无线电传送这些信息。信息以光速传送，三分钟后就会到达火星上的复制器。然后，它将用新物质制造出一个和我一模一样的大脑和身体。我将在那个身体里醒来。

虽然我相信这就是将要发生的事情，但我仍然犹豫不决。但又想起，当我今天早餐上流露出紧张情绪时，我看到我的妻子咧嘴笑了。正如她提醒我的那样，她经常进行传送，而且她没有出现任何问题。我按下按钮，正如预料的那样，我失去了知觉，似乎马上又恢复了知觉，但却是在另一个隔间里。我检查了我的新身体，发现没有任何变化。就连嘴唇上今天早上刮胡子留下的伤口也还在。

几年过去了，我经常被远程传送。[5]现在，我又回到了小隔间，准备再次前往火星。但这一次，当我按下绿色按钮时，我并没有失去意识。只听见"呼呼"的声音，然后一片寂静。我离开隔间，对工作人员说："它不工作了。我做错了什么吗？"

"它正在工作。"他回答说，并递给我一张打印好的卡片。上面写着："新扫描仪在不破坏你大脑和身体的情况下扫描出你的蓝图。我们希望您会欢迎这一技术进步所带来的机遇。"

工作人员告诉我，我是第一批使用新扫描仪的人之一。他还说，如果我在这里逗留一个小时，就可以使用对讲机看到火星上的自己，并与自己对话。

"等一下"，我回答说，"如果我在这里，我就不可能也在火星上"。

有人礼貌地咳嗽了一声，一个白衣男子要求和我私下谈谈。我们来到他的办公室，他让我坐下，然后停顿了一下。接着他说："恐怕我们的新扫描仪出了问题。它能准确记录你的蓝图，你在火星上自言自语时就会看到。但它似乎扫描时损害了心脏系统。从目前的结果来看，虽然你在火星上会很健康，但在地球上，你可能会在几天内出现心力衰竭。"[6]

值得注意的是帕菲特对叙事的运用。他的哲学风格以简洁著称（或说臭名昭著）。他用最少的字数来表达他的思想，并使之达到最大程度的可理解性。节约和清晰是他写作的两大优点。然而，在这里，我们有一个礼貌性的咳嗽，和一段戏剧性的停顿。这个停顿对实质内容毫无帮助，它的插入是为了产生戏剧效果，强调这一时刻的重要性。这至少表明，帕菲特重视可读性，这是一种不同于清晰的特质。

在长达约150页的篇幅中，帕菲特通过天马行空般的思想实验提出了以下主张。首先，除了我的身体、大脑以及一系列相互关联的心理和生理事件之外，没有任何其他附加的东西构成我。说"我是大卫·埃德蒙兹，我（大卫·埃德蒙兹）有这个大脑、这个身体、这些重叠的记忆等等"，这种说法是误导性的，因为这意味着我是一个分离（于后面诸要素而）存在的实体。而事实上，我是由我历时性的身体、大脑和心理构成的。帕菲特称这种观点为"还原论"。勒内·笛卡尔提出灵魂之类的东西是完全错误的。

这个观点与第二个观点有关。有时，对于某个人是否持续存在的问题，并没有正确的答案。如果有一个分离于身体和大脑等存在的实体，那么只要这个实体维持下去，我就会持续存在。但这样的实体并不存在；因此，我们会遇到这样的情况：即使知道所有的事实，我们仍然无法确定一个人是否持续存在。这个人是否仍然存在可能是不确定的。不仅如此，第三，同一性并不是真正重要的。这是帕菲特最坚定的主张。对我来说,重要的是未来某个人与我是不是在心理上有连接(psychologically connected)。这不是一个"全有或全无"(all or nothing)的问题。这是我与未来的这个人之间心理连接的程度问题。

为了说明人格同一性并不重要,请考虑帕菲特改编的大卫·威金斯的一个例子。想象一下,我是同卵三胞胎中的一个。我的身体受了致命伤,我的两个同胞兄弟的大脑半球也受了伤。"我大脑的两个半球被分开,每个半球都能维持我的心理活动,两个半球各自被移植到我两个兄弟的身体里。得到移植后的每一个个体都相信他就是我,似乎记得我的生活,拥有我的性格,在其他各方面都与我的心理相一致。他的身体和我的也非常相似。"[7]

你可能会反对说,由于这种情况不可能发生,这根本不值得考虑。但在治疗癫痫病的过程中,有些病人大脑的两个半球之间的连接被切断了(即"裂脑"),然后人们发现他们有两个独立的意识流。曾有一位"裂脑"病人,在一个半球中有宗教信仰,而在另一个半球中则是无神论者。[8]正是这类实验引发了关于"裂脑"的哲学讨论。虽然我们离三胞胎操作的可行性还有很长的路要走,但帕菲特认为,这只是技术上的限制,它作为检验我们直觉的思想实验的价值,不会因此降低。

你的直觉是什么呢?你如何看待三胞胎的情况?如果一个人有两个兄弟,而他的大脑半球被分别转移到这两个兄弟的身体里,那么他是不再存在了呢?还是继续存在?很多人会觉得他继续存在。但如果是这样的话,他是其中的这一个兄弟,还是另一个兄弟,抑或是两个兄弟?答案不可能是他只在一个兄弟身上存活,因为这听起来太武断了。为什么是这一个兄弟而不是另一个兄弟？但是，从逻辑上讲，他不可能与两个兄弟都是同一个人，因为那样的话，后两人必须彼此是同一个人。两个兄弟也不可能彼此是同一个人，因为如果他们都继续活着，他们很快就会有不同的经历和记忆。无论如何，原来的那个人作为一个人在两个身体和两个头脑中存活这种观点是不太可能为真的。

帕菲特的观点是，在这种情况下，移植了大脑的两个兄弟都不可能与他是同一个人。但帕菲特认为，这个问题并不重要。重要的是，他的心理连续性会产生分支。事实上，他的心理连续性将在两个身体中得以保持，这是一种额外收获，就像是"买一赠一"。9

* * *

帕菲特认为，一个人如果在未来没有某人与他保持心理上的连续性，或者心理连续性出现了分支，就像三兄弟的情况那样，这个人就不复存在了。但在后一种情况下，真正重要的东西，即心理连续性，仍然得以保留。

并不是每个人都信服他的论证，但即使是批评者也承认，任何关于人格同一性的严肃而深入的哲学讨论，都不能忽视帕菲特的这些论证。不过，有些读者可能会提出"那又怎样？"的问题，既然心理连续性在现实生活中并不会有分支，我们又何必在意呢？

首先，我们应该承认帕菲特的立场与常识有着根本的不同。他鼓励我们放弃一种深入人心的直觉——即使哲学家能幸免于此，几乎所有非哲学家也都相信它——我们每个人之中都有一个分离存在的实体,它与我们的大脑、身体和经验截然不同;我们每个人身上都隐藏着某种使我们成为我们的东西,某种关于我们的深刻事实,它是全有或全无的。

如果我们接受激进的帕菲特立场,那么这就会影响我们对自己的看法,或许还有我们的行为方式。一个影响可能就是削弱现在的我与未来的我之间的关系。未来的我之所以是"我",是因为我们在心理上有足够的连结,而不是因为我与未来的我共同具有某种独特的事实。我们的历时同一性包括对过去的记忆和对未来的愿望,但这种心理上的连接是有程度之分的。明天、下周、明年,希望再过十年,会有一个人使用大卫·埃德蒙兹这个名字,他将拥有我今天所拥有的一些记忆、愿望和爱好。然后,在我死后,这个与我同名同姓的人将不复存在。但是,还会有其他人,他们本身就是一束束思想、记忆和欲望的其他存在者,他们会记得我。他们甚至可能受到我的影响。帕菲特的作品使得今天的我和明天的我之间的界限,以及我和他人之间的界限,变得更加易变。

反过来这可能会对我如何行动或我应该如何理性行事产生根本的后续影响。一方面,由于我与他人之间没有固定的界限,也许我应该多关心他人,多帮助他人。另一方面,也许我应该少为未来的自己着想,比如说现在存钱以后再花。为什么我不应该把更多的钱挥霍在今天的快乐上,不去理会将来那个与今天减弱了联系的自己呢?

然而,另一方面,我也许应该被劝阻或禁止伤害未来的自己。我们应该允许个人做什么,自由民主国家的许多公民对此持有类似于约翰·斯图亚特·密尔的观点。密尔著名的"伤害原则"

（harm principle）指出，只要不伤害他人，成年人就应该有为所欲为的自由。[10] 但是，如果我们的未来自我与当前自我之间的联系没有传统观点认为的那样紧密，我们是否应该将未来自我视为"他人"，或者至少更像他人呢？帕菲特认为，这是一种程度问题。随着时间的推移，我们的未来自我与我们的心理连接会越来越少，从而变得越来越像他者。

帕菲特论证影响到的问题不胜枚举。就拿"预立指令"（advance directive）来说，我们在这种法律文件中规定了如果我们无法自行做出决定，希望得到怎样的对待。假设一个人患上了痴呆症，不过，他有一份预立指令。那么，签署指令的早期自我与后来患有痴呆症的自我，是否在某些重要的方面足够接近，从而能够对后来的自我拥有权威呢？

帕菲特式的人格同一性也会对责备、责任和道德应得产生影响。试想，一个人犯了罪，却多年未被发现。在这些年里，这个人的性格发生了变化，或者，假设这个人完全忘记了他犯的罪。换句话说，假设犯罪的人和未来的他之间几乎没什么心理联系。根据帕菲特的论说，这似乎意味着，一个犯过罪的人与犯罪时的他心理联系越少，他对过去行为负的责任就越小。

然而，对帕菲特来说，他的研究成果最重要的影响在于他如何看待死亡，这在他被最广为引用的一段话中得到了表达：

> 当我相信我的存在是一个更进一步的事实（further fact）时，我似乎因禁在自身之中。我的生命似乎就像一条玻璃隧道，每年我都在以更快的速度通过它，而隧道的尽头则是一片黑暗。当我改变了这种看法时，玻璃隧道的墙壁消失了。现

在，我生活在无遮蔽的地方。我的生活和其他人的生活仍然有差别，但这种差别变小了，而其他人离我更近了。我不再那么关心自己的余生，而是更关心他人的生活。[11]

佛教徒会对帕菲特关于人格同一性的思考产生本能的共鸣，因为据其教义，我们与其他人的相似性比我们通常认为的要多，而与未来的自己的相似性则比我们通常认为的要少。帕菲特意识到他的著作与佛教之间的相似之处，并在《理由与人格》的一个简短附录中讨论了这些相似之处，指出佛教中对个人的称呼是（心）相续（santana），即"流"（stream）。[12] 后来，他欣喜地发现，有人听到佛教僧侣吟诵书中的某些段落。

故事是这样的。哈佛大学的一位哲学家丹·维克勒（Dan Wikler）在与一位西藏宗教学者徒步穿越印度北部时，提到了佛教徒与帕菲特的自我观之间的相似之处。维克勒与帕菲特略有相识，后来他请帕菲特在《理由与人格》一书上签名，并把这本书寄给了他的旅行伙伴。在后来的一次徒步旅行中，维克勒和他的这位朋友参观了一座寺院。这位朋友解释说，他曾与这座修道院的住持分享过《理由与人格》，住持将书中的一些段落收录其中，供僧侣们学习、诵读和讨论。对于一本哲学书来说，这种影响是非同寻常的。

* * *

"不可能从一个人的思想中读出他的性格。请讨论。"我们可以想象这样的问题出现在万灵学院的综合试卷上。在有些情况下，两者似乎确实没有任何联系。狭义相对论并没有为爱因斯坦的和蔼性格提供任何线索。然而,帕菲特的哲学与他的性格在某些方面确实息息相关。

首先,他关于人格同一性的结论淡化了身体的作用,这与他和自己身体的非典型关系是分不开的。他的身体是一艘船,大脑驻留在其上。这艘船必须保持良好的工作状态,因为一旦搁浅或沉没,大脑就会受到伤害或死亡。在一次颁奖典礼上,一位朋友用一个比喻向帕菲特致敬:"德里克似乎真的完全生活在他的思想中〔……〕他把自己的身体当作一辆轻微不便的高尔夫球车,他不得不开着这辆车到处跑,只是为了把自己的思想从牛津带到波士顿、到纽约、再到新不伦瑞克〔……〕他把别人也看成是与他相似的纯粹思想。"[13]

定期骑健身车锻炼是手段,是为了维持大脑这一最为关键的器官,它的运作要通过其他器官的健康运作。但是,"照顾"或"呵护"身体本身是毫无意义的。许多人喜欢躺在阳光下,沉醉于阳光洒在背上的感觉。帕菲特认为这纯属浪费时间。很多人会花几个小时准备一顿美味佳肴,然后再配上一杯红酒享受。证据表明,年轻时的帕菲特曾对食物津津乐道。而随着年龄的增长,他越来越摒弃了这种日常的生理满足。

关于身体的确有一些规范。帕菲特要么没有认识到这些规范,要么即使他认识到了,这些规范也没有对他产生任何牵引力,没有强迫他遵守这些规范。就拿"个人空间"来说,我们身体周围的区域被认为是属于我们的,就像环绕岛国的海域一样,属于岛国的司法辖区。破坏这种个人空间似乎是无礼的,或者是一种威胁。个人空间的大小因文化而异,但所有文化都有个人空间这一概念。然而，帕菲特几乎没有个人空间意识，早在学生时代，这种缺乏就令人们感到不安。他会坐得或站得离他的第一位哲学导师太近。"我会悄悄挪动几步，试图争取到六英寸（约15厘米）的空间"。[14] 当学生到他的房间拜访他时，在沙发上他坐得离他们很近。学生们可能需要一段时间才能意识到这完全是无意的。

帕菲特也没有吸收"展示身体是不体面的"这一社会信息。不管屋里是否有人，他会赤身裸体或穿着内裤坐在健身车上。如果他觉得太热，就会干脆脱掉衣服（为什么不呢？）。在威尼斯闷热的一天，他"脱掉了外套和衬衫，赤裸上身走在城里面"。[15] 在万灵学院，他会裸着身子冲上楼去洗澡，把走廊上男性研究员的女友们吓一跳。

* * *

从1968年到1972年，帕菲特自己的感情生活变得越来越复杂。部分原因是他发现自己难以摆脱不想要的纠缠。有一次，他为了躲避一位女士，在罗宾·布里格斯家待了一个星期。

除了这些短暂的风流韵事，他还与玛丽·克莱米和帕特里夏·赞德保持着两段认真的感情。1968年，玛丽·克莱米在纽约的新家与他定期通信。1968年2月3日，帕菲特写道："收到你的信真是太好了。我对你的感情如此确定，即使你现在远在纽约，想起你就像打开了一盏清晰而温暖的灯。我非常爱你。（直到你不得不离开，我才意识到我有多么爱你。）"[16] 她的信以"我亲爱的德里克"和"我最亲爱的德里克"开头。这些信大多是自省，但也会提到一些更广泛的世界新闻：1968年9月7日在大西洋城举行的反对美国小姐选美大赛的女权主义者示威游行（有现场的电视直播）；10月，支持种族隔离的美国独立党候选人乔治·华莱士在麦迪逊广场花园举行了一场令人恐惧的庞大政治集会。克莱米正确预测到11月的总统大选将由"下流的恶棍尼克"获胜。[17]

1969年7月25日，帕菲特抵达美国，计划前往纽黑文探望姐姐几周。在签证申请表上，他被要求描述自己的肤色（白皙、红润等）。他写道："粉色"。[18] 他原计划在旅行期间去纽约看望玛丽，但后来接到了她的电话。玛丽表示不再欢迎他来访，她现在有了新伴侣，要和他一起去希腊度假。帕菲特放下电话后，写了一封长达十二页的信，但似乎从未寄出。[19] 信的开头写道，"亲爱的玛丽"：

> 非常感谢你打电话给我，如此婉转地说出了你的决定。显然，你这样做是正确的［……］我没感到任何嫉妒，我对你的感觉根本不是占有式的，我希望你能幸福。我自己也没有一点不快乐（没有自怨自艾）。所以请不要觉得你给我打电话会伤害到我。[20]

他写道，虽然他目前单身，但近年来他"与四个不同的女孩纠缠不清"，但这些"纠缠"都不像他与玛丽的关系。没有一个"给我留下任何永久的印记。（令人惊讶的是，我甚至都记不清当时的感受了。）但你却给我留下了完全永久的印记，我甚至无法想象失去对你的喜爱和温柔。这就是我不断地想到你的原因。但这是一种安静的温柔，它已经存在了如此之久，以至于它不介意安静得更久一点"。他希望她的生活一切顺利，如果她与新伴侣的关系能够长久，那就更好了。但如果不能呢？他，帕菲特，多年来都无意结婚，他"高兴地想到，还有一丝机会（即使只有百分之一），当我白发苍苍时，我可能会再次追求你"。[21]

虽然不得不从他的美国行程中删去玛丽，但他仍然可以去马萨诸塞州的剑桥拜访帕特里夏·赞德。他们在这一阶段的关系性质尚不明确，但至少是一种深厚的友谊。帕菲特保存了大量帕特里夏在此期间写给他的信，这些信都没有注明日期。信中自然有许多音乐方面的内容和与音乐有关的观点。在谈到室内音乐时，赞德认为"钢琴是其他一切乐器的骨架，因为它负责和声，没有和声就没有结构"，[22] 她还抱怨说，"写音乐的文章比写哲学文章还难，因为几乎没有语言可以描述声音"。[23]

也许是在 1969 年的旅行之后，她写信给帕菲特说："见到你真是太好了，结果我发现有必要重新考虑许多事情，大多数都让我非常兴奋。让我略感惊讶的仍然是，你一直是我生命中重要的一部分，而且现在也是，但却不涉及任何痛苦。"[24] 她在另一封信中写道，"我似乎越来越想念你了"。[25]

她在信中描绘了她与本的婚姻走向破裂的过程，他们渐行渐远，开始分居生活。在 1970 年的一封信中，她将自己的不幸归结为更广泛的性别关系模式。1970 年对于女权主义来说是值得纪念的一年，凯特·米利特（Kate Millett）的《性别政治》(*Sexual Politics*) 和杰曼·格里尔（Germaine Greer）的《女太监》(*The Female Eunuch*) 两本书都在这一年出版。帕特里夏获得了"这种令人惊讶的认识"，即

> 我是一名女性，作为一名女性，我感到非常不满意！我不

知道自己这些年在做什么,我觉得自己就像瑞普·凡·温克尔(Rip van Winkle)[……]我曾以为,我的许多态度、职业恐惧、无法与众多人沟通,都是我自己的错,或者是从工人阶级背景到"新生活"的不理想移植的结果,等等,其中一些仍是事实,但我觉得我的生活方式比我能想到的许多女性都要好得多,所以我没有必要为此抱怨[……]现在,心理医生一定很难说服这些越来越焦虑的女性继续维持她们的郊区梦想和兼职的假工作了。[26]

尽管她在信中满怀深情,但她对他的近况知之甚少,她认为部分原因是他并不是一个"喜欢抱怨的人"。[27]

* * *

事情很快变得更加复杂。1970年7月3日,帕菲特写信给妹妹乔安娜。她和往常一样遇到了个人问题。帕菲特所回应的那封信已不复存在,但她似乎在服用避孕药,担心药效不明显,还做了一次怀孕测试,结果呈阴性。帕菲特写道,"可怜的你,这一定是一场噩梦。我想我能想象得到,虽然我不能完全理解,如果我是一个女人,可能会有怎样复杂的感受"。[28]如果她想让自己更加安心,他建议她的性关系避开排卵期。至于他自己,他本该为一个哲学会议撰写一篇关于爱情的文章,"多么令人尴尬的话题[……]试问,除了我自己的特殊情况,我还知道些什么呢?"。[29]但这个诱人的演讲没有留下任何记录。

两周前的6月18日,保守党出人意料地赢得了大选;现在的前首相、工党领袖哈罗德·威尔逊离开了唐宁街 10 号，爱德华·希思上任。帕菲特感到很失望，但他发现大学里大多数研究员都更喜欢威尔逊而不是希思，这让他感到些许安慰。

在帕菲特发表人格同一性论文大约一年后，他开始与一位年轻的美籍牛津女大学生，朱迪丝·德维特（Judith De Witt）约会。德维特曾在一次社交活动中见过帕菲特，她曾拜访了帕菲特在万灵学院的宿舍，希望帕菲特为她当时的男友推荐一些爵士乐唱片；和玛丽·克莱米一样，德维特也就读于萨默维尔学院。但与此同时，帕特里夏·赞德即将访问英国。可以理解的是，朱迪丝并不希望帕菲特去见帕特里夏，而帕菲特也一定转达了这一信息。帕菲特和朱迪丝之间的关系激起了帕特里夏的复杂情绪，她曾误以为自己与帕菲特的关系比实际的更有独占性。她在信中写道："让别人加入这段完全意外且美好的友谊，我觉得自己从中获得了很多力量，这不是要应对嫉妒、竞争的问题，因为我希望一切可能的美好事情都发生在你身上，但这似乎需要做出一种调整。"[30]

帕菲特和德维特的关系断断续续维持了几年。"他是个可爱的男朋友。我是个讨厌鬼。"他们一起在圣彼得堡、巴黎和威尼斯度假，一起去看电影和歌剧。他给她买了一条月光石项链和一条漂亮的白裙子。"他很浪漫，多愁善感。"他们讨论过结婚和是否要孩子的问题，但"这些问题都没有解决"。[31]当她还住在牛津北郊的萨默顿时，他们有很多社交活动。万灵学院的学者们可以以进价从学院的酒窖中买酒，因此帕菲特会提供由朱迪丝挑选的优质葡萄酒，成本很低。受邀来访者有 W. V. O. 奎因。奎因创立了独特的经验主义哲学——经验主义认为所有知识都建立在经验的基础上。他以收集有趣的事实而闻名，并且有一本随时记录下任何引起他兴趣的事物的笔记本。帕菲特可能因为即将到来的这位著名美国学者而感到有些紧张,因为他和朱迪丝花了很多时间收集可能会取悦客人的事实,比朱迪丝花在准备饭菜上的时间还要多。

恋爱一年半后,德维特搬到了伦敦,在那里她受聘为一名社会工作者。他们一起买了一栋房子:德雷顿公园埃尔福特路46号(阿森纳足球场近在咫尺),这表明他们是多么认真的一对。但他们从未真正同居过。帕菲特的主要住所仍然是万灵11号楼梯间的4号房间。

在万灵学院,很少有研究员知道德维特的存在。据一位大学朋友说,"有传言说他有女朋友,但似乎没有人十分肯定,甚至没有人对此事进行过多的猜测","[帕菲特]身上有一种抑制流言蜚语的纯洁气质"。[32] 和玛丽·克莱米一样,朱迪丝·德维特也坚持一点:帕菲特并不特别古怪。她说,也许他唯一奇怪的习惯就是,当他发现一件自己喜欢的夹克时,他会多买两件。"我当时觉得这很古怪。现在看来,这完全说得通。有成就的人不会浪费时间。"[33]

如果他当时不是那么不拘一格,那么后来一定发生了某些事情,或者说几件事情。

* * *

30岁时,帕菲特在哲学界的地位已经稳固。许多哲学界的大人物们纷纷向他请教意见和反馈。R. M. 黑尔撰写罗尔斯《正义论》的长篇书评时请求帕菲特帮忙,因为他"害怕误解了罗尔斯;我已经很努力地避免误解,但他实在是太难捉摸了"。[34] 帕菲特提出了多项修改意见,包括建议黑尔减轻他的敌对语气。

1974年，帕菲特的奖学金研究员生涯即将结束。他明白自己曾经多么幸运。学术界和抱怨是一对老朋友，不满主要体现在三个方面：薪水低、教学工作繁重、文书工作无聊。在过去的七年里，帕菲特得到了足够满足其需求的收入，没有任何教学任务，学院和大学当局基本上不管他。在英国，这样的职位少之又少。谁会愿意放弃这一切呢？帕菲特当然不愿意。但是，他的研究奖学金带来的产出甚少，至少从数量上看是如此。人格同一性论文的独创性被哲学家们誉为杰作。然而，在万灵学院，法学家和历史学家比哲学家要多得多，他们对他的低产量就不是那么宽容。

当时，只要获得管理机构（由院长和万灵学院的研究员组成）的批准，帕菲特就可以从奖学金研究员无缝转成为期七年的初级研究员，而无需面对外部竞争。但帕菲特认为自己会有一个内部竞争对手，那就是与他同一时间成为研究员的历史学家约翰·克拉克。从理论上讲，两人都可以当选为初级研究员，尽管从未有过先例。

接下来发生的事情众说纷纭。一些研究员确信帕菲特极为进取，以不体面的方式为自己造势。这不是万灵学院的作风。他向任何愿意听他说话的人说，他获得一个不用教书的职位非常重要，这样他好专心从事他的哲学工作。约翰·克拉克回忆说，帕菲特曾问他是否打算去其他地方找工作，他只是给了一个不置可否的回答。其他研究员之间的流言蜚语是，帕菲特竭力劝阻克拉克博士不要申请。甚至还有人指责他诋毁了他的对手，不过这似乎不大说得通，如果是真的，那也太不符合他的性格了。

帕菲特于1973年10月递交了初级研究员申请。申请书要求制定一个研究计划。他写的是，他希望能出三本书，一本关于人格同

第 8 章 远程传送机

一性，第二本关于理性，阐述个人行动的理由，第三本与第二本的根据相同，但不是从个人的角度出发，而是从社会的角度出发。

这个过程需要推荐信，帕菲特找到了20世纪下半叶的一些著名哲学家，他们都很乐意提供。他们包括彼得·斯特劳森、黑尔、艾耶尔和约翰·罗尔斯。这就好比钢琴家得到丹尼尔·巴伦博伊姆和阿尔弗雷德·布伦德尔的推荐，或者足球运动员得到迭戈·马拉多纳和约翰·克鲁伊夫的推荐。

斯特劳森写道，"在这个国家中，他（帕菲特）是他那一代最为杰出的两三位哲学家之一；在这几位哲学家中，他最引人注目的是思想的独创性、思考问题的透彻性以及表达思想的清晰性"。[35] 大卫·皮尔斯对此表示赞同："他是他那个年代的两三位哲学家之一，他应该得到机会继续自己的研究，而不应该被繁重的教学任务所打断。"[36] 艾耶尔和托马斯·内格尔（Thomas Nagel）也慷慨地为他写了推荐信。黑尔担心，如果万灵学院不授予帕菲特奖学金，他可能会到国外寻找工作，这会是牛津永远的损失。"他与格洛弗、格里芬就道德哲学的各种应用所举办的研讨会，是近年来道德哲学领域最激动人心的事情，而他也许是这些研讨会的领军人物［……］考虑到他是在没有哲学第一学位的情况下进入哲学领域的，我认为说他是这一领域的天才并不为过。"[37] 最后，约翰·罗尔斯也提供了推荐信，帕菲特在哈克尼斯奖学金期间第一次见到他："在我看来，他极具天赋。我相信，在年轻哲学家中，比如说在四十岁以下的哲学家中，没有人对伦理学可能做出比他更大的贡献。"[38] 学术界的推荐信有一种夸张的倾向；然而，我们几乎不可能忽视这种认可。值得注意的是，这些认可来自该学科所有子学科的思想家。罗尔斯是政治哲学家，黑尔是道德哲学家，皮尔斯是维特根斯坦的著名专家。

无论如何,帕菲特不必担心竞争问题。虽然约翰·克拉克很想毕业后获得初级研究员的奖金,但约翰·斯帕罗明确告诉他这是不可能的。作为代替,克拉克获得了在万灵学院再工作两年的机会,但条件是他必须利用这段时间另谋高就。在过去的十年中,英国的大学系统得到了巨大的扩展,而且有一个假设是,他找到一个工作并不难。

很少有人会预料到,万灵学院院长会成为帕菲特的推手。他和帕菲特的私交并不明显。但斯帕罗是个伯乐;他一定认识到帕菲特是个超凡的智者,而且他对万灵学院的愿景是,这所学院的独特环境是为了造福于伟人(great men)的〔是的,在他看来,那必定是男人(men)〕。斯帕罗对研究并不感兴趣;以赛亚·伯林报道说,斯帕罗"丝毫不在乎学院的智识质量,到了无以复加的地步。他喜欢聪明的人〔……〕他们能逗他开心,或者能跟他处得来等等"。[39] 还有流言说斯帕罗对帕菲特有性趣。他特别喜欢且一再称赞帕菲特飘逸的长发。

有斯帕罗作为盟友是很有帮助的,尤其是因为帕菲特在不知不觉中已经开始与学院为敌。造成敌意的主要原因是,他对规范和规则采取了比较随意的态度。他的一个微不足道的(trifling)过失与乳脂松糕(trifle)有关。万灵学院的甜点供应室(公共休息室)与上第一道菜和主菜的房间(华丽的大厅)是分开的,虽然没有合同规定必须吃完三道菜,但和其他人一起吃乳脂松糕、伊顿混乱或苹果奶酥是"恰当"的事。帕菲特开始跳过最后一道菜,以节省时间。这并不是什么革命性的举动——它不是"全世界的学者团结起来,你们失去的只不过是布丁!"——但这种做法鼓励

第 8 章　远程传送机　　155

了其他人的效仿，一些年长的研究员对此有点嘘声。帕菲特在续约前放弃了抵制甜点的做法，以便能找斯帕罗聊聊天，这让嘘声更加激烈；在其他研究员看来，这显得人皆为己，不太真诚。

另一个不成文的学院用餐惯例是（现在仍然是），当你在午餐会或晚餐桌上就座时，你要避免长时间的闲聊（关于你的研究主题），不要垄断谈话，要与你左右两边的人以及桌子对面的人交谈。正如万灵学院的综合试卷旨在让有潜力的研究员展示其广博的知识和智慧一样，万灵学院期待研究员们在用餐时能够展示自己的好奇心、知识、智慧、敏锐和机智。万灵学院更看重的是全面的人才，而不是狭隘的专家。

这不是帕菲特的风格。他想谈哲学。他带客人就餐时，带的总是和工作有关的人，而且只与他们交谈。他通常没有客人，于是他会从为数不多的哲学家中挑出一个，有点密谋地说："我们坐在一起吧"。在外人看来，这可能又是一个无关紧要的缺点。但万灵学院的学者们大多在孤立环境中开展研究，用餐时间是起到社交黏合剂的作用。

那时帕菲特已经给自己制定了一个夜间活动时间表。财务总管查尔斯·温登（Charles Wenden）对此颇为受用，因为"帕菲特就像一个没有报酬的守夜人"。[40] 这让学院的守门人很开心，他们知道，如果在午饭前给他打电话，这就会是叫他起床。为了不打扰他，清洁工把干净的床单放在他的房间外面。帕菲特的生物钟比其他人晚几个小时——更偏向于格林尼治村时间而非格林威治标准时间——他开始长期失眠。他告诉一名学生，他的昼夜节律并不遵循地球围绕太阳的 24 小时公转。解决的办法之一就是阅读小说，这些小说既不能糟糕到他根本读不下去，也不能有趣到他想继续读下去：特罗洛普就符合这种金发女孩折衷标准。但这一策略只是部分有效。医生给他开了抗抑郁药阿米替林。帕菲特认为用一高脚杯的纯伏特加来冲服这种药是明智的（其实不然）*，就这样开始了他将持续一生的惯例，他每晚都在努力拉上意识的闸门。

现在他开始做的就是，走出自己的房间，吃饭、参加研讨会，几乎没有其他事情。他不断深化的这种一心一意构成了他性格的新面貌。拉里·特姆金（Larry Temkin），后来他最亲密的朋友之一，将这一发展归结为一种恍然大悟的觉醒：

> 我相信，在德里克年轻的时候，他把自己与学科的关系视为一种游戏。他非常擅长这种游戏，而且玩得不亦乐乎。他喜欢战斗的一面，喜欢在知识辩论场上"击败敌人"。当他学习历史时［……］德里克既能"玩"他擅长的游戏，又能保持一个正常的、非常聪明的年轻人的特质，享受自己和他人相伴的乐趣，以及一系列令人兴奋的追求。但是，当他意识到自己可以在哲学方面取得巨大成功，尤其是可以在道德哲学方面做出重要而持久的贡献时，他就开始处理真正重要的问题了。[41]

帕菲特在改变，他变得更加独来独往，更加孤僻。这种变化是逐渐发生的，一点点的，就像忒修斯的船一样。但他在某些方面最终变成的样子，让人几乎辨认不出帕菲特年轻时更加开放、无忧无虑的样子。也许有人会说，他完全变成了另一个人。

---

* 阿米替林和酒精都有镇静效果，一起服用有失去意识、昏迷的风险。

第 8 章 远程传送机

第9章 跨大西洋事件

帕菲特曾写道:"长期以来,我一直把自己视作半个美国人。"[1]在许多美国人看来,他是典型的英国人。他说着标准的英式英语,具有明显的英式幽默感。他喜欢喜剧团体巨蟒(Monty Python)和P. G. 沃德豪斯编剧(P. G. Wodehouse)的《万能管家》(*Jeeves and Wooster*)系列作品。帕菲特列举了以下事实来证明他对美国的依恋,在大学公共休息室里,面对各种各样的报纸,他最先拿起的是《纽约时报》和《国际先驱论坛报》(*International Herald Tribune*),即使在英国也是如此。

帕菲特的一生中有某些特征是周期性的。有两种模式比较突出,值得不用线性叙事讨论。其一是他每年前往列宁格勒和威尼斯的摄影朝圣之旅(见第13章)。另一个是他在美国大学的常规逗留。在他的一生中,他曾四十多次赴美讲学。他在费城的天普大学、科罗拉多大学的博尔德分校、得克萨斯州休斯敦的莱斯大学和新泽西州的普林斯顿大学都曾待过一阵子。但与他关系最密切、时间最长的三所大学是纽约大学、哈佛大学以及后来的罗格斯大学。在千禧年之前,他的部分动机是经济上的,他需要钱来支付他的摄影习惯。但更重要的是,这些旅行让他有机会检验自己的想法，与其他哲学家合作，并向他们学习，尤其是蒂姆·斯坎伦（Tim Scanlon）和托马斯·内格尔。

帕菲特将斯坎伦和内格尔视为自己最亲密的两位朋友。斯坎伦是一个和蔼可亲的胡斯人（印第安纳州本地人），他的祖父是工薪阶层的爱尔兰移民，父亲是一位成功的律师。他本科就读于普林斯顿大学，原初计划是专攻数学，然后回到印第安纳州，在父亲的法律事务所工作。这些都是他迷上哲学之前的事情了。

1972年10月，在北卡罗来纳州教堂山（Chapel Hill）的周末哲学研讨会上，斯坎伦第一次见到了帕菲特。这是帕菲特发表第一篇广受赞誉的论文后收到的众多邀请之一。斯坎伦和罗尔斯在周五晚上的座谈会上发表了演讲，帕菲特则在周六（10月21日）下午发表了关于人格同一性的演讲。周末结束时，斯坎伦和帕菲特发现他们坐在一起，在机场的咖啡厅里等待起飞，"令我们惊讶的是，德里克开始在餐巾纸上勾勾画画。他在草拟他的'令人厌恶的结论'（Repugnant Conclusion）的论证"。[2]

斯坎伦的学术生涯始于普林斯顿，1984年后待在哈佛大学。他从20世纪70年代开始专攻道德和政治哲学，其代表作是他与帕菲特首次联合举办研讨课后的第二年，即1998年问世的《我们彼此负有什么义务》（What We Owe to Each Other）。该书探讨了困扰他多年的两个主要问题：我们如何判断一个行为的道德价值？我们为什么要讲道德？他的文章被比作勒·柯布西耶的大厦，"不作任何装饰，建造时一心只想达到目标"。[3]

该书中有一个被广泛引用的思想实验。"假设琼斯在一家电信局的发射机房里发生了意外。电气设备掉在他手臂上，如果不关闭发射装置15分钟，我们就无法营救他。世界杯足球赛正在进行

第9章 跨大西洋事件

中,有很多人观看,比赛一小时后才会结束。如果我们等待,琼斯的伤势不会恶化,但他的手已经被压伤,而且他正在经受极痛苦的电击。我们是现在就去救他,还是等到比赛结束再去救他呢?"[4] 斯坎伦得到广泛认可的直觉是,我们不应该等待。许多哲学家都试图解释这种直觉。按照斯坎伦的看法,这表明我们必须至少拒绝粗糙形式的效用主义。我们不能只是把伤害和利益加总。为了让很多人免受轻微伤害而让一个人受到严重伤害,这是错误的。我们没有任何总体的视角来判断这些问题:相反,我们应该问,在数百万观看比赛的人中,是否有任何一个人能够合情理地反对停止播送比赛?在斯坎伦看来,他们不能。

托马斯·内格尔在对期待已久的《我们彼此负有什么义务》一书的书评中,称该书的出版是"一次哲学事件"。[5] 内格尔的好评并不出人意料。他与斯坎伦关系密切,有着相似的哲学轨迹。与斯坎伦一样,内格尔本科毕业后也获得了富布赖特奖金,前往牛津大学学习哲学。与斯坎伦一样,他从哈佛大学获得博士学位。与斯坎伦一样,他也曾在普林斯顿大学任教;并于1980年转到纽约大学。他在贝尔格莱德出生,在纽约长大,是另一位重量级哲学人物,且文笔优雅。他有一种罕见的能力,能够深入思考一个主题,有时长达多年,然后将复杂的想法浓缩成清晰精炼的文章。

如果内格尔欣赏某位哲学家,他就会成为支持的盟友,内格尔非常欣赏帕菲特。帕菲特也回报了这种欣赏,内格尔的《本然的观点》(*The View from Nowhere*,1986)是他最喜欢的当代伦理学著作。这的确是一本了不起的书。[6] 内格尔揭示了一种独特的人类特征:我们能够以一种超然的方式评估自己的生活和行为。我们可以从"外部"来看自己、评判自己、评估自己,就像从我们的皮肤之外观察自己一样。我们的确有一种"本然的视角"。

内格尔指出，我们有内在的视角和外在的视角，有主观的观点和客观的观点，这一事实是许多哲学难题和心理张力的根源所在。从外在视角来看，我们可能会震撼于这样的想法：我们在浩瀚的宇宙中微不足道；或者和所有其他人一样，我们终将死去。我们为了推动某个事业、通过一门考试或完成一本传记而努力奋斗，这些曾经看起来至关重要的事，突然间可能变得毫无意义。一种荒诞感就从这种俯视角度油然而生。

再来看伦理学。为了更大利益而伤害某人是否可以接受？从客观立场来看，我们可能会得出这样的结论：重要的是更大的利益，即整体上最好的利益。但主观立场却不同意这一点。我们认为，即使是为了救人一命而折磨他人也是不对的，我们也不愿意为了最大化他人幸福而背叛朋友。

或者考虑哲学家们感到不得不思考的另一个问题——自由意志。我们有自由意志吗？在大多数普通情况下，我们当然会感到自由：我们可以自由选择菜单上的菜品，在餐馆里选择披萨或意面。另一方面，当我们站在客观的立场上，考虑到世界受制于因果法则时，对自由意志的怀疑就会悄然出现。选择披萨而不是意面，大概是受先前条件制约的，包括先前的信念和欲望（比如，也许我觉得披萨比意面更美味）。那么，从什么意义上说，选择是真正自由的呢？自由意志似乎变得像魔术，成了一种幻觉。

再考虑一个难题：如何解释意识这一奇怪现象并把意识归类。一方面，从外部视角看，我们希望使用神经元和突触这样的科学术语来解释它。但是，我们的主观体验却抵制科学的还原；单纯的物理或物质描述，会遗漏某些东西。在 1974 年发表的最著名的文章《成为蝙蝠是怎样一种体验？》（What Is It Like to Be a Bat?）中，内格尔对此进行了阐述。你可以用科学的方法完整地描述蝙蝠是如何利用声纳等声音进行导航的。但这并不能告诉我们，成为一只蝙蝠是什么样的感受。

* * *

帕菲特第一次在美国的教学是在 1971 年，当时他作为客座讲师在哈佛大学进行为期三周的讲学。在那里，他再次与约翰·罗尔斯相逢，他在哈克尼斯奖学金期间曾师从约翰·罗尔斯。那一年，《正义论》出版了，现在它已成为每个政治理论学生的必读书目。帕菲特一直都承认，罗尔斯为政治理论做出了巨大贡献，使这一主题变得更相关且有紧迫性。但随着年龄的增长，他对罗尔斯的批评也变得更尖锐，并对《正义论》在学科内的主导地位感到沮丧；曾有一段时间，几乎每部政治理论著作似乎都是对罗尔斯的回应。正如一位评论者罗伯特·诺齐克（Robert Nozick）所说，"政治哲学家现在必须要么在罗尔斯的理论框架内工作，要么解释为什么不这样做"。[7] 帕菲特抱怨说，这本书不配获得如此垄断性的关注。不过，在 1971 年，他还是很喜欢与罗尔斯交谈，正如我们所见，罗尔斯对这位年轻的英国人印象相当深刻，后来还成为他的推荐人之一。

罗尔斯认为，帕菲特使他从某种自满中觉醒。这位美国人是反对效用主义的领军人物，他批评效用主义的核心观点是，它没有给予"人与人之间是分立的"这一公理应有的重视。效用主义为如何行动提供了一种非个人性的衡量标准，对利与弊、益与害、幸福与痛苦进行加减。罗尔斯坚持个人分立性,与之相伴的是他对效用主义的批评,比如,他认为我们不能像效用主义者所说的那样,在道德上总是允许为了一个或多个人的更大利益而伤害另一个人。我们的独特性禁止了那种粗暴的道德推理,它必然导致如下现象:只要约翰的获益更大,伤害简就是可允许的。在阅读帕菲特的著作之前,罗尔斯几乎没有考虑过人格同一性的问题,他认为这是他的学科外的一个问题,与伦理学和政治理论没有关系。现在,他不得不重新考虑这个问题。因为如果帕菲特是对的,那么个人分立性的主张就是建立在错误的形而上学之上。

* * *

第二年,也就是 1972 年,帕菲特第一次在纽约大学授课,这是由美国学者比尔·鲁迪克(Bill Ruddick)安排的。他们是通过共同的朋友在万灵学院认识的,帕菲特提到他对在纽约教学感兴趣,因为他已经在曼哈顿住过两次,一次是在《纽约客》实习期间,另一次是在哈克尼斯奖学金期间。鲁迪克询问了他对哲学的兴趣,并承诺会尽力而为。他说到做到。1972 年秋天,帕菲特在女友朱迪丝·德维特的陪同下来到美国,她从萨默维尔学院请了假。白天,帕菲特在纽约大学工作,她出去游玩;晚上,他们很好地使用了纽约丰富的文化资源,包括歌剧院。

如今,纽约大学拥有世界领先的哲学系。但在 20 世纪 70 年代初,情况并非如此。当时的纽约大学和这座城市一样,正处于低谷。学校几乎破产,学术人员的数量大幅减少。帕菲特那时还不算出名,即使在哲学圈内也是如此,但他的声誉与日俱增,他与纽约大学的合作对该校的重建工作有所帮助。

在后来的几次美国之行中,帕菲特都是独自前往。有时他会住在大学的宿舍里,但随着时间的推移,他更多的是住在教职人员家里,比如比尔·鲁迪克家中。由于他的工作时间特殊,他往往很少见到主人。收留过他一次后,人们不一定愿意再次收留他,因为这可能会激怒他们的伴侣,后者会抱怨帕菲特喋喋不休,而且只谈哲学。然而,帕特里夏·赞德和哲学家弗朗西丝·卡姆(Frances Kamm)都曾多次接待过他。

卡姆的一本书献给了"道德之爱"。[8] 作为集中营幸存者的女儿,她有充分的理由与帕菲特一样对道德充满热忱。她的哲学生涯致力于借助极富想象力的(虽然常常是离奇的)思想实验发掘和阐述道德原则。其中许多思想实验都是在拓展著名的电车难题,后者大致如下。[9] 想象一下,一辆失控的电车即将撞上五个被绑在轨道上的不幸者。你可以按下一个开关,让电车转向另一条轨道,从而救下这五个人。不幸的是,另一条轨道上也有一个人被绑住,如果你改变电车的方向,这个人会死。你该怎么办呢?

现在设想另一种情况。还是一辆失控的电车冲向五个人。这一次,你站在一座桥上,桥下是电车轨道,旁边是一个体型壮硕的陌生人。要救这五个人,唯一的办法就是把这个人推下桥:他摔下去会死,但他身体足够重,可以让电车停下来。你该把他推下去吗?

大多数人认为,在第一种情况下,你应该牺牲一个人的生命来救五个人。相反,在第二种情况下大多数人认为,你不应该把那个胖子推下桥。那么,为什么会有这样的差别呢?毕竟,在这两种情况下,你都可以杀死一人来救五人。寻找答案的过程是一个长期的哲学难题，弗朗西丝·卡姆扮演了阿加莎·克里斯蒂，创作了多种类型的电车两难。她利用越来越复杂的假设，引出了极为微妙和细致的道德区分，而这些区分之前没人注意到过。"我觉得自己被引入了一个全新的世界，其中的各种区别是别人从未见过的，至少是我从未见过的。我被它吸引住了，就像欣赏一幅美丽的画作那样。"[10]

帕菲特对一个特定的思想实验非常感兴趣，这个实验探讨了"切近性"是否对道德义务有影响。我们中的许多人，对邻近街道上发生的可怕事件，会有比对远方国家发生的事件更强烈的情感反应。但我们是否对近处的人有比对远方的人更强的道德义务呢？卡姆认为，我们确实对近处的人的义务更强这一直觉是有道理的，但她首先要澄清，我们所说的"近处"指的是什么。只有卡姆才能调配出用来实现这一目的的一系列情景，其中包括帕菲特认为很有创意的一个情景。"假设我站在印度的一个地方，但我有一双很长的手臂，可以一直伸到印度的另一端，让我可以救起远处池塘里溺水的孩子。那么在这种情况下，这个孩子离我是近还是远呢？"[11]

帕菲特的哲学没有卡姆那么依赖思想实验，但他们的风格确有相似之处。就连性格上也有相似之处：帕菲特说，"她是最像我的人"。[12] 有一次，他发现她厨房水槽的排水口堵住了，而她没有注意到，因为她从来没用过。

* * *

在美国，帕菲特一般是想讲什么就讲什么——这毫无例外意味着讲的就是他正在研究的课题。他给自己的课程起了比较笼统的名字:"形而上学""伦理学:精选主题""高级伦理学"。他顽固地拒绝接受任何行政任务,这让一些同事颇为不满。另一方面,他却不反对另一项广受学术界不喜的琐事——批改作业。20世纪90年代中期,他向自己在哈佛大学的助教托马斯·凯利(Thomas Kelly)提出了一个非常令人吃惊的建议,凯利的工作是阅读和批改本科生的论文。这个建议是,凯利为什么不把每篇论文都发给他,让他来批改,换言之,帮凯利做所有的工作。"当他第一次向我解释这个新计划时,我简直不明白他在提议什么。"[13]但帕菲特并无傲慢地解释道,这样做是有道理的,因为他比凯利做得更快。然而,快速并不意味着流于表面。"要想真正体会到德里克在给人们的工作反馈方面有多么慷慨,你必须考虑所有那些一开始对作业无动于衷的本科生;他们交上来的是一些敷衍的五页长、以双倍行距排版的论文,可能是在论文截止前一天晚上仓促完成的,但两天后(往往让他们大吃一惊!)会收到三页长、单倍行距的评论,来自当时在世最伟大的哲学家之一,内容极为深刻。"[14]

帕菲特在美国的访问时间不定,但要么是一整个学期,要么是半个学期;他喜欢在一周内上两堂课,这样可以尽量减少逗留时间。他经常联合授课。在哈佛大学,他曾与蒂姆·斯坎伦一起讲授过六堂人满为患的课程。他们两人经常激烈争论,但都充满激情却彬彬有礼,"两人都非常容易激动"。[15]每周,两人下课后都会去同一家泰国餐厅,并且继续讨论。

帕菲特最深厚的哲学关系,都是与许多学生建立起来的。1977年和1979年的秋季学期,帕菲特曾在普林斯顿大学担任访问教授,那时一位来自威斯康星州的聪明年轻人,拉里·特姆金,是该校的研究生。特姆金和内格尔、卡姆一样,都是犹太人,在他的成长过程中,正是家人关于大屠杀的讨论,让他开始接触哲学——加上他可能有些天真的假设,即把理性和逻辑引入伦理学和政治学的辩论中,可能会防止类似的悲剧再次发生。

帕菲特和特姆金后来变得非常亲近,但在1977年,老师无意中差点断送了这个学生的前程。当时,特姆金正在准备口试,这是一场"综合性"考试,部分内容涉及效用主义,他必须通过考试才能进入论文阶段。他想知道"我该读什么书?"帕菲特回答说:"西季威克的《伦理学方法》。"特姆金不得不跑到纽约去买了一本,当他读完这本巨著后,他又去找帕菲特。接下来我该读什么?帕菲特回答说:"重读西季威克。"特姆金重读了一遍,又找到帕菲特:"除了西季威克,我还应该读什么关于效用主义的书吗?"帕菲特建议他第三次读西季威克,不要把精力花在低劣的著作上。最终口试时间到了。特姆金被问及该领域的各种标准书籍和论文,但由于没读过,他无法发表评论。一位考官恼怒地提问:"拉里,这是综合考试,你都读了些什么?!!!"这时,另一位考官德里克·帕菲特"举起手指,强调性地插话说:'他读过西季威克的书!!'"。[16]

几年后,当特姆金在得克萨斯州莱斯大学任教时,他安排昔日的老师来访。当特姆金转到新泽西州的罗格斯大学时,帕菲特也开始成为那里的常客。罗格斯大学的师资力量非常雄厚,包括帕菲特以前的另外两名学生杰夫·麦克马汉(Jeff McMahan)和张美露(Ruth Chang,后面有她的更多介绍)。帕菲特访问罗格斯大学时,会住在麦克马汉家的地下室,麦克马汉将其命名为"帕菲特套房"。整整七周,他像獾一样待在地下,吃着简朴的冷餐,只有白天上课才会出来,然后深夜与他的东道主聊天。

帕菲特与罗格斯大学的合作始于 2007 年,其重要原因是出于财务考虑。帕菲特对金钱的态度并非完全无私。他会向他在美国的工作机构打听薪水和津贴,但他避免强硬地讨价还价。然而,作为与邻近的纽约大学竞争的一部分,罗格斯大学试图抢走帕菲特,开出了让他无法拒绝的条件,他可以用一半时间获双倍薪水。这个计划只取得了部分成功。帕菲特同意在罗格斯大学任教,但制定了一份允许他继续在哈佛大学和纽约大学任教的时间表,每两年在两所大学各任教半个学期。凭借罗格斯大学的财务待遇,他"建议"哈佛大学和纽约大学同意类似的条件。这意味着他的美国年薪涨到了 16 万美元左右。突然之间,在美国教书变得非常有利可图。

但回到 20 世纪 70 年代初,这些经济上的意外收入还没有到来。目前,帕菲特需要保护他在万灵学院的职位。尽管他还不知情,但他的几位同事已经开始质疑他是否配得上这所精英学院的职位。

第 10 章　帕菲特事件

年轻学者通常急于尽可能多且尽可能快地发表论文，因为这是职业晋升最有效的途径。帕菲特却不是这样。他忠于自己姓氏的古老含义，除非认为文章再无改进余地，否则他不愿将任何东西付梓。他写的每篇文章都要经过数十次修改——而那时还没有文字处理软件。理查德·詹金斯（Richard Jenkyns）是万灵学院的古典学者，他说帕菲特告诉他，"这［……］大部分是为了表达完美的追求"。[1]

早在 1974 年，他就已表现出明显的"慢性出版便秘"迹象。牛津大学出版社从 1968 年底就开始与他商谈一本关于人格同一性的书。这本书将发展他第一篇文章中的论证和主题。1974 年 7 月 1 日，帕菲特写信给牛津大学出版社的哲学编辑尼古拉斯·威尔逊（Nicholas Wilson），威尔逊曾询问帕菲特关于同一性一书的进展——但他没有直接回应这个问题，而是列出了他承诺给奥尔索尔学院写的三本书的细节："我可能在三年后决定推进其中一本书，但我甚至不确定是哪一本。"[2]

帕菲特在万灵学院又安稳地待了七年，因此发表论文的压力有所缓解。他同意帮哲学系分担一两个小任务，包括至少有一年批改 PPE 学生的道德哲学论文。他还统计了本科生提到的哲学家名字。伊曼纽尔·康德获得金奖，大卫·休谟获得铜奖，银奖得主是怀特教授 R. M. 黑尔。

1974 年他的晋升产生了一个讽刺性后果。部分由于某些人认为他的一些行为不太得体，学院决定，奖学金研究员内部晋升缺乏公开竞争的这种状况与现代的平等机会原则不符，因此成立了一个工作小组来制定新方案。帕菲特和罗宾·布里格斯都是这个委员会的成员，不过布里格斯比他的前学习伙伴感到更不高兴，因为这会拉倒他们俩曾经向上爬的梯子。新制度在 20 世纪 70 年代末开始生效，向外部人士开放。

学院内部事务还包括选举新院长。约翰·斯帕罗于 1977 年退休，帕菲特与以赛亚·伯林及一些年轻的研究员一起，找到了接替他的潜在人选。伯纳德·威廉斯（Bernard Williams）比帕菲特年长 13 岁，是帕菲特最崇拜的在世哲学家。尊重是双向的：威廉斯对帕菲特在同一性问题上的研究深感钦佩。

和帕菲特一样，威廉斯的学术生涯起步辉煌，他在牛津大学获得了一等荣誉学位，并成为万灵学院的奖学金研究员。但在性格上，两人却大相径庭。威廉斯善于社交，魅力四射，谈吐不凡，头脑比帕菲特更加敏捷。在听完一场学术演讲后，他可能会说："我对您的论证有五点反驳"，[3] 然后就会把它们一一列出。旁观者们怀疑他是随手拈来"五"这个数字，然后即兴编造这些反驳。这是一种挑战自我、向他人展示自己才华的方式。

威廉斯曾经说过，想成为哲学家的理由有两个。第一个理由是发现真理，第二个理由是享受乐趣（对帕菲特来说，这是一个奇怪的动机）。他有一种高度进化的荒诞感，表情诙谐，喜欢用尖酸的俏皮话戳穿妄自尊大。对于观众提出的无聊问题,威廉斯的回应通常没有帕菲特那么宽厚。

两人在思想上的共同点也不多。帕菲特的房间可能越来越像垃圾堆,但他想整理道德哲学,并寻求确定的答案。威廉斯的办公室整洁有序,但他认为道德哲学本质上是混乱的,寻求终极真理是徒劳的。帕菲特是一个建设者,而威廉斯是一个拆除者。帕菲特的哲学是非历史性的,哲学真理是永恒不变的,而威廉斯的方法则植根于社会和历史。

威廉斯年仅38岁就已成为剑桥大学奈特布里奇(Knightbridge)哲学教授。但他过着超越象牙塔的积极生活,还参与政治和伦理学的实践活动。他的第一任妻子雪莉是著名的工党政治家,1981年,在工党大幅左倾之后,她成为分裂出来的社会民主党的创始人之一。威廉斯本人曾在多个政府委员会任职,其中包括药物滥用问题委员会、赌博以及最著名的关于色情问题的委员会(1979年)。他开玩笑说:"所有主要的坏事我都干过"。[4]

在哲学方面,他也做出了许多开创性的贡献。例如,在伦理学方面,他提出了"道德运气"一词,引发了大量的二手文献,其中一个经典的例子如下。假设有两个人在聚会上喝了很多酒,然后选择晚上开车回家。司机一没有遇到交通堵塞,安全到家。司机二拐过一个弯道,有行人正在横穿马路,酒精使他反应迟钝,他撞上了行人。大多数人都会认为,司机二应该受到比司机一更严厉的惩罚。然而,从某种意义上说,两位司机的罪责相同。他们都是酒后驾车。司机一没有伤害任何人,只是运气好而已。

威廉斯发现,我们道德生活中有许多方面都有这个特点,这是一个深刻的哲学问题。影响他人对我们做出的判断的许多因素是我们无法控制的。另一种类型的例子是，一个人将一生投入哲学，却忽视了朋友、家人以及正常生活的其他因素。如果这个人做出了非凡的成就，那么他的这种决定可能是可以得到辩护的（或者至少更能得到辩护）；但没人能事先保证这一点。[5]

与帕菲特的著作关系更为密切的是威廉斯关于效用主义的著作。他并不认同帕菲特的后果论直觉。他不认为我们应该总是追求产生最好的后果。他强调我们道德生活的基本方面，例如他所谓的"完整性"，即始终如一地追求我们自己的计划，而这无法纳入效用主义的框架。他在1973年出版的一本薄薄的著作《效用主义：赞成与反对》（*Utilitarianism: For and Against*）中阐述了他的反驳，这本书现在已成为本科生哲学阅读书单上的主打作品。在这本书中，澳大利亚哲学家 J. J. C. 斯马特（J. J. C. Smart）提出了"赞成"一方的观点，而威廉斯则提出了反对的理由。

他的理由建立在两个假设情景之上。首先是失业的化学家乔治，他得到了一份研发生化武器的工作。乔治坚决反对这种武器，但他知道如果他不接受这份工作，其他人就会接受，而且会以更大的热情从事这项工作。另外，乔治需要这笔钱。

然后是吉姆。吉姆在南美洲进行植物学考察时，遇到了可怕的一幕。二十个土著村民被绑起来，一个穿着汗渍斑斑的卡其色衬衫的壮汉（他其实是负责这次行动的上尉）解释说，这二十个人将因为抗议政府而即将被处死。不过，由于吉姆是来自他乡的尊贵客人，上尉给了他一个选择：要么他亲手杀死一名当地人，然后其他人就会被释放；如果吉姆不接受这个提议，上尉的手下就会将二十人全部处死。

后果论者对这两种情况的回答都很简单。乔治应该接受这份工作，而吉姆应该射杀一位村民。从效用主义的角度来看，这将确保最好的结果。但是，威廉斯认为，这样做忽略了这两种情况的一个关键方面。乔治从事生物战行业就会与他所有的信念背道而驰。我们每个人都有个人的计划和对他人的特殊义务，这些不能也不应该被忽视或轻视。威廉斯在谈到乔治时写道："要求这样一个人，在效用网络的计算结果出来后［……］放弃自己的计划和决策，承认效用主义计算所要求的决策，这是荒谬的。这实际上是将他与自己的行为及其来源——他自己的信念——疏离开来。"[6]

吉姆的情况也是同样的。也许，权衡利弊，吉姆应该杀死那个村民。但是，威廉斯认为，这个结论肯定不像效用主义者所认为的那样显而易见。的确，如果吉姆不杀一个人，就会有二十个人死去。但这并不意味着吉姆要对他们的死亡负责，至少在某种程度上，不像下令杀死他们的上尉那样对他们的死亡负责。如果吉姆扣动了扳机，杀死了一个村民，那么他就要对这个人的死亡负有更直接的责任；而如果他拒绝接受上尉的提议，这个人还是死了，这种责任就没有那么直接。至少，这是威廉斯提出的有影响力的论证，也是帕菲特等后果论者感到他们必须做出回应的一个挑战。

* * *

帕菲特等人敦促威廉斯申请担任万灵学院的院长，他无疑感到受到夸奖，欣然接受大家的劝说。他站在改革和现代化的立场上，与守旧的斯帕罗形成鲜明对比。帕菲特为他的朋友大肆宣传，并根据研究员们告诉他的情况，向威廉斯汇报说"他已经胜券在

第 10 章 帕菲特事件

握"。[7]他的主要竞争对手是帕特里克·尼尔（Patrick Neill），一位西装革履的律师，正派、可靠，尽管以赛亚·伯林认为他"算不上一流"。[8]

由哲学家迈克尔·达米特设计的复杂选举制度，采用了单一可转移票制（single transferable vote method），但也有"重新选举"选项——一个表达选民希望加入新候选人重新竞选的机会。事实证明，万灵学院研究员的民意调查不比全国民调的可信度高。在最后的决胜阶段，许多威廉斯的支持者将尼尔排在第二位，而尼尔派则相互串通，将"重新选举"作为他们的第二选项。*

以赛亚·伯林说，威廉斯在挫败后感到"沮丧"[9]，但据他的第二任妻子帕特里夏说，这次失败让他"如释重负。他以前并没有意识到，万灵学院仍然是一个多么封闭和保守的机构"。[10]伯林的诊断是，有些研究员认为威廉斯太年轻了，而且"他是个哲学家，穿着粗呢大衣"。[11]帕菲特告诉一位朋友说，当最后一轮投票结果在学院公布时，"大家都惊呆了"。[12]

尼尔可能是传统主义者的候选人，但像往常一样，选民不了解他们选举的对象。尼尔议程上的紧迫问题是女性问题。万灵学院是否应该推翻1926年的一项规定，即任何女性都不得成为学院

---

* 根据单一可转移票制，选民可以按照自己的偏好程度对候选人进行排序，如果其偏好排序较前的候选人并没有获得当选所需的票数，且因总票数排名靠后而遭淘汰，支持该候选人的票数会自动转移至各选民偏好排序里的下一位候选人。不难发现，在这种投票方式中候选人在选票上的排序十分重要，"许多威廉斯的支持者将尼尔排在第二位"意味着，如果威廉斯获得的总票数过低而被淘汰，他的选票会自动转给尼尔（在尼尔未被淘汰的情况下）；相应地，尼尔的支持者的第二选项是"重新选举"，这意味着如果尼尔被淘汰，他的票会被用于重启选举而不是转移给任何其他候选人。

成员？牛津大学的许多学院都在大致相同的时间就是否接纳女性进行了投票，但万灵学院内部的辩论却异常激烈。修改章程需要三分之二的多数票，但学院中不乏顽固不化的厌女主义者，尽管是少数派。在几位研究员看来，女性的涌入有可能玷污他们的伊甸园。然而，最终他们还是被一扫而空：没有任何防线能挡住社会革命的浪潮，即使是用恐龙时代的万灵学院石灰岩筑成的防线也不例外。在尼尔的支持下，改革派以压倒性优势获胜。

在这场小型的文化战争中，帕菲特是支持改革派的领袖之一，他对反对者的世界观感到困惑，这些反对者似乎认为香水味可能会妨碍人们享受葡萄酒，或者提出琐碎的后勤问题，比如厕所设施不足。在1979年的学院辩论会上，一位研究员以维多利亚时期的建筑作类比，发表了一段优雅的演讲，帕菲特可能有点被说服了：我们不遗余力地保护维多利亚时期的建筑，即使我们并不一定觉得它很美；我们这样做是因为我们认为保护一些与众不同的东西是很有价值的。这位研究员指出，同样的论证也适用于男子学院。[13]

这次投票只是一个开始。因为，承认有一个柏拉图式的抽象女性能达到所要求的标准是一回事，而相信一个活生生的女性能够达到这一标准又是另一回事。第一次真正的考验出现在1981年1月，根据帕菲特帮助制定的规则，"论文研究员"（Thesis Fellowship，为期两年的博士后聘任）公开竞聘。万灵学院会不会再次暴露出它是"临阵退缩的温床"呢？[14] 两位主要候选人都是女性，但几位万灵学院的研究员坚持认为，两人都不合格。做出决定需要简单多数。帕菲特是一位对女性事业帮倒忙的推动者——据一位研究员说，"反向说服"，[15]——他指出同事们是不理性的，从而激怒了他们。第一轮投票后,没有明确的结果。随后进行了第二轮、第三轮和第四轮投票。保罗·西布赖特(Paul Seabright)回忆说:"我们没有像教皇选举那样的黑烟白烟,但投票过程充满了激动人心的气氛。"[16] 最终,帕菲特心目中的候选人,美国出生的哲学家苏珊·赫尔利(Susan Hurley)当选。她于1981年10月成为第一位女性研究员。

赫尔利逐渐爱上了万灵学院,但最令人讨厌的大男子主义者却让她和紧接她之后的继任者感到不受欢迎。遗传学家 E. B. 福特(E. B. Ford)看到一位女研究员下来吃晚饭,就站起来大声说:"有女人在场哦。"然后迅速逃离了餐厅。当他撞见另一位早期的拥有 XX 染色体的研究员时,这位遗传学家向她挥舞着雨伞,尖叫道:"别挡我的路,小母鸡!"[17] 极端反对派是否反映了学院更深层次的制度和文化问题,对此众说纷纭。一位经常来访的人说,这种充满恶意的气氛不只是少数几个有毒的人,万灵学院"培养了敌意"。[18]

约翰·斯帕罗的院长生涯结束后,他勉强让自己适应了现代化和异国情调的新聘人员。即便如此,在接下来的几年里,他还是逐渐变成一个悲剧人物,陷入了令人尴尬的酗酒状态。不过,他对帕菲特依然情有独钟。如果他赴宴时帕菲特在场,那他就会大叫:"这个房间里最美的东西是什么?"然后再亲自回答道:"帕菲特的头发!"

* * *

在作为 1974—1981 年研究员的头两年,帕菲特致力于研究一些到那时为止在很大程度上被哲学家们忽视的问题。在其他条件相同的情况下，给邻居甚至世界另一端的人造成痛苦是错误的。这是毫无争议的。但未来的人呢？从表面上看，今天采取的某些行动，比如消耗资源，可能是错误的，因为它们会对后代产生影响。但是，对尚未出生的人造成的"伤害"，是否可以与我对现在活着的人造成的伤害相提并论呢？

帕菲特认为，显然是可以的。但他也认为，关于未来的人，还有更多令人头疼的问题。这些问题源于我们对未来可能产生的两种影响。首先，我们可以影响那些即将出生的人的同一性（例如，未来的父母可能会推迟组建家庭，如果他们这样做了，那么后来出生的孩子与没有推迟而出生的孩子，就不是同一个孩子）。其次，我们可以影响出生人口的数量，即未来人口的规模。

至于哲学家们（包括帕菲特的偶像西季威克在内）以前对未来人口的反思，从哲学角度讲，他们的论证在很大程度上被认为是没有创见的，甚至是肤浅的。1967年，简·纳维森（Jan Narveson）发表了一篇题为《效用主义与新生代》（Utilitarianism and New Generations）的论文，这一情况开始发生变化。纳维森写道，效用主义似乎要求我们生产尽可能多的人，只要他们的幸福大于他们的痛苦。他认为这是一种疯狂的结论。

次年，一本充满悲观情绪的著作《人口大爆炸》（Population Bomb）出版。与170年前英国经济学家托马斯·马尔萨斯（Thomas Malthus）的担忧如出一辙，这本书的作者保罗·埃利希和安妮·埃利希（Paul and Anne Ehrlich）预言，[19]由于粮食供应跟不上快速增长的人口，不久将出现全球性饥荒。很快会有数亿人死亡。迫切需要采取措施控制人口数量，而该书提出了多项建议，包括鼓励男性同意绝育。

因此，担忧人口问题在政治上已蔚然成风，不过真正促使帕菲特从哲学角度思考未来人口问题的是纳维森。早在1971年，帕菲特就曾写信给约翰·罗尔斯说："我越思考人口政策，就越觉得这个问题令人费解"。[20] 其中一个问题是如何评估人口数量。是人口少一些，每个人都能享受高生活质量好一些呢，还是人口多一些、低生活质量好一些呢？帕菲特用一系列条形图说明了一个难题，但让他无比沮丧的是，他无法破解这个难题。

其他人也都无法破解。很多人都尝试过，因为帕菲特已经开始向全球哲学界散发他未发表的著作。尽管如此，他还是在未来人口哲学方面取得了足够的进展，甚至考虑出一本书。最后，他对这个想法产生了幻灭感，觉得自己必须拿出解决方案，而不仅仅是提出问题。于是，他转向另一个话题：合理性和我们行动的理由。最后，他写了一篇长文《反对审慎》(Against Prudence)，这篇长文于1977年获得了三年一度的T. H. 格林奖。这篇文章探讨了这一观点："我以某种方式行事的最终理由是自我利益"；换句话说，我最应该关心的是什么对我最有利。然而，帕菲特认为，如果人们自私行事，结果对每个人来说都会更糟，利己实际上是自我挫败的。

与此同时，牛津大学出版社在催促他完成承诺已久的关于人格同一性的手稿；但和往常一样，他的计划也在不断变化。1977年5月13日，他邀请尼古拉斯·威尔逊和他的继任者、牛津大学出版社哲学编辑亚当·霍奇金（Adam Hodgkin）在万灵学院共进午餐。他告诉他们，他的新计划是把他的获奖论文写成一本书。他们表示很有兴趣（除了这么做或与他断绝关系，他们别无选择），帕菲特便开始工作。短短几个月内，他就积累了足够的新素材，他认为可以再写一本书。其中一些新想法在英国国家学术院的年度哲学讲座上发表，题目是"审慎、道德和囚徒困境"。[21]

1978年8月9日，霍奇金恳求帕菲特在两年内寄出《反对审慎》一书的手稿，而不是像帕菲特现在威胁的那样延迟三年或四年："我们不想催促您提前出版，但人们对你的作品显然越来越感兴趣，我们想鼓励您考虑尽早出版。"[22] 怀特道德哲学教授也敦促牛津大学出版社向他施加压力。10月28日，黑尔联系了霍奇金。"我希望您能给德里克·帕菲特充分的鼓励。我认为他是我所知道的他那一代人中最好的道德哲学家，毫无疑问，他的书值得出版。不过，他确实有不停地写下去的倾向，因此，如果您能想到办法，让他写尽快出一本相对简短的书，公众将非常感激。"[23]

最后，同年11月，双方就《反对审慎》一书签订了合同。合同规定，该书将于1981年4月30日前交付。帕菲特将获得慷慨的900英镑的预付版税，分三期支付：签约时支付三分之一，交稿时支付三分之一，出版时支付三分之一。书稿要求简洁，篇幅大约为六万个单词。

* * *

事实上，无论是这本书还是帕菲特之前提议出版的任何其他书籍，都未付梓，这让他陷入了麻烦之中。但在1974—1981年的研究员期间，他确实发表了一些短篇文章——事实上，他为三本编辑的文集撰写了一些章节，并在期刊上发表了四篇文章。其中一章是关于人格同一性的。在其他发表的作品中，三篇涉及未来人口的伦理学，其中两篇探讨了道德难题。这些论证都再次出现

第10章 帕菲特事件

在他的第一本书《理由与人格》之中。

不过,最后一篇文章值得在此做一点简要讨论。这篇文章发表于1978年夏天,对约翰·陶瑞克(John Taurek)的一篇颇具影响力的论文《数量应该算数吗?》(Should the Numbers Count?)进行了耐心的拆解。这篇论文曾在哲学界引起热议。陶瑞克设想了一种救命药,如果不使用这种药,有六个人肯定会死。六个人中有一个需要全部药物才能存活,其他五个人只需要五分之一的药物。陶瑞克声称,既然每个人的生命是同等重要的,那么使用这种药物救五个人,与使用药物救一个人,两者在道德上应该是没有差别的。数量并不重要。在为自己的论点辩护时,他认为痛苦是不可相加的:在道德推理中,我们不应该把不同人的痛苦相加求和。"每个有轻微头痛的人的不适,并不会加总为某个人经历一场偏头痛的痛苦。"[24]

如果陶瑞克是对的,那么这会对我们如何分配资源,包括医疗资源,产生巨大的影响。资助可以挽救五千人生命的A药品和可以挽救一千人生命的B药品,我们应该在两者之间保持中立。但这一结论与帕菲特内心深处的道德本能相悖。他认为陶瑞克的做法大错特错,他需要先发制人,避免这篇文章扩大影响后造成损害。他慢慢地、煞费苦心地拆解陶瑞克的论证。例如,他认为,对一个人来说,五十次轻微头痛可能比一次偏头痛更严重,这种说法是有道理的,同样,对不同的人来说,五十次头痛可能比一次偏头痛带来更多的痛苦,这种说法也是有道理的。痛苦是可累加的。他还指出了陶瑞克立场的一些荒谬之处;它似乎让我们陷入了一个可笑的观念,那就是我们拯救一个人的生命与拯救另一个人的脚趾没有任何区别。他最后说:"为什么我们要救更多的人?因为我们对拯救每一个人都给予了同等重视。每个人都算一个。这就是为什么数量越多越好。"[25]

出版物也是如此吗?帕菲特平均每年发表一篇(相对较短的)论文,这并不算多产,请记住他不像大多数大学员工那样承担教学和官僚主义的事务。另一方面呢,他的成果质量也使他成为该学科的重要人物。此外,还有其他一些万灵学院的学者,他们的出版记录也远没有帕菲特那么显赫。

* * *

1980年8月10日,帕菲特的挚友加雷思·埃文斯因癌症去世,年仅34岁,他们曾一起驾车前往西班牙。帕菲特并没有意识到埃文斯的疾病发展如此之快,他的去世令他震惊不已。五天后,他在给朋友的信中写道:"我们都处于震惊之中。真希望加雷斯早点告诉我们。我本来想给他写信的。我现在彻底下定决心,要在我的余生中做得更多。为了纪念他,我至少会努力坚持这个决心。"[26]

珍惜余生意味着什么呢?10月份,帕菲特与R. M. 黑尔就后者即将出版的《道德思维》(*Moral Thinking*)一书展开了一场有意义的交流,后者认为道德思维有两个层次:直觉层次,依赖简单的规则,和批判性层次,当直觉出现冲突时,需要我们更深入地思考如何判断或行动。帕菲特发送了许多改进建议,还附带了不受欢迎的建议,即让黑尔推迟出版。帕菲特认为,对后人来说,更重要的是黑尔要做到绝对正确。黑尔回答说,不,完美不是必要的,"我并不希望写一本伦理书来终结伦理学"。[27]重要的是,这本书可以引发讨论:"恐怕",黑尔写道,"我们对写作的艺术存在根本分歧"。[28]

次年是苏珊·赫尔利来到万灵学院的这一年,也是帕菲特研究员身份到期的一年。他在学院一共工作了14年。1981年3月下旬,他收到了院长帕特里克·尼尔的来信,提醒他研究员阶段将于11月到期。帕菲特忘记了时间。他于3月26日回信;他表示"很惭愧地承认",他原本以为自己的研究员身份会在次年到期。这意味着他将错过申请高级研究员职位的时机,他正要去申请,而这一职位将在学院六月份的会议上审议。他在信中写道,这似乎会给学院带来不必要的压力,因为研究员们可能会担心,如果他们拒绝他的申请,他就会失业。但他表示他们不必担心。在1981年的米迦勒学期(秋季学期),他将在普林斯顿任教,而在第二学期(希拉里)和第三学期(三一学期)之间,他将在科罗拉多大学博尔德分校任教。他可以靠这些教职维持生计,反正他都有可能在美国找到一个长期教职。[29]

我们应该从字面解读这封信吗?也许是的。但假如这封信是由一个比帕菲特更狡猾的人写的,我们很自然会把它理解为作者对自己资历的夸耀和以退为进的主张——一个并不含蓄的信息,即他在其他地方也很受欢迎,所以万灵应该为拥有他而感到幸运。

这封信中包含一段忏悔。帕菲特在获得第二个为期七年的研究员职位之前说过,这将使他能够出版三本书。"这个希望过于远大。但我不得不感到沮丧和羞愧,因为我还没有出版任何一本计划中的著作。"他接着总结了他迄今为止所取得的成就以及未来的希望。他将完成那三本已经开始的著作。此外,他还在为牛津大学出版社编辑西季威克《伦理学方法》的新版本,这是一本"被忽视的经典"。[30]虽然他没有详述细节,但他如此重视这个项目的原因是，目前刊行的版本包含了西季威克临终前在书页边缘所做的修改。帕菲特认为，许多改动使文本变得更糟。

帕菲特感叹，在他的第一门学科——历史学——中，学者们比哲学家更有优势。当哲学家陷入困境时，他们只能等待灵感。相比之下，陷入困境的历史学家可以随时阅读或抄录其他资料继续工作。为了给自己的发表状况辩护，他强调了一些可以减轻责任的情况。他在 1966 年才转学哲学，"因此我直到 1970 年左右都是在学习"。[31] 他本以为自己能够以未发表的作品为基础，再次争取到研究奖金。"现在有人向我建议，我不应该这样假设，因为学院可能认为未发表的作品不应受到太大的重视。我只能回答说，学院过去没有持有这种看法，如果现在采取这种看法，那么我也不能预测这一决定。"[32]

* * *

高级研究员职位实际上是一个终身教职，一个终身的研究职位，这在英国大学系统中是一颗稀有而珍贵的明珠。关于帕菲特是否应该获得这一职位的讨论变得激烈起来。

罗德尼·尼达姆（Rodney Needham）就是这场反对他的领导人之一。尼达姆是一名二战老兵，后来成为一名多产的社会人类学家。在与克洛德·列维-斯特劳斯（Claude Lévi-Strauss）闹翻之前，他帮助英国引进了列维-斯特劳斯的结构主义思想。结构主义者认为，不同社会存在着一致的模式，反映了人性的普遍方面。神话和仪式表面上不同，却在深层次上有着相似之处。作为万灵学院的忠实拥护者，尼达姆是学院仪式的热情捍卫者，当他在 2006 年去世时，他的一篇讣告称他"既陶醉于（牛津的）伟大传统，也沉湎于其琐碎的仪式"。[33]

但帕菲特的主要对手是宗教社会学家布赖恩·威尔逊（Bryan Wilson），他几年前才成为万灵学院的研究员，并因对英国宗教教派的首部社会学研究而声名鹊起。据他的一位同事说，他也"对学院有一种病态的强烈占有欲"。[34] 威尔逊很早就不喜欢帕菲特，甚至警告过其他年轻的研究员要提防他。一位新来的万灵学院研究员曾多次在用餐时间与帕菲特进行生动的哲学对话，威尔逊把他单独叫到一旁，用一种隐晦的威胁方式告诉他，如果他想得到学院有影响力人士的支持，就不应当与这个在学院里没有朋友的人结盟。

关于帕菲特没有支持者的说法并不属实。但他的怪癖名声确实越来越大。他对每个人都彬彬有礼，但越来越觉得寒暄是一种挑战。如果他不得不与非哲学家交谈，他的两个开场白通常是："你在研究什么？"或者"你在为你的书起什么标题？"与此同时，非哲学家也害怕对帕菲特的工作表现出任何兴趣，因为随之而来的必然是邀请他们阅读并评论一份长达百页的手稿。有很多研究员的名字他都记不住，有客人来时，他会小声解释说，正因为这个理由，他无法把客人介绍给桌上的其他人。

每年八月，万灵学院厨房歇业，给员工放假。这就迫使研究员们到别处就餐。20 世纪 70 年代，学院马路对面的大学学院同意接收这些饥饿的难民。每天，帕菲特都会和加雷思·埃文斯坐在一张桌子上，与理查德·詹金斯等其他研究员分开，詹金斯看着"他俩满嘴食物，展开激烈争辩。有一两个［研究员］不赞成他们这样做，觉得他们应该和其他人闲聊，但我认为，看到如此激动人心的思想碰撞，以及一刻也不能耽误追求真理的这种意识，让人印象深刻"。[35]

帕菲特对自己研究课题的痴迷日益加深。这位前历史学家展现的这种狂热，常见于皈依者。当非哲学家当选为奖学金研究员时，帕菲特会建议他们放弃自己的学科，转学哲学。他解释说，转换学科是他们的权利。阿德里安·伍尔德里奇（Adrian Wooldridge）是《经济学人》未来的明星专栏作家，他也是收到过这一建议的历史学家之一。他于1980年来到万灵学院。"我当时正在考虑如何安排我的博士学位，他说：'这毫无意义。哲学更重要。'这可真没帮上什么忙。"[36]

与此同时，访问过帕菲特房间的人发现，他的房间正逐渐消失于书堆和纸堆中。一个古生物学家或树木年代学家，可以根据手稿在堆积物中的高度来确定其年代。他的朋友比尔·埃瓦尔德（Bill Ewald）说："如果你往房间里看一眼，你会认为居住者精神失常。"外屋本来够糟糕了，但比起他的小书房和卧室，则要体面得多。他的卧室不允许任何人进入，"但我偷偷看了一下，到处都是伏特加酒瓶和吃了一半的食物。他简直活在一场健康灾害中"。[37]房间里堆满了纸张、钢笔、铅笔、硬币和牙线。学院的清洁工被禁止入内。

帕菲特的房门直到临近中午才打开。每天晚上，当其他研究员上床休息时，他通常会开始播放瓦格纳的《尼伯龙根的指环》《特里斯坦与伊索尔德》或《帕西法尔》，音乐声会在北院飘荡几个小时。帕菲特曾经很喜欢现场歌剧，但现在他声称自己不觉得去听音乐会有什么意义。他建议其他研究员也像他一样，购买最昂贵的立体声设备，这样就可以随时请最好的音乐家为你演奏。

第10章 帕菲特事件

***

尽管帕菲特表面上对晋升表现得很淡然，但他实际上还是很紧张。他需要获得三分之二的研究员支持，但他并非如此不谙世事，不会不知道大家对他的敌意。他开始了一场"魅力"攻势。这有可能适得其反，因为他并不擅长社交沟通。他对同事们说，教学会分散精力，阻碍研究进展，这让研究员们很恼火，他们在背后抱怨他确实在美国教书，为此他在牛津的薪水之外还获得了一笔收入。他没有明确表示自己的工作比其他学者的工作更重要，但他也没有成功地掩盖他认为情况就是如此。1981年4月7日，他的朋友托马斯·内格尔写信给他，向他提出了一些长者般的忠告："你有时倾向于认为，这种近乎完全的自由对你来说是必要的，否则你的研究就会枯竭。这种说法更可能引起人们反感，而不是说服他们。"[38] 更重要的是，内格尔补充道，这很可能不是事实；更多的教学可能会成为提高生产力的催化剂。

为了支持自己的申请，帕菲特又提供了一份顶级推荐人名单：罗纳德·德沃金（Ronald Dworkin）、乔纳森·格洛弗、R. M. 黑尔、约翰·麦基（John Mackie）、托马斯·内格尔、蒂姆·斯坎伦和伯纳德·威廉斯。德沃金和麦基是我们尚未提到的仅有的两位人物。麦基出生于澳大利亚，是一位兴趣广泛的哲学家，但在以后的岁月里，他对道德是否客观的怀疑态度尤其让帕菲特感到不安。至于德沃金，朋友们都叫他罗尼，他（从1969年起）担任牛津大学首席法理学家，并迅速发展成为英语世界最具独创性的法哲学家。德沃金是美国人，曾在哈佛大学和牛津大学（作为罗德奖学金获得者）接受教育，他最初是通过对当时占主导地位的法律实证主义做出猛烈抨击而成名的。简单地说，法律实证主义认为法律是一种惯例或建构，独立于道德。德沃金坚持认为，人类拥有道德权利，这些权利无论是否成文，都存在于法律之中。与他反实证主义立场相关的是，他反对"原旨主义"（originalism），即在美国解决法律纠纷时，法官应该问"宪法制定者打算如何解释法律？"；或者，正如后来的原旨主义者所说，"宪法的文字在起草时是什么意思？"。他在《纽约书评》（*The New York Review of Books*）上发表的长篇优美文章中，强有力地表达了自己的观点。

帕菲特的几位推荐人都为他糟糕的出版记录寻找借口。黑尔解释道："他与其他人不一样"，[39] 意思是帕菲特之所以保留自己的手稿，是因为他的标准高于其他人。罗尔斯告诫说，他不应该急于求成；对于帕菲特最终会写出的书，人们"应该允许它成熟长大，而不是期望它过早出现"。[40] 德沃金预测，情况可能会是，当他项目的各个部分汇集起来时，他会一口气出版大量作品。德沃金以罗尔斯为例写道："这在优秀哲学家当中是一个非常典型的模式。"[41] 乔纳森·格洛弗写道，真正的问题在于帕菲特的完美主义，他的完美主义"近乎神经质"。[42]

然而，问题不仅仅是他的完美主义。不止一位推荐人提到，帕菲特投入大量精力评论其他哲学家的工作，这势必会影响他自己项目的进展。无论如何，万灵学院都被敦促承认这对整个行业的价值。德沃金写道："他是位受人追捧的评论家"，"因为他的评论如此之好——细致入微，富有同情心，并充满智慧"。[43]

帕菲特的聪明才智和独创性得到了一致认可。然而，德沃金和内格尔都对他多年来一直流传的关于未来人口的未发表作品持保留意见。内格尔认为，帕菲特所要解决的核心问题（如何比较两组人类的存在价值）根本没有答案，以及"哲学家无穷尽地试图找到一个答案，最终产生的只会是更多的争议而非启发"。[44] 然而，格洛弗希望帕菲特关于未来人口的研究能够出现在期刊或书籍中："如果一个领域的所有人都从一篇未发表的作品开始，这本身就显得有些荒谬。"[45]

所有推荐人都支持帕菲特的申请。格洛弗写道："如果他不配获得高级研究员职位，我想不出还有谁配。"[46] 只有内格尔的支持略有保留："他不会成为像达米特或斯特劳森那样真正广泛且有影响力的哲学家。但在他所选择的领域，他是极其出色的：显然，在他这一代人中无人能出其右。我承认，我不知道万灵学院高级研究员的标准，但我觉得帕菲特是一个可信的候选人。"[47]

四月底，帕菲特最终敲定了秋季学期前往普林斯顿的安排。蒂姆·斯坎伦为他找到了住处。他将获得11000美元的报酬，以及8500美元的旅费和食宿费。帕菲特的谈判并不艰难，对普林斯顿这个世界上最富有的教育机构之一来说，这是相当划算的交易。

至于万灵学院，当帕菲特发现负责评估申请者学术背景和研究大纲的学术事务委员会（Academic Purposes Committee）一致推荐他当选时，他的焦虑程度肯定大大降低了。他的未来似乎从此有了保障——帕菲特大概是这样想的。5月11日，他写信给牛津大学出版社的亚当·霍奇金："我很高兴地报告［……］我们的学术事务委员会已经开会，并推荐我在6月份的学院会议上当选。"[48] 霍奇金回信祝贺道："这个消息就如预料中那样令人欣喜。"[49]

然而，事情没那么简单。万灵学院于1981年6月13日召开了学院会议。帕菲特当然不能出席。他以为研究员们会根据学术事务委员会的推荐来行动。但事实证明，他们中的一些人与其说带的是橡皮图章，不如说是带了一把磨得锋利的刀。尽管学院会议的细节应该是保密的，但我们还是能够猜测一下发生的事情。帕菲特的支持者之一以赛亚·伯林未能出席投票，但他原本答应寄一份支持信，由院长宣读。帕菲特得到学术事务委员会支持，不幸地导致伯林也认为这次选举只是走过场，自己的帮助是多余的。

帕菲特还有许多其他强有力的盟友，其中包括加拿大籍哲学家查尔斯·泰勒（Charles Taylor，他是奇切尔社会与政治理论教授）和保守党议员、万灵研究员威廉·沃尔德格雷夫（William Waldegrave）；以及特别是孟加拉出生的哲学家/经济学家阿马蒂亚·森（Amartya Sen，他是政治经济学的德拉蒙德教授）。帕菲特曾帮助说服森从伦敦经济学院转到牛津大学。他坚持说："这里是最适合研究哲学的地方，你应该把自己定义为哲学家，而不是经济学家。"[50] 森成长于从印度独立出来之前的孟加拉，他目睹了 1943 年的饥荒造成的瘦骨嶙峋的尸体，当时有多达 300 万人死亡，然后又目睹了穆斯林与印度教之间的激烈冲突。20 世纪 40 年代中期，一名失业的穆斯林劳工——他在印度教占主导地位的地区找工作——跟跟跄跄地走进他家的院子，随后死亡；因为他遭到了印度暴徒的袭击，被人从背后捅了一刀。在虚弱之时，他向年少的森解释说，他家里的孩子们没有食物。"为了食物，他失去了生命。"[51]

这些早期的境遇塑造了森的未来兴趣，横跨哲学和经济学。他最终凭借一系列突破性的研究赢得了诺贝尔奖，其中包括社会选择理论（social choice theory）的开创性工作——这项理论研究应当如何从一组个人选择中作出集体决策，以及如何从不同个体的福祉中推导出社会福祉的水平。（有这样一个故事，虽然很贴切，但一定是杜撰的：一位女服务员没有意识到她服务的人是做什么的，就问正在为点菜犹豫不决的森和他同行的食客："你们这些人难道不知道怎么定个主意吗？"）

在帕菲特的选举投票中，森非常愤怒，"一些愚蠢的白痴认为，一切都应该取决于你写了多少本书"。[52]沃尔德格雷夫回忆道："伟大的学者们为他辩护，而那些自豪于自己平庸的出版清单的平庸中年学者却在批评他。"[53]无论如何，帕菲特的反对者都认为帕菲特要提供正当的理由。他的出版记录并不能证明他有资格晋升；万灵学院的高级研究员是英国学术界最有声望的职位之一，要求有已发表的优秀成果不是没有道理的。在某个阶段，帕菲特的诋毁者可能意识到，他们没有足够的票数来完全阻止他的申请，于是提出了一项附加条款。该附加条款拒绝授予他高级研究员资格，但允许他将现有的初级研究员资格再延长三年，最后通牒是在此延长期结束前，他必须出版一本书。这让帕菲特的支持者们进退两难。如果他们反对附加条款，就有可能达不到晋升所需的三分之二多数。这可能会使帕菲特失去学院职位，失去工作，甚至失去一切。

修正案获得了压倒性的支持。

* * *

不夸张地说，这个结果对帕菲特而言是"相当震惊"。[54]很多人写信向他表示同情。帕菲特提出了一个猜想，自己是如何疏远了少数几位研究员。"我知道我有一小撮敌人，我之所以与他们为敌，是因为我因道德愤慨而攻击了他们关于招收女研究员的观点，也是因为我在公共休息室用餐时，在甜点前发起了声势浩大的

'退席'活动（五年前，几乎每个人都觉得不得不留下来；但我决定每天起身离开，就像魔笛手一样，把大多数人都带上了。因此，布赖恩·威尔逊认为我把万灵学院从万灵学院变成了一个学术俱乐部，甚至是家庭旅馆）。"[55]

他的一位通信者，法学博士马歇尔·科恩（Marshall Cohen）痛斥万灵学院的研究员们"愚蠢或背信弃义"。[56] 不过，善解人意的帕菲特设想了一下，从其他研究员的角度来看，这个决定似乎是合情理的。他们可能会想："如果我们给他三年的续约期，而在那之后他在其他地方找到工作，那么他将有 17 年的时间（是在万灵度过的）。无论多么优秀的人，都不应该得到这么长的时间。如果我们给更多人提供更多短期研究员职位，我们就能更公平地使用资源，而且促进更多的研究。"[57] 事实上，帕菲特认为这种做法非常合理。然而，既然这样的计划尚属首次，他决定按照实际上接到的命令去做，出版著作并在 1984 年重新申请。

此外，他同情那些厌恶风险并支持附加条款的人，他声称自己不会"抱有任何怨恨"。[58] 以赛亚·伯林对这一结果感到羞愧，尤其是因为他未能提交所承诺的支持性说明。帕菲特试图减轻他的内疚，但几个月后，当伯林在写给伯纳德·威廉斯的信中提到"受到如此不公正迫害的帕菲特（原文如此）"时，[59] 他仍然耿耿于怀。后来，伯林在与他的传记作者交谈时，回忆了整个事件，称其为"著名的帕菲特事件"。[60]

* * *

帕菲特真的没有心生怨恨吗？这个问题值得我们稍作探讨，

它涉及帕菲特心理结构中的一个有趣方面。我们大多数人都有哲学家所说的报复性本能。也就是说，如果一个人——我们就叫他布赖恩吧——犯下了恶行，那么我们就会认为布赖恩应该受到制裁或某种惩罚，哪怕只是轻微的责备。通常情况下，布赖恩"应得"惩罚这一想法，是以他是自由地做出这种坏事为条件的。如果他是在被迫的情况下，也许是因为有人用枪指着他的太阳穴，那么指责或惩罚他似乎是不恰当的。但是，即使考虑到这种情况，在某些时候，与罪行或不良行为相称的惩罚似乎是正确和恰当的。

然而，帕菲特认为，假设我们有道德理由让一个人受苦，但不会带来任何好处，这是很荒唐的。哲学家通常会在智识层面上探讨问题，而不会对争论的任何一方产生任何情感依恋。帕菲特对报应的厌恶却并非如此。哲学家尼克·博斯特罗姆（Nick Bostrom）说："他非常强调这一点。他的激情、他激情的强度让我感到惊讶。"[61] 当他的密友谢利·卡根（Shelly Kagan）写了一本关于道德应得的书时，帕菲特甚至不愿意考虑将这本书收录到他正在编辑的丛书中，理由是他不相信道德应得。另一位年轻的学生请帕菲特阅读他写的一篇文章，内容是帕菲特在其关于人格同一性的著作中讨论过的那种大脑裂变对道德应得的影响。如果一个人做了坏事，然后他的意识流一分为二，这对如何进行惩罚会有什么影响？这是一个引人入胜的问题；但帕菲特甚至拒绝看这篇文章，因为在他看来，纯粹为了报复而实施的惩罚总是没根据的。在杰夫·麦克马汉新泽西的家中，帕菲特与几位杰出的哲学家就应得问题进行了讨论，最后帕菲特说："如果我能说服你们五个人不相信应得，我会死得心满意足。"[62]

这种对痛苦和惩罚的态度可以追溯到他的童年。记得帕菲特说过,他八岁时发现基督教的上帝会惩罚罪人,于是放弃了宗教信仰。他认为无法想象一个善良的上帝会把人打入地狱。

即使人们对他不好,他似乎真的没有报复的冲动。他无法唤起责备或怨恨。乔纳森·格洛弗回忆说,有一次他和帕菲特讨论如何应对科学发展或突破带来的危险。帕菲特当时提出建立一个科学家组织的想法,他们可以对风险发出警告。他们和一位律师一起写了一篇论文,并投给了《自然》杂志。格洛弗气愤地发现,自己和帕菲特的名字被从论文作者中去掉了。但帕菲特平静地接受了这一事实。他说,重要的是文章能够发表。

帕菲特关于应得的直觉最极端——实际上令人震惊——的例子,涉及一部关于阿道夫·希特勒的电影。帕菲特认为,正如世界上没有任何情况能使某人因不快乐或遭受痛苦而变得更好一样,他也相信相反的观点——每一份幸福都应该受到欢迎。在其他条件相同的情况下,即使一个人做了坏事,他快乐也比他不快乐要好。曾经有一次,他看到一段希特勒跳一小段吉格舞的影片,庆祝 1940 年 6 月法国向德国投降。(事实上,帕菲特并不知道,这部影片是经过篡改的,是"假新闻"的早期范例。)帕菲特对希特勒的这一举动有何反应?"至少德国的胜利带来了些许好处。"[63]

帕菲特有足够的自知之明,认识到自己的这种反应是异常的。他有时会努力自我激发普通人体验到的各种反应态度。1991年,在伊拉克入侵科威特后,由美国领导的空袭伊拉克的"沙漠风暴行动"期间,帕菲特试图培养出对伊拉克领导人萨达姆·侯赛因的敌意,媒体和他周围的人都充分表达了这种敌意。他读到了 1988 年成千上万伊拉克库尔德人被毒死的所有恐怖细节。但是,无论他怎么努力尝试,都无法唤起任何仇恨。

一位学生回忆起在哈佛的一家中餐馆与帕菲特共进晚餐的情景。"他说了一个我听他说过很多次的观点：没有人应该受苦。他在谈到这个问题时，情感如此深沉，令我震撼。我记得我坐在那里吃中餐时，看着他眼中的泪水，心想我所做的任何工作从未让我如此感动落泪过。"[64]

正如万灵学院的一位同事指出的，帕菲特关于惩罚的说法有一个"令人不寒而栗"的对应面。因为，如果没有人应该为坏事受到惩罚，那么也没有人应该为好事受到赞扬。同样，随之而来的是，"一个人不可能对任何人的任何事情怀有感激之情。一个人可以做出表面的感激；可以说谢谢，但不可能是真心实意的"。[65]

* * *

帕菲特得知，院长对学院会议的结果很不满意。1981年6月22日，他和尼尔见了面，进行了一次尴尬的长时间谈话。院长提出了一个不受欢迎的建议。帕菲特应该在接下来的三年里放弃所有其他活动，全力以赴地撰写一本重要的书。尼尔承认，这样做涉及很大牺牲，但这些牺牲会在三年后加强帕菲特的竞争力；他认为，到时学院很难再拒绝他重新申请的权利。

接受这个建议就意味着让普林斯顿失望，而此时距离帕菲特在那里任教只隔三个月。但考虑到事关重大，他认为自己别无选择，于是写信通知了普林斯顿大学。他的决定肯定给普林斯顿大学带来了极大的不便，迫使哲学系不得不匆忙做出替代安排。不过，蒂姆·斯坎伦还是给他写了一封非常支持他的信。鉴于万灵学院的"愚蠢决定"，帕菲特的决定显然是最好的；当他的著作最终面世时，一定会"精彩绝伦"。斯坎伦将会"拼尽全力"争取帕菲特在1984—1985年间来访。[66]

然而，帕菲特的前景并不明朗。自1967年以来，帕菲特一直在万灵学院工作，但他现在却在设想自己在1984年可能会再次被拒绝。他已经受过一次打击，可以想象他还可能会再次遭遇打击。"也许到那时，我必须永远离开空军一号了（Air Strip One）。"[67]

尽管帕菲特很受伤，也很难过，但1981年的这次万灵学院的冷落，是他一生中发生的最好的事情。

第 11 章　工作、工作、工作和珍妮特

帕菲特无须写出他在研究员申请时所列出的三本著作，要求"只是"至少写出其中的一本。他的做法是将众多零散的想法整理成一部手稿。这将包括他关于合理性、人格同一性和未来人的材料，他打算命名为《理由与人格》。许多人对这本书的出版持怀疑论态度，认为他不会有任何一本书出版。几年来，他一直承诺要出书，但总会找到推迟出版的理由。只有在完美无缺的情况下，书籍才会出版，而完美总是遥遥无期。然而，现在他没有时间再等待了。

他联系了牛津大学出版社。他解释说，那本长达六万字的《反对审慎》将被放弃，将被融入一本更长的大作之中。亚当·霍奇金同意了，并承诺书籍的定价不高。

每年会有三次万灵学院大会（SGM），每学期一次。帕菲特重新申请高级研究员职位的第一次机会是 1984 年 3 月，因此这本书需要在那之前一两个月出版或即将出版。通常情况下，出版商需要一年时间来完成整个过程：从手稿交付到编辑、排版、校对、封面设计和印刷。倒推一下，帕菲特计算出他大约只有二十个月的时间完成这本书。

在哲学史上，曾经出现过一些为赶工期而英勇努力的例子。

二战期间，卡尔·波普尔在撰写《开放社会及其敌人》一书时差点把自己累死，他称之为自己的"战争出力"。帕菲特的书和波普尔的书一样，几乎占据了他每天所有的清醒时间。

这是他职业生涯中压力最大的时期，也加速了他日益远离非哲学世界。当然，有些琐碎的非哲学活动对于健康和生存是必不可少的。但帕菲特会尽量减少在这些活动上的时间和精力，或者将它们与哲学活动同时进行。他开始养成一些与众不同的习惯。例如，在刷牙方面：牙齿必须得到清洁，但这并不是停止哲学的理由。帕菲特热衷于全面刷牙，门牙、犬齿和臼齿都不放过。刷牙比吃饭用的时间都多。他会批量购买牙刷，牙刷损耗率大约为每周三支。在一次刷牙过程中，他可以阅读50页的内容。

保持健康同样是如此。室内健身自行车符合哲学要求，完全可以把骑车和阅读结合起来。有时，他会边骑车边刷牙。衣服、食物和饮料的问题比较多，但帕菲特尽可能少花时间。他每天都穿同样的衣服，灰色西装、白色衬衫、红色领带，这样每天早上就不用浪费时间和精力去做决定。他喝咖啡，但烧开水变得不再必要；他会往杯子里倒一勺速溶咖啡，再从水龙头接热水，有时甚至冷水也可以。咖啡因才是最重要的。他会跑步去开会。食物只是个简单的中转站；他会匆匆赶到面包店补充能量，然后迅速回到房间。有一次，他曾经吃掉了公共水果沙拉剩下的部分，自己拿了大份，然后向旁边排队等着的人解释说，因为这是他一天中的第一顿饭，所以是合情合理的。理查德·詹金斯问道："我会和德里克一起进入丛林吗？不，我不会。他会从道德和逻辑上找到一个令人信服的理由，应该让美洲豹吃掉我而不是他。如果吃掉他，哲学界的损失将是无法想象的。"[1]

第 11 章 工作、工作、工作和珍妮特

帕菲特告诉黑尔（以哲学小组主席的身份），由于时间非常宝贵，在他的"分量十足的"著作完成之前，他无法指导任何学生。他解释说，这本书必须是分量十足的，"因为这里的许多研究员都认为书籍的篇幅相当重要"。[2] 他告知黑尔，他还必须放弃每周一次的讨论小组活动，从而多储备几个小时，那位怀特教授回答说："从你的未来角度来看，我不确定你把自己变成一个隐士是否正确。"[3]

尽管帕菲特取消了 1981 年在普林斯顿大学的教学行程，但他还是履行了他的一个义务，于 1982 年春季前往博尔德进行了为期六周的访问。1982 年 4 月，阿根廷军队入侵福克兰群岛（或马尔维纳斯群岛），撒切尔夫人决定派遣一支特遣部队收复该群岛，这改变了她在民意调查中的声望。帕菲特的东道主戴尔·贾米森（Dale Jamieson）回忆了帕菲特对英国作战的强烈支持。"我对他如此强烈的民族主义感到震惊！"[4] 这是很矛盾的：帕菲特在其他任何时候都没有表现出强烈的爱国主义情感，而且他肯定是反帝国主义的。然而，在文化上他是一个彻头彻尾的英国人，也许这对他产生了潜移默化的影响。当然，有坚实论据反对阿根廷的侵略，不希望福克兰群岛的居民被残暴的军政府统治。

与其他哲学家的辩论并非一项完全被他禁止的活动，因为这有助于激发他自己的思想和灵感。回到牛津后，帕菲特确实参加过一些研讨会和讨论小组。选择有很多，包括在万灵学院举办的关于道德、政治和法律哲学的研讨会。牛津的小型邀请制讨论小组一直很活跃；哲学系如此庞大而臃肿，于是志同道合的哲学家们往往会形成独立的圈子，有时围绕某个特定的分支学科，如美学、心灵哲学或数学哲学。

多年来，这些聚会中最精英的是所谓的"周二小组"，最初由弗雷迪·艾耶尔于1960年成立。正如人们对精确概念专家的期望一样，该小组每周二开会，确切时间是下午5点到7点，会议形式是先做论文报告，然后中场休息，接着进行讨论。成员轮流主持，费用可能很高。中场休息时，大家都会喝些像样的葡萄酒、苦艾酒和威士忌。年长的成员喝杜松子酒和奎宁水。

这可以说是西方哲学史上最强大的讨论小组之一。当帕菲特加入时（1968年或1969年），并且在接下来的许多年里，主导该小组的都是明星成员，如艾耶尔、迈克尔·达米特、菲莉帕·富特（Philippa Foot）、大卫·皮尔斯、彼得·斯特劳森和（后来的）伯纳德·威廉斯等人，他们都出生于1930年之前。艾耶尔、威廉斯、斯特劳森和达米特都被授予了爵士称号，后两人在一次会议上回忆起授勋过程，都对皇家宝剑的短小感到震惊。

稍微年轻一些的是德沃金和大卫·威金斯，德沃金养成了总是第一个提问的习惯，而大卫·威金斯则出奇地保持沉默，直到他插话提出致命的反驳。更年轻的是与帕菲特同龄的约翰·麦克道尔（John McDowell）、西蒙·布莱克本（Simon Blackburn）和加雷思·埃文斯，他们都是不同时期的活跃成员。如果有托马斯·内格尔、唐纳德·戴维森、心灵哲学家杰里·福多（Jerry Fodor）或逻辑学家索尔·克里普克等哲学明星来访，他们也会被邀请参加。克里普克要求中场有哈维撞墙鸡尾酒，这让主持人保罗·斯诺登（Paul Snowdon）感到困惑。第二周，当斯诺登费尽心思调配好伏特加、橙汁、加利亚诺酒和樱桃等该鸡尾酒所需的配料后，逻辑学家却要求来一杯干雪利酒。

多年来，大多数会议都是烟雾弥漫。直到一位成员得了癌症，吸烟才停止，开始规定中场休息时才能吸烟，且休息间隔留在房间里的非吸烟者不许谈论哲学。艾耶尔、达米特和斯特劳森都是大烟鬼。达米特有用手指捋头发的习惯，他抽得太凶了，以至于头发都染上了烟黄色。

在牛津，周二小组旨在招募最聪明的哲学家，现有成员会商定邀请哪些新成员。一旦加入，便是终生成员。（当杰里·科恩于1985年成为奇切尔社会与政治理论教授时，该届会议的主持人达米特，错误地向女王学院的L. J. 科恩发出了邀请。他成了一名忠实的参与者，但临终前还不知道这项荣誉是因他的名字而非才华才降临到他身上的。）

年轻的成员觉得这个气氛让人感到压抑。富特话很多，每当她认为某个论证表达不清时，就会大笑起来；达米特是个恶霸，经常发脾气（彼得·斯特劳森是唯一能约束他的人）；威廉斯则带着令人不安的讽刺微笑。盖伦·斯特劳森（彼得的儿子）花了一年多的时间才鼓起勇气开口。有一次，他提出了一个观点时，威廉斯斥责他说："这真是个无聊的反驳"。[5] 帕菲特实事求是地告诉盖伦·斯特劳森，在盖伦缺席的情况下，其他人认为盖伦还不够出色。

小组成员之间也存在冲突和矛盾。就弗雷格和句法（词语如何组合成更大的单位）与语义（词语和句子如何获得其意义）之间的区别有何重要性，科林·麦金（Colin McGinn）与达米特发生了激烈的争吵；麦金冲出了会场，再也没有回来。进入着火的大楼拯救动物是否可以证成以及如何证成，威廉斯和斯图尔特·汉普希尔对这个问题进行了激烈的交流。威廉斯和富特不断地相互挪揄。一位成员说，"气氛常常是一种深深的自我满足"。[6] 但也有一些人表示，像富特这样的老成员在思想上是支持性的。汉娜·皮卡德（Hanna Pickard）是小组中为数不多的女性成员之一，她 25 岁时成为小组成员。她加入了喝酒的行列，部分原因是为了缓解紧张。"我认为，老一辈的成员在一起喝酒，反映了他们对待哲学的态度，即非常严肃，但也充满乐趣。他们的哲学对话中有一种自然流露出的快乐，这种快乐一直深深印在我脑海中，成为我对学术生活的追求之一。"[7]

最后，周二小组逐渐僵化，许多年轻的成员，如约翰·坎贝尔、比尔·蔡尔德、夸西姆·卡萨姆、阿德里安·摩尔和蒂姆·威廉姆森（John Campbell, Bill Child, Quassim Cassam, Adrian Moore, and Tim Williamson），更喜欢参加另一种聚会，那里思想火花更多，而酒精味更少。但是，帕菲特对等级结构和地位漠不关心，在整个 20 世纪 80 年代和 90 年代，他一直是聚会的常客。弗雷迪·艾耶尔从一开始就觉得他是个"非常聪明的人"，[8]但有几位成员对他的道德哲学方法和人格同一性观点充满敌意，因此有时他发现自己受到集中的攻击。

周二小组是非正式组织的。但帕菲特也参加了一系列正式的研讨会，主要的对象是哲学研究生。这是他自己的创意，但他招募了两位重量级的合作小组成员，比他年长约十岁的德沃金和森。他们三人都没有哲学训练的背景：德沃金是律师，森是经济学家。

帕菲特—德沃金—森的研讨会每周一次，开始于 1979 年的三一（夏季）学期的第一个星期三下午 5 点。地点是万灵学院的长方形老图书馆，墙上装饰着木板，桌子上覆盖着绿色的桌布。每周三人轮流展开讨论，但都是一些粗略发言，而非正式地报告论文。他们都有令人印象深刻的辩论能力，消息很快就传开了，研讨会成了研究生们的最爱。他们在 1980 和 1981 年的希拉里（冬季）

学期（地点改为圣十字学院）重复了这一模式，题目分别是"偏好、福利和责任"和"偏好、福利和价值"。

然而，对于帕菲特来说，生活现在主要是在酝酿新书。随着这本书的篇幅不断扩大，他逐渐有不安的疑虑：他真的有可能赶不上截稿日期。于是，他想出了一个巧妙而又非正统的主意。他突然意识到，如果他一章章地交付手稿，牛津大学出版社就可以在他继续写后面几章的同时，开始进行编辑在内的制作过程，从而为他争取到宝贵的几天或几周时间。这样，这本书仍然可以按计划在1984年1月面世。

与此同时，他向英国和世界各地的许多哲学家寄出多份草稿，请求他们提供反馈。在那个还没有电子邮件的年代，这就需要花几个小时在学院办公室，复印成堆的文件，然后邮寄出去。办公室秘书胡迈拉·埃尔方-艾哈迈德（Humaira Erfan-Ahmed）帮了他大忙。"他温和谦逊，完全没有高高在上的感觉。没有其他研究员常有的等级观念。他自己复印了很多东西，但他也会请我帮忙。我们消耗了好几片森林的纸。"[9] 这个过程堵塞了办公室，也惹恼了其他研究员。一位研究员注意到，那年夏天牛津有很多美国游客，他诙谐地评论说，他们很可能是在躲避帕菲特的草稿（draft）。[10]

评论纷纷寄回来——谢利·卡根的评论最为详尽，帕菲特在致谢词中称他是"我从他身上学到最多的人"。[11] 卡根原本想成为一名拉比，但神学院拒绝了他的申请，使他的计划落空。他于是转而学习哲学，并在普林斯顿大学攻读研究生期间结识了帕菲特。帕菲特寄给他《理由与人格》一书的部分内容时，这位年轻（25岁左右）的哲学博士刚刚开始在匹兹堡大学任教。卡根寄回了几条评论，两周后，电话铃响了。帕菲特非常感激这些评论。帕菲特想知道，他是否会阅读手稿的剩余部分。"我受宠若惊，但还是犹豫了。我说：'我时间不多，因为我希望能把论文写成一本书。'于是他给了我一个我无法拒绝的提议。'如果你能对我剩下的手稿做评论 我也会对你的整个书稿提意见。'我一听就知道这是个好提议！"[12]

卡根寄来了整整一百页单倍行距排版的评论。帕菲特觉得，自己有义务回应卡根和其他许多人的观点，于是疯狂地修改文本，并用（合法的）鸡尾酒药物让自己坚持下去。这样日复一日，一周七天无休。约翰·布鲁姆（John Broome）担任了一年的万灵学院研究员，他回忆交稿期限临近的最后那段时间说："这简直是疯狂的行为。"[13] 布鲁姆曾是一名训练有素的经济学家，后来转而学习哲学，这在很大程度上是帕菲特的影响。在这本书的最后几个月里，帕菲特会出现在布鲁姆在万灵的公寓，请他读一章，然后第二天早上把它交给出版商。

说实话，这一过程并不总是能改善文本。《理由与人格》的早期版本比出版的版本更加精简。森林消失在树木之中，而树木又会因为手稿的不断扩充而被不必要地牺牲掉；帕菲特处理的反驳并不是根本性的，本没必要纠结。早期版本中的论证是他多年反复思考过的。随着截稿日期的临近，他提出的是自己思考不到30分钟的观点。可以理解的是，这让他感到不稳妥，他开始依赖几个亲密的朋友核对每一句话。事实上，一些关键的编辑决定是其他人做出的，附录H中有一页半完全由布鲁姆撰写，署名中注明了这一点。

帕菲特的个人文件中包含了他争分夺秒完成工作的证据。牛津大学出版社收到每个章节后都会发来确认。出版商不断施加压力，要求获得更多章节。1983年8月16日，帕菲特的牛津大学出版社编辑在一份具有代表性的说明中写道："在此返回第11章的打印稿，我已'凭肉眼'通读检查了拼写错误。我们希望不晚于22日（周一）再收到五章的内容。"[14]

在整理参考书目和检查引用时，哲学博士生杰夫·麦克马汉和他的妻子萨莉（Sally）提供了帮助。麦克马汉的论文是关于人口伦理学的，虽然他名义上的导师是伯纳德·威廉斯，但实际上他从帕菲特那里学到的更多，帕菲特阅读并评论了他的所有作品。麦克马汉是以美国罗德学者的身份来到英国的，牛津远离了他在南卡罗来纳州乡村的家。和他成长环境中的大多数男孩一样，他从小就喜欢打猎；他的父亲拥有几把枪，是共和党的积极分子，他希望儿子成为"一名年轻的运动员，能够参军。但他得到的却是一个瘦弱的嬉皮士"。[15]十几岁的杰夫看到一只中弹受伤的鸽子后，宣布自己要开始吃素，老麦克马汉先生对此根本不以为然。

尽管得到了麦克马汉夫妇的支持，但在最后期限前的最后一周，帕菲特濒临崩溃。他每晚都彻夜不眠，之后通过药物和酒精寻求片刻的休息。倒数第二天，他打电话给两个朋友，苏珊·赫尔利和比尔·埃瓦尔德。他已经完成了结论的草稿，但大脑再也无法处理这些文字。他说："文字就在页面上游走。我得去睡觉了。"[16]他请他们校对最后一章，并确保在截止日期前将其送达牛津大学出版社。

短短的结尾一章，开头一句话令人印象深刻。"当有人问及他的书时，西季威克说，这本书的第一个词是伦理，最后一个词是失败。"[17]埃瓦尔德和赫尔利收到的帕菲特的那一章，结尾引用的是尼采的一段话：

> 海平面终于又自由地向我们敞开，即使我们知道前方并不光明；但我们的船只终于可以再次起航，勇敢地面对任何危险；所有对知识的热爱和冒险又获允许；大海，我们的大海，再次向我们敞开；也许过去从未有过这样一个"敞开的大海"。[18]

赫尔利和埃瓦尔德读完这一章后进行了商讨。赫尔利认为这一章有许多地方可以改进。她认为："句子太不连贯，完全是法西斯主义的齐步走。"[19] 赫尔利和埃瓦尔德都认为，他们可以把一些句子做一个平滑过渡。然后，他们读到了结尾处。尼采的引文之前是一个相当平淡无奇的段落，而再之前一段的结尾如下：

> 对上帝或对诸神的信仰，阻碍了道德推理的自由发展。大多数人公开承认不信神，是最近才发生的事情，且尚未完成。因为这件事发生的时间太短了，因此非宗教的伦理学还处于早期阶段。我们目前还无法预测，是否会像在数学领域一样，我们所有人都能达成一致。既然我们无法知道伦理学将如何发展，那么我们也不能说这么做就是非理性的：对伦理学抱有很大的希望。[20]

埃瓦尔德有个好主意。这似乎是一个完美的结尾。西季威克的书以"失败"结尾，那么帕菲特的书为什么不能以"希望"结尾呢？这是一个巧妙的对比。帕菲特已经沉沉入睡，唤都唤不醒，他已经消失了 24 个小时，因此他的两位朋友单方面做出了一个大胆决定。他们放弃了这一段之后的沉闷段落，并且将尼采的引文移到前面作为题记。

第二天中午帕菲特醒来时，埃瓦尔德已经带着包含最后一章的软盘走到了牛津大学出版社。埃瓦尔德在电话里解释了他所做的改动。电话那头是一个长长的、令人不安的停顿。

随后，帕菲特也认为他们做出了改进。

*　*　*

事实上，尼采的题记本身也是事后的想法。这段引文诗意地概括了帕菲特对一种新的世俗道德的热情。帕菲特曾用四个简洁的步骤概括了整个伦理学史：

1. 被上帝禁止。
2. 被上帝禁止，因此是错误的。
3. 是错误的，因此为上帝所禁止。
4. 是错误的。

他认为，我们正处于第四阶段。《理由与人格》把理性和逻辑应用于伦理学，而不受上帝的扭曲影响。帕菲特经常重复这样一个观点，即世俗伦理学就像一个蹒跚学步的孩童，正跌跌撞撞地迈出第一步。作为一名前学校国际象棋棋手，他喜欢将伦理学研究与国际象棋开局研究相比较。他抱怨说，人们对黑棋开局的一步棋（c5 回应 e4，即西西里防御）的关注，远远超过了对道德基本问题的关注。但他认为，现在我们有了一个令人兴奋的机会。一旦我们摆脱了宗教的枷锁，我们就可以重新思考道德问题，将逻辑和合理性带入迄今为止一直由迷信解决的问题中。尼采的

"敞开的海"形象与帕菲特的伦理乐观主义如出一辙。

但这并不是它出现在书中的原因。帕菲特使用这段引文是出于个人原因，与其哲学意义的关系微不足道。他心心念念的是他在威尼斯拍摄的一张封面照片。照片中是一个迷雾蒙蒙的潟湖，右边有一艘现代船只驶出，远处是圣乔治·马焦雷修道院的阴影，这座古老的岛屿也曾激发过莫奈的想象力（莫奈几乎就是在帕菲特拍摄照片的地方创作了一系列画作）。这无疑是一张精美的照片，但它与理由有什么关系，或者，与人格又有什么关系呢？嗯，其实没多大关系。尼采关于敞开的海的这段引文，为这张封面照片提供了合理的解释。

* * *

逐章交付是帕菲特的出版创新；至少对牛津大学出版社而言，该书的排版过程也很新颖。帕菲特是新兴计算机技术的倡导者，但并不是专家，他希望并坚持要求直接从他的文字处理文件中排版。在20世纪80年代初，这可不是一件容易的事，既费事又耗时，最后还需要牛津大学计算机服务部的凯瑟琳·格里芬（Catherine Griffin，哲学家吉姆·格里芬的妻子）加班数小时才能完成。他们所拥有的将文本转换为字体的程序非常初级，例如，不允许把行末的单词用连字符拆分。

封面设计本身经过了大量的反复协商。帕菲特发现，虽然大多数书籍都采用四色印刷技术（使用青色、品红色、黄色和黑色），但一些最豪华的艺术书籍却使用六色印刷（加上橙色和绿色）。他们能不能用六种颜色印刷他的封面呢？他们成功地拒绝了这一要求，还顺便忽略了他的提议，即他亲自去印刷厂检查封面的印刷过程。

然而，随之而来的另一个麻烦让牛津大学出版社头疼不已，这与"内格尔的大脑"相关。《内格尔的大脑》是附录 D 的标题，回应了托马斯·内格尔一些未公开发表的文章，在这些文章中，托马斯·内格尔认为，他，内格尔，本质上是由他的大脑组成的。具有讽刺意味的是，就像是帕菲特的"裂脑"案例，《内格尔的大脑》被一分为二，其中一半无意中被遗漏了。由于帕菲特的稿件是逐章提交的，这些错误几乎是不可避免的。牛津大学出版社的解决办法是将附录 D 的后半部分塞进索引之后，并在每本书中附上勘误表。* 因此，《内格尔的大脑》将从第 471 页之后不连贯地在第 538 页继续。

帕菲特有一个替代方案，这是他与万灵学院院长的一次谈话之后想到的。以赛亚·伯林没有与帕菲特商量，找到帕特里克·尼尔，建议在 1984 年 6 月而非 3 月考虑帕菲特的晋升问题。也许伯林希望这本书能及时出版，以便万灵学院的研究员们有机会读到它。无论如何，院长认为这是一个明智的建议，并将之告诉了帕菲特，帕菲特同意了。

到 1983 年 10 月下旬，3000 册《理由与人格》已经印刷完毕，准备运往书店。但帕菲特认为，既然关键的"万灵学院会议"被推迟了三个月，牛津大学出版社应该再多花点时间。他们重印这

---

* 20 世纪 80 年代的手工排版与当今的数字排版技术不同，在没有及时发现的情况下，要把《内格尔的大脑》文章遗漏的后半部分加入进来，排版（印版制作）需要从头来过。此外，从加入页开始之后的索引页码都需要重新逐一编排。因此牛津大学出版社选择的是一种更不容易出错，也更节省时间和金钱的变通方法。

本书怎么样，把"内格尔的大脑"完整地保留下来？这就需要修改目录页上的页码，同时，他们还可以借此机会纠正他已经发现的其他一些错误……如果他们担心费用问题，那么他帕菲特自己会很乐意承担。帕菲特难得地有了自知之明，他在给亚当·霍奇金的信中写道："我已经给你和安吉拉[21]带来了这么多麻烦，尽管你们很大方地否认，但你们一定已经受够了，希望你们现在就能忘掉这本该死的书。"但是，由于有了新的、更宽松的时间表，他们"至少在这两个星期可以忘记这本该死的书"。[22]

和往常一样，帕菲特最终得偿所愿。他们知道，他的固执有着无限的耐心。3000本已印制完毕的书被化成了纸浆。然而，许多错误依然存在于新印刷出来的版本中。第一版的精装版《理由与人格》已经很少见了，但如果你能拿到一本并仔细检查，就会发现一些出版异常。例如，脚注15与圣诞老人有一些共同之处：两者都不存在。第一部分的脚注26、45、49、50、51和52，第三部分的脚注30、60、67、96和104，以及第四部分的脚注4、12、29、43、47、48和52也是如此。帕菲特在最后一刻删除了一些脚注，而系统并没有自动更新。希望该书的读者不会注意到，或者根本不会在意。

* * *

在《理由与人格》一书提交之前的两年中，帕菲特很少离开写作。然而，帕菲特仍然腾出时间先开始了一段感情，然后是第二段感情。两次都是与哲学家。第一段恋情在一年左右的时间里就告吹了。第二次则持续了一生。

学术上，苏珊·赫尔利是第一个突破万灵学院男性僧侣世界的女性，她拒绝任何形式的标签。她曾受过法律和哲学方面的训练，她的第一本书是关于人类在价值观冲突的情况下如何做出选择的。不过，她后来更为人熟知的领域是心灵哲学。她受到维特根斯坦的启发，但与认为无需从舒适的扶手椅上站起来就可以先验地得出结论的哲学家不同，她借鉴认知神经科学的经验发现，并时刻关注社会科学领域的最新研究。

她所提出的观点如今被认为不再像当时那样显得离经叛道。她认为，坚持头骨是心灵的边界是武断的。她反对心灵所谓的"三明治模型"，即"感知"是心灵的输入，"行动"是心灵对世界的输出，而"思想"则是中间的填充物。她对"镜像神经元"的发现特别感兴趣。如果一只猴子做了一个动作，比如撕一张纸，特定的神经元就会被激活；而同样的神经元也会在另一只只是观察这种行为的猴子脑中被激活。这是直接发生的，没有任何复杂的感知—思维—行动序列。赫尔利认为，人类必须被理解为存在于物理和社会世界中的具身生物。帕菲特并不是一位心灵哲学家，但他本能地同情这种观点。

赫尔利对万灵学院及其文化产生了深远的影响。保罗·西布赖特在她当选时也在场。"没有更为委婉的说法：[……]苏珊不仅是一个智力现象，还是一个视觉现象，关于这一点，直到20世纪80年代，几乎所有受过寄宿学校教育的男性都很难有一个简单的看法。"[23]她不仅美丽，而且衣着风格独特。她钟爱鲜艳而充满活力的颜色——金色和橙色、蓝绿色和青色。一提到她的名字，"异国情调"（exotic）这个词经常就会出现。她在五十多岁死于癌症，当时她已经有了幸福的婚姻和两个孩子。在她的追悼会上，对她的描述是,"在别人看来,她就像一只天堂鸟,被怪异天气吹到英国,生活在一群花园麻雀中间"。[24]

她与帕菲特的关系短暂且充满激情。这段感情并未有过乐观的前景。当然,与帕菲特保持长期的恋爱关系不是一件简单的事,而赫尔利在她二十多岁和三十多岁时还曾患过抑郁症。孩子的问题出现了,帕菲特对此并不热衷,而这成了不可调和的矛盾。在一个快乐的时刻,赫尔利拍下了帕菲特的一张照片,照片上的他英俊潇洒,面带微笑,头发浓密飘逸,穿着休闲衬衫,随意地将外套搭在右肩上。这张照片就是本书*的封面照片,也是他的文章经常使用的配图。许多后来认识他的人几乎认不出照片中的帕菲特,他看起来是如此无忧无虑、轻松自在。

* * *

1983年,在帕菲特—德沃金—森的一次研讨课后,帕菲特看到阿马蒂亚·森正在和一位高挑美丽的黑发女子交谈。她离开后,他上前问森:"那是谁?""她是个哲学家。"森解释道。森认识她是因为她引人注目的前伴侣——一位出生于加拿大、身材颀长的哲学家泰德·杭德里克(Ted Honderich),杭德里克与她曾一起住在伦敦。现在为了躲避他,她搬到了牛津。森告诉帕菲特,她叫珍妮特·拉德克利夫·理查兹。在这次简短的谈话中,森把她的电话号码给了帕菲特;"接下来我知道的就是,他们成了一对。"[25]

事实上,追求过程既漫长又十分奇怪,尽管竞争是帕菲特

---

* 这里指的是 2023 年由普林斯顿大学出版社出版的本书英文版,但我们的中文版也恰好采用了同一张照片。

第 11 章 工作、工作、工作和珍妮特

常常乐在其中的事，但他从未觉得自己会与其他男人竞争。帕菲特的第一步，她后来描述为对她的试镜，是买了一本拉德克利夫·理查兹的《怀疑论的女权主义者》(The Sceptical Feminist)。

这本书三年前出版，引起了不小的轰动，部分原因是它激怒了所有人。男权主义者反对它的女权主义，而女权主义者则反对它的怀疑论。至少有一家女权主义书店将其列为禁书。拉德克利夫·理查兹声称，许多传统的女权主义论证都很草率或不合逻辑。与此同时，她还揭露了许多男性经常用来为其权力和特权地位辩护的可笑论证。

她曾考虑过"禁止女性驾驶公共汽车"这样的规定。这在今天可能会让大多数人觉得可笑，但在20世纪70年代，这个问题却显得更为紧迫：1974年之前，女性不能开伦敦交通局的公共汽车。这条规定有什么问题呢？不能仅仅因为它意味着男女待遇不同而感到不对劲。毕竟，在劳动力市场上，区别对待是不可避免的。酗酒者不能成为飞行员，但如果因此就断定酗酒者是歧视的受害者，那就太愚蠢了。拉德克利夫·理查兹认为，问题在于，即使从提出政策者所设定的一般标准来看，这项规定也是不合理的。这些人大多自称信奉优绩主义，而这一道德标准与武断地使某一群体处于不利地位的做法是不一致的。

这一点受到了约翰·斯图亚特·密尔的启发。如果说帕菲特最喜欢的哲学家是西季威克，那么拉德克利夫·理查兹最喜欢的效用主义者则是西季威克的前辈密尔。通常，那些提出诸如禁止女性担任公交车司机等规定的人，都坚持认为女性驾驶技术不够好，因此不允许她们驾驶。但正如密尔所写，"妇女天生不能做的事，禁止她们做是多余的"。[26] 换句话说，在真正优绩主义的社会里，如果所有女性真的都不擅长驾驶公共汽车，那么中立的标准就能确保她们不会被录用，也就没必要再制定一条明确排除她们的规则。拉德克利夫·理查兹的观点激怒了许多女权主义者，因为她认为，我们不用攻击女性在智力和身体上不如男性这一保守前提，就可以谴责禁止女性驾驶公交车的法律。

和密尔一样，拉德克利夫·理查兹也认为，由于女性的角色和激情是由压迫性规则和期望塑造的，我们无法真正了解女性能够做什么，也不知道平均而言，男性和女性是否具有不同的倾向或"天性"。事实上，拉德克利夫·理查兹并没有排除男女之间除生理学的群体差异外还有其他差异的可能性，她后来接受了进化论的观点，承认这些差异是不可避免的。但是，只有当女性有真正平等的机会追求她们自由选择的目标时，"自然差异"的真相才会浮出水面。

这本书得到了帕菲特的认可：拉德克利夫·理查兹成功通过了主要的试镜。后来他解释说，他被她如同魔术师霍迪尼般的能力所打动，拉德克利夫·理查兹一次又一次地摆脱了传统女性主义所提出的论点。无论如何，读完这本书后，他给她写了一封被她称为"史上最杰出的搭讪信"，信中有一些大写字母，用词非常正式，以至根本无法理解他的意图。[27]一两天后，他打电话邀请她参加他的万灵学院哲学研讨会，会后还将共进晚餐。

在研讨课上，他表现得非常冷淡，但在晚餐时，他变得越来越友好。在晚餐期间，当她抱怨睡眠不好时，他试图鼓励她采用他的药丸疗法。晚饭后，在他的房间里，他建议她租用他从罗尼·德沃金那里买来的一台旧台式电脑。她确实租了，不过再也没有提起付款的问题。（后来他告诉她，租用的建议是为了让她不

第 11 章　工作、工作、工作和珍妮特

觉得有任何负担。）然后，他关了灯来听音乐。

在接下来的几个月里，完全没有正常的求爱信号。既没有鲜花，也没有巧克力。他给她打了几次电话，告诉她 BBC 广播 3 台什么时候有好的音乐会。他邀请她去他的房间听音乐。他会"搂着我，但什么也没发生"。[28] 他寄给她的唯一东西就是巴赫的全套键盘乐谱。显然有什么事情在发生，然而是什么呢？拉德克利夫·理查兹甚至想，他是否会在亲吻她之前就向她求婚。然后，德沃金的那台电脑坏了。"表明正在发生怪异之事的是，当德里克提议他半夜过来修电脑时，我以为他是认真的"。[29] 但他不是这个意思。

在他们早期的交往中，珍妮特住在牛津圣克莱门茨的格里布街，距离万灵学院大堂大约五分钟的自行车路程，但她在开放大学任教。开放大学成立于 1969 年，是时任工党首相哈罗德·威尔逊留下的最持久的遗产。开放大学的学生都是远程学习，其中很多都是成年学生，与其他大学相比，多数学生为工人阶级。[30] 它的总部位于米尔顿凯恩斯新城，距离牛津大学有一小时的车程，但教师的工作主要是编写课程；教职员工只有在开会时才需要亲自前往。

* * *

珍妮特出身于当时应该会被称为"北方高知"的家庭。她的父母来自利物浦，父亲是"牛剑"的学者，后来成为约克郡的一位论派的牧师。她的母亲是一名小学教师，和德里克的母亲杰茜一样，最终专门从事特殊需要儿童的教育工作。因此，她和德里克一样有宗教背景，而且也和他一样放弃了自己的信仰。她放弃信仰的时间比德里克晚很多，是在十几岁，而不是在七岁，因为正如她所说，"一位论者不需要对付地狱"。[31]

珍妮特的家庭从未考虑过让她上收费学校。与帕菲特的家不同，再多的奔波也无法将她家的家庭收入增加得那么多。他们最终搬到了伦敦，珍妮特上了一所女子文法学校，这所学校虽然不错，但从未想过鼓励学生申请牛津或剑桥。无论如何，父亲希望她能上基尔大学（Keele University），这是20世纪60年代英国新成立的一所大学。这所大学的四年制学位被认为是极具创造性的，学生住在校园里，所有学生都要学习人文、自然科学和社会科学课程。正是在这里，珍妮特发现了哲学，并对哲学产生了浓厚的兴趣。

从基尔大学毕业后，珍妮特在婆罗洲度过了一年，做志愿者服务。之后，从婆罗洲前往加拿大（卡尔加里）攻读硕士学位，然后返回英国，获得牛津大学BPhil学位。她与一位同样出身于一位论家庭、聪明且人缘极好的年轻人有过一段婚姻，但并不成功。随后的岁月里，她与泰德·杭德里克在伦敦度过了一段痛苦时光。杭德里克的哲学兴趣不拘一格，包括意识、自由意志和政治暴力的合理性。他还以好色之徒闻名，身上散发着危险的气息。他以举办醉酒聚会而闻名，客人都是知识界的名流。

帕菲特和拉德克利夫·理查兹有许多共同的兴趣和爱好，比如音乐和建筑。当然，他们也谈论哲学，但都自觉地决定不过多涉入对方的工作。他们至少有一个共同的深层心理特征：完美主义。帕菲特的完美主义阻碍了他完成他的庞大任务——他的书，而拉德克利夫·理查兹则是典型的试图完成多项任务的人；他称她为"多情的完美主义者"。

他们交往之初,帕菲特每天白天在万灵学院,晚上会待在格里布街。那时,帕菲特四十多岁,珍妮特近四十岁。珍妮特认为世界上的人已经太多,所以他们没有提起孩子和婚姻的话题。如果他们当时结婚,对帕菲特本来孤独的生活似乎也不太可能产生什么影响。实际上,这倒是可能会极限考验那个标准的哲学分析性陈述的例子:"所有单身汉都是未婚男人。"

第 12 章　道德数学

　　想象一下，当你走进一家当地餐馆，发现菜单上是许多传统上并不常见菜肴的组合：披萨、寿司、汉堡、咖喱，还有上百种小吃。阅读《理由与人格》就相当于品尝类似的哲学大杂烩。如果说这本书有一个总的主题，那就是我们在道德上应该更加不偏不倚，应该少关注自己、家人和朋友，多关注共同利益。但这条主张很是松散。这本书分为四大部分，在大多数方面都非常不同。然而，这本书极具原创性，内容很是丰富。富有启发性的论证、新颖的观点、天马行空的思想实验跃然纸上。

　　"就像我的猫一样，我只是做我想做的事。"[1]这本书的导论开头这样写道。我们可以理解，帕菲特为什么认为这是一个吸引人的强有力开头。这本书探讨我们有理由做什么，包括伦理理由。人与猫不同：我们可以反思自己行动的理由。例如，我可以认定某些行为在道德上是错误的，尽管它们可能对我有利。而猫却做不到这一点（不过有一项研究表明，如果猫是人，它们就会是精神变态者）。[2]

　　因此，这是一个不错的、略显古怪的开场白。唯一的缺点是容易引起误解。帕菲特并没有养猫。在他人生的这个阶段，养猫和养孩子一样，都是不必要的干扰。对于一位著名的道德哲学家来说，在一本重要的道德哲学著作中，以一个半真半假的谎言作为开头显然不够理想。

他去马里兰州贝塞斯达拜访姐姐西奥多拉时，才发现了这个问题。他向她赠送了这本书。"但是，德里克，"她翻开封面后说，"你没有养猫！"[3] 解决办法是与她的儿子达成协议，由他起草一份关于他们家那只上了年纪的黑白短毛猫——"钻石"——的假合同。"钻石"之所以得名，是因为它鼻子到眉毛的毛呈钻石状：

> 我，C. 亚历山大·奥姆斯（C. Alexander Ooms），特此声明，德里克·A. 帕菲特是 1972 年 7 月出生的雄性猫科动物"钻石"的新主人。正如您在《理由与人格》一书的第一行中贴切地承认的那样，这只猫表现出了一些人的特征。随信附上您的猫咪钻石的肖像，您可以将其摆放在您住所的显眼位置，从而在有人询问您"我不知道你还养了只猫？！"[4] 时，可以用以维护您的道德信誉。

在合同中，亚历山大的姐姐塔玛拉被指定为钻石的监护人，帕菲特因此免除了照顾猫咪的繁重责任。作为获得宠物的交换条件，他必须同意在今后的每次美国之行中拜访奥姆斯家，但他却没有履行这一约定，严格来说，这违反了合同。另一个条件是"您在今后的文章中不得提及'我的'狗、鹦鹉或任何其他动物［……］因为我们无法帮助您摆脱另一次道德失范"。[5]

* * *

在《理由与人格》的四个部分中，第一个也可以说是最具挑战性的部分是帕菲特所说的自我挫败的理论（self-defeating theories）。假设我们都是自私的，就像猫咪钻石一样，我们想做什么就做什么，想什么时候做就什么时候做。这可能涉及一系列钻石做不到的更复杂的利己行为。我们并不只是想喝牛奶就喝牛奶。如果做某件事情对我们有利，我们就去会做它，例如违背诺言，违反法律，背叛朋友。我们只追求自己的快乐和利益。

17世纪英国哲学家托马斯·霍布斯（Thomas Hobbes）是第一个系统阐述自利理论的人，他认为我们每个人唯一的理性策略就是追求自己的利益。帕菲特和他的偶像亨利·西季威克一样，对利己主义理论与普遍理论（如后果论）相互冲突的主张感到震惊，在利己主义理论中，我们只考虑自己的福祉，而普遍理论（如后果论）则考虑所有人的利益。他试图证明，一些关于我们应该如何行动的理论，尤其是利己主义或自利（他简称为"S"）理论，是自我挫败的。

理论自我挫败的方式多种多样。帕菲特的一个例子带有自传性的弦外之音。凯特是一位想象出来的年轻作家，她非常重视如何写出好书，以至于不分昼夜地工作，尽管她认为这不会让她快乐；确实，她最终还是因虚弱而崩溃了。如果她最强烈的愿望相反是希望自己的生活越过越好，她就不会把自己逼到如此疲惫不堪的地步。但这样一来，她就不会那么重视写作，最终，因此就会感到没有那么充实，觉得生活不是那么有意义。帕菲特一定是在不断地拷问自己，如何才能证明自己把一生几乎完全献给哲学是正当的。

他在《理由与人格》一书中指出，后果论也会间接地自我挫败。效用主义是后果论的一种，它认为一个人的行为应该产生最大的幸福或福祉：如果我们在做所有决定时都尽可能地是效用主义者，那么即使按照效用主义的标准来判断，结果也将是灾难性的。目前在这个世界上只要有一个孩子比我的孩子遭受更多痛苦：效用主义似乎就要求我忽略自己的孩子，去帮助这个更有需要的孩子。但是，如果我们对自己的孩子没有特殊的义务，不把他们的福祉放在他人福祉之上，那么这个世界将是一个贫瘠的悲惨世界。即使按照后果论的标准来判断，这也不是一个最好的世界。这是否表明应该放弃后果论呢？不，它只是表明后果论应该支持和鼓励非后果论的倾向，包括与自己的后代建立特殊联系的倾向。这些常识性的倾向从后果论的角度来看也是有道理的。因此，后果论只是间接地自我挫败的。

但帕菲特也称有些道德理论是直接自我挫败的。如果我们都成功地实现了某种理论的目标，但这样做导致的结果是，我们每个人的目标实现得不如我们每个人都没有成功地遵循这种理论，那么这种理论就是直接自我挫败的。这听起来自相矛盾。帕菲特借用基本的博弈论解释了他的意思。

帕菲特在撰写《理由与人格》一书时，博弈论（利用简单的博弈为人类行为建模）还只有几十年的历史，而博弈论工具正在许多社会科学领域蓬勃发展，尤其是在经济学领域。当时的万灵学院拥有众多杰出的经济学家，其中有几位还对哲学问题很感兴趣。其中既有年迈的前诺贝尔奖获得者约翰·希克斯（John Hicks），也有未来的诺贝尔奖获得者阿马蒂亚·森。约翰·布鲁姆和乔恩·埃尔斯特（Jon Elster）都是学院的客座研究员。保罗·西布赖特和约翰·维克斯（John Vickers）是年轻的经济学新星。因此，帕菲特吸收一些博弈论的观点并将其融入哲学中，也就不足为奇了。

经典的博弈是"囚徒困境"，情况是这样的：两名囚犯被指控犯罪。如果囚犯 A 招供，而囚犯 B 不招供，那么囚犯 A 将被释放，而囚犯 B 将被判处 20 年苦役。如果囚犯 B 招供，而囚犯 A 保持沉默，则情况相反：B 将被释放，A 将被判处长期徒刑。如果两人都招供，则各判 10 年。但如果两人都不招供，警方和法院就没有什么证据，他们都只会被关 5 年。

这个结果为什么既奇特又重要的原因是：对各种选择稍作比较就会发现，无论 A 做什么，对 B 来说最佳方案是招供。同样，无论 B 做什么，对 A 来说最佳方案是招供。结果，A 和 B 最终都招供了，各被判 10 年徒刑。但如果他们都保持沉默，对双方都好。他们只会被判 5 年。

囚徒困境与现实生活中的许多情况息息相关。对我们每个人来说，坐汽车可能比坐公交车更好，但如果我们都开车，情况会比我们都坐公交车更糟。经济学家用这个博弈来解释，像欧佩克这样的卡特尔为什么本质上如此不稳定。如果一群石油生产商能够合作限制供应，那么他们都将从推高石油价格中获益。另一方面，他们每个人都有动机（偷偷摸摸地）出售超过其配额的石油。如果他们都采取这种策略，油价就会下跌，他们都会受损。

帕菲特声称，囚徒困境情况表明，自利理论可能是直接自我挫败的。如果我们每个人都成功地实现了对自己最有利的目标，那么结果对我们来说会更糟。解决许多协作问题的一个办法，可能是让独裁者强迫我们采取某些行动。这是一种霍布斯式的解决方案。霍布斯认为，如果我们都在自然状态下行动，没有社会或政府，生活将是"孤独、贫穷、下流、野蛮和短暂的"[6]。我们需要的是一个强大的个人或组织来强制执行合作条款。但一个不那么可怕的解决方案是，个人在一定程度上都以基本的体面和公平的方式行事。如果鱼类资源有限，那么每艘拖网渔船最好尽可能多地捕鱼，但如果每个人都这样做，则对每个人都不利。如果我们都关心他人的福利，例如，不占有多于自己的份额，那么，这对我们和他人都会更好。

帕菲特认为，对我们应该如何行动来说，自利理论比其他理论有更为根本的内在矛盾和不一致性。但他举出的一系列例子的结果反而是，把后果论、常识道德和自利理论拉近了。换句话说，例如，即使我是一个利己主义者，认为我追求自我利益和你追求自我利益都是合理的，我仍然希望我们都有关心他人的倾向，因为这对我来说比我们都不关心他人要好。

* * *

囚徒困境是设立为只有两个人的"博弈"。我们的许多道德困境都涉及很多人。帕菲特提供了一些富有想象力的谜题，它们与他称之为道德数学的东西有关。他的抱负是为我们应该如何行动提出一个涵盖所有情况的一般性理论。

一个结论是，我们对自己行为的思考，不应该只想着这些行为单独能实现什么，而应该思考，考虑到他人的行为，我们的行为能实现什么。例如，假设有 100 人面临生命危险。"如果我和其他3个人一起参与救援行动,这些人就能获救。如果我们有任何一个人没有加入,这100个人都会死。如果我不参加,我可以去其他地方,独自拯救另外50人的生命。"[7]帕菲特认为,在这种情况下,很明显,我应该加入救援行动,尽管与我一个人可以拯救50条生命比起来,我在集体贡献中的"份额"只有25条生命。帕菲特认为,我们的行事应该有利于总体上最大多数的人。

但是,一般行动原则还必须涵盖其他的一些细微之处。它必须适合"过度决定"的情况。假设"X骗我喝下毒药,这种毒药会在几分钟内导致我痛苦地死去。在毒药产生任何效果之前,Y毫无痛苦地杀死了我"。[8]假定Y不知道X的存在,那么是否任何可接受的原则都必须判定Y在道德上有罪,尽管因为X的所作所为,Y没有伤害到"我"?

还有一些行动的影响微乎其微或难以察觉。在相当微不足道的层面上,万灵学院的"请勿在草地上行走"的标志,其存在可能是为了阻止对院内草坪的破坏。但是,如果我是唯一无视这一禁令的人,那么草坪至少在肉眼看来仍将保持原生态。许多决定都有类似的结构。我可能认为,我在家中是否节约能源与环境无关。如果我不关灯,全球变暖的速度也不会在任何可察觉的意义上加快。

然而,帕菲特认为这种推理是有缺陷的。想想他的"无害的施虐者",他们就像我们在第7章中遇到的抢走烤豆的强盗。假设一千个施虐者有一千个受害者。每天一开始,每个受害者都已感到轻微的疼痛。每个施虐者都会在某台仪器上转动开关,累计转动一千次。每转动一次开关,都会对某个受害者的疼痛产生难以察觉的影响。但是,在每个施虐者转动他的开关一千次之后,他

第12章 道德数学

就会给他的那个受害者带来剧烈的疼痛。[9]

人们几乎都同意，每个施虐者的行为都是错误的，尽管没有任何一次单独的开关行为会造成可察觉的差别。我们可能想说，每个施虐者的行为都是错误的，因为每个施虐者的行为加在一起，都给受害者带来了剧烈的痛苦。但是，现在假设这一千名施虐者每人都按了一个按钮，按钮每次被按下，一千台刑具上的开关都会同时被转动一次。受害者最终会遭受同样的剧痛。* 但是，没有一个施虐者会让任何一个受害者的痛苦有可察觉的加重。[10]

如果我们继续坚持认为，没有难以察觉的伤害这回事，† 那么"无害的施虐者"就没有对任何人造成伤害。这显然是荒谬的。帕菲特用这些例子说明，可以有无法察觉的伤害，也可以有无法察觉的利益。你做的事可能是错的，即使人们感觉不到它的错误。污染是错误的，即使一个人对整体污染的贡献微不足道或难以察觉。这个结论显然很重要。

* * *

《理由与人格》的第二部分是关于我们行动的理由，这是帕菲特终其一生都为之困惑的问题。他区分了三种进路。"P"这样的理论认为，我们唯一有理由去做的事，是满足我们当前目标和欲望的事。我现在想要的，就是我最有理由去做的。然后是"道德"理论，即我有理由做的事，是对所有受我行为影响的人来说总体上最好的事。然后是"S"理论，即我有理由做的事，是对我来说

---

* 即这一千台刑具的每个开关在积累到第一千次转动之后，会给受害者造成剧痛。
† 也就是说，如果我们坚持认为伤害必须是可以察觉的才能算伤害。

整体上最有利的事（不仅仅是对我现在最有利的事，而是对我整个人生最有利的事）。这个论证很复杂，但帕菲特所表明的是，S 陷入了一个腹背受敌的状况；它可以抵御 P，但抵御住 P 的同时它又会被道德理论打败。

第二部分也是帕菲特讨论时间的地方。我们是否应该像关心明天一样关心昨天呢？通过一些巧妙的思想实验，他指出我们对时间的态度是不理性的。想象一下你在医院里。如果两个手术的成功机率相同，一个非常痛苦，一个痛苦较小，显然你会选择痛苦较小的那个。但如果手术时间不同呢？

> 我正在某家医院接受某种手术。这种手术完全安全，总是很成功。既然知道这一点，我就不会担心手术效果。手术可能很短暂，也可能需要很长时间。因为我必须配合医生，所以不能使用麻醉剂。我以前做过一次这样的手术，我还记得那有多么痛苦。根据一项新政策，因为手术非常痛苦，所以现在要让病人事后忘记。有些药物会消除他们过去几个小时的记忆。
>
> 我刚刚醒来。我不记得自己睡着了。我问护士我的手术时间是否已经决定，需要多长时间。她说她知道我和另一个病人的情况，但她不记得谁是哪种情况。她只能告诉我以下情况属实。我可能就是昨天做手术的那个病人。在这种情况下，我的手术时间是有史以来最长的，持续了 10 个小时。反之，我可能是今天晚些时候要做的一个短时间手术的病人。要么我已经确实受了 10 个小时的罪，要么我会只受 1 个小时的罪。
>
> 我让护士去看看哪个是真的。她不在的时候，我很清楚我更希望哪一个是真的。如果我知道第一个是真的，我就会如释重负。[11]

帕菲特质疑对未来痛苦的偏见是否合理。他想象了一个人物——永恒者（Timeless）。永恒者想起过去的痛苦事件就像得知未来会有痛苦事件一样，都会感到压抑。对我们来说，永恒者可能与我们非常不同，但帕菲特认为，我们应该变得更像永恒者。快乐与痛苦，无论是过去的还是对未来的，对我们的触动程度应该保持一样。事实上，在某些方面，成为像"永恒者"那样的人就可以理解我们的一些直觉。例如，帕菲特想象自己流亡在外，离开了寡居的母亲。她病入膏肓，却很少有消息传来。

> 现在有人告知了我一些新情况。我母亲的病变得非常痛苦，药物无法缓解。在接下来的几个月里，在她去世之前，她将面临可怕的折磨。我已经知道她将不久于人世。但当我得知她必须忍受的痛苦时，我深感痛心。一天后，我被告知信息有误。事实是正确的，但时间不对。我母亲确实经历了几个月的痛苦，但她现在已经去世了。

如果过去的痛苦无关紧要，帕菲特应该感到轻松。但这并不是大多数人的感受。大多数人会像永恒者一样，发现自己的母亲痛苦地死去，即使痛苦已经过去，还是会感到非常悲痛。虽然帕菲特在《理由与人格》一书中并没有试图证实，但他倾向于认为时间的流逝是一种幻觉，因为在那种"时态"的意义上，例如昨天和明天，并不是世界结构的一部分。痛苦就是痛苦，从我们今天的角度来看，痛苦是发生在过去还是发生在未来，对我们来说不应有差别。

*　*　*

《理由与人格》第三部分处理的是人格同一性，其内容已在上文第 9 章对他 1971 年著名论文的讨论中作了简要介绍。这就引出了第四部分——未来人。

未来人指的是将要存在但尚未孕育的人。我们对未来人有强烈的看法。我们中的许多人担心气候变化对接下来数代人的影响。我们担心资源枯竭，担心生物多样性。其中一些担忧与对人口过剩的担忧有关。但我们也担心生物恐怖主义或核冲突的风险，以及数千万人可能被毁灭。

我们对后代应该有什么性质的关注？我们对他们有什么责任？这些人尚未出生有关系吗？只要生活是幸福的，或者至少聊胜于无，我们就应该尽可能多地创造生命吗？在帕菲特之前，人口伦理学的哲学文献，尤其我们对只是有可能出生的人有何义务这一主题的文献，非常之少。帕菲特开创了道德哲学的一个子领域，并引发了期刊论文的一个小型产业。

他的基本出发点是这样的。正如一个受到伤害的生命是离我家一英里还是一千英里没有区别，伤害未来的生命和伤害现在的生命也是同样坏。如果我把碎玻璃留在树林的灌木丛中，一百年后一个孩子踩到了它，这个孩子现在还未出生又有什么影响呢？

但还有更棘手的问题。这里就有一个：

> 想象一个 14 岁的女孩，就叫她安吉拉吧。她选择生一个孩子。由于她太年轻，她的孩子（我们称他为比尔）的人生起点并不高。但这仍然是一个值得活下去的生命。但是，如果安

吉拉再等几年，她就会有一个不同的孩子，他的人生会有更好的起点。[12]

绝大多数人都认为，如果女孩推迟生育，情况会更好。但帕菲特注意到了这个情况中一个耐人寻味的特点。安吉拉的错误决定——生下孩子——并没有让任何人过得更糟。如果她推迟生孩子，比尔也不会过得更好，因为比尔就不会出生了，会有取代他的另一个孩子出生。真奇怪。如果一个行为没有让任何人受到伤害，那么它怎么可能是错误的呢？

哲学是一门古老的学科，它的问题也是古老的。大多数最棘手的问题，已经存在了数个世纪，如果不是上千年的话。我们能知道什么？我们有自由意志吗？什么使我成为历时性的同一个人？我们应该如何理解意识，精神与物质之间的联系是什么？什么是美？什么是真理？非凡的头脑已经处理过这些问题，但事实证明进展缓慢而艰难。很少出现新颖的问题。

帕菲特最重要的一个成就是发现了一个新问题：非同一性问题（Non-Identity Problem）。在他发现这个问题并运用他一贯的严谨得出其蕴含后，人们再也无法用同样的方式来看待道德的关键方面了。不仅如此，这个难题似乎如此显而易见，而以前竟然没有人注意到它。

道德哲学一直有一个基本假设，与利害相关的道德领域，只有当行为对某个人来说更坏或综合来说是坏的时候，这个行为才是错误的。帕菲特表明的是，有很多行为看起来是错误的，即使没有人因此而变得更坏，甚至综合来说它们实际上对每个受影响者来说都是好的。这些行为是这样的，要不是有人做了它们，某些人就永远不会存在，尽管这些行为给他们的生活造成了不好的影响。

伊曼纽尔·康德和杰里米·边沁都记录了阅读大卫·休谟给他们带来的巨大影响。康德写道，休谟将他从"教条主义的沉睡"中唤醒。[13] 边沁写道，休谟让他的"眼睛被擦亮了"。[14] 阅读帕菲特对未来世代的观点，对一些哲学家产生了类似的影响。杰夫·麦克马汉认为，对许多当代道德哲学家来说，帕菲特关于未来世代的著作产生了类似的启示："它揭示出，我们自以为是地接受的、许多行为之所以是错误的解释，其实是错误的。因此，它迫使我们寻求其他的解释，而所有解释似乎都与常识道德信念极为冲突。其效果是革命性的。"[15]

非同一性问题的相关性，并不局限于假设性的哲学思想实验。事实上，我们的许多行为和决定都会遇到这个问题。我们每个人都是特定精子和卵子结合的产物。读者，你来到世上是极为幸运的。如果在关键时刻有人按响了你父母的电话，或者你的哥哥姐姐在不恰当的时候哭着要喝牛奶，又或者发生了交通罢工，导致爸爸妈妈回家晚了，又或者那天晚上电视上有更好的节目，你可能就不存在了：出现的可能是其他人。[16]

现在，设想在两种环境政策之间做出选择。假定"作为一个社会，我们必须选择是消耗还是保护某些资源。如果我们选择'消耗'，那么未来两个世纪的人的生活质量，将比我们选择'保护'时略高。但在随后的许多世纪里，人们的生活质量会大大降低"。[17] 帕菲特指出，我们对政策的选择会影响到谁会出生，我们可以合理地假设，在三个世纪后，我们选择一种政策而出生的人，与选择另一种政策会出生的人完全不同。如果我们觉得难以理解

第 12 章　道德数学

这一点，帕菲特建议我们问问自己，如果铁路和汽车从未发明，我们是否还会存在。

非同一性问题还对许多争论有其他影响。虽然帕菲特只将其应用于未来，但我们也可以看到它可能会让人们对过去之事的态度变得混乱。阿道夫·希特勒让数千万人的生活变得更加糟糕，但却没有让本书作者的生活变得更加糟糕。本作者（作为一个难民子女）的存在当然要归因于阿道夫·希特勒。鉴于希特勒对世界的破坏性影响，对大多数读者可能也是如此。我应该为这个怪物的上台和他所造成的破坏感到遗憾吗？这显然会对各种补偿产生影响。正如支持补偿的哲学家所意识到的那样，奴隶的后代并没有因为奴隶制而变得更糟，因为他们正是因为奴隶制才会存在。

但回到未来。帕菲特认为，同一性问题不应带来任何差异。以他巧妙的医学案例来说：[18]

> 有两种罕见的疾病，J和K，如果不进行特殊检查是无法检测出来的。如果孕妇有J，会导致她怀的孩子有某种缺陷。简单的治疗就可以避免这种影响。如果一名妇女在怀孕时有K，那么她怀的孩子也会有同样的缺陷。K无法治疗，但患者会在两个月内自愈。再假设我们计划了两个医疗方案，但只有一个方案的资金，因此必须取消一个方案。在第一个方案中，数百万妇女将在怀孕期间接受检查。发现患有J的妇女将得到治疗。在第二个方案中，数百万妇女将在打算怀孕时接受检查。那些被发现患有K的妇女将被警告让受孕至少推迟两个月，之后这种无法治疗的病症就会消失。最后，假设我们可以预测这两个方案会在同样多的病例中取得成效。如果进行孕期检查，

每年将有1000名儿童出生时是正常的,而不是残疾的。如果进行孕前检查,每年将有1000名正常儿童出生,而不是1000名不同的残疾儿童出生。

帕菲特认为,我们应该认为这两种方案毫无差别。这个例子和其他例子促使他提出了以下主张:如果在X和Y两种结果中,有相同数量的人会活下去,我们应该选择人们生活质量较高的结果。至于这个决策并没有对某个特定的人更有利,这不重要。

* * *

帕菲特试图解决的一个棘手问题最初是由简·纳维森提出的。假设一个女人知道,如果她生下一个孩子,这个孩子会过几年可怕而痛苦的生活,然后死去。纳维森说,生下这个孩子似乎是错误的,部分原因(如果不是主要原因的话)是因为这对孩子不好。由此是否可以得出,假定其他条件相同,我们有理由创造、孕育一个其生活值得一过的孩子呢?这似乎是反直觉的。当然,孩子一旦存在,我们就应该希望他们的生活过得尽可能好。我们认为,父母生孩子或不生孩子可以有各种各样的理由,但把孩子带到世上而让他(她)受益并不是理由之一,让地球上多一个幸福的生命也不是。

解释这个"不对称问题"(Asymmetry Problem)并不容易:帕菲特称之为"可怜孩子"和"幸福孩子"之间的不对称。它将我们带入了一个最棘手的问题:理想的人口规模是多少?如果要在有幸福生命的未来和有不(太)幸福生命的未来之间做出选择,我们应该选择前者。这就是帕菲特所说的相同数量问题。这很简单。但不同数量的比较则要棘手得多。

一个国家或一个星球的最佳人口是多少？我们应该追求最大可能的幸福总量，还是追求最高的平均幸福水平？比较两种情况，一种情况是世界上有 50 亿人口，每个人的生活质量都很高，另一种情况是有 250 亿人口，每个人的生活质量都低得多。我们大多数人都会选择前者。我们本能地认为，在这种情况下，平均幸福感才是最重要的；也就是说，选择质量而不是数量。然而，帕菲特对"非同一性问题"的解决方案似乎意味着，只要这些人是幸福的，那么人多的世界比人少的世界更好。毕竟，如果我们有理由让过得更好的人存在而不是让过得更差的人存在，那么我是不是应该也有理由让过得好的人存在而不是没人存在呢？

帕菲特还提出了一个别出心裁而又严密的论证，即"纯粹加法悖论"（Mere Addition Paradox），这个论证否定了平均水平论证，把我们引向了一条看似不可阻挡的道路，使我们撞上他的"令人厌恶的结论"（Repugnant Conclusion）。假设有一群人 A（见图 1）。A 的高度代表每个人的生活质量，宽度代表人口数量。假设 A 中每个人的幸福感或生活质量水平都是 100。现在想象一下，还有一群人，由 A+ 中的第二个柱状图代表，他们的生活值得一过，比不存在更好，但没有 A 中所有人的生活好。假设他们的幸福或生活质量水平为 50。帕菲特坚持认为，A+ 的整体状况不可能比 A 更糟，因为 A+ 只是 A 加上了一些其生活值得一过的生命。

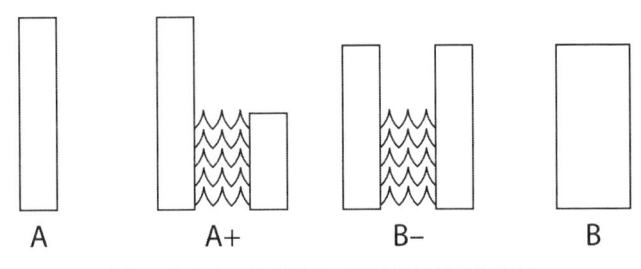

图 1 德里克·帕菲特的"纯粹加法悖论"图解

我们可以尝试回到平均原则。A+ 的平均幸福指数低于 A。但平均原则是行不通的。它会让我们得出这样的结论：如果一个世界上只有一对非常幸福的夫妻，另一个世界有十亿同样幸福的人，外加一个满足的但脾气有点暴躁的人，那么前一个世界更好。

再假设我们将 A+ 与 B− 进行比较，在 B− 中，每个人的幸福水平都是 98，而不是 100。这看起来比 A+ 优越得多，因为总福利水平更高，而且更加平等。现在考虑 B。B 只是将 B− 中的两个组合并为一个。

帕菲特似乎已经证明，A 并不比 A+ 好，而 A+ 又比 B− 差。由此可见，A 一定比 B 差。但用同样的推理，我们可以推到 C、D、E，一直推到 Z，其中有数以亿计的人，他们的生活只是聊胜于无。对帕菲特来说，这是一个令人厌恶的结论。

帕菲特将他的"令人厌恶的结论"表述如下："对于任何可能的人口——规模不少于 100 亿且全部人生活质量都非常高——来说，一定有一些可以想象的规模大得多的人口，在其他方面跟前者相同的情况下，即使后者所有成员的生活勉强值得一过，后者也会比前者更好。"[19] 他给这个结论贴上的标签清楚地表明，他认为这个结论是难以接受的，但他和其他哲学家都发现，让他得出这个结论的逻辑是难以反驳的。

有趣的是，作为历史脚注，一位更早的哲学家发现了一个相关的问题，并将结论描述为"令人厌恶的"。二十世纪上半叶，剑桥大学教师约翰·麦克塔格特（John McTaggart）对比的不是不同数量的生命，而是两种单个生命。他想象了一种生命，就"知识、美德、爱、快乐和意识的强度而言，它是完美无瑕的"，而另一种生命"只有很少的意识，快乐比痛苦多一点点，也没有美德或爱。它存在的每个小时的价值虽然很小，但都是好的，并不坏。在某个有限时间段里，它积累下来的价值会大于第一个生命的价值［……］我相信，这个结论会让某些道德家厌恶"。[20]

帕菲特是否偶遇过这段话呢？他熟读道德哲学，有可能看到过。也许他在使用"令人厌恶"这个词时，不自觉地受到了麦克塔格特的影响，尽管他并没有将此归功于麦克塔格特。与帕菲特不同的是，麦克塔格特接受了这一逻辑：他认为，我们必定是错误地认为，质量较高的短暂生命比质量更低的长寿生命更可取："我看不出有任何理由认为，在这种情况下的厌恶是正确的。"[21]

* * *

"令人厌恶的结论"深深困扰着帕菲特。他拼命寻找他所谓的"X 理论"。X 理论是一种既能解决非同一性问题，又能避免"令人厌恶的结论"的理论。这一理论能够以某种方式调和我们关于人口伦理的所有相互冲突的直觉。他想，X 理论肯定是存在的。他为此寻找了几十年。直到他去世时一直都在寻找。

第 13 章　雾与雪中的心灵之眼

帕菲特的密友拉里·特姆金讲述了一个既非凡又令人费解的故事。20世纪90年代中期的某个时候,特姆金在牛津大学访问,曾去帕菲特在万灵学院的房间拜访过他,看到了他所见过的最令人惊叹的一张照片。这张照片是从帕菲特的房间拍摄的,透过万灵学院的铁门,可以看到拉德克利夫图书馆,这座圆顶的18世纪新古典主义建筑,经常出现在牛津的明信片上。有少量雪花撒落在铁门和拉德克利夫图书馆上。

特姆金表达对这张照片的欣赏后,帕菲特解释了它的制作过程。这是他在同一地点拍摄的数千张照片中他自己最喜欢的一张。然而,他并不完全满意,于是去伦敦请了一位冲印师,此人技术高超,收费昂贵,除了帕菲特外,只有专业摄影师才会找他。帕菲特要求说:"我想要照片的黄色少一点。"于是,新的版本制作出来了。

然而,帕菲特还是不满意。黄色弄好了,但他现在觉得粉色太多,冲印师再次进行了细致的修整——照常收费。帕菲特认为这次有所改善,但还不够完美。帕菲特坐火车往返伦敦,最终经过七次的反复,照片呈现出了他满意的这一版本,挂在了他书房的墙上。帕菲特说:"给你,如果你喜欢这张照片,就拿去吧!"他把照片递给了他以前的学生。考虑到帕菲特为这张照片所花费的心血、精力和费用,这样的赠送实在是太过慷慨了,特姆金不得不拒绝。[1]

一年后,在特姆金的安排下,帕菲特来到休斯敦的莱斯大学讲授一门课程。他随身携带一个帆布小包,里面塞满了他认为三周访问所需的一切。在收拾行李之前,他告诉特姆金要送他一份礼物。他在包里翻来翻去,拿出衬衫、内裤和书,直到找到他要找的东西——特姆金曾经非常欣赏的那张照片。照片已经全毁了,被揉成了一团。

特姆金极为震惊,后来他把这张照片送到当地最好的、供职于休斯敦美术馆的艺术品修复师那里,花了 6 个月的时间才把褶皱尽力熨平,然后特姆金又花了一大笔钱,将它装裱得非常漂亮。现在,这张照片展示在他家办公室最显眼处。但时至今日,照片底部仍有一道巨大的褶皱,其他地方也能看到一些细小的褶皱。"谁会做出这样的事呢?只有德里克。"[2]

帕菲特怎能如此粗心大意,对待一张他耗费如此之多金钱和时间去努力完善的照片呢?

* * *

帕菲特对摄影的长期痴迷始于他年轻时。他的第一台相机是在他 14 岁左右时,他伯父西里尔送给他的礼物。当他弄丢那台相机时,西里尔又买了一台给他。西里尔是位成功的商人,也是帕菲特家族最富有的成员。他穿着无可挑剔的双排扣西装,曾带着侄子去萨维尔街的裁缝店定制西装。但相机给带给他的惊喜远超过西装。等到他上大学时,帕菲特已经开始拍摄很多照片,尽管当时还不是以一种严肃的方式。

帕菲特后来放弃了大部分的兴趣爱好,只保留了哲学和摄影这两项。二十多年来,他成了一个双重偏执狂:一个是他的职业,另一个是他的爱好。但爱好一般来说是为了愉悦或放松,而帕菲特对摄影过于投入,没法这样说。他曾对朋友说:"如果我要在有孩子和昂贵的摄影爱好之间做选择,我会选择摄影。"[3]

他最喜欢拍摄建筑,因为他一直热爱建筑。他非常喜欢纽约和芝加哥的摩天大楼;1965 年,当与他分分合合的女友玛丽·克莱米来美国旅游时,他带她看的第一座建筑就是公园大道上的野兽派建筑八角形泛美大厦(纽约人最讨厌的建筑)。[4] 他欣赏一些现代主义建筑,如路德维希·密斯·凡德罗的建筑。但他认为,总的来说,建筑在过去一个世纪变得越来越丑了。

牛津是他拍摄的风景如画的三座城市之一。其他两座城市是威尼斯和列宁格勒(现圣彼得堡)。他认为,牛津、威尼斯和列宁格勒是世界上最精致的城市。威尼斯是他的初恋;在一次早期旅行中,他对伊顿公学的同学爱德华·莫蒂默说:"一旦你去过威尼斯,你就没必要再去其他地方了。"[5] 他去过一次罗马和佛罗伦萨,但再也没有去过第二次。

1974 年冬天,他在当时女友朱迪丝·德维特的陪同下,第一次来到列宁格勒,当时距离"光复"和放松国家控制还有十多年。他们住在一家食物难以下咽的旅馆里,差点饿死,直到发现街上有卖饺子的小摊。他们在城里闲逛,还去看了歌剧。当时对游客的限制很严格,但他们还是有几次设法摆脱了国家旅游局的导游,

第 13 章 雾与雪中的心灵之眼

参观了列宁格勒以外的景点。

这座城市给他留下了深刻印象,他几乎每年都去一次,直至千禧年;他每年也去威尼斯。在牛津,他通常很少在午餐前出现,但在威尼斯和列宁格勒,他会把闹钟调到凌晨四点半。他喜欢拍摄不同光线下的建筑,但更喜欢日出和日落时的斜射金光,而不是正午的直射阳光。(这与他厌恶头顶的人工照明是一致的。)

他会无数次地拍摄同一栋建筑。"我可能有些与众不同,事实就是我对自己最喜欢的东西永远不会感到厌倦或满足,所以我不需要也不想要多样性。"[6] 在威尼斯和列宁格勒,他有兴趣去拍摄的建筑只有几栋。在威尼斯,他拍摄了由16世纪建筑师安德烈亚·帕拉弟奥设计的教堂,包括圣乔治·马焦雷教堂和威尼斯救主堂,以及大运河和总督府——威尼斯最著名的地标之一。在列宁格勒,最受他青睐的建筑是冬宫和总参谋部大楼。

他去威尼斯通常是在十月,去列宁格勒是在一月或二月,那时地上是雪,天空是压抑的灰色,而他更喜欢这种灰色而不是蓝色。无论是雨、雪、冰雹或冻雨,他都会坐上几个小时,直到他摁下快门拍到想要的照片。他主要使用尼康相机,配上各种不同的镜头,包括一种移轴镜头,这种镜头可以让他用广角全景来拍摄照片,还能进行透视纠正。在他等待理想光线的出现时,他会看书。如果条件不合适,他就会空手而归,第二天重新开始。有一次,他一上午都在拍摄涅瓦河,一个路过的俄罗斯人捡起一些雪,往帕菲特脸上涂抹。帕菲特以为受到了攻击,试图推开这个人——但后来才知道,那人看到了帕菲特脸上有冻伤的痕迹。帕菲特认为这个陌生人救了他的鼻子。他差点失去了两三个脚趾。回到牛津后,万灵学院的学者、古代哲学专家爱德华·赫西(Edward Hussey，出于对医学的好奇）问他，"我是否可以检查一下那几根脚趾，他很乐意让我检查；那个景象真是有点可怕"。[7]

帕菲特拍摄的列宁格勒和威尼斯的照片有共同元素，尤其是水和雾。帕菲特喜欢的建筑大多数都有古典或哥特式的圆柱。他还喜欢拱门和穹顶。他欣赏建筑与自然、石头与天空的融合。他曾把水浇在威尼斯圣马可大教堂外墙的哲人雕塑上，使它们更加熠熠生辉。

他的照片让人想起早期透纳（Turner，1775—1851）的画作，不过透纳笔下的烟雾和蒸汽、翻滚的云层和湍急的水流，带有更多的威胁感。相比之下，帕菲特的照片宁静而浪漫，具有永恒的特质。他对色彩有非常坚定的看法。他不喜欢淡蓝色和饱和蓝色。他喜欢春天的绿色，但不喜欢夏天的绿色。事实上，总体而言他不喜欢鲜艳的色彩（他曾说新英格兰秋天绚丽的红色和橙色树叶"太过猛烈"[8]），他认为大多数建筑（和大多数人的面孔）以黑白两色最为好看。然而，他认为威尼斯和列宁格勒的许多建筑并非如此。特别是在列宁格勒，他喜欢捕捉白色柱子与上过漆的石膏墙面的对比。

回到牛津后，他会仔细审视他拍的照片，舍弃其中的绝大多数。只有少数几张能通过他苛刻的审美标准。但即便如此，摄影过程还未结束。早在 Photoshop 和 Instagram 滤镜出现之前，他就会用一些技术增强照片效果。起初，他雇了意大利南部的一个人，但当这个店铺停业后，他在伦敦克勒肯韦尔的 Gilchrist Studios 找到了一位专家，这位专家技术高超，尽管帕菲特认为他还是达不到意大利人的水准。帕菲特在一张照片上的花费可以高达数千英镑。事实上，如前所述，他到美国讲学的部分原因是需要赚钱支

第 13 章 雾与雪中的心灵之眼

付他的照片打印和摄影旅行的费用。他的私人文件中的收据显示，20世纪80年代末的一次列宁格勒之行，其基本费用为1700英镑，1982年他与万灵学院的同事们从列宁格勒返回后，第一次照片修复的发票金额为925.75英镑。考虑到他作为顾客必定非常受重视，令人惊讶的是发票上写的收款人竟然是"全圣学院（All Saints College）的德里克·帕菲特"。

这位摄影冲印师有多项任务，色彩微调是其中最简单的。更复杂的任务是要求他去除遮挡建筑物或使图像杂乱的东西，例如电线杆、电线、脚手架、排水管、交通标志和垃圾等。有一次，他甚至要求去除一辆破坏冬宫景观的军用卡车。汽车必须消失，人也一样。弗朗西丝·卡姆写道，"在我看来，[帕菲特]高度不偏不倚的道德观在某些人看来，可能是另一种去除人的方式"。9

帕菲特后来接受了数字化技术，这使他自己能够修改照片，但让他感到遗憾的是，他自己无法把天空中近地平线的淡蓝色平滑过渡到高处的深蓝色。他通常在深夜进行照片处理。在他拍摄的数万张照片中，他最后只保留几百张。他认为自己不是有灵气的摄影师，而是称职的评论家。他相信，只要拍得足够多，他就能从中挑出几张优秀作品。他一共只保留了十张肖像照片，包括一张一对情侣在柱子下接吻的照片，和一张两位威尼斯修女走过广场的照片。

他进行摄影处理的动机是什么呢？有两种可能的解释。要么是他试图改善现实，要么是他认为通过消除图像中的碍眼之处，可以淋漓尽致展现出现实之美。后一种解释得到了他的一条摄影规则的支持：尽管他愿意抹去图像的一部分，但绝不在图像上添加任何东西——他只会把东西"抹去"，而不会"添加"。他在一封电子邮件中写道:"我不想破坏这种感觉,即我们看到的是建筑本身,而不是建筑的表象。我不会创造任何东西,因为每张图片的所有部分都出自原始图片"。[10]

帕菲特认为,这样一来,他的摄影作品就不同于艺术家的作品。但他的"抹去,不添加"规则有时候有些随意。雨滴被放大了,树枝被延长了,云朵被移动了,还有一次(违反了他的一贯原则),他添加了另一张照片上的一个月亮。帕菲特会处理建筑物和街道设施的形状和大小。他最喜欢的建筑都具有和谐感和比例感,但如果他觉得可以改善和谐感或比例感,他也不惜延长尖顶或改变穹顶之间的距离。

* * *

我从几位与帕菲特比较亲近的人那里得知,他去威尼斯和列宁格勒都是独自一人。不过,尽管他晚年的确是如此,但早年有几次前往列宁格勒是有伴的。马歇尔·科恩是《哲学与公共事务》杂志的创始人之一,是1976—1977年间万灵学院的访问学者,在1977年3月与妻子玛格丽同帕菲特一起前往列宁格勒,同行的还有万灵学院的古典学家理查德·詹金斯。次年,牛津大学哲学家托尼·昆顿和他的美国妻子马塞尔(Tony and Marcelle Quinton)陪同帕菲特以及一位年轻的万灵学院研究员伊恩·麦吉尔克里斯特(Iain McGilchrist)出行,后者与帕菲特在大学里住得最近(房间就在帕菲特11号楼的对面)。昆顿和帕菲特都对效用主义和P. G. 沃德豪斯感兴趣。麦吉尔克里斯特和帕菲特在列宁格勒同住一间房,麦吉尔克里斯特主要记得的是帕菲特漫长的夜晚生活,包括

第 13 章 雾与雪中的心灵之眼

吃药、喝酒和泡温水澡。

帕菲特为何想要同伴同行是一个谜。1981年，西蒙·布莱克本应邀前往列宁格勒。布莱克本也是摄影爱好者，他带了一台徕卡相机和三个小镜头。他很快就意识到，他的主要任务是扛相机。帕菲特有"一堆相机和镜头，他不想把它们放在机舱里。于是我帮他搬了一大袋胶卷上飞机，至少有40卷"。[11]

两位哲学家的摄影方法截然不同，因此他们在清晨就会分开。布莱克本拍摄的是黑白片，帕菲特不希望他的照片中有人物，而布莱克本受亨利·卡蒂埃·布列松（Henri Cartier Bresson）等摄影师的影响，旨在捕捉街头生活中的偶然性和自发性。帕菲特认为，现代摄影的错误之一在于试图模仿非艺术家可能拍摄的快照。他们没有就此争论，相处得算是融洽，但对布莱克本来说，这是"无趣"的一周。[12]

第二年，1982年2月5日至12日，帕菲特率领一个主要由年轻的万灵学院研究员组成的小组前往列宁格勒，其中包括佩雷格林·霍登（Peregrine Horden）、苏珊·赫尔利、保罗·西布赖特、约翰·维克斯、西蒙·沃克和阿德里安·伍尔德里奇。汤姆·斯托帕德（Tom Stoppard）的戏剧素材本可以是这样的：他们与另外两个团体一起飞往苏联，一个是来自坦布里奇威尔斯妇女协会的团体，另一个是一群英国共产党员，他们都留着大胡子，期望能发现革命后等待英国人的乌托邦未来图景。帕菲特在免税店购买了大量治疗失眠的伏特加。在列宁格勒，万灵学院的其他研究员按照标准的旅游路线参观了冬宫和彼得大帝的夏宫。帕菲特每天早上都会消失，穿上厚厚的大衣去拍照，除此之外，他几乎没有对俄罗斯的冬天做出任何让步，"这让当地人感到非常惊讶"。[13]

万灵学院的一位成员回忆说，曾有一天看到他在结冰的涅瓦河上，浑然不觉一艘破冰船正朝他驶来。[14]

他们住在列宁格勒酒店，这是一座巨大的混凝土建筑。它的主要优点是，从酒店的窗户望出去的城市景色，是唯一不会被列宁格勒酒店遮挡的。此外，正如大家期盼的，酒店还备有精选的伏特加。由于白天很短，所以大家都喝了不少的伏特加。帕菲特告诉其他人，只有在列宁格勒的某个特定街头、特定的时间，才能捕捉到恰当的光影组合。当时，苏珊·赫尔利正沉浸在后期维特根斯坦的哲学中。他们曾就维特根斯坦关于私人语言——只有一个人能够理解的语言——是否连贯进行过激烈的讨论。他们当时还在想，克格勃是否在窃听。

事实上，他们可能一直处于监视之下。万灵研究员们与来自坦布里奇威尔斯的妇女、大胡子的共产党员、一群醉醺醺的芬兰人，以及一位神秘的苏联妇女一起在长桌旁用餐。她自称曾在牛津大学学习，非常喜欢"布莱基书店"（Blackies Bookshop，原话如此）。[15] 万灵学院的学者们认为她为特务组织工作。

很难猜测苏联当局如何看待帕菲特。当他首次前往列宁格勒旅行时，勃列日涅夫是共产党总书记，冷战时期的世界被分为两个敌对阵营，柏林墙似乎坚不可摧、永世不倒。双方都派遣间谍渗透敌方机构收集情报。西方游客必须通过国家旅游局预订前往苏联的行程，行程事先商定，行动也会受到监控。然而，有这样一个人，他每年都会以可疑的摄影理由返回，他就是驻扎在英国机构的核心——万灵学院的一位知识分子。如果发现克格勃浪费宝贵资源来追踪这位古怪、无害的哲学家，而且在克格勃的档案中，还存有帕菲特本人的文件，这将是有趣好玩但并不令人

第 13 章 雾与雪中的心灵之眼　　243

惊讶的事情。他曾多次被一些人拦住,他们向他提出问题,并明确表示他们代表谁。伊恩·麦吉尔克里斯特回忆说,帕菲特有一天被短暂带去接受审问,但他毫发无损、从容不迫地回来了。西蒙·布莱克本认为,他们之前旅行的房间被装了窃听器。当他和帕菲特在列宁格勒的第一个晚上整理行李时,布莱克本对帕菲特说,他们房间里的一盏灯坏了。他们打算第二天一早向前台反映,便下楼去吃晚饭。等他们回来时,已经有人进房间把灯修好了。他们推测,他们的抱怨被人听到了。

1982年的这次旅行,可能是最后一次有人陪同帕菲特前往列宁格勒。他原定于1984年2月与哲学家比尔·埃瓦尔德一同前往列宁格勒,后者同意将他的一个设备包带到机场。结果,帕菲特没有出现在盖特威克机场*,因为他丢了护照。埃瓦尔德已经过了海关,因此被迫独自前往苏联;航班因此被延误了一个小时,因为他们要找到帕菲特的摄影包并将其从行李舱中取出来。

20世纪90年代末,帕菲特对摄影的热情开始减退。他觉得自己已经在威尼斯完成了他的工作。与此同时,当时圣彼得堡的冬天变得暖和起来,帕菲特多次前往圣彼得堡都没有下雪,这让他感到沮丧。即使下雪了,他也抱怨现在的雪白得不对。在2002年的最后一次旅行中,他有时间重读了康德的《道德形而上学》和《道德形而上学基础》。

---

* 英国吞吐量第二大的机场。

＊＊＊

对帕菲特的审美观和对美的鉴赏力，我们可以说些什么呢？奇怪的是，他的视觉敏感度在通过镜头等媒介时常常显得最为敏锐。有一次，他在科罗拉多州逗留，拒绝徒步旅行的邀请，而是驾车去享受落基山脉附近的风景——但他不愿下车，更喜欢透过车窗看外面的景色，就好像他是在用相机观察一样。他喜欢在电视上观看野生动物的纪录片，但对亲自在大自然中体验野生动物毫无兴趣。

虽然他热爱艺术，但他告诉朋友弗朗西丝·卡姆，看展览对他来说并不比看书中艺术作品的复制品更好（这与他喜欢听音乐唱片而不喜欢去音乐会不谋而合）。他对绘画的品味从扬·凡爱克（Jan van Eyck，约1390—1441年）到透纳不等。卡姆说，帕菲特作为一名评论家，会关注一些"似乎不值得注意的东西，至少在评价一幅作品的优劣时是这样，例如，人物是否被完整地描绘出来"。但他也"欣赏许多值得欣赏的东西"。[16] 当他们一起去纽约现代艺术博物馆时，帕菲特一眼就看出，抽象表现主义画家菲利普·加斯顿（Philip Guston，1913—1980）的一幅作品与莫奈的睡莲画作和笔触有些联系。

帕菲特的哲学思想和他的摄影作品之间有关联吗？如果有，那也是非常微妙的。但这两项活动都是同一性格的产物，而且在动机上确实有相似之处。帕菲特是一位哲学家，他希望将理性和秩序强加于道德，消除道德的褶皱。他的摄影方法也是如此，而且他对哲学和摄影都是极为狂热的。完美主义的冲动推动了这两项追求，其方式少有人能匹敌，少有人能理解。

***

帕菲特对美和美学的重视体现在他生活中鲜为人知的一个方面：他参与了牛津路灯长达二十年的改造。这项工作始于20世纪70年代，当时牛津正在更换老式路灯。最初的黑色锻铁灯被称为温瑟灯。[17] 它们呈平行四边形，底部较窄，顶部较宽，顶部有一个圆柱形的烟囱通风口。主要问题在于它们是煤气灯，既没有电灯安全，也没有其照明效果好。而且这些灯的维护还很差，安装的位置经常不对，许多学生，尤其是女学生抱怨说，天黑后走在牛津街上很不安全。因此，这些灯具逐渐被淘汰，取而代之的是被一位作家形容为"丑陋灯具巅峰之作"的电灯。[18] 老式灯具固定在墙上，而现代灯具通常以风格各异的方式安装在独立灯杆上，由于常常被贴上宣传服务、活动或促销的广告，这些灯杆很快就变得面目全非了。

为了应对这种无序混乱状态，新近成立的牛津公民协会（Oxford Civic Society）成立了一个独立的工作小组，旨在保护和提升牛津美景。该协会希望说服市议会考虑美学因素。帕菲特是这个小组的推动者，而且他的参与并非昙花一现。从1973年到20世纪90年代，他一直担任该组织的召集人。

工作组建议牛津市使用温瑟灯的复制品。这并无争议，麻烦的是如何将它固定在牛津古老的城墙上。帕菲特与一位古怪的美国工程师罗伯特·麦克康（Robert Maccoun）特别投缘，后者住在一艘驳船上。由帕菲特出资，麦克康设计了一种支架。原型被安装在几个地方，包括万灵学院外面，随后仿制支架很快就在牛津的大多数小街道上投入使用。

接着，从 20 世纪 70 年代末开始，牛津的主要街道的灯具也要进行升级改造，最后一盏煤气灯在 1979 年熄灭。这种改造包括了新式的立灯和墙灯。帕菲特为立式灯提供了一些设计图纸，然后由画师理查德·刘易斯（Richard Lewis）进一步绘制。这些设计就是现在牛津市中心的灯具，对帕菲特设想的唯一改动是：立式灯也需要在顶部加一个支架，城市工程师要求在支架上增加金属，以加强固定力。解决问题的一种方法是使用金属雉堞。*1993 年 3 月 13 日，帕菲特在飞往美国授课之前，给城市保护官员约翰·阿什当（John Ashdown）写了一封长信，请求他重新考虑。他说："一想到雉堞，他就变得'焦躁不安'。我昨晚甚至做了一个关于它们的噩梦！"[19] 市议会最终认为，帕菲特对在街道上一个看不见的小改动的不满，在安全性和耐久性考虑面前不再重要。

帕菲特在灯具方面颇有造诣，2001 年，当万灵学院要修缮其辉煌的诞生于 18 世纪的科德林顿图书馆时，便请他帮忙。富有的赞助人克里斯托弗·科德林顿（Christopher Codrington）曾是西印度群岛的奴隶主，这一不幸的事实或多或少被忽视了，直到 2020 年他的名字才从图书馆中消失。但帕菲特在万灵学院任职时，这里仍然是科德林顿图书馆，前馆长诺玛·奥伯廷－波特（Norma Aubertin-Potter）说，这里的照明成了帕菲特的领地。他常常会站在梯子上摇摇晃晃地检查灯光，并提出改进建议。"我们就照他说的做。"[20] 他带访客参观图书馆时，有时会把他们带到黑暗处，然后开灯，让游客看到图书馆的宏伟壮丽。

---

* 关于金属雉堞的效果可以参见本书插页中的照片。

＊＊＊

帕菲特怀疑，他对摄影的痴迷至少部分与他患有的一种病症有关，这种病症直到最近才有了一个称号：心盲症（aphantasia）。[21] 威尼斯给大多数游客留下了难以磨灭的印象，离开这座城市后，他们还能在脑海中重现威尼斯的画面。但有少数人像帕菲特一样，无法做到这一点。并不是他无法描述威尼斯：他能告诉你叹息桥在哪里，它的形状、尺寸和颜色；但他不能"看到"这座桥。他做不到像大多数人一样，闭上眼睛就能想象出威尼斯的美丽景色，就像有一套内心中的明信片一样呈现出来。他也想象不出来任何人的面容。

据估计，约有 2% 的人患有心盲症。它最早由维多利亚时代的科学家弗朗西斯·高尔顿（Francis Galton，查尔斯·达尔文的表兄）诊断出。他要求受试者描绘自己的早餐餐桌，达尔文自己表示，他能像眼前有照片那样清晰地描绘出自己的餐桌。其他一些人则做不到。然而，直到 2000 年代中期，英国神经学家亚当·泽曼（Adam Zeman）才重新激起了人们对"心盲症"的兴趣（并在 2015 年创造了这个词，"心盲症"在希腊语中是"想象力"的意思）。泽曼对一位在心脏手术后失去图像想象能力的病人非常着迷。

人们对这种病症还不甚了解，它似乎有家族遗传性。心盲症患者在社会交往中更容易遇到困难。通常情况下，心盲症患者的自传记忆能力较弱，也就是说，他们在回忆过去细节方面的能力异常差。最后，心盲症与人脸识别之间可能存在联系。帕菲特在人脸识别方面的问题可能还没有特别严重，如果他曾寻求过诊断，他就也不至于被诊断为"脸盲症"(一种以无法识别人脸为特征的神经系统疾病),但他有无数例子显示他在辨认见过的人方面存在困难。他经常认不出自己以前的学生;在杰克·内贝尔(Jake Nebel)遇到这种情况后,帕菲特向他发了一封道歉邮件。[22] 他的一位万灵学院的同事埃米娅·斯里尼瓦桑(Amia Srinivasan)写道,当他经过她身边时,他"的微笑方式让我完全不能相信他认出了我"。[23]

第 14 章　荣耀！晋升！

帕菲特曾冒险推迟了他在万灵学院晋升的投票，这一策略奏效了。

《理由与人格》一经问世，其反响达到甚至超出了帕菲特的预期。艾伦·瑞安（Alan Ryan）在《星期日泰晤士报》上称其为"近乎天才之作"。[1] 约翰·格雷（John Gray）在《泰晤士报高等教育副刊》上称其为"自西季威克的《伦理学方法》以来对道德哲学最重要的贡献"。[2] 塞缪尔·谢弗勒（Samuel Scheffler）在《泰晤士报文学增刊》上也将帕菲特的著作与《伦理学方法》相提并论，称帕菲特的著作是"非凡［……］卓越［……］充满思想的惊人之作"。[3] 罗杰·斯克鲁顿（Roger Scruton）虽然对该书的某些方面有异议，但仍认为它是"一部极具启发性和力量的作品"。[4] 彼得·斯特劳森在《纽约书评》中称赞该书"范围宽广、内容丰富、富有想象力、推理严密"。[5] 斯特劳森的评论由《纽约书评》的总编辑罗伯特·西尔弗斯（Robert Silvers）编辑，[6] 西尔弗斯在 2017 年去世后被誉为"有史以来最伟大的文学编辑"，但他在文中加入了多处错误，斯特劳森不得不坚持将其删除。在所有评论中，最让帕菲特满意的可能是《伦敦书评》上的一篇评论，因为这篇评论的作者是他最敬佩的同时代思想家伯纳德·威廉斯。威廉斯写道，帕菲特揭示了深刻的问题。这是一本"富有新意"和"极有想象力"的书，"聪明绝顶"，"奇特而令人激动"。[7]

不可避免地，也有些人有贬损意见，认为它过于冗长和沉闷。大卫·威金斯没有公开谴责它，但私下认为它"怪异"，并把阅读它的经历比作"不停受到牙签的戳刺"。[8] 但见诸报端的负面评论只有两篇，每篇本身就很怪异。第一篇是哲学家玛丽·沃诺克（Mary Warnock）写的，几个月前她刚被授予"玛丽女爵"称号。[9]（沃诺克关于人类受精和胚胎学的报告即将发布，建议 14 天内的胚胎可用于研究。）她的评论发表在 1984 年 4 月 26 日的《听众》杂志上，称这本书"不堪卒读"。她对冗长的致谢名单表示不满。"普通读者没有被征求过意见，可以原谅他们会有这种感觉，即那些顾问横在读者和作者之间。这就好像朋友之间的窃窃私语被打断或被偷听了。这些对话可能很巧妙，很有趣，甚至我认为非常重要。但它必须先得到翻译，然后才能被理解。"[10]

不过，"难以理解"与政治哲学家雪莉·莱特文（Shirley Letwin）的指控相比，就是小巫见大巫了。莱特文在《旁观者》的主要评论中，指责帕菲特不亚于是在颠覆社会秩序。她的高调文章中充满了曲解，警告说帕菲特"对西方文明进行了深刻攻击"。让莱特文深感不安的是关于人格同一性的部分，她怒斥帕菲特"对几千年有关人格同一性、连续性和存在的哲学思考漠不关心"。[11] 她警告说，如果认真对待他的这些观点，就会破坏建构我们社会的犹太教-基督教价值观。

帕菲特并不打算回应沃诺克，但他认为莱特文的评论极具误导性，不能置之不理。5 月 21 日，他写了一封要求公布的信。

尊敬的先生：

莱特文夫人在《旁观者》杂志中写道（5月19日书），"对帕菲特来说，利他主义总是与利己主义相对立的"。我写道，"在所有关于自我利益的可信理论中……利他主义选择不一定对我们来说是更坏的"（第87页）。莱特文夫人写道，"帕菲特……把人格说成是笛卡尔式自我的同义词"。我写道，"我们也许是这样的实体。但所有证据都与这一观点背道而驰（第266页）"。莱特文夫人写道，"帕菲特断言，相信有人格（persons）就与相信有独角兽那样毫无理由"。一如既往地，我写的是："是有人格存在的"（第473页）。莱特文夫人写道，我的观点"摒弃了人的个性（personality）"。我写的是，"重要的是什么使我们成为人格"（第446页）。读者可以自行决定，我所写的是否是"对西方文明的深刻抨击"；但如果他们希望在我的书中找到莱特文夫人所想象的说法，那他们将会深感失望。

帕菲特肯定向一个或几个人提起过这封信，得到的建议是说回应不是个好主意。他在发表前撤回了这封信。

他当时可能毫无心情与人发生冲突，因为在他写完这封信的两天后，他的父亲诺曼就在早餐桌上因心脏病突发去世了。德里克与愤怒、抑郁的父亲关系不和，但他还是尽职尽责地定期回家探望，并一直想取悦父亲。父亲去世的时间，本应是他俩共同享受书评辉煌的时候，这肯定加剧了帕菲特的悲痛。诺曼至少在去世前，在牛津布莱克威尔书店的橱窗里看到过《理由与人格》摆在显目的位置。

* * *

哲学界很小，但《理由与人格》却引起了轰动。这一次，出版界的"出版即成经典"这类陈词滥调并非夸大其词。哲学书籍不是面向大众市场的，并不畅销，销量达到五位数的屈指可数。这本书显然难敌《好莱坞妻子》（杰姬·柯林斯的同年出版的畅销书），但《理由与人格》却卖出了数万本，成为牛津大学出版社过去50年来，甚至可能是该出版社有史以来最畅销的哲学学术著作。

对某些学者来说，《理由与人格》改变了他们的一生，他们被其中的问题和论证深深吸引，甚至将自己的职业生涯投入其中。谢利·卡根等年轻一代哲学家也深受其影响。"它令人大开眼界，开启了新的视野。"[12] 它对一些非专业读者也产生了类似的影响。该书出版多年后，一位线上购书者称其为哲学界的"中子弹"。[13]

它的这种影响既来自其实质内容，也来自其写作风格。这种风格并不符合每个人的口味，而且帕菲特的表达方式无法模仿：帕菲特式段落清晰可辨。玛丽·沃诺克指责帕菲特的文章没有可读性是不公正的。有些哲学家确实犯有不在乎清晰度的毛病，或者更可耻的是，故意写得晦涩难懂。但帕菲特不是这样的。他的首要目标是清晰明了，排除一切歧义。最棘手的观点也是他最努力去解释的。对清晰度的渴望激发了他断断续续的节奏，在这种节奏中，他仔细地阐述各种区别，并经常重复和强化各种观点。从《理由与人格》中随意摘录几行：

> 我区分了我最有理由做的事，和根据我的信念，我理性上应该做的事。如果我的酒被下了毒，那么喝这个酒就不是我最

第14章 荣耀！晋升！

有理由做的事。但是，如果我毫无理由相信酒中有毒，那么我喝下这个酒就不会是不理性的行为。我的主要问题是：我们最有理由做什么。[14]

* * *

20世纪80年代初是英国哲学的黑暗时期。玛格丽特·撒切尔领导的保守党政府于1979年上台，承诺削减公共开支。随后的财政削减导致几所哲学系关闭，其他哲学系也面临裁员。帕菲特曾乐观地认为，这本书的出版会为他获得万灵学院高级研究员职位扫清障碍。然而，在1981年受到打击后，他再也不敢冒险了。英国的就业市场可能已经停滞不前，但在不为学院所知的情况下，他正与多所美国大学商讨自己的未来。他在牛津大学遇到麻烦的消息不胫而走，一些院系看到了机会，纷纷抢着要他，想用他的名字为自己的师资队伍增光添彩。而帕菲特就与不同的大学同时进行着谈判。

在短期内，得克萨斯州休斯敦的莱斯大学想要他在1984年1月工作一个月，然后从1984年3月下旬起再工作八周。最初提供的12000美元涨到了16000美元（包括旅费、食宿费）。与此同时，珍妮特在加州大学洛杉矶分校获得了一个学期的聘期。对帕菲特来说，还有一个更长期、更诱人的提议：1983年5月12日，罗伯特·诺齐克写信给他，邀请他全职到哈佛大学任教。

诺齐克本身就是一位杰出的哲学家，著有《无政府、国家与乌托邦》(Anarchy, State, and Utopia, 1974)，该书被视为是对其同事约翰·罗尔斯的《正义论》的最有力回应。《无政府、国家与乌托邦》至今仍是自由至上主义者的圣经；该书认为，国家只应具有最低限度的职能——确保安全和执行契约。帕菲特阅读了整个手稿，并提出了详细的意见。书中有一个著名的张伯伦论证；[15]在 21 世纪，我们可以将其更新为勒布朗·詹姆斯论证。如果全世界有一亿人愿意每周向詹姆斯支付 1 美元，观看这位球星为洛杉矶湖人队效力，而且每个球迷都自由参与这项交易，那么，根据诺齐克的观点，詹姆斯将有权获得每周 1 亿美元的收入，尽管他将变得异常富有（比现在富有得多），但强迫他交出这笔钱中的一部分作为税款是不公正的，是对其自由的侵犯。

帕菲特受内心的张伯伦启发，询问了哈佛大学的薪水情况。"这并不是最能影响我决定的因素，但却有助于做出决定。"[16]他提到自己还收到了纽约大学的邀请。这可能是一种策略，目的是让一所大学与另一所大学竞争，但如果是这样的话，这种策略没有起效。哈佛从院长办公室发给帕菲特的正式提议薪酬出乎意料地低，起薪为 48000 美元；如果帕菲特选择在 1984 年秋季学期而不是 1983 年开始工作，起薪还会略高一些。帕菲特表示感谢，但他想知道是否可以推迟到 1984 年 6 月再做决定，到那时他就会知道自己是否会被牛津大学解雇。他再次采用了策略：如果万灵学院的研究员知道他有后备计划，他觉得他们拒绝他的晋升时就会少一些顾虑。

与此同时，帕菲特正在与纽约大学进行谈判，其中大部分是通过他的朋友托马斯·内格尔进行的。内格尔多年来一直向帕菲特保证，如果他厌倦了万灵学院，他可以在纽约大学为他安排一份永久职位，但前提是这是一份全职工作。当帕菲特表示希望担任兼职工作时，纽约大学勉强同意了；他们也屈服于帕菲特不同寻常的日程安排要求。帕菲特的想法是，每隔一年，他来讲授整个秋季学期，并且在春季学期的三、四月份也讲授一部分。随后，他向哈佛大学提出了同样的建议。这是他父亲去世前一年的事，他向诺齐克解释说，做出这种非同寻常的安排有两个原因：

> 只要我的父母还健在，而且住在牛津，我就不愿增加离开牛津的完整学期数。我每周要看望父母两次或以上，他们不希望我一整个学期都不在。我离开六周或八周对他们来说更好一点。第二个好处是，我在3月和4月来，不会错过牛津大学希拉里学期和三一学期。这意味着我在万灵学院的工资不会有损失，或者损失不多。如果我错过牛津的整个学期，我就会损失四分之一的年薪。[17]

就在这些谈判进行的同时，帕菲特还得重新向万灵学院提交一份晋升申请，内容包含他未来七年的研究计划。他决定，不把对元伦理学核心问题（如道德主张是否"客观"）的研究放入这个计划。他希望避开元伦理学，因为他认为这会使他自己陷入专业知识不足的领域，如语言哲学和非道德领域的"客观性"。此外，他认为，由于有许多道德哲学家已经在从事元伦理学研究，那么他专攻其他领域会更有意义。正如他向约翰·罗尔斯解释的那样，他打算解决的问题已经足以"让我忙碌一生"。[18]

的确如此！也许，万灵学院现在应该已经学会了不要把帕菲特的目标太过当真。不过，他还是列出了一份雄心勃勃的任务清单，和他计划在晋升后解决的课题清单。首先，他将出版承诺已久的新版《伦理学方法》。然后，他将为牛津大学出版社编辑一套新的伦理学丛书。之后，他打算重新考察《理由与人格》中的某些方面。他在书中讨论了一个人最有理由做什么，但他需要"考虑不同种类的不合理性，如自欺和意志薄弱"。[19] 然后，他还将研究书中几乎没有涉及的领域，其中包括：1. 我们应如何决定什么符合一个人的最大利益；2. 分配正义的主张，以及这些主张会如何影响世界上最富有者和最贫穷者之间的日益不平等；3. 道德要求会有何限度；4. 我们应如何评估我们行为的后果；以及 5. 他认为不太为人所知的问题，例如各国之间越来越相互依存会有何影响，以及我们新获得的灭绝人类种族的这种能力会有何影响。

帕菲特写道，他的目标是"一种普遍的理论"，所有这一切都可以容纳其中。如果这还不够，他还说明了他将如何研究那些与伦理学只是略有关联的领域。"一些例子"包括"任何一个人有持续同一性的本质，时间流逝所涉及的内容，我们在何种意义上具有自由意志，我们在多大程度上像纯粹的机器，我们对彼此的了解，以及对其他类型有感知生物的了解有何局限性，以及我们能够实现何种类型的客观性"。[20]

鉴于许多哲学家的整个研究生涯都只专注于其中一个基本领域（例如，人类在何种意义上可以声称拥有自由意志），这个研究太不切实际，几乎可笑。不过，对于万灵学院的非哲学家来说，这种不切实际性也许并不是那么明显。

* * *

帕菲特在提交研究计划的同时，还必须附上一份推荐人名单，并确保他们的推荐信在1984年5月1日之前送达院长。以赛亚·伯林代表帕菲特找到了著名的法律哲学家赫伯特·哈特，哈特对帕菲特评价很高，但因需要阅读过多资料而拒绝了。帕菲特获准可以有五位推荐人。R. M. 黑尔、大卫·皮尔斯、约翰·罗尔斯和伯纳德·威廉斯都同意担任推荐。麻烦的是，最后一个推荐人选谁，帕菲特在艾耶尔和蒂姆·斯坎伦之间犹豫不决，他向伯林征求意见，得到的答复是斯坎伦和艾耶尔各有利弊。大多数万灵学院研究员很可能没有意识到，斯坎伦是一位多么优秀的哲学家，他们会认为"他肯定是我的朋友"，而对他的话不屑一顾。[21] 至于艾耶尔，他是一位公共知识分子，每个人都知道他是该学科的重要人物，但"学院里最有可能投票反对我晋升的三分之一的人［……］可能会认为艾耶尔是一个社会自由主义者，他们会忽略他的意见"。[22] 帕菲特决定不向彼得·斯特劳森索要推荐信，因为他已经在《纽约书评》上发表了对《理由与人格》的溢美之词。

伯林对这封信的回复已经遗失，但最终帕菲特选择了斯坎伦而不是艾耶尔，也许这是伯林的建议。帕菲特很焦虑，他担心威廉斯的支持用处不大，因为反对帕菲特的那些人也是反对威廉斯竞选院长的人。威廉斯没有忘记万灵学院的冷落。他写信给帕菲特，请他阅读自己的新书《伦理学与哲学的限度》（*Ethics and the Limits of Philosophy*）的草稿，[23] 并称万灵学院是一所"疯狂的学院"。[24] 至于黑尔，帕菲特认为自己有义务要求他提供推荐信，因为他是怀特讲席的最新任职者，而且1981年担任过推荐人，所以"如果现在不请他，可能会引起怀疑"。[25] 问题在于，"在最近的一次小组讨论会上，我当着他的面，不慎表达了我的看法，即他诉诸道德语言从根本上说是错误的"。[26]

由于帕菲特在1974年和1981年的晋升申请的推荐信，我们已经提供了诸多细节，在此再详述1984年发给万灵学院的类似推荐信就意义不大。当然，与以往不同的是，人们期待已久的书已经面世，推荐人认为这本书"令人震惊"[27]，是"真正伟大的成就"。[28]威廉斯写道："帕菲特是学院一位有杰出天赋的道德哲学家，现在又取得了显著成就。"[29]事实证明，帕菲特根本没必要担心黑尔的支持。"我知道我在1981年3月30日给您的信中说过，他可能是他那一代人中最好的道德哲学家[……]这次推荐如果有什么要改动的，我现在会去掉'可能'二字。"[30]黑尔解释道，帕菲特自然是接替怀特讲席的理想人选。大卫·皮尔斯强调了帕菲特的特殊性，认为他需要一份免于琐碎学术事务的工作；牛津大学老师典型的教学职责"与他这种规模的研究工作不相容"。[31]与此同时，罗尔斯相当详细地描述了帕菲特如何影响了他自己的思想，并指出，他不再相信一个人可以在不解决人格同一性问题的情况下从事道德哲学研究。威廉斯事先攻击了非哲学家对道德哲学作品的常见指责，包括"作品微不足道"这种指责，他认为这种批评"无论从哪个角度都不适用于帕菲特的作品"，或者指责帕菲特不切实际。[32]威廉斯预言，帕菲特的作品会影响政策，但正如柏拉图、卢梭、康德和密尔的作品一样，这可能需要时间。

除了帕菲特选择的推荐人外，万灵学院还就帕菲特的书、他的知识能力和未来计划征求了两位独立人士的意见。第一位是斯图尔特·汉普希尔，帕菲特在美国的哈克尼斯奖学金期间就认识了他，他的报告是《理由与人格》非常出色，"作为一个反例，它肯定会在普通新闻记者每两年一次论述分析哲学的琐碎性的文章中被引用"。[33]第二位是杰弗里·沃诺克（Geoffrey Warnock），他是一位哲学家，也是玛丽的丈夫和牛津赫特福德学院的院长。

沃诺克夫妇在吃早餐时一定嘀咕过《理由与人格》。杰弗里·沃诺克的批评与他妻子的相似，但更加尖刻；想到帕菲特不会知道他的评论，毫无疑问这让他更加气焰嚣张。沃诺克写道，帕菲特花了太多时间摆弄文本，回复数十位通信者的评论，以至于忘记了读者。这本书的"极端怪异之处"源于"它毫不妥协追求一种相当刻板的目标的简洁性"。[34]

其目标是思考关于人的本质和人采取行动的理由的某些问题，并通过论证、反论证、对反论证的反驳等，以确定对问题的回答在理性上是可维护的还是不可维护的。这就是读者能得到的东西，除此之外别无其他。读者得不到机智或文体多样性上的愉悦；不会有时不时的放松，节奏与论证密度一成不变，让人不想继续往下看；沿途也没有给予帮助的标识，不会明确指出何处重要或不重要、新颖或不新颖、有趣或无趣。读者将要踏上且随之沉浮的这条河流，满是平铺直叙的短句，展示的全是论证、反驳、答复和进一步的论证；由于既要全面，又要有说服力，所以是长河漫漫，极大地考验读者的耐心。[35]

在对《理由与人格》进行一番痛击之后，沃诺克看来是要对帕菲特的智力做出毁灭式评判。然而在这些大肆批判之后，结尾却出人意料。他写的是，你真正想知道的是帕菲特作为一个哲学家到底有多优秀："我想结论一定是他非常优秀。"[36]

1984年5月14日，在学院投票决定帕菲特前途的一个月前，学术事务委员会召开了一次会议，评估帕菲特的学术资质和研究计划。沃诺克夫妇的影响显而易见，但总的来说，委员会采纳了帕菲特推荐人的共识。"虽然可以对他的写作风格提出批评，但毫无疑问，帕菲特的作品在道德哲学问题上的探究深度和强度，在世哲学家中罕有匹敌者。他提出了别人忽视的深刻问题［……］。委员会一致认为，帕菲特完全符合学院期望的标准，因此全体一致推荐他当选。"[37]

帕菲特阵营现在悄然变得自信起来。第二天，以赛亚·伯林告诉他的朋友、《纽约书评》任职的鲍勃·西尔弗斯（Bob Silvers），他们计算了一下数字，认为他们有"53.5%的胜算"。玛丽·沃诺克的评论"很愚蠢"，但《纽约时报》上斯特劳森的评论很有帮助，会"大大增加真理与美德阵营的弹药"。[38] 一位研究员认为，莱特文怀有敌意的文章"愚蠢至极"，对于非哲学家来说，"它很可能实际上加强了德里克当选的理由"。[39]

* * *

学院会议于6月中旬举行。伯林代表帕菲特发言。根据他的传记，他发表了"催人泪下的演讲［……］并且或多或少地表示绝对没有理由不选他"。[40] 这是伯林在万灵学院的最后一次演讲，因此可能令人难忘，但在场的其他人毫无流泪的记忆。

事实上，帕菲特这次胜利只是走个形式而已。在《理由与人格》大获全胜之后，如果帕菲特被否决，学院会集体感到脸红；即使是最顽固研究员的反对也消失了。根据伯林的说法，最终的结果是50票对4票。

当然，帕菲特也可以离开"万灵学院之茧"。但是，对于一个如此彻底体制化的人来说，离开会引起相当大的动荡。消息很快

第 14 章 荣耀！晋升！

传遍了国际哲学界。6月17日，罗尔斯给帕菲特发来贺信："经过这段艰难困苦的岁月，你终于实现了自己的梦想，这真是令人欣慰和振奋。"他建议帕菲特好好休息一下，"让自己静养"。[41] 紧接着，他又给伯林写了一封信，说"确实是个好消息［……帕菲特］如此出色地完成了他的著作，他的巨大努力最终必定会促成这样的结果"。[42] 次月，伯林写信给帕菲特，感谢他赠送格伦·古尔德的唱片，并提到了莱特文的评论："学院里凡是与我交谈过的，没有人认为你应该回应那个愚蠢的女人。"[43]

帕菲特不再需要其他地方的全职工作，但可以在美国继续兼职教学。他决定选择纽约大学而不是哈佛大学。他没有新的想法，因此，1984年秋季学期的教学计划是重新讲授《理由与人格》的部分内容。他告诉诺齐克，在哈佛这会让人很尴尬，但在纽约大学不一样。怎么说呢？因为哈佛的学生更聪明，不过帕菲特说得更委婉。他写道，"鉴于我在纽约大学要教的学生类型"，花更多的篇幅来解释这些材料是有价值的。然而，对哈佛学生来说，教授旧教材"会浪费他们的时间"。[44]

他希望等自己更有灵感时再去哈佛。"我仍然觉得自己还是很陈腐，没有活力［……］我不指望在纽约大学有教学相长［……］但我相信，如果在哈佛尝试各种想法，我会学到很多东西。"[45]

第 15 章　蓝调与蓝铃花林

帕菲特感到疲惫不堪。见证《理由与人格》付梓的兴奋感很快就过去了。他觉得自己江郎才尽，精神也变得颓废，头发也开始花白。他告诉别人说，压力已损害了他的大脑，他再也不能像以前那样思考问题了。他担心自己再也做不出重要贡献。

《理由与人格》是在仓促中完成的。1984 年晚些时候又出了一个新的更正版，1986 年又出了一个做了进一步更正的平装版，1987 年接着出版了一个包含更多更正的平装版。平装版通常会提供机会，让作者可以删除作者或读者在精装本中发现的明显错误。帕菲特的修正有成百上千处。有些更正，比如关于人格同一性的，是实质性的，但几乎所有其他修正都无关紧要。他再一次把校对员和参与本书编写的其他牛津大学出版社员工逼到几近崩溃。"他是唯我论者，他的书名叫'理由与人格（persons）'，但他完全不考虑其他人（persons）。"[1] 当安吉拉·布莱克本（Angela Blackburn）等牛津大学出版社员工对他希望修改文本的程度表示不解时，他采取了他的惯用伎俩——主动付钱。"我说这不是钱的问题。制作团队工作得很辛苦，这令人沮丧。这让他感到非常震惊。"[2]

仔细分析文本才能发现一些微不足道的改动。书的开篇是致谢，日期为1983年9月。1987年之前版本的第一行写道："17年前，我与加雷思·埃文斯一起开车前往安达卢西亚。"[3] 帕菲特本想从他对埃文斯的亏欠说起，因为埃文斯英年早逝（见本书第10章）。但在1986年的某个阶段，他一定意识到自己犯的错误不是一个，而是两个。1987年卷首语写道："16年前，我与加雷思·埃文斯一起前往马德里。"[4] 正如我们所见，这句话朝着事实的方向移动了一些，但并没有完全抵达：他一定是在1968年夏天与埃文斯一起旅行的（在书中1983年9月12日的致谢之前15年）。

* * *

《理由与人格》出版后，帕菲特不仅思想疲惫，个人生活也遭受了重创和动荡。帕菲特刚完成该书最终版本的修订工作，他就收到了毁灭性的消息：他的妹妹出了车祸。

当他们年轻时，德里克和乔安娜之间有着亲近的甜蜜关系，这从他们的书信往来中可见一斑。但是，他们随着年龄增长而渐行渐远，共同话题越来越少。乔安娜受过幼儿护理的训练，但帕菲特对孩子没什么兴趣。她也无法和他谈论哲学。她一生在心理上和经济上都比较挣扎。她有时绝望地给哥哥打电话。尽管帕菲特害怕接这些电话，但他还是会开出支票来帮助她脱困。

事故发生在多塞特郡。乔安娜当时在蒙克顿怀尔德的一个为单亲家长准备的乡村度假屋，她以前也待过几次。1986年10月30日，她和埃塞俄比亚出生的养女内奥米正开车前往莱姆里吉斯，打算在那里买冰淇淋。她的亲生儿子汤姆（当时六岁）和其他家人一起留在度假屋，先是睡觉，然后玩一款叫做 Speak-and-Spell 的手持游戏机。汽车在驶离一条陡峭狭窄的道路顶部、转入一条双车道公路时熄火，结果被一辆拖着船的车撞上。内奥米只是轻微擦伤，但乔安娜的腹部和胸部严重受伤，并且出现了大面积颅内出血。

大姐西奥多拉住在美国，但正好在英国度假，立即和母亲杰茜从牛津开车赶往医院。德里克也很快赶来。乔安娜于 1986 年 11 月 3 日去世，年仅 42 岁。他们带着汤姆和内奥米去看了遗体。

由于乔安娜没有立下遗嘱，当务之急是如何处理孩子们。汤姆的生父几乎没有参与儿子的生活，也无法提供经济支持。西奥多拉搬到乔安娜的公寓住了一段时间，并考虑过收养他们两个，但这意味着要让他们离开原来的环境，搬去美国。而且她已经 46 岁了，有着自己的家庭。没有人会认为德里克是合适的监护人。尽管他有伴侣，但在别人眼里，他依然是个单身汉，而且不谙世事，完全不懂孩子，根本应付不了他们。他从来不知道该对孩子们说什么，尽管他学会了通过倒立来逗乐小孩子。

结果是，几周后，乔安娜居住的伦敦哈林盖市将汤姆和内奥米送去了寄养家庭。这只是一个临时解决方案。帕菲特联系了牛津大学的朋友，其中包括哲学家盖伦·斯特劳森（彼得之子），希望他们能收留这两个孩子。如果这是他一个人的决定，斯特劳森可能会心情忐忑地同意，但他当时的妻子否决了这个提议。不过，孩子们的祖母杰茜在工作上认识阿德里安·格兰特（Adrian Grant）——一位流行病学家和随机对照试验的先驱，他也是诺曼和杰茜所属的牛津公共卫生团体的一员。阿德里安和他的妻子弗林妮（Frinny）当时三十多岁，有自己的女儿，并且已经获得了收

第 15 章 蓝调与蓝铃花林

养其他孩子的批准。格兰特夫妇通过同事得知这一悲剧后，立即打电话给杰茜。杰茜认为格兰特一家是一个稳固、充满爱的家庭。

然而，哈林盖市议会认为自己更了解情况，于是开始了长达16个月的激烈法律纠纷，议会一直在拖延和推诿，而其社会工作者的行为在外人看来显得官僚冷漠，近乎玩忽职守。议会通过原始的算法（"双亲""动机""为了汤姆的利益，有管理汤姆与亲生家庭接触的能力"），为汤姆另外物色了一对夫妇，但帕菲特夫妇认为这对夫妇不合适，部分原因是他们年纪较大，也没有自己的孩子陪汤姆玩耍。西奥多拉要求允许她来收养汤姆，而不是把他送到这对夫妇那里。

杰茜现在已年过70了，她代表格兰特夫妇带头发起了这场运动；哈林盖市议会认为她爱管闲事，占有欲强，是他们的眼中钉；他们试图限制她与孙子的接触，切断帕菲特家庭和内奥米之间的一切联系。有几次，德里克和珍妮特偶尔带着孩子们出去玩，但他们并不知道如何与孩子们打交道。德里克开始大量介入这场法律案件，与哈林盖市议会的社会工作者会面，帮助起草宣誓书，并出庭应诉。事实上，这场纠纷最终闹上了高等法院。德里克经常出现在法庭上，有一次他变得愤怒至极，据西奥多拉称，他对着法官大喊大叫。如果这是真的，那可能是他成年后唯一的一次大发雷霆。他自己的宣誓书称，哈林盖市议会的裁决是"基于严重的误判和事实错误［……］裁决方式非常粗心和不专业"。[5]

最终，这场诉讼战取得了胜利，汤姆于1988年加入了他的新家庭。杰茜不久后就去世了，弗林妮·格兰特和帕菲特夫妇指责是这场官司加速了她的死亡。小说家玛格丽特·福斯特（Margaret Forster）是西奥多拉的好友，她写的《克里斯塔贝尔之战》（*The*

Battle for Christabel）就是根据帕菲特家这次悲剧改编的。一旦这件事情正式解决后，德里克就很少见到他的外甥了，1994年，他外甥和格兰特夫妇一起搬到了苏格兰。但他一直与汤姆保持着松散的联系，就像资助汤姆的母亲一样，他有时也会给汤姆寄去慷慨的支票。帕菲特一家对内奥米的命运毫无影响，因为她并不是正式的家庭成员，她在一个寄养家庭中痛苦地生活着。

帕菲特对家人的感情很深。没有多少人知道他有一个死于意外的小妹妹，但如果有人提起这个话题，他很快就会伤感落泪。

在法律纠纷那段过程中，令人吃惊的是，珍妮特和德里克开始了同居生活的尝试，更令人惊讶的是，他们过起了乡村生活。诺曼去世后，本应有一笔钱留给德里克，但被杰茜用来在牛津买了一套公寓，以便乔安娜和她的孩子们能来住。这套公寓现在要被卖掉，钱要还给德里克。珍妮特建议他们把钱合起来买栋更大的房子。她最初考虑在牛津买一栋房子，这样他们的生活不会有大的改变，直到有一天在万灵学院，德里克闲来无事拿起一本时尚杂志《乡村生活》，翻到一页，他立刻爱上了里面的那所房子。

这座让他痴迷的对象是西肯尼特住宅，房产中介介绍说这是一栋四层楼、六间卧室、四间接待室、三间浴室的18世纪乔治亚风格的房子，占地三英亩。实际上，它并不像房产中介说的那样富丽堂皇，也不像建筑师设计的那样美轮美奂，但它的外观，尤其是新古典主义风格的外墙和柱廊，让帕菲特着迷。当他看到房子的外立面后，其他一切都不重要了。他后来说，那就像是爱上了一张美丽的面孔。他决定一定要得到它。

珍妮特就不那么确定了。她喜欢这所房子，但担心住得远离正常生活圈子带来的实际问题：西肯尼特是威尔特郡埃夫伯里附近的一个小村落，距离牛津一小时车程，距离位于米尔顿凯恩斯的开放大学两小时车程。但她还是被说服了。当时那所房子已经有人出价了，于是帕菲特的报价给了很大的溢价。这笔报价保证他们的竞标会胜出，尽管他们可能多付了五万英镑。他的朋友比尔·埃瓦尔德大吃一惊："我对德里克说，'你疯了！'，但他告诉我，他已经想好了办法。如果他减少购买光盘，他就能支付得起，这简直是痴心妄想。"[6]他们卖掉了珍妮特在牛津的房子，在附近买了一栋小一点的房子，既打算出租，也可以当作他们的临时住所。然后他们就搬到了西肯尼特。他们在那总共住了八年，最开始时非常满意。

他们之间仍然没有谈论婚嫁，但珍妮特认为戴戒指是个好主意，因为他们正生活在一个新地方。1988年，在每周一次前往马尔伯勒的购物行程中，他们买了一对配套的戒指。第二年，当他和他的美国朋友拉里·特姆金正乘飞机去参加一个会议时，特姆金发现了帕菲特的戒指。特姆金说："你结婚了！"他没有说"没有"。[7]特姆金忍住了没有被邀请参加婚礼的恼怒。他几乎不认识珍妮特，但从那时起，每当他和帕菲特见面，他都会尽职尽责地打听帕菲特的"妻子"。帕菲特也从未纠正过他。大约十五年后的一天，帕菲特说："你知道吗，我们并没有结婚。"

特姆金向几个人提过帕菲特的"妻子"，但哲学界的许多其他人都以为他是单身。有些人认为他是同性恋。有一次，在一次罕见的社交聚会上（那是在一次由两位著名的进化生物学家约翰·梅纳德·史密斯和理查德·道金斯举办的研讨会上，帕菲特和珍妮特都参加了），帕菲特在中途脱身时提到，指着珍妮特说："我要去和那个女人谈谈"，但没有提到"那个女人"是谁。[8]几乎没有他们俩在一起的照片。此外，当人们谈起珍妮特时，帕菲特显得很困惑。特姆金在电话中问道："珍妮特怎么样？"帕菲特沉默了片刻，然后回答道："为什么这么问？"特姆金解释说，询问朋友最亲近的人是礼貌且平常的。帕菲特把这个有用的信息记在了心里，以备将来别人提出同样的问题时使用。虽然他从来没有完全内化这种对话规范，但从那时起，每当他打电话给特姆金时，对话就会这样开始：

帕菲特：我是德里克，希望没有打扰到你，现在方便说话吗？
特姆金：和你聊天总是很愉快，德里克。
帕菲特：梅格（Meg）怎么样呀？ [9]

* * *

住在西肯尼特时，珍妮特正在开放大学开发一门关于平等的课程，并在初步构思一本关于达尔文主义及其对人类本性的影响的书。她和德里克各自有独立的书房。他经常在沮丧于某个哲学论证后，或者因为更日常的电脑出了故障，就去到她的书房。

他搬进西肯尼特的房子时满怀激情，周围风景怡人，毗邻巴斯、威尔斯和温彻斯特的杰出建筑。他确实很喜欢那里。珍妮特和德里克会一起去米尔顿凯恩斯，也经常开车去牛津。他说："这种生活很适合我！"[10] 虽然珍妮特有次累得把车开出了马路，但通勤并没有影响他们的心情。

但随着时间的推移，他的写作开始吞噬他。由于他们几乎不认识当地人，入住后没多久，珍妮特邀请了一些人来喝酒，包括当地的国会议员。"这是我认识德里克以来他最接近生气的一回。他不得不花一个小时和一些他没有任何理由认为自己会感兴趣的人聊天，简直是完全浪费时间。"[11] 在四月末和五月，西肯尼特附近的树林开满了深紫色的蓝铃花。游客们会不远数英里来欣赏。在帕菲特写的一篇关于宇宙为何存在的文章中（稍后会提到），他设想了什么都不存在，想知道对那种情况可以做何解释，并举出各种事物的例子，这些东西在无物存在的情况中都不会存在。"为什么会没有星星或原子，没有哲学家或蓝铃花林呢？"[12] 但事实证明明，他更感兴趣的是抽象的蓝铃花林，而非现实中的蓝铃花林。在他和珍妮特共同拥有西肯尼特住宅的那些年里，他总共只散过两次步，第一次是心甘情愿的，第二次就是勉强的。顶楼的书房有令人叹为观止的景色，但窗帘始终拉着。珍妮特有一晚邀请他去欣赏美丽的天空时，他甚至都不愿意绕到房子的后面去看一下。

晚上，珍妮特有时会骑车到乡间小路转转，但无法说服帕菲特陪她一起去。回家后她会抬头看一眼，经常可以透过窗户看到，他赤身裸体在健身自行车上蹬腿。醒着的时候他开始只在吃东西时休息片刻，就像曾经在牛津那样。他还增加了在美国的教学任务，并且每年都要去威尼斯和圣彼得堡旅行。珍妮特发现自己大部分时候都是孤独的。有一次，他从美国教书回来，马上开始收拾行李，准备出国摄影，而珍妮特对此一无所知。第二天他就离开了。这种情况显然并不理想。两人都不爱争吵，但关系越来越紧张。

帕菲特一定忘记了那些曾经的美好时光。许多年后，他告诉朋友张美露，购买西肯尼特的房子是他犯过的最大错误。[13]

＊＊＊

从1983年黑尔退休到1990年，怀特道德哲学教席空缺了七年。这是英国道德哲学界最负盛名的职位，黑尔曾告诉帕菲特，后者有责任申请这个职位。但这个职位附带行政职责，帕菲特对此毫无兴趣。

他连续数年（1986—1988）在三一学期举办关于西季威克的《伦理学方法》的研讨班。他与德沃金和森的牛津年度研讨课也在三一学期继续举行。在这些研讨课上，自然有许多关于罗尔斯的讨论；罗尔斯提出的问题继续主导着伦理学和政治理论的辩论，在美国情况比在英国更甚。帕菲特对此感到非常烦恼。他认为，罗尔斯关于我们需要特别关注最差人群的见解非常重要，但《正义论》被过分高估了。罗尔斯是帕菲特为数不多会否定其声誉的哲学家之一——不是用文字否定其声誉，也不是针对个人，而是因为他对罗尔斯的显赫地位感到困惑。

从1984年起，森—德沃金—帕菲特组合又增加了一名新成员，加拿大出生的政治理论家杰里·科恩，他思维敏捷、语速轻快、口出妙语、目光闪烁，以"分析马克思主义者"而闻名，运用分析哲学的工具和逻辑研究卡尔·马克思的论点。这就是所谓的"不废话马克思主义"。万灵学院并不适合马克思主义者，但科恩是一个热情好客、广受欢迎的人物，而且研究员们确信，如果革命真的来临，也不太可能是由这位新任奇切尔社会与政治理论教授在同行评审期刊上发表的文章引发的。

随着时间的推移，科恩对马克思主义理论的同情逐渐减弱，而且无论如何，他始终在强烈批评苏联势力范围内侵犯人权的行为。在其他三位小组成员中,帕菲特与科恩的关系最为密切,尽管他们的背景截然不同。科恩成长于蒙特利尔的一个工人阶级移民家庭:他的父母都在服装业工作,他们是在面对警察暴行而努力组织工会时相识的。这同时是一个典型的犹太家庭,反犹太复国主义、亲苏联且是激进的无神论者,这种结合使科恩对自己的族群出身产生了矛盾的态度。以赛亚·伯林是万灵学院的第一位犹太研究员,科恩继任了他的位置。当我还是一名研究生时,有一次他邀请我共进午餐,并给我看了一本小册子,上面有万灵学院研究员的姓名和照片;翻开册子,他自豪地指出:"这人是个该死的犹太人……这人是个该死的犹太人……这人是个该死的犹太人"。[14]

帕菲特和科恩,一位是老伊顿人,一位是工人阶级犹太人,他们都热爱万灵学院,并在那里度过了整个职业生涯。帕菲特曾为科恩写过一封推荐信,称他是英国最杰出的政治哲学家,并称赞他为人正直。[15]一天,科恩房间的电话响了,帕菲特在电话那头。帕菲特想确认一下,"如果我称你为朋友,你能接受吗?"[16]。帕菲特提出这个问题是因为他不知道如何使用"朋友"这个词,但科恩却深受感动。

这些研讨课的主题五花八门:"合理性与正义""能动性、福祉与平等""理由的平等",但很快就有了一个通用的昵称:"星球大战"。科恩、德沃金、帕菲特和森坐在房间一端的长桌后面。来自政府与公共行政学系的格拉德斯通讲席教授、生于维也纳的彼得·普尔策(Peter Pulzer)在桌子边缘徘徊,处于小组成员与听众之间的灰色地带。普尔策拥有广泛的专业知识,从德国政治到反犹太主义的兴起,但算不上是哲学家,也没有被邀请作为小组成员参与讨论。他一定是觉得,自己在牛津大学的教职让他在会议中占据一个特殊位置提供了合理性,而哲学家们显然也不会要求他离开。

科恩的到来并没有改变讨论的形式:四位小组成员中的一位将以非正式发言开启讨论。反复出现的一个主题是"平等"。平等待人意味着什么?我们为什么要重视平等或担心不平等?如何实现平等?平等与权利之间有什么联系?平等与自由不相容吗?

大多数人,无论其政治信仰如何,都会不假思索地声称他们支持某种形式的"平等",但如果被问及此事,他们又很难解释其中的原因或其确切的含义。在分析的显微镜下,"平等"这一概念似乎充满了张力。美国《独立宣言》宣称"人人生而平等",这一短语被认为体现了一种道德真理,即每个人有同等价值,应受到同等尊重。但这对物品的分配意味着什么呢?平等的价值是否意味着平等的资源——还是我们应该追求由资源所带来的平等幸福或类似的东西?不同的平等观念会支持不同的政策。

德沃金还提出了与这些问题相关的另一个问题,即"昂贵品味"问题。假设有两个人,我们称他们为德里克和罗尼。前者对食物并无偏好,满足于以玉米片和西兰花为主的饮食;而后者则特别喜欢白松露和鹅肝,尤其是配上一杯陈年波尔多的香槟。将同等的资源分配给德里克和罗尼,似乎是在惩罚可怜的罗尼,因为他的精致欲望可能得不到满足。这一思路引发了关于平等、运气和选择的问题。有些人可能会因为自己的选择而落得不如别人的下场;而有些人则可能是因为运气不好而如此。国家应该补偿运气而不是选择吗?科恩认为,平等主义的目标是消除那些受难者无须负责任的不利条件。

这些和类似的辩论帮助阿马蒂亚·森发展出了后来的"能力"

平等进路——着重于个人实现其所珍视的生活方式的能力。换句话说，森认为我们应该关注的是人们实际上能够成为什么样的人，能够做什么样的事，而不是试图衡量和比较主观的福祉或幸福感。这种方法在国际援助和发展领域产生了深远的影响。

但"星球大战"的讨论范围远远超出了平等问题。例如，有一场会议讨论了投票是否合理的问题（因为一票改变结果的可能性微乎其微）。还有关于"自由"的辩论。不废话的马克思主义者杰里·科恩对马克思主义内部似乎存在的一个矛盾很感兴趣。马克思坚持认为，历史力量确保了革命的必然性。与此同时，马克思和马克思主义者还鼓励人们参与政治活动，最终实现革命。但是，如果革命是不可避免的，那么马克思主义者坐在沙发上，吃着资本主义生产的爆米花，观看日常的电视，直到革命发生，这不是更合理吗？

科恩不这么认为。马克思并不认为人们无论做什么，革命都是不可避免的，而是因为人们理性地行动，最终必然会做出革命的行动。就像一支规模庞大、装备精良的军队必然会打败一支规模微小、装备简陋的军队，但前提和原因是，强大军队中的士兵都参加战斗。

对在座的研究生们（我也是其中之一）来说，这一讨论的吸引力部分来自讨论的许多问题都对社会如何运作和重构具有重要的现实意义。研讨课召开之时，正值撒切尔主义的巅峰时期，英国一度出现大规模失业，意识形态方面上深陷分裂。1985年1月29日，为抗议教育经费的削减，牛津大学的教授们投票拒绝授予撒切尔夫人荣誉学位：这一行为令人大跌眼镜。撒切尔主义的知识理论基础源自米尔顿·弗里德曼（Milton Friedman）的货币主义、维也纳出生的弗里德里希·哈耶克（Friedrich Hayek）的古典自由主义，以及同为维也纳人的卡尔·波普尔（Karl Popper）的开放社会与反极权主义。撒切尔更直接的思想支柱是她在保守党内的关键盟友、前万灵学院研究员基思·约瑟夫爵士（Sir Keith Joseph）。虽然撒切尔主义在大学广受鄙视，但这是一种意识形态现象，而推动这一现象的思想来自象牙塔。

但除了社会政治背景，还有研讨课本身的场面。这里有重量级的智力摔跤手在互相较量；房间充满了自我膨胀的气氛。科恩、森和德沃金都是滔滔不绝的外向人物。研究生们会八卦四位成员中谁最自大，没人会提到帕菲特。

哲学家汤姆·胡尔卡（Tom Hurka）回忆起与杰里·科恩的一次类似对话。胡尔卡在20世纪80年代中期是万灵学院的访问学者，有天晚上，他邀请科恩在研讨课结束后回来吃晚饭。科恩请他根据（a）与会者对"胜利"的关心程度和（b）与会者对真理的关心程度，对他们进行排名。科恩认为，很明显，帕菲特是最关心真理、最不关心胜利的人。

* * *

在《理由与人格》一书刚出版的几年里，帕菲特品味着这本书的成功，并享受着不断的学术荣誉。1986年，享有盛誉的期刊《伦理学》（*Ethics*）专门为这本书出版了一个特刊，同年，他还获得了同行的认可，被选为英国国家学术院院士。

但是，除了生动活泼、内容丰富的"星球大战"研讨课之外，这几年他在学术上相对比较荒芜。他发表了一些文章和编辑书中

第15章 蓝调与蓝铃花林

的章节，但所有的内容基本上都是重新加工的材料。他开始着手写一本极为雄心勃勃的书，暂定名为《形而上学与伦理学》，这本书将涵盖个人同一性、自由意志、时间、死亡、心灵与物质、宇宙和上帝等内容！[17] 在自由意志的争论中，帕菲特感兴趣的是道德责任和应得以何种自由为前提。他有一种决定论的本能直觉，也就是说，他认为我们的决定要么是有原因造成的，要么没有原因造成，那么就一定是随机过程的产物。无论哪种情况，我们都必须从根本上反思我们的反应性态度，如内疚、怨恨、愤慨、愤怒和骄傲。如果人们是由什么东西引发去做了坏事，那么对他们抱有敌意就没有意义。也许因为威慑作用，或者因为他们对他人构成危险，关押某些人是有道理的，但并不是因为他们应得惩罚。

"死亡"引发了让帕菲特感兴趣的许多问题：死亡有什么坏处，我们如何看待可能出现的不朽？至于《理由与人格》中提到的"时间"，帕菲特认为"现在"和"这里"两者之间可能存在某种相似性。"这里"是相对于说话者的视角而言的。如果地球上没有生命，"这里"就没有任何意义。那"现在"是否也是如此呢？或者说，在一个没有生命的宇宙中，时间还会沿着向前流动的方式展开，某些事情会在"现在"发生，接着其他一些事情也在另一个"现在"发生吗？

对于帕菲特来说，在《理由与人格》出版后的几年里，虽然没有重大的学术突破，但他并没有虚度光阴。他如饥似渴地阅读，社交几乎从日程表中消失，尽管偶尔他会允许自己休息几个小时。他曾带着历史学家阿德里安·伍尔德里奇去莱斯特广场观看一部他已看过的电影，即阿贝尔·冈斯执导的 1927 年的法国无声电影《拿破仑》(*Napoléon*)。他们开车前往伦敦，帕菲特让伍尔德里奇感到惊讶的是，他在驾驶和停车方面展现了基本的能力。他的驾驶风格是选择一条车道和一个速度，然后机械地沿着高速公路一直开下去。他几乎不注意路上的其他车辆，它们只是需要避开的障碍物。珍妮特·拉德克利夫·理查兹说，"他似乎根本不知道有必要向其他司机表明自己的意图，或试图去了解他们的意图"。[18]

对伍尔德里奇来说，那部五个半小时的电影似乎漫长得令人难以忍受，但帕菲特全神贯注地观看，等待着某个特定镜头，在某个特定场景中，他认为这是一个绝妙的天才时刻。他曾兴奋地大肆宣传这一场景，但却没有给他的同伴留下什么印象。他们以相同的方式，单车道返回牛津，就像他们来时一样。珍妮特总是告诫乘客，在帕菲特开车时如果他们想保命，就不要谈哲学。

虽然被万灵学院开除的可能性很小，但帕菲特仍被要求每七年提交一份研究计划，而学术事务委员会负责监督他的研究进展。1988 年，委员会报告说，帕菲特的出版速度再次"令人失望"。[19] 作为回应，他决定把注意力转向写另一本关于平等的书，他认为自己可以很快完成。这本书暂定名为《论优先照顾穷人》。到 1990 年底，他已经写了八章草稿。

《论优先照顾穷人》一书最终没有完成——最终（见下一章）被浓缩为一个简短但精彩无比的讲座。帕菲特没有完成这本书的借口是，他现在必须完成另一项紧迫的任务。1987 年，基尔大学的哲学家乔纳森·丹西（Jonathan Dancy）向他提出了编辑《阅读帕菲特》(*Reading Parfit*) 一书的想法。这本书将主要收录特别委托撰写的文章，回应帕菲特在《理由与人格》一书中提出的观点。罗尔斯和诺齐克分别已有《阅读罗尔斯》和《阅读诺齐克》(*Reading Rawls* and *Reading Nozick*)。这个计划是，《阅读帕菲特》中的章节会寄给帕菲特，他的回应将与这些章节一起出版。帕菲特热情地回应了这一想法，并提出了一份撰稿人名单。在他原创作品的灵感返回之前，这是一个可以让他参与其中的重要项目。

截止 1991 年，几乎所有章节都已完成，丹西在等待帕菲特的回应。他一直在等，等啊等。

第 16 章　优先性观点

为《阅读帕菲特》一书撰写章节的学者包括拉里·特姆金、西蒙·布莱克本和朱迪斯·贾维斯·汤姆森（Judith Jarvis Thomson），帕菲特对每一篇文章的回应不断膨胀。他一再向该卷的编辑乔纳森·丹西保证，最终的稿件很快就会送到。丹西不得不应对撰稿者，其中一些人已经开始愤怒，因为他们的论文拖了几年还未得以发表。

帕菲特有很多分心的事情，包括举办讲座和参加讨论小组。他参与的最长时间的讨论小组始于 1990 年，持续了近三十年，除了第一次会议，其他所有会议都没有包括他的学生张美露。张美露没有参与该小组值得一提，因为她还是一名博士生时，正是她首先向两位年轻的牛津哲学家罗杰·克里斯普（Roger Crisp）和布拉德·胡克（Brad Hooker）提议成立该小组。当时的想法是在她位于贝利奥尔的房间里聚会，该提议的吸引力之一是张有一批进口的优质咖啡（那会儿还是英国咖啡革命之前）。

张当时已经持有一种她后来将以此而闻名的观点的雏形。她的直觉告诉她，价值和理由完全不同于身高与体重等物理属性。身高和体重这样的物理属性彼此之间必定是更大、更小或相等。

布拉德比罗杰高,或者罗杰比布拉德高,或者他们同样高。但张认为,价值和理由并非如此。虽然我们可以同意莫奈比我九岁的孩子更伟大,但说莫奈比塞尚更伟大就没有什么意义了。他们也不是同样优秀的。当两件事同样优秀时,如果你改善其中一件,它就变得比另一件更优秀。如果莫奈在《睡莲》画作中使用更多的钴蓝,而不是便宜得多的法国产群青,那么那些画作可能会更美一些,表现出更高的艺术性。但他不会因此变得比塞尚更伟大。

对于我们每个人在生活中不得不做的艰难抉择,也可以说类似的话。你应该成为一名律师还是一名哲学家?搬到郊区还是留在市区?保持单身还是结婚?每个选择都有利有弊。总体而言,两条路可能没有哪一条更好或更差,它们也可能不是完全一样好。但用掷硬币的方式来决定它们,显然是疯了,而通过有人给你五十美元让你选择其中一条路也不会解决问题。张认为,在生活中我们的选项往往是差不多的(on a par)——它们确实不同,但没有哪一条是正确的选择。你必须通过对某条道路的承诺来让它对你而言是正确的。

张自己也曾面临过这样的困境,在成为律师后决定转行做哲学家。稳固、高薪的法律职业是她移民父母希望她从事的职业。她的父母出生在中国大陆,1949 年前相识于台湾。后来,他们搬到明尼苏达州,她父亲在成为生物化学家之前,曾靠洗盘子维持生计。道德哲学吸引了张。她在几乎全是白人的社区中长大,童年时常受到种族歧视(她的三年级老师曾要求全班其他孩子去检查她的眼睛)。她的家庭教她保持低调,不要引人注目。大约五岁时,她的父母突然停止用普通话与她交谈,转而使用(蹩脚的)英语,尽管普通话仍然是他们争吵时使用的语言。

虽然选择成为哲学家的理由并不比选择成为律师的理由更有说服力，但通过选择成为哲学家，张选择了成为那种她可以全身心投入的人的类型，并拥有那种她可以全身心投入的生活。无论如何，有一天她坐在帕菲特的讲座上，他提到了价值模糊性的问题。当他们开始讨论这一问题及其对伦理学的意义时，他们之间的联系便建立了。

克里斯普和胡克是亲密的朋友，既讨人喜欢又受欢迎，他们和张一样对道德哲学感兴趣。在他们小组的第一次会议上，张提出了一个颇为离奇的建议——邀请帕菲特参加下一次会议。大家原本认为他会礼貌地拒绝，但令他们惊讶的是，他同意了——前提是会议转移到他在万灵学院的房间里。他还劝说张不要出席——因为他觉得她需要专注于完成博士学位。因此，张创建的讨论小组继续进行，换了个场地，只是没有她这个创始人的参与。

在接下来的二十年里，该小组平均每年举行三到四次会议。小组的成员不断扩大，邀请了其他的哲学家，其中一些人多年一直参加，而有些人只参加了一学期。除克里斯普和胡克外，与会者还包括罗伯特·亚当斯（Robert Adams）、约翰·布鲁姆、克里斯特·拜克维斯特（Krister Bykvist）、乔纳森·丹西、汤姆·胡尔卡、沃洛德克·拉比诺维奇（Wlodek Rabinowicz）、朱利安·瑟武列斯库（Julian Savulescu）、约翰·斯科鲁普斯基（John Skorupski）、菲利普·斯特拉顿-莱克（Philip Stratton-Lake）、拉里·特姆金和魏纪武（Ralph Wedgwood）。会议通常开始于下午 2 点左右，一直持续到至少下午 5 点，讨论期间不供应任何茶点。

将帕菲特描述为小组中的"首席平等者"并不准确，他是"首席不平等者"。虽然偶尔会讨论其他成员提交的论文，但约有

第 16 章 优先性观点

75%的时间里，小组讨论的内容是帕菲特正在研究的课题。而且，约50%的时间，都是帕菲特在讲话。由于房间里没有足够的椅子来容纳所有人，经常会有人坐在地板上。帕菲特通常坐在壁炉前，背对着壁炉，他和壁炉之间让人惊恐地堆了几沓高高的书堆——有一位参与者被帕菲特的肘部吸引了注意力，因为一不小心，书堆就可能倒塌。

* * *

研讨会、讲座和讨论小组并非帕菲特完成《阅读帕菲特》一书中他那部分内容的唯一障碍。他还被两个问题分心，它们与他的其他哲学关切相关，但又通向不同的方向。

第一个问题是平等和分配正义——社会资源应该如何公平地分配。这个问题不仅主导了"星球大战"研讨会，还吸引了他两位最亲密的美国朋友，托马斯·内格尔和蒂姆·斯坎伦的兴趣。当堪萨斯大学邀请帕菲特进行1991年林德利讲座时，他选择了"平等还是优先？"作为主题。他一定为受到邀请感到荣幸。历年来的林德利讲座讲者名单几乎是哲学界的马奎斯世界名人录，其中包括许多帕菲特熟悉的思想家，如黑尔、威廉斯和德沃金。

表面上，平等似乎是一个重要的价值，可以与其他价值一起进行权衡。即使是狂热的平等主义者也不会认为平等是唯一的价值。例如，一个人人都富足的平等社会肯定比一个人人都贫穷的平等社会更好。通常，被认为与平等最为对立的价值是自由——为了将财富从富人转移到穷人，政府必须强制性征收税收。然而，在1991年的哈佛研讨会上，帕菲特让在场的人感到惊讶，他提出了一个观点：一个更平等的社会将会有更差的艺术，随后与一位研究生展开了以下对话：

> 帕菲特：想想看，为什么20世纪没有创作出伟大的音乐作品？
> 学生：你在开玩笑吧。
> 帕菲特：那就给我们举个例子。
> 学生：朋克摇滚。
> 帕菲特（高举两臂）：拜托……[1]

即使我们对帕菲特提出的关于不平等与艺术之间关系的怀疑有所保留，显然追求平等可能会有其他代价。承认这一点并不削弱我们大多数人所认为理所当然的事情：平等可能不是唯一的价值，但它无疑是一个具有内在意义的价值。正是这个假设——一个几乎没有受到哲学家关注的假设，因为他们和非哲学家一样认为它是显而易见的——是帕菲特在讲座中要针对的。

帕菲特被他的朋友托马斯·内格尔的一个例子所启发，内格尔在《人的问题》（*Mortal Questions*）一书中"平等"一章的结尾处，提出了一个家长的困境：

> 假设我有两个孩子，一个是正常的，且非常快乐，另一个则患有痛苦的残疾。我们可以分别称它们为第一个孩子和第二个孩子。我即将换工作。假设我必须在搬到一个昂贵的城市和搬到一个宜人的半乡村郊区之间做选择。如果搬到这个城市，第二个孩子可以接受医疗治疗和教育，但家庭的生活水平将会

降低,且邻里环境对第一个孩子来说不愉快且危险——而如果搬到郊区,第一个孩子能够享受一种自由愉快的生活,且该孩子对体育和自然有特别的兴趣。这个选择在任何观点下都是一个困难的选择。为了用它来测试平等的价值,我想假设这个情境有以下特点:搬到郊区对第一个孩子的好处要大大超过搬到城市对第二个孩子的好处。[2]

内格尔的直觉是,尽管如此,还是有理由选择去城市——这个选择对第二个孩子最有利。正如他所写,这个理由就是"平等"。第二个孩子的生活条件比第一个孩子差,优先考虑第二个孩子的利益将使两者的生活更加平等。他并没有坚持认为这个考虑会超过所有其他因素。可能还有其他更重要的因素,这些因素会使得我们最后选择郊区。但我们都可以同意,在这个两难选择中,平等的价值会让我们倾向于选择城市。

我们能同意吗?帕菲特的独创性部分在于,他拒绝接受那些直观上看似合理的主张,直到它得到明确的表达,且通过了一系列(通常是假设的)案例测试。他在平等辩论中的出发点是比较不同假设世界中的情况,这些世界中不同群体生活状况的糟糕程度不一——这可能是在财富、健康、幸福或其他方面。例如,假设有一个分裂的世界,其中两边的人彼此并不知情——也许是大西洋两岸的人,两边没有现代通讯,也没有人跨越过海洋。两边的人口相等。现在假设,一边每个人的幸福水平为100,而另一边的每个人幸福水平为200。与之对比的是,在另一个分裂的世界,其中两边的幸福水平都是140。第一个世界在某种意义上更好,因为人们的平均生活条件更好(平均值为150)。但我们中的许多人会倾向于认为，从整体来看，第二个世界更可取，因为它更加平等。

到目前为止，这对平等主义者来说是令人欣慰的。然而，帕菲特指出了一个简单但具有毁灭性的反驳，称之为"拉低水平反驳"。有些人是盲人。如果我们向水中投放某种化学物质，使每个人都失明，世界在某种程度上会变得更好吗？当然，这种做法会有多种理由让它显得是可怕的行为；每个正直的人都必定同意，这是一个可怕的事情。但帕菲特并不是在问我们是否应该让每个人都失明。这个化学物质会使很多人变得更糟，没人变得更好；帕菲特的问题是，尽管如此，使用它是否在某个方面上是值得欢迎的，因为它至少会带来更多的平等。一个类似的例子是自然灾害，它只会影响到生活更好的人，将他们的生活水平降到最差的水平。对于这种情况，真有理由支持吗？这个主张似乎是荒谬的。[3]

如果帕菲特关于"拉低水平反驳"的观点是正确的，那么就没有人应该支持平等作为具有内在意义的价值——尽管它可能有工具性的理由。也就是说，它可能有助于产生其他具有内在价值的结果。一个更加平等的社会可能是一个更具凝聚力的、因此更幸福的社会。在这种情况下，平等的价值并不在于它本身，而在于它有助于获得其他更有价值的东西（如幸福）。

帕菲特认为，存在一种接近平等但比它更为根本的价值。他写道，重要的不是某些人在不平等的世界中生活得更糟这件事情本身，而是他们本可以不像最差者那么差。回到前面的情境，比较（a）一个世界，其中一边人口的幸福水平是100，另一边是200，以及（b）一个每个人幸福水平为140的世界。第二个世界至少在某种程度上更好，并不是因为它更平等，而是因为最差的人

第16章 优先性观点

现在生活得更好了。帕菲特称这种观点为"优先性"观点。

平等是他以前的学生拉里·特姆金的专长领域，他得出的结论略有不同。事实上，特姆金可以声称在优先性观点上拥有优先权。在他1983年的博士论文中，他指出了平等主义和优先主义之间的矛盾。[4] 帕菲特曾多次向特姆金坦言，他觉得自己欠了这位年轻人一笔知识债务，自己从未充分承认这一点。然而，帕菲特用他标志性的简洁和清晰表达了平等与优先之间的区别。正是他使这一区别声名远扬，直到四年后，1991年林德利讲座才以出版形式问世[5]，并且仍然是平等文献中的奠基性贡献。

* * *

此时，帕菲特的另一段智力"绕行"带他开始思考他所称之为"最崇高的问题"：为什么宇宙存在？换句话说，为什么存在某种东西，而不是什么都没有？还有一个补充性的问题：为什么我们的宇宙是现在这个样子？

有些人认为这些问题没有意义。青年时期的弗雷迪·艾耶尔和逻辑经验主义者会持这种立场——因为这些问题是无法进行经验测试的。然而，帕菲特相信这些问题不仅有意义，且我们甚至可以提供部分的答案。

他对这一主题的最早思考出现在1991年《哈佛哲学评论》（*Harvard Review of Philosophy*）的一篇短文中。[6] 但他在为非哲学读者写的仅有几篇文章中也探讨了这一问题：首先是发表在1992年7月的《泰晤士报文学增刊》的《实在之谜》(The Puzzle of Reality)，[7] 然后是在1998年发表于《伦敦书评》上的一篇分为两部分的长文。[8] 许多科学家都思考过存在的奥秘，正如 17 世纪的戈特弗里德·莱布尼茨和 19 世纪的阿图尔·叔本华等哲学家所做的那样。20 世纪初，路德维希·维特根斯坦曾写道："世界中的事物之神秘并不在于它们的存在方式，而在于它们竟然存在。"[9]

世界本来可以是其他的样子。那么，为什么是这个世界呢？帕菲特将每一种世界存在的方式称为一种"局部"可能性。他将这些局部可能性的整个集合称为"宇宙的"可能性。现在，在这种宇宙的所有可能性中，有一种情况是任何局部可能性都不存在〔他称之为"零假设"（Null Hypothesis）〕，还有一种情况是所有局部可能性都存在（"所有世界假设"）。当然也可能是介于两者之间的各种情况，可能存在 57 种可能性，甚至 57 万亿种可能性。

如果所有可能性都存在——即所有可能存在的世界都存在于某处——那么我们生活在这个世界就不再是个谜。帕菲特说，"为什么我们的宇宙是这样的？"这个问题就会类似于"为什么现在是这个时间？"这个问题。

零假设也是一个相当合理的情境，尽管我们必须探讨如果没有任何事物存在，那将是什么样的情况。如果没有任何东西存在，这本书就不会存在，地球上的任何事物也不会存在，地球本身也不会存在。然而，帕菲特认为，"仍然会有一些真理，例如没有恒星或原子存在这个真理，或者 9 可以被 3 整除这个真理。"[10]

既然我们的世界实际上存在，我们就知道"零假设"是错误的。在零假设和所有世界假设之间，存在一些可能的世界。也许我们的世界是唯一存在的世界。许多科学家认为，生命得以存在的条件是极特殊的。例如，一旦大爆炸的初始条件稍有不同，复杂生命将不可能存在。帕菲特说，在这种情况下，我们就需要回答一个问题。他用彩票做了一个类比：假设一千个人面临死亡，只有一个人能获救，谁有这个运气由抽签决定。

> [如果]我赢了，我会感到非常幸运。但这里可能没有什么需要解释的。总会有人赢，为什么不是我呢？再考虑另一种彩票。除非我的监禁者抽到一千根稻草中最长的一根，否则我将被枪决。如果我的监禁者抽到那根稻草，那就需要解释一下了。仅仅说"这个结果和其他结果的可能性一样"是不够的。[11]

第二个结果是特殊的，第一个不是。第一个结果注定会发生在某人身上，而第二个结果很可能不会发生——在绝大多数情况下都不会发生。当然，这可以是巧合，但这似乎不太可能发生。大爆炸与第二个彩票似乎有相似之处。因此，这里是需要解释的。

这就引出了一些复杂难懂的论证，我想不管是《泰晤士报文学增刊》的读者，还是《伦敦书评》的读者，几乎没几个人能完全理解。这个主题极其复杂，帕菲特的论述自然而然地变得异常深奥和艰涩。具有讽刺意味的是，在他的所有著作中，唯有这篇文章得到了广泛的公众关注。作家吉姆·霍尔特（Jim Holt）报告说，这篇《伦敦书评》的文章让他"流下了智力的喜悦泪水"[12]，但并非所有读者都分享他的极度兴奋反应。某位读者感慨道："为什么文学杂志甚至会存在？"并补充道："我们生活的这个世界已经够不公平了，《伦敦书评》每两周才出版一次，在圣诞节之后的那个可怕的空档期，年中最深的深渊，每期的两页半被这篇详尽却颇具说教意味的哲学分析占据，足以让我们对天喊出'为什么？'。"[13]

帕菲特之所以对这些问题感兴趣，可能与是否存在天堂有关。他在少年时期曾有过短暂但非常虔诚的宗教信仰，当然他也来自一个传教士家庭。他无法相信上帝——至少是基督教的上帝——的主要原因是恶的问题。一个全能全善的上帝理应创造一个完全没有苦难的世界。[14] 他还蔑视这样一种观点，即全能、全善的上帝会划分天堂和地狱，惩罚一些人永远堕入地狱。

但如果上帝不存在，道德又该归于何处呢？如果宇宙是不可解释的，这又会如何影响我们的生活方式呢？没有上帝，一切是否还有意义呢？这些思想的种子，很快就成为对帕菲特来说压倒一切的执念。

* * *

20 世纪 90 年代初，帕菲特又回到了过去的话题。林德利讲座一年后，他发表了唯一一篇与他人合著的文章。[15] 他的合著者不是哲学家，而是一位经济学家。泰勒·考恩（Tyler Cowen）在阅读《理由与人格》后表示，这本书"改变了我的一生"。[16] 他被书中的内容深深吸引，甚至阅读了所有附录，包括附录 F。帕菲特在这个附录中主张，没有合理的依据支持"社会贴现率"（即未来事件的道德重要性会以某种比率打折扣）。例如，一千个人现在过着悲惨的生活，比一千个人十年后过着悲惨的生活更重要，而后者又比一千个人一百年后过着悲惨的生活更重要。

帕菲特拒绝了这种主张，考恩认为其理由令人信服。1988 年 10 月 20 日至 22 日，帕菲特与考恩都参加了在得克萨斯州奥斯汀举行的自由基金会议，主题是"代际关系"。考恩一直渴望见到

第 16 章 优先性观点

"这个世界上我最喜欢的思想家"。[17] 自由基金的会议形式是一个小型跨学科小组的圆桌讨论，出席者中有法学教授、哲学家和经济学家。帕菲特对考恩印象深刻，并提议共同撰写一篇论文。

这篇论文后来变成了《理由与人格》附录的扩展形式，分析了为代际贴现率辩护的各种论证，发现它们都存在不足。例如，有人提出民主的论证：许多人对未来不那么关心，因此我们应该尊重他们的意愿。但帕菲特和考恩区分了两个问题，一个是我们在道德上是否有理由不那么关心未来，另一个是政府是否应强制执行多数人的意见。民主的论证仅与后一个问题相关，并没有对论文的核心问题（多数人是否正确）提供任何帮助。

他们承认，确实有一些合理的根据可以让我们不那么关注未来。其一就是未来具有不确定性。如果政策 A 现在确实可以拯救一条生命，而政策 B 仅有 50% 的机会在一年后拯救一条生命，并且我们只能选择政策 A 或政策 B，无法同时承担两者，那么显然我们有强烈的理由选择政策 A。对更有可能出错的预测进行贴现是合理的。但这并不是因为一年后或一百年后的一条生命在价值上低于今天的一条生命。重申《理由与人格》中的一个观点，无论今天还是百年后，丢弃的破碎玻璃划伤一个孩子没有道德上的区别。我们不应对遥远的生命进行伦理贴现——生命不会因为时间的遥远而减少价值。帕菲特和考恩认为，时间与距离在道德上是相似的，"没有人会认为这在道德上是正当的：我们行为的影响也要看距离，可以按每米 n% 的比例来减少对远处影响的关心"。[18]

两人之间的合作出奇地顺利。考恩撰写了大约 50 页的初稿，帕菲特提出了许多澄清意见，但他们几乎完全达成了共识。考恩的独特贡献在于将帕菲特的哲学见解转化为经济学语言，例如边际成本和机会成本的语言。他能够处理那些虽然相对简单，但令帕菲特头疼的数学问题。考恩指出，如果贴现率为 1%，那么今天一个人的生命就比 1400 年后 100 万人的生命更有价值。如果贴现率为 10%，那么今天一条生命的价值就超过了 145 年后 100 万条生命的价值。

* * *

在此期间，帕菲特仍然每年在牛津授课，这些课程的主题通常是"伦理学"或"实践理性"。他主持过两次关于人格同一性的联合授课，第一次是在 1992 年的米迦勒学期，与夸西姆·卡萨姆合作；第二次是在 1995 年，与保罗·斯诺登合作。卡萨姆出生于肯尼亚，是牛津大学沃德姆学院的一位新晋哲学家。他在 20 世纪 80 年代末写了一篇关于人格同一性的论文，并将其发给帕菲特。帕菲特对这篇论文赞不绝口，但自从《理由与人格》一书出版后，他就把人格同一性话题搁置一旁。直到他重新回到这个主题时，才联系卡萨姆，并建议他们共同开设一门课程。"我当时想：'太好了，跟德里克·帕菲特共同授课！'"[19]

然而，卡萨姆的热情很快消退。"这是我经历过的最艰难的事情。简直是个噩梦。"课程安排是他们轮流主讲，并且在上课前相互交换讲稿。"我会发一份讲稿给德里克，然后他会在一两个小时内给我回电话。他从不说'你好'，他会直接问'我打扰你了吗？'然后他会给出详细的评论。"卡萨姆感到在每次研讨课开始前，他都必须解决这些问题，"所以等到我来到课堂时，我已经累得不行了"。[20]

每周的研讨课都在默顿街 10 号的哲学系举行，参加者众多，其中不乏大牌哲学家。大家都觉得这是一件大事，因为这是帕菲特自《理由与人格》出版以来首次谈论人格同一性问题。

课程的很大一部分时间都用来讨论"动物主义"。"动物主义"这一术语是保罗·斯诺登提出的，它的观点是：我们每个人都是一个人类动物，一个生物有机体。我在这个有机体开始存在时开始存在，在它死亡时终结存在。自《理由与人格》以来，动物主义观点逐渐获得支持，而帕菲特对这一观点持开放态度，原因是所谓的"过多思考者问题"（Too-Many-Thinkers Problem）。根据帕菲特的心理连续性理论，人并非等同于其身体。但是我的身体有大脑，所以它是一个在进行思考的东西。这似乎暗示，在桌子前写这些字的人，是两位思考者——动物大卫·埃德蒙兹和人类大卫·埃德蒙兹。这反过来似乎让人觉得，思考者太多。

换个角度来说这个问题：假设仅仅是你的大脑被移植到另一个身体里。根据心理连续性理论，那个拥有不同身体但有你的大脑的人将会是你——它会有你所有的记忆等等。如果我们考虑到，大脑中维持生物生命过程（如呼吸、心跳、消化）的部位与维持心理能力的部位是不同的，那么这个例子就更具说服力。所以，一个有机体将思维功能转移给另一个有机体后，仍然可以保持生物学上的生命。如果原来的身体在没有大脑的情况下幸存下来，尽管它没有你的大脑（虽然大脑无疑是一个非常重要的器官！），我们难道不应该说这个身体还是你吗？如果是这样，看来你就存在于两个地方。

帕菲特改变他哲学中任何根本性观点的例子非常少。每当他达成明确结论时，他通常已经预见并克服了所有反驳。但是，"思考者过多"的问题迫使他暂时改变了对人格同一性的立场,他曾短暂地被动物主义所吸引。后来,他又回归到他原初立场的更精致观点。一个人不同于一个特定的躯体,但仍然必须存在于该躯体内,就像汽车喇叭不同于汽车,但存在于汽车之中一样。因此,当喇叭吹响时,喇叭和汽车都会发出声音,但实际上只有一个声音和一个声音制造者;只不过制造声音者,即喇叭,是汽车的一部分。无论如何,决定一个人随着时间变化而保持同一的,是心理上的连续性。即使在动物主义阶段,帕菲特也坚持认为,无论同一性由什么构成,同一性本身并不重要,重要的是心理上的连续性。事实上,他认为动物主义为他的观点提供了新的论据:人的同一性(sameness)就是动物的同一性,动物的同一性并不重要;因此,人格同一性并不重要。

帕菲特之所以接触卡萨姆和斯诺登,正是因为他们是动物主义者。斯诺登说:"他让人感到害怕,因为他对这些问题的思考如此深入和透彻。"在一次研讨会上,帕菲特想象着去医院探望伯纳德·威廉斯,并和他聊天。如果在谈话过程中,威廉斯的床单掉了下来,露出威廉斯的头并没有连在身体上,"我仍然认为我是在和伯纳德谈话"。[21] 气急败坏的斯诺登插话说:"如果我去宠物店买宠物,他们只给我猫的头,我会非常恼火。"[22] 全班同学都觉得这太好笑了。

斯诺登坚持他强烈的动物主义立场,但卡萨姆逐渐接受了帕菲特在核心问题上的观点——即动物主义并未对帕菲特关于哪个部分重要的看法构成挑战。对于卡萨姆而言,这次共同授课经历中让他最不舒服的方面,是帕菲特"进入了我的脑海"。[23] 卡萨姆在1993年向亚里士多德学会提交了一篇论文,阐述了帕菲特的观点。他将论文发送给帕菲特,后者"建议"进行修改。这篇论文经过了多次草稿修订,最终呈现出帕菲特的独特风格,迥然不同于卡萨姆以往的任何论文。"我觉得自己完全不在行,这是我从未在任何人面前感到过的。我觉得我不再独立思考了,感觉他接管了我的大脑。"[24]

* * *

当乔纳森·丹西继续等待帕菲特为《阅读帕菲特》一书撰稿时,又有一件事让帕菲特分心了。帕菲特此时还担任着"牛津伦理学"丛书的编辑。这个丛书的构思是他在出版《理由与人格》后不久提出的,并在申请在万灵学院申请升职时提到了这一点。直到七年后,这个系列的第一本书——谢利·卡根的《道德的限度》(*The Limits of Morality*,1991)才最终问世。

在接下来的二十年里,丛书又出版了十几本书,其中包括拉里·特姆金的两本书,以及弗朗西丝·卡姆的五本书;其中最畅销的是杰夫·麦克马汉的《杀戮的伦理学》(*The Ethics of Killing*)。所有书籍均是关于道德哲学的,并由帕菲特亲自挑选(牛津大学出版社默许了他所有的建议),但除此之外,这些书籍之间几乎没有任何共同之处。这套丛书帮助开启了几位学者的职业生涯。年轻的卡根刚刚结束与匹兹堡大学系主任的一次尴尬会面,对方关于他几乎没有出版记录的质询让他感到不安,这时帕菲特打来电话说:"我读过你的论文,我想出版它。"卡根的反应是:"我当时真的不敢相信。这是我经历过的最好的事情。"[25] 帕菲特渴望用卡根的书来开启这套丛书,并告诉牛津大学出版社:"在我读过的所有论文中，这篇在我看来是最好的……我期待它经过修订后，能成为许多年内伦理学领域最重要的书籍之一。"[26]

奇怪的是，帕菲特对这套丛书的设计或美学兴趣不大，但对于每位在丛书出版的作者来说，必然要经历一个相当艰难的编辑过程。有些作者觉得这种过程值得。从帕菲特阅读杰米·迈耶菲尔德（Jamie Mayerfield）的论文并建议出版，到它以《苦难与道德责任》（Suffering and Moral Responsibility）的名字问世，耗时整整七年。这本书讨论了我们减轻苦难的责任，而帕菲特的第一轮评论大约有单倍行距九十页的内容，"我阅读并细细品味这些评论，从中学到了很多。我感到自己被帕菲特的慷慨深深打动并心存感激……这非常了不起——更令人惊讶的是，他对许多其他学者也付出了类似的帮助。他的评论既具有建设性，又聪明、睿智、鼓励人，并且包含了许多原创且令人信服的论证。我觉得我在阅读一篇为我量身定做的重要哲学著作"。[27]

但帕菲特对完美的不懈追求也令人筋疲力尽。在经历了一轮又一轮的修改后，卡根对帕菲特说："如果你发现我某个段落确实自相矛盾，那么我会处理这个问题，但我没有心情再做其他修改。"[28] 拉里·特姆金于1993年出版了《不平等》（Inequality），而他的代表作《重新思考善》（Rethinking the Good）则出现在该系列的末尾。他为此苦心钻研多年，回应了帕菲特对多个草稿的意见。就在他以为这部长达千页的手稿已经完成时，帕菲特给他发来了电子邮件，对每一页都提出了额外的意见。"我说：'德里克，我不想要你的意见了！够够的了！'他却说：'但是，拉里，你不想让你的书尽可能好么？'我回答说：'不想，我只想让书完成！'"[29]汤姆·胡尔卡为该丛书撰写了一本《完善论》（Perfectionism），但他拒绝将自己的另一本书《美德、恶习与价值》(Virtue, Vice, and Value)加入系列，因为他不敢面对一轮又一轮的评论——完美主义也是有极限的。与此同时，各本书的致谢部分反映了帕菲特的非凡贡献。卡根写道："[我的书]之所以变得更长……全都得益于德里克·帕菲特非凡且耐心的关注。"[30] 利亚姆·墨菲（Liam Murphy）则表示："我最为感谢德里克·帕菲特……他的慷慨真是令人震惊。"[31]

虽然帕菲特对这些书籍有特殊责任，但并不只有这些书籍受到了这种待遇。他与世界各地的哲学家保持着联系，起初是通过邮寄，然后是传真，再到电子邮件。他回复的速度与广度令人惊叹。20世纪80年代和90年代，有一段时间，似乎每一本新出版的、备受推崇的道德哲学著作都会有大意如下的模板式致谢："我受到Z教授的鼓励，感谢X教授，我要感谢Y教授，但最让我感激的是德里克·帕菲特，他的评论精辟而透彻……"萨姆·谢弗勒的书《拒绝后果主义》(The Rejection of Consequentialism)就是这一类型的典型："我对德里克·帕菲特感激不尽……他对倒数第二稿的书面评论几乎和稿子本身一样长，我为书中本可能存在的错误而感到脸红，正是因为他的详细和敏感的批评，我才避免了这些错误……我猜只有那些接受过他类似帮助的人，且他们并不在少数，才能充分理解我对他的真正感激之情"。[32]

* * *

无论是在西肯尼特还是在牛津过夜，帕菲特的日常作息始终不变。他会从中午开始阅读写作，一直到深夜。1986年，一位才华横溢的年轻法律哲学家约翰·加德纳（John Gardner）被选为奖学金研究员，他阅读了《理由与人格》，并深受其影响。加德纳在五十多岁时因癌症去世，讣告中记录了他与帕菲特成为朋友和餐伴的经历。"那位以古怪著称的德里克·帕菲特……常常会让人不安地抓住约翰谈话中偶然提及的某个片段，并开始以微观的哲学细节进行剖析。帕菲特建议两人见面进一步讨论某个问题，约翰欣然同意。接着帕菲特问道：'星期二凌晨三点你有空吗？'，约翰当然回答：'有空'。约翰按时到达了约定地点，两人进行了一次精彩的讨论，谁都没有提到这个不同寻常的时间。"[33]

曾经有两年，帕菲特有理由在大学待得更久。1992—1994年是帕菲特一生中独一无二的时期，因为这段时间他承担了那些通常让其他学者痛苦不堪的行政责任。万灵学院院长由一名副院长协助工作，副院长是从学者中选出的，按照年资递减的"轮流制"来决定。1992年，轮到了德里克。从理论上讲，他本可以拒绝担任这一职务，但这样做会被看作不合适。这个职位的责任包括代理院长职务、参加委员会，若有研究员去世时则出席葬礼，在院长缺席时代为主持晚宴，以及参加各种礼拜仪式，院长和副院长在教堂圣坛屏风两侧有预留座位。帕菲特的前任罗宾·布里格斯给他写了一份长长的交接说明，列出了他的职责。尽管帕菲特大致上履行了他的职责，不过每当他代替院长参加晚宴时，都会引起人们的不安。按照惯例，在院长离开之前，没有人可以离开餐厅，但帕菲特总是沉浸在谈话中，忘记了离开，实际上是把共同用餐的人监禁在餐厅里。

1992年12月11日，帕菲特年满五十岁。这一天与他之前或将来的生日没有什么不同，未曾庆祝。他觉得纪念某一天而不是另一天毫无意义。他没有举办聚会,也没有收到礼物。根据珍妮特的说法,"他同意矮胖子的观点,认为没有生日的日子更好,因为那样的日子更多",尽管"他也不庆祝没有生日的日子"。[34] 他不给别人的生日买贺卡或礼物,连珍妮特的生日也不例外。他不知道珍妮特的生日是什么时候,对他来说生日并不重要。

那么,什么才重要呢?有没有什么重要的事情呢?直到现在,这并不是帕菲特曾考虑过的问题,而这一切即将改变。

第 17 章　德里卡尼亚

有些哲学家——只有少数几位——会把弟子们聚集在一起。路德维希·维特根斯坦就是一个有趣的例子。他的弟子们最终的说话方式像他，穿衣风格像他，举止仪态像他，甚至生活习性也会沿袭他独特的方式，比如用绳袋装蔬菜，以使蔬菜更透气。这位奥地利出生的哲学家对他的弟子们也可能会产生严厉的影响。他会鼓励一些才华横溢的学生放弃哲学，去做他认为更有价值的事情，比如体力工作，即使他们完全不适合这种方式的生活。

帕菲特是另一位学生们对其有深厚感情的哲学家。与维特根斯坦不同的是，帕菲特的影响并没有延伸到学生们的日常生活中。哲学界并没有身穿白衬衫、打着红领带的讲师群体。此外，他的影响要温和得多。在 20 世纪 70 年代和 80 年代初，哲学界的工作机会很少，他很担心学生的前途。但总的来说，他没有阻止学生们追求哲学，而是希望他们能像他一样献身于哲学。当他的学生索菲娅·莫罗（Sophia Moreau）告诉帕菲特，她在考虑从哲学转向法律时，帕菲特说："我们需要聊聊这个问题。我很担心，如果你转行学法律，那我们就再也无法讨论哲学了！"[1]

帕菲特认为维特根斯坦对哲学产生了有害影响。"我坚决反对他的影响,部分原因是他非常反对哲学。"[2] 他对维特根斯坦的人品也评价不高。这位奥地利人是欧洲最富有家族之一的后裔,虽然他把所有的钱都捐了出去,但捐赠对象是他富有的兄弟姐妹们。帕菲特认为,这表明他只关心自己的纯粹,而不是行善。

不过,维特根斯坦和帕菲特之间还是有一些耐人寻味的相似之处。两人都有一种超凡脱俗的气质,都被形容为近乎圣洁般的存在。一位前学生回忆起帕菲特的威严,表示接受他的教导"非常像一种宗教体验,这位哲学家和他的思想都有一种庄严的神秘感,我并不是唯一有这种感觉的人"。[3] 维特根斯坦和帕菲特都避开公众的认可。两人都是专注而执拗的个体,且有时都显得难以通融。帕菲特对摄影的痴迷,与维特根斯坦在 1920 年代为妹妹设计维也纳住宅时对细节上的痴迷如出一辙。一本关于维特根斯坦的回忆录写道:"我现在还能听到锁匠在问他钥匙孔的问题时说:'告诉我,工程师先生,这里的一毫米真的那么重要吗?'他的话音未落,一声响亮有力'对'让他大吃一惊。"[4] 维特根斯坦的学生描述自己如何陷入他的影响,帕菲特也有类似的魔力。维特根斯坦和帕菲特都有奇特的生活习惯:帕菲特曾赞同维特根斯坦的话,称他不在乎别人给他什么食物,只要每天一样就行。

* * *

帕菲特与学生之间的关系值得专门撰写一章。万灵学院是帕菲特梦寐以求的学院,因为这里免除了他的教学任务。但事实证明,他并不是想要逃避所有的教学工作,他只是想避免那些不按照他自身条件进行的、他不感兴趣的课程。他与美国大学达成的协议是，他会教课和接收博士生。在牛津，他没有这样的义务。不过，他还是定期上课，如果某个课题引起了他的兴趣，他就会同意担任导师。

他的博士生（或以牛津的方言来讲，叫 DPhil）对帕菲特的回忆也几乎是如此。他不是一个能为你提供牧师般支持的人。如果你遭遇丧亲之痛、与伴侣关系不和、拖欠房租或情绪低落时，你不要向帕菲特求助。他不会提供世俗的建议，不会安慰你，也不会送你蛋糕。但是当你遇到哲学问题时，没有其他导师会像他一样，投入如此多的时间和精力为你解答问题。

"亲切"是昔日学生对他最常用的形容词。他总是那么和蔼可亲，从不贬低学生，也从不以让学生难堪为满足（当然，这并不是所有学者都能做到的）。他几乎总能对某篇论文说一些赞美之词，即使他随后会提出严重的缺点。通常，他会在论文的开头给予积极的评价，并告诉学生应该更关注这些，而不是批评。他自己的不安全感让他能够洞察别人的不安全感。有一次，他感谢杰夫·麦克马对自己作品的一些评论，但却温和地责备他没有说过任何赞美之词。

他自己给学生的反馈令人惊讶，而且速度惊人。以前的学生们谈起这一点时，无不肃然起敬。晚上交上来的作业，第二天就会返回来，并附带一大堆的批注。帕菲特为自己的迅速反应感到自豪，而他如何做到这一点却是个谜。难道他的脑洞里住着一群帕菲特式的小精灵，忙碌地涂写学生论文上的评论吗？有的时候，有些学生会觉得沮丧，因为提交一篇内容充实的论文后，希望能有一段空闲时间休息一下。有位学生在下午早些时候给帕菲特发过去 50 页的论文，然后就去买东西。三小时后，当他回到学院的房间，一封电子邮件正等着他，里面有对论文的详细评论，并建议他马上过来讨论。[5]

有些指导老师倾向于从大处着眼，而有些则更善于指出许多小问题。帕菲特兼顾两者。他纠正标点符号、拼写和语法，厘清不通顺或模棱两可的句子。与许多哲学家不同——他们认为自己的职责是攻击论证中最薄弱的环节——他更感兴趣的是找出有力论证的种子，然后帮助浇灌它，让其开花结果，茁壮成长。通常情况下，最终出现的论文并不是学生最初的设想，很多学生认为论文应该把帕菲特列为共同作者。

帕菲特似乎并不把这种工作当作苦差事，反而乐此不疲。在哈佛时，他会待在哲学系的爱默生大厅里，直到深夜——窗帘半拉着，桌灯亮着。如果他看见他指导的博士生，就会像抢劫犯一样堵住这位博士生——只不过他要的是哲学论文，而不是钱包："你有什么要给我的吗？你有新草稿吗？"

在这方面，他是个彻底的平等主义者。他一点也不在乎一篇文章是由一位国际知名哲学家写的，还是一个没有任何发表的23岁年轻人写的。"随着时间的流逝，"一位学生写道，"我越来越惊讶于他愿意让我在他的办公时间里花这么多时间，而且他对我说的话似乎很感兴趣。"[6]学生得到德里克·帕菲特的这种认真对待，对他们来说是一种激励。西伦·帕默尔（Theron Pummer）是牛津大学的访问学生，他曾写信给帕菲特，谈论他关于平等的论文。"他对我非常慷慨，愿意花很多时间。我给他寄去三四十页的论文章节，他会在回信中写下同样多页的评论。我不是牛津大学的正式学生，没有发表过任何文章，我只是个无名小卒。"[7]

帕默尔和帕菲特还进行过几次马拉松式的讨论。与帕菲特的谈话，从中午到午夜随时都可能发生。索菲娅·莫罗还是哲学本科生时，就经常被叫到帕菲特万灵学院的房间里上辅导课，从晚上11点半开始，她和帕菲特会一直聊到凌晨三四点。另一位学生回忆说，他会因为争论而变得异常兴奋，简直就像激动的小狗一样在沙发上蹦上蹦下。通常情况下，是学生而不是帕菲特必须结束谈话。四五个小时的辅导是家常便饭，但更长的辅导也不是没有。前学生杰夫·麦克马曾与帕菲特进行过一次辅导，加上短暂的用餐时间，共持续了14个小时。

有时候，帕菲特会坐在壁炉一边的扶手椅上，而学生则坐在另一边的扶手椅上。其他时候，帕菲特会请学生——无论男女——到沙发上坐在他身边；很明显，他没有任何让人不安或不正常的举动。虽然他有一个伏特加酒瓶，用来喝水，但他从未想过要给学生们提供茶点。他自己的膀胱很能憋尿，但不可避免的是，几个小时的讨论后，学生们总会因生理需求而要离开几分钟。讨论是如此激烈、片刻不能停，因此至少有一名学生会消失片刻，在上厕所期间整理一下思路，以便再次回到战场。[8]

由于帕菲特独特的作息时间，学生们经常在不太理想的时间接到电话。一天下午，索菲娅·莫罗和帕菲特在破解一道难题时陷入僵局。次日凌晨3时，她的手机响起来并把她吵醒了。"我的朋友们不会在这个时候给我打电话。但我的家人在海外，所以我一开始以为家里一定发生了什么可怕的事情。我用颤抖的手拿起电话，却是德里克的声音。他没有说'很抱歉这么晚打扰你'，甚至没有说'喂，我是德里克！'。他只是说，'关于第5页的问题……'解释完他的解决方案，他稍作停顿后就挂断了电话。"[9]

牛津大学的BPhil学生必须撰写论文，多年来帕菲特主持了多次 BPhil 的研讨课，学生们会在课上讲解自己正在写的论文。他高效而勤勉地主持这些活动，从不生病。虽然有几次，珍妮特·拉德克利夫·理查兹被叫去代替他的研讨课，学生们会收到一则通知："帕菲特先生因天气原因而被滞留于圣彼得堡"。20 世纪 50 年代牛津大学的日常语言哲学家们会对这句话津津乐道，因为它巧妙地表达了歧义。措辞的目的是暗示延迟是非自愿的，但帕菲特欢迎俄罗斯的坏天气，因为这非常适合他的摄影，所以另一种解释是，他为了拍摄雪景而选择待在那里。事实上，他的摄影才是偶尔失约的唯一原因。"下周我可能不在这里"，他可能会在冬天预先通知学生，这意味着如果圣彼得堡下雪，他会尽快跳上飞机。

BPhil 学生通常会继续攻读博士学位。如果帕菲特有兴趣继续指导他们——他经常这样做——他会试图说服他们留在牛津，或者去与他有联系的美国大学。他说服索菲娅·莫罗选择哈佛而不是普林斯顿。"你不会想去普林斯顿的！"他情绪激动地说，"那里只有橱窗里挂着毛茸老虎的一排排商店！"[10]

从理论上讲，帕菲特担任指导老师的缺点是他大部分时间在国外，学生找不到他。但实际上，他随时都能回复学生的作业。有些学生更喜欢这种远程关系，因为面对面的辅导太累了。他有不同层次的亲密性，早期的笔记和信件都以"真诚的"结尾，然后逐渐通过一些社交用语，比如"最好的祝愿"或"最诚挚的祝愿"，到"亲爱的"。在索菲娅·莫罗看来，"感觉就像他在遵循一些他并不完全理解的社交规则"。[11]

回复邮件时，他会在文本中插入"zzz"，标示他的评论开始的地方。如果邮件来来回回，新插入的内容会用"xxx"标记，然后在第三轮中用"DAP"标记。[12] 他是早期台式电脑的使用者，曾告诉万灵学院的同事，坐在屏幕前、键盘在手的感觉"就像喷气式飞机的飞行员"。[13] 但后来他常常被技术难题打败，因为没有升级一个旧的微软程序，以至于他有时读取某些文件会遇到困难。他对 Word 中的自动更正功能变得喜闻乐见，而且发现使用快捷键，写作速度会更快，于是他给几十个人发送了以下版本的说明：

> 你可以这样做。首先定义一些键盘组合来调用自动更正功能（这样你就不必使用"工具"菜单来调用它了）。然后，你可以在文本中选择某个单词或短语，调出自动更正，在左侧长框中输入一个缩写，并按两次"回车"键。你就再也不用输入这个词或短语了，我有大约 5000 个缩写。最好在一个单词或短语中的缩写中使用一些辅音字母，如果记不住某个缩写，可以定义一个或多个缩写。例如，"Uism"是"Utilitarianism"（效用主义）的缩写，"cnrr"是"could not reasonably reject"（无法合情理拒绝）的缩写。[14]

他的缩写包括了大多数常用词。Would、should、person 和 reason 分别是 wd、shd、pn 和 rn。他还坚定地说："使用这些缩写，打字速度会快很多。"[15] 他将这些例子根据相关哲学家的风格进行调整，例如，维特根斯坦主义者该用"witt"表示维特根斯坦。他对自动更正非常着迷，因此"他让哲学系的一位管理员向全系成员转发了一份通知，建议大家都采用这种方法，并指出自从他自己采用这种方法后，打字速度提高了一倍"。[16] 他从未想过，打字速度可能不是限制他人工作效率的因素。

还有一点帕菲特从来没有意识到。这就是通常被归于法国哲学家伏尔泰的这一格言,"完美是优秀的敌人"。对学生或初出茅庐的学者来说,通常其首要任务是完成博士学位,发表几篇论文或出版一本书——这些论文或书不一定要对学科产生革命性影响。但帕菲特却很难理解这一点:对他来说,总是有改进的时间和空间。当一个沮丧的学生告诉帕菲特,他真的需要完成博士学位,因为他的资助即将结束时,帕菲特震惊地说:"你一年前就可以通过答辩了。我以为你只是想让它变得更好"。[17] 他告诉一位正在完成博士论文的万灵学院学生(非他指导的),她应该把论文发给两百个人征求反馈意见。"这可能是最糟糕的建议了。"[18]

他很厌恶的一件事就是写推荐信,他会想方设法推脱写推荐信的请求。毫无疑问,这是因为如果他同意写推荐信,他就会比要求或期望的更加认真地对待这个过程。他认为,要想提供可靠的推荐信,就必须阅读学生写的所有作品。他曾要求罗格斯大学的学生杰克·罗斯(Jake Ross)不仅把四百多页的毕业论文发给他,还要把所有的研究生阶段的伦理学论文都发给他。然后,他阅读了其中的二十多篇。但是,正如罗斯深有体会的是,帕菲特的认可对学生来说大有裨益。

然而,尽管他的推荐信总是很受欢迎,但他从未充分认识到,尤其是在美国,推荐信中的评论已经变得夸大其词,候选人如果不被过度吹捧,就可能处于不利地位。不止一次,推荐信被退回给他,要求他进一步夸大申请人的优势。这个过程让他备受煎熬。

***

除了指导个别学生,帕菲特还继续开展讲座和举行研讨课,即使是在牛津，他做这些也是自愿的。讲台上通常放着一个伏特加酒瓶，他偶尔会喝上一口。学生们不知道里面装的是什么，但其实是水。

在这方面，帕菲特也是文明的典范。传统上，哲学在学术界有着大男子主义形象。20世纪下半叶的牛津大学，有些哲学家的惯用手法就是贬低学生。帕菲特却自然而然地采取了相反的做法，杰夫·麦克马汉多次见证了这一点。"观众总会提出愚蠢的问题，德里克会说，'根据我的理解，你的意思是……'然后他就会提出一个引人入胜的问题，然后给出一个令人难以置信的有趣答案，其中涉及非凡的智力思维。所有这一切都是源于一个完全无用的问题。"[19]哲学中的大男子主义规范被包裹在一种激烈（有时是敌意）的辩论文化中，帕菲特喜欢激烈争论的场面，但当他参与其中时，他并不享受冲突。

虽然他的逻辑思维一丝不苟，甚至可以说是顽固不化，但学生和其他对话者逐渐了解到，有一个哲学领域是他拒绝涉足的。他有时会用简单的条形图来说明论证和思想实验，用来表示数字（如"令人厌恶的结论"中的世界A+、A、B等），但他从不使用数学或逻辑符号。哲学是一门，或者可以说是一门技术性很强的学科。分析哲学的创始人之一伯特兰·罗素认为，我们的语言常常把我们引入歧途。它可能包含歧义："我明天会给你一个ring"就是这样一个例子。是打电话还是送珠宝？还有很多含糊不清的表述，例如"明早见"。如果我们能把语言转换成逻辑，我们就能消除一些歧义和含糊，这有助于我们解决哲学问题。逻辑还可以澄清和明确不同语句之间的联系。

但帕菲特对逻辑符号有一种恐惧症。如果有人给他寄来一篇

包含这种符号的文章,他就会用这样的注释来回复:

> 我特别希望能读到您这个不可能性定理(也许是最终定理)的完整论证陈述,用英语写出来,不要用形式符号。如果用形式符号来表述,我就无法理解这些论证。[20]

这让一些学生和学者感到恼火,因为除非用符号表示,否则他们无法看清复杂论证的形式。但帕菲特有一种罕见的能力,他能在脑中进行长线思维,牢记论证可能出现的各种分支;因此,形式逻辑对他的用处没有其他人那么重要。的确,他有时会使用视觉辅助。曾有一次,约翰·托马西(John Tomasi)观察了一堂牛津大学的研究生课程,帕菲特在课堂上带领一名学生逐渐分析他们论文中的论证:

> "在谈话开始时你说了 X,但我想知道:你说的 X 是指 A 还是 B?"学生回答:"A。"帕菲特继续说:"很好,后来你说了 Y,你是指 P 还是 Q?"学生回答:"嗯,我想是 P。"帕菲特继续说:"哦,那不行,因为……(指出这里的逻辑错误)""让我们回到开头,你一开始说的是 B 而不是 A 吗?"学生:"是的,我想我一定是指 B。"德里克:"啊,很好。那么,后来你的意思是 M 还是 Z 呢?"诸如此类。[21]

托马西惊讶于他能做到这一点,于是接下来的一周,他坐在了帕菲特旁边。他看到帕菲特画了一个迷宫。因此,当到了讨论他自己的论文时,"我准备得特别充分,准备的中心内容就是预演他听到我的论文时最有可能画出的迷宫。我甚至在写论文时带着这个想法，它（和我）会被丢进德里克创造的一个小迷宫里，然后想方设法比其他人在迷宫中坚持得更久。想到要面对德里克和他的迷宫，这就激发了我的恐惧/敬畏，因此写出的论文要好得多"。[22]

* * *

虽然受教于帕菲特的经历改变了许多学生的一生，但这种受益是双向的。帕菲特从师生互动中也获益良多。首先是纯粹的满足感。成名哲学家往往通过坚持鲜明的哲学立场而赢得声誉，而他们的思想不如年轻哲学家那样具有可塑性。帕菲特认为影响学生是一件令人欣慰的事。他感到高兴的是，他的几个最聪明的学生在面对"恶的问题"后放弃了对上帝的信仰。

其次，帕菲特也感到满足于帮助研究生走上职业道路。他鼓励他们发表论文，必要时还会向出版商提供支持性的说明。当学生们找到教职时，他也会非常高兴。听说索菲娅·莫罗获得著名大学的教职时，帕菲特给她发了一封邮件，邮件的主题是"好耶！"，全文则是"好耶，好耶。好耶！"[23]（她成了一名法学兼哲学教授）。

帕菲特会把作品草稿寄给他最得意的学生，请他们提供反馈意见，这个要求既是一种恭维，也是一项严肃的责任。20世纪90年代初，张美露有过一次被人用枪抢劫的可怕经历，当时她随身带着一套新鲜出炉的评论。感恩节晚餐后，她和两名男子一起走在马萨诸塞州剑桥市的马萨诸塞大道上，这两名男子被枪抵住肋部，并被命令交出钱包，张则被命令交出她的包。他们三人合力说服歹徒把钱拿走，但把真正重要的东西归还给他们，那就是她做了标记的帕菲特的论文。

对帕菲特来说，学生们带来的真正奖励是他们通常具备许多职业哲学家所缺乏的两种相关特质。首先，他们不太可能被家务缠身，其次，他们更可能具备足够的智力耐力和热情，跟得上帕菲特的节奏。如果你想找到愿意从晚上 10 点开始，连续进行五小时哲学对话的伙伴，你最好在学生群体中寻找，而不是在那些必须早上 6:30 起床送孩子上学的中年教授中寻找。

很多学生开始自认是帕菲特的门徒，尽管帕菲特本人似乎不太可能这样看待他们。不过，一些哲学家认为，帕菲特确实有意将某些人招募进自己的哲学圈子，他有意成为一个"德里卡尼亚的招募者"。[24]

第 18 章　瑕不掩瑜的康德

《阅读帕菲特》最终于 1997 年出版，这已经是该项目启动十年之后的事了。但是，书中并没有帕菲特承诺的对 13 篇文章的回复。编辑的耐心终于被耗尽了，在致谢中，丹西几乎无法掩饰他的失望。延迟出版的原因是"我希望能纳入德里克·帕菲特答应写的，针对各位作者的建议和批评的回复。但这些回复迅速增加，篇幅变得如此庞大，以至于整个内容再无法收录在一本书中"。丹西解释说，帕菲特现在已经写了很多，这些材料将分成三本书出版，分别叫做《实践的实在论》《自我的形而上学》和《论重要之事》（ *Practical Realism, The Metaphysics of the Self,* and *On What Matters* ）。"最后，我为未能及时出版这本文集，向所有投稿人和沮丧的读者致以歉意。"[1]

***

帕菲特与牛津大学出版社现在有了一位新联系人。彼得·莫姆奇洛夫（Peter Momtchiloff）于 1993 年成为该出版社的哲学编辑。莫姆奇洛夫在晚上和周末兼任独立乐队天堂（Heavenly）的吉他手。虽然受到评论界的好评,但天堂乐队的专辑却并未大卖。莫姆奇洛夫在他的本职工作取得了更大的商业成功,通过将牛津大学出版社打造成哲学出版界的主导力量,成为了哲学领域的重量级人物。

帕菲特与莫姆奇洛夫讨论了他的三本书出版计划,并签订了合同。《自我的形而上学》将包含关于人格同一性的材料;《论重要之事》将重新探讨理由与人格的其他方面,同时也涵盖与平等和正义有关的问题;《实践的实在论》主要将讨论元伦理学。

元伦理学(metaethics)是形而上学的一个子领域。"形而上学"(metaphysics)一词起源悠久,亚里士多德的著作在公元 1 世纪被分为"物理学"和"形而上学"。形而上学,或"物理学之后",指的是处理实在的根本性质的哲学分支:如时间和空间等问题。有时会这样表述:形而上学探讨事物本身的样子,而不是它们在我们看来是什么样子。维也纳学派和逻辑经验主义者将这个术语视为污名,因为它涉及的问题超出了科学探究的范围。对他们而言,形而上学是一种无稽之谈。

帕菲特对形而上学并不完全陌生。例如他对时间的思考,以及对宇宙为何存在的反思,都可以归类为形而上学的探讨。元伦理学是形而上学的一个分支,但他接下来花了十五年的时间关注的是的非常具体的元伦理学问题。《阅读帕菲特》的各章涵盖了理由与人格的不同方面,但其中几章促使帕菲特更深入地思考拥有"理由"去做某事的本质,这将他引入了元伦理学。

就拿"折磨无辜儿童是错误的"这样一个陈述来说,其地位如何?这样的陈述如何声称具有道德客观性?这样的客观性主张意味着什么?我们应如何回应坚持认为"这只不过是一种意见"

的怀疑论者,并且认为这种意见并不比"折磨无辜儿童完全没问题"这种邪恶判断更有效?我们又该如何回应怀疑论者的"表亲",即相对主义者,他们声称道德是相对于文化的,因此在伦敦被视为"真"的道德,在尼日利亚的拉各斯或巴基斯坦的拉合尔可能并不为真?

当然,信奉上帝的人对为什么某些事情可能是客观上错误的有现成的答案。根据上帝的道德准则,事情就是错的。但这条出路是有问题的。如果上帝规定"折磨无辜儿童是可以接受的",那么折磨无辜儿童事实上就是可以接受的。[2] 无论如何,这都不是世俗世界可以采取的对策。

多年来,帕菲特觉得自己可以忽略元伦理学。他认为这太复杂了,而且其他哲学家在这个问题上比他更有能力。1970年代,拉里·特姆金和他在普林斯顿散步时,"当时我问起他的元伦理学的看法,德里克看着我,非常认真地回答:'我不做元伦理学,我觉得这太难了'。"[3] 因此,他决定坚持自己擅长的领域,让元伦理学家专注于他们的领域,大家可以和谐共存,而不必互动。

然而,在回应《阅读帕菲特》一书的文章时,他改变了主意。一个想法开始深深困扰他。

***

这个想法是:除非道德推理能够扎根于坚实的基础,否则他迄今为止所写的一切,他所做的每一个哲学论证,他所得出的每一个结论,都是毫无意义、毫无价值和虚幻的。这个坚实的基础必须是道德客观性。如果道德不是客观的,那么讨论它就是浪

254

第 18 章 瑕不掩瑜的康德

费时间。如果道德不是客观的，就没有理由采取这种行动而不是那种行动。他进一步认为，如果道德不是客观的，生活就是没有意义的。他自己的生活没有意义，所有人类和动物的生活都没有意义。

事实上，他意识到，大多数哲学家，包括许多他所钦佩的哲学家，都认为道德不是客观的，至少不在他认为的那种强意义上是客观的。他后来解释说："我越来越感到困扰和惊慌，因为有很多优秀的哲学家都认为不可能存在任何规范性真理。"[4]

二十世纪最重要的哲学家之一，哈佛大学的 W.V.O. 奎因，曾提出了一个有影响力的本体论观点。"本体论"是哲学家用来描述存在的术语。《理由与人格》这本书是存在的，以及"《理由与人格》长达四百多页"是关于世界的事实。奎因的本体论排除了价值，诸如"折磨无辜儿童是错误的"这样的陈述并没有把握世界上存在的任何事物。哲学家应该坚持探讨经验世界。奎因曾写道："科学哲学已经足够哲学了。"[5]

1977 年，帕菲特的推荐人之一，约翰·麦基出版了《伦理学：发明对与错》(*Ethics: Inventing Right and Wrong*)。[6]麦基得出结论，认为不存在客观的道德价值，并提出了"怪异性论证"。如果存在客观的道德价值，那么它们将是非常特殊的，完全不同于宇宙中的其他任何事物。原子、哲学书籍和蓝铃花林具有无可置疑的客观性。毕竟，它们可以被测量、感知、实验或拍照。但认为道德真理存在——那实在太奇怪了。他还提到了哲学家所称的认识论问题——关于知识的问题。我们可以通过散步去看某个蓝铃花林来判断它是否存在，但我们如何去知道某个道德真理是否存在呢？

***

帕菲特逐渐认为奎因对"事实"的理解是一种危险的愚蠢行为；他会不断重复美国哲学家希拉里·普特南的指控，即奎因的本体论"对分析哲学的几乎每一个领域都产生了灾难性的后果"。[7]毕竟正如帕菲特所指出的，即使奎因也不是一个纯粹的奎因主义者。奎因认为，哲学的核心作用是通过逻辑的应用来支持经验科学。因此，他不得不勉强承认，数字是存在的：他必须将数字"2"和所有其他数字纳入他的本体论中。

但是，帕菲特认为，如果数字可以存在，如果我们可以承认"2+2=4"的真理——即使它不像"书籍存在于这个世界"上那样是"这个世界上"的真理——那么，我们当然也可以承认道德真理存在的可能性。不像科学陈述（例如，"这本《理由与人格》平装本重 300 多克"）是可检验的那样，像"虐待无辜儿童是错误的"这样的陈述是不可检验的。但是帕菲特认为，并非世界上存在的一切都是物理的，并不是所有东西都能被看到或触摸到、探究到或测量到，数字不是物理的，道德不是物理的。存在客观的经验真理或科学真理（"《理由与人格》平装本重 300 多克"），还存在客观的数学真理（"2+2=4"），也存在客观的道德真理（"虐待无辜儿童是错误的"）。只有前者可以进行经验研究，但后两者同样客观。

你可能会抗议说，虽然没有数学家会怀疑 2 加 2 等于 4，但在伦理学中有更多的争论空间。你可能期望，如果伦理学是世界的一部分，虽然不像书籍那样具体，但仍然是真实的，那么对于其内容应该会有更多的共识。然而从表面上看，似乎存在根本的分歧。是否应该增加富人对穷人的再分配？堕胎是错的吗？体罚是错的吗？是否允许吃肉？是否应该为相同生物性别的人保留专用空间，比如分开的厕所？亵渎神明是否可以接受？这些以及其他许多伦理问题都存在激烈的争论，有时是在一个国家内部，有时则是在不同国家之间。某些问题，比如同性伴侣的婚姻权利，在一些地方似乎已经得到了解决，在其他地方却仍然有争议，甚至是禁忌。

帕菲特对这些例子不以为然。他认为，正如预期的那样，人们会有一些分歧。正是因为某些问题具有争议性，它们才会在伦理讨论中占据主导地位。但我们忽略了有多少共识。事实上，在大多数基本领域，人们的观点是一致的。没有人会认真怀疑这一点，即只是以折磨无辜儿童为乐是错误的。

用更专业的术语来说，帕菲特的立场是"认知的非自然主义者"。认知的非自然主义者认为，确实存在规范性事实，例如折磨无辜儿童是错误的。这些是事实，但与《理由与人格》重 300 多克这样的自然事实不同。

* * *

假设我们承认"虐待无辜儿童是错误的"是一个客观事实，那么这是否给了我们一个不这么做的理由呢？帕菲特当然认为是。但是，许多哲学家再次采取了一种似乎违背常识的立场，而帕菲特认为这种立场是荒谬的。他们的观点源自大卫·休谟，休谟在《人性论》中得出结论，认为"宁可整个世界毁灭，也不愿擦伤我的手指，这并不违背理性"。[8]

在这一知识传统中，令帕菲特最感不安的当代文章是伯纳德·威廉斯的《内在理由与外在理由》。[9] 威廉斯分析了"帕菲特有理由剪头发"这样的说法。这个陈述可以有两种解释。我们可能会说："如果帕菲特更喜欢短发（也许因为这样更容易洗），那么他有理由剪头发。"这就是威廉斯所称的内在解释。另一方面，这个说法也可以被理解为："无论帕菲特是否想剪头发，他都有理由剪头发。"这就是威廉斯所称的外在解释。

威廉斯被广泛引用的观点是"外在理由并不存在"。如果帕菲特不想剪头发，他就没有理由去剪，即使他面临着合理的论据。威廉斯坚持，理由必须建立在动机之上。举一个更具后果性的例子：我是否有理由将钱捐给一个有效的慈善机构，帮助那些处于极度贫困中的人？可以提出各种论证来说服我：我的钱超过我的需要，至少可以抽出一小笔钱；这笔钱可以用来改变生活——这对其他人来说远比对我有益；捐款可能让我感到自我满足。但是，假设我完全不在意这些观点。我不想捐款，我不关心穷人，我只想把所有的钱花在自己身上。在这种情况下，威廉斯会说，坚称我仍然有理由捐款是毫无意义的。

威廉斯举了一个例子，讲述一个对妻子非常糟糕的男人。我们可以尝试改变他的态度，可以告诉他，他是忘恩负义的、性别歧视的、粗暴且野蛮的。我们可以提供论证，进行谴责和劝导。但是如果他对这些都漠不关心，面对改善行为的尝试无动于衷，那么，威廉斯说，我们声称他仍然有理由对老婆更好，就很难确定这句话的意义。[10]

威廉斯在1987年心情郁闷地离开了这个国家，以抗议撒切尔政府对高等教育经费支出的削减。受过牛津教育的玛格丽特·撒切尔，在他看来是个庸俗之人。然而，他还是怀念英国，经过加州大学伯克利分校的三年，他有些不好意思地回到英国，担任道德哲学的怀特讲席教授。1996年退休后，他重新加入了他最初作为奖学金研究员开始的万灵学院，这样他与帕菲特的见面变得更加频繁。

尽管威廉斯很喜欢帕菲特，显然也尊重他，给他写过推荐信，并在1984年为《理由与人格》写了长篇好评，但帕菲特的强烈个性让这位长者感到有些不快。他会当面温和地戏弄帕菲特，并在背后发表尖刻的评论，批评他的笨拙社交和执着。他常常重复讲述自己在剑桥生活时，在牛津做关于人格同一性讲座的故事。帕菲特在问答环节提出了反驳。讲座结束后，大家坐在一起喝酒，帕菲特抓住机会与威廉斯交谈，继续提出更多的反驳。威廉斯需要回到剑桥，最终逃到自己的车旁；帕菲特追上去一路讲个不停。正值大雨倾盆，帕菲特仍在喋喋不休，同时用胳膊击打着引擎盖，而威廉斯则把车窗升起来，开车离去，留下帕菲特一个人在雨中，浑身湿透，狼狈不堪。

帕菲特在人际交往方面显得天真，基本上不知道别人是如何看待他的，他与威廉斯之间的关系，存在着明显的不对称。他有一本杂志，那一期做了威廉斯的专访，配有英俊的威廉斯担任国王学院教务长（相当于院长）时的照片，帕菲特和他的朋友拉里·特姆金一起欣赏时评论道："他是不是很棒？"[11] 他常告诉人们他"爱"威廉斯，但是，帕菲特学术生涯的后期基本上长期是对威廉斯的攻击，并为这样一种说法辩护：在威廉斯的例子中，那位对妻子不好的人确实有道德理由去改善自己的行为，无论他是否愿意。无法说服威廉斯这一事实，甚至让帕菲特伤心到流泪。

他哀叹道，只有学术哲学家才会怀疑我们做事情的客观理由。珍妮特的一位密友是一位操持家务的妇女，她没有上过大学。帕菲特很喜欢她，他希望她永远不要问他研究什么，因为他不好意思告诉她。如果他坦白告诉她，他在为一种观点辩护，即我们可以有理由关心事物本身的价值，她可能会问："他们付你钱做这个？"[12]

1996 年，詹姆斯·格里芬接替伯纳德·威廉斯担任怀特教授，而当格里芬在 2000 年退休时，西蒙·布莱克本显然是教授继承人，帕菲特曾与他一起去过列宁格勒。布莱克本是任命委员会认真考虑的五位候选哲学家之一，这五人都来自英国。关于帕菲特在这个过程中所扮演的角色，说法不一。他是任命委员会的一员，他的意见显然颇有分量。考虑到他与布莱克本的非客观伦理学之间的深刻分歧，他对自己所支持的候选人约翰·布鲁姆被选中感到非常高兴，当时布鲁姆在苏格兰圣安德鲁斯大学任教。

* * *

除了元伦理学，帕菲特还有一个全心投入的关注点——伊曼努尔·康德。

他对康德态度的转变难以追溯到准确的时间。在《理由与人格》一书中，康德的缺席非常明显。谢利·卡根回忆说，在 1990 年代初的一次研讨会上，他曾对帕菲特提到自己对康德的《道德形而上学基础》很感兴趣。"他（帕菲特）转向托马斯·内格尔说：'这真的是我们的谢利吗？'"[13]帕菲特后来回忆道，他自己的转变大约在 1990 年代中期，当时他"出乎意料地迷上了康德的伦理学。接下来的两三年里，我几乎没想其他的事情"。[14] 实际上，他的康德时期要晚一些，大约在2000年前后。无论如何，他的康德著作上标满了"感叹号、问号和箭头"。[15] 有时他想参阅德文原著，奈何他自己的语言能力有限，他就去请教别人，包括万灵学院的哲学家爱德华·赫西。

帕菲特对元伦理学的新兴趣与康德之间有着深刻的联系。世界顶尖的康德专家之一克里斯蒂娜·科斯嘉德（Christine Korsgaard）当时在哈佛，帕菲特自1989年起定期在哈佛授课。科斯嘉德曾批评过这种观念，即存在着应该促使我们以某种方式行事的道德事实。康德认为是休谟"把他从教条主义的沉睡中唤醒"，[16] 而帕菲特以前忽视了元伦理学，他认为是科斯嘉德的书促使他重读康德，并把他从"非教条主义的沉睡中唤醒"。[17]

等到他的第二本书《论重要之事》出版时，帕菲特已经变成了多神论的：伊曼努尔·康德与亨利·西季威克成为他心中的双子神。帕菲特逐渐相信，康德是一位真正的天才，甚至比西季威克更杰出，尽管他觉得康德令人恼火。让帕菲特感到烦恼的一个原因是，康德"使糟糕的写作在哲学上变得可以接受"，[18] 另一个原因是，康德常常自相矛盾。最让人失望的是，他的一些论证显得草率。尽管如此，康德的洞见是深刻且有原创性的。帕菲特总结道，如果他是评审康德作品的考官，他会给康德打一个"阿尔法伽马"（瑕不掩瑜）的分数，牛津大学曾经有这样的评分标准，用于那些论文部分有灵感（阿尔法）、部分粗糙（伽马）、但绝不平庸（贝塔）的考生。"我们之间的分歧应该仅仅是关于康德所写内容中有多少是阿尔法，多少是伽马。如果我们找到了阿尔法，我们可以忽略伽马。"[19]

在多本著作中，尤其是在《道德形而上学基础》中，[20]康德试图找出适用于我们所有人的基本道德原则。他称之为"绝对命令"——它是绝对的、无条件的，与那种与特定欲望相关的假言命令形成鲜明对比。"如果你希望睡觉但睡不着，你应该吃一片安眠药"，这是一个假言命令；"如果你想节省时间：总是打同一条颜色的领带"，这是另一个假言命令。然而，无论我们的欲望是什么，绝对命令始终适用。

康德以几种不同的方式阐述了绝对命令。最著名的第一个版本是："仅依据你同时希望它成为普遍法则的准则行动。"你不应该违背承诺，因为如果每个人都违背承诺，信任就会瓦解，而"许诺"的实践将会崩溃。这显然相似于黄金规则，体现于多种宗教中的一个原则："你希望别人怎样待你，你就应该怎样待别人"。

绝对命令的另一种表述是："行事时应始终将他人视为目的本身，永远不要仅仅作为手段。"如果你对某人撒谎，那么对做什么或相信什么，那个人就无法做出自由且知情的决定。如果你对某人撒谎，你并没有把那个人视为理性的目的，而是将其作为实现自己目的的手段。众所周知，康德在禁止撒谎方面是绝对主义者，他认为如果一个谋杀犯在你家门口，询问你是否藏有他打算杀害的人，你应该说实话。

在《理由与人格》中，帕菲特得出了广义上的后果主义结论。康德主义通常被视为主要的与后果主义对立的伦理学派，康德主义认为除了追求最佳结果外，我们还有其他的道德义务。一个效用主义的后果主义者可能会容忍杀害一个无辜的人，以拯救例如一百条生命。康德主义者则会坚持认为，无论在什么情况下，故意杀人都是错误的。康德在推动人权运动中占据核心地位。人人应享有平等权利和尊严的思想,"多数派对少数派能做什么"这个事情应该有约束,都是康德主义的核心概念。从表面上看,这些康德式约束易于理解,且直观上令人信服。

帕菲特的与众不同之处在于,后果主义对他来说完全是自然而然的事;认真对待康德就意味着质疑他内心本能的后果主义直觉。但当他深入研究康德抽象表述的细节时,他发现这些表述并不完善,他立志要提炼和改进康德关于绝对命令的多种表述。这是一个需要多年努力的项目。

* * *

1995年,帕菲特承认他在西肯尼特的乡村实验失败了。他和珍妮特将房子放到市场出售,尽管他们购买这房子时价格虚高,但他们还是赚了一笔。凭借这笔收入,他们在牛津市中心圣约翰街道28号购买了房子。珍妮特原以为他们会一起住在那里,但帕菲特的想法是,他将在工作日继续睡在万灵学院(步行十五分钟就到),周末再回去。这引发了更多的摩擦。

次年,他们又卖掉了房子,这次用这笔钱买了两处住所:一套就在咫尺之遥的博蒙特大厦,另一处则是珍妮特搬进去的,位于伦敦北部塔夫内尔帕克的赫德尔斯顿路。

我就是在那时认识珍妮特的。我重新回到哲学领域,开始在开放大学攻读博士学位;珍妮特成了我的博士生导师。每隔几个月,我都会去拜访她,讨论我的论文(关于歧视的哲学),我们总是被帕菲特的电话打断,他似乎完全没意识到珍妮特距离他有60英里。珍妮特告诉我,"我的存在对他来说很重要,但我是否在他身边就不那么重要"。[21]

1999 年，珍妮特成为伦敦大学学院生物伦理学与医学哲学中心的主任，这使得伦敦成了她的基地。次年，她出版了《达尔文之后的人性》(Human Nature after Darwin)，探讨了进化论对心理学的影响。她开始担任 BBC 广播节目"道德迷宫"(The Moral Maze)的讨论嘉宾，为期两年，就新闻报道中提出的道德问题展开辩论。在充满叫嚣和愤慨的氛围中，她就像一座冷静理智的孤岛。帕菲特与拉德克利夫·理查兹的关系，在万灵学院仍然引起了一些八卦。一些看见或见过珍妮特的男性研究员，对帕菲特选择在大学里过夜感到困惑。他们的结论是，他不懂得如何去爱。

博蒙特大厦的房子在工作日都是空的，所以将其出租是合情合理的。结果出现了类似热门电视喜剧《生活大爆炸》的情形，只不过这里住的不是一群物理学家，而全是哲学家。不同时期的房客包括尼克·博斯特罗姆、盖伊·卡亨（Guy Kahane）、朱利安·瑟武列斯库、英马尔·佩尔松（Ingmar Persson）和安德斯·桑德伯格（Anders Sandberg）；这群哲学家里还象征性地夹了一位历史学家（他正好是马尔伯勒公爵的孙子，温斯顿·丘吉尔的亲戚）。尼克·博斯特罗姆，后来写了畅销书《超级智能》(Superintelligence)，负责收取低于市场价的房租，并将其存入帕菲特的银行账户。

楼顶有一个小储物间，专门留给帕菲特，大约每周他会在深夜出现一次。万灵学院提供每年几千英镑的住房津贴，但这个津贴是专门给完全居住在学院外的研究员的。帕菲特可能误解了规则，或者故意对其进行了灵活解读。他继续申领这个津贴，因为没有任何机制可以监控研究员在校外住了多少晚，尤其是当他们

第 18 章　瑕不掩瑜的康德

从不去吃早餐时。

在他的健身房里有一辆斜躺式健身车，这样他就可以一边看书一边骑车。和在西肯尼特一样，他的习惯是裸体骑车。除了自行车，房间里还堆满了牙刷、牙线、CD 和空伏特加瓶。播放过的 CD 从不会放回原来的盒子里，帕菲特如果在杂乱无章的堆积中找不到他想要的 CD，就会出去再买一张。那时 DVD 已经问世，他会在塔楼唱片店（Tower Records）大批购买，午夜后在笔记本电脑上观看。他喜欢音乐家的纪录片，也喜欢野生动物的纪录片。他也看电影：任何弗雷德·阿斯泰尔出演的电影，但同样喜欢 1940 年代的黑色电影，如《大眠》（主演亨弗莱·鲍嘉和劳伦·白考尔）和比利·怀尔德执导的《双重赔偿》。他反复观看英格玛·伯格曼的《野草莓》，电影讲的是一位年迈教授被迫重新审视自己人生的故事。

这座房子慢慢变得越来越脏，越来越破旧。租客们与厨房里的小鼠展开了长时间的消耗战，这只小鼠总是智胜一筹，频繁发起游击战，袭击麦片，同时巧妙地避开了哲学家们设下的（人道）捕鼠陷阱。直到有一天，桑德伯格博士——他研究地球上生命终结的可能性——在丢垃圾时没有注意，误将小鼠压死，才悲剧性地结束了这只小鼠的生命。[22]

帕菲特此时几乎完全退出了社交生活。2001 年，万灵学院讨论小组的创始成员之一布拉德·胡克邀请他的前导师参加婚礼。"他写了一封很好的信，表示他无法来，因为首先，在这样的场合没有时间进行有意义的对话，其次，他必须最大限度地利用工作时间。我记得当时的想法是，'这真让人伤心，他错过了一个他关心的人的幸福时刻'。"[23] 虽然这并没有影响他们的关系，但帕菲特告诉乔纳森·丹西，他意识到专注于写书有失去朋友的风险，而"对此他感到难过"。[24]

与帕菲特共进晚餐变成一种可怕的经历，因为至少在与他不太亲近的人相处时，他显得笨拙，对闲聊毫无兴趣。1995 年，在一次正式学院晚宴上，一位非哲学家凯瑟琳·帕克斯顿（Catherine Paxton）被安排在他旁边。她知道他的名声，有些紧张地想知道他们能聊些什么。幸运的是，她发现他们都对野生动物纪录片充满了兴趣。他最近看了一部关于猫鼬的纪录片，于是他变得相当活跃；猫鼬的话题支撑他们度过了三道菜。

帕菲特在 1995 至 1998 年、2000 年和 2002 年的部分时间在哈佛大学任教，同一时期的多个学期还在纽约大学任教。2001 年 9 月 11 日，当飞机飞入纽约世贸中心的双子塔时，他正在牛津。那天，他正在撰写关于康德的文章，并通过电子邮件进行了一次完全关于哲学的交流：我没有发现任何证据表明他曾与任何人讨论过这一历史性的事件。

可以理解的是，航空出行需求立即剧烈下降，他外甥在 2001 年 9 月 29 日的科罗拉多州阿斯彭举行婚礼，而有些受邀的客人决定不再前来。然而，帕菲特拒绝邀请的理由并不是因为害怕飞行。他告诉西奥多拉·帕菲特："我有一个原则，我只参加葬礼，不参加婚礼。"[25] 但他的姐姐施加了压力。"我不在乎你是否来我的葬礼，"她说，"但我在乎你能出席亚历山大的婚礼。"尽管被迫参加，但一到婚礼现场，他仍然表现得一如既往地和蔼可亲，每位亲戚都收到了他的一幅摄影作品。

他已经承诺在第二年回到美国，举办一些讲座。经过帕菲特惯常的拖延之后，这些讲座最终将转化为他的第二部巨著。

第19章　攀登山峰

2002年7月4日："我非常乐意将此书纳入伯克利坦纳讲座系列（Tanner Lectures Series），由牛津大学出版社出版。"[1] 就是这封看似无害的电子邮件，开启了接下来八年的艰难历程。

帕菲特的通信对象是萨姆·谢弗勒，时为伯克利的哲学教授。谢弗勒与帕菲特的通信始于前者的研究生阶段，那时他对帕菲特已有一些了解。他们最终的见面是在纽约的美国哲学协会（APA）的年会上，这是谢弗勒期盼已久的见面。谢弗勒的著作《拒绝后果主义》基于他的学位论文而作，帕菲特曾寄给他一份非常详尽的、长达60页的评论，谢弗勒对帕菲特的用心和投入倍感珍视。在APA聚会上，他主动上前介绍自己。"他（帕菲特）转过身对我说了句，'哦，是的，你好'，然后就转过去了！他的这种冷淡与他之前在我作品上花费的巨大心力形成了鲜明对比，让我难以理解。"[2] 尽管初次见面不是很愉快，但谢弗勒与帕菲特仍然有着持续的交往。"我意识到，逐渐熟悉德里克的过程与熟悉其他人不一样。"[3] 谢弗勒编辑了牛津大学出版社的《后果主义及其批评者》（*Consequentialism and Its Critics*），该书收录了帕菲特的一篇文章。后来，1990年，谢弗勒作为访问学者来到了万灵学院，他们因此有了更多相处的时间。

2001 年，谢弗勒在担任伯克利坦纳人文价值讲座委员会的委员时，提议邀请帕菲特。坦纳讲座要求一位杰出的访问讲者进行三场系列讲座。帕菲特欣然同意，提出讲座标题为"我们可以理性地意愿什么"（What We Could Rationally Will）。他建议，这个标题可以涵盖他正在撰写的书的第二部分的大部分内容。这本书曾被称为《实践的实在论》，后来改名为《重新发现理由》（Rediscovering Reasons）。他还在计划另外两本书，《自我的形而上学》和《论重要之事》。

其间有一个小插曲。当时的期望是把这些演讲转化成一本短书，由加州大学出版社出版，书中不仅有演讲内容，还有三位回应者的评论。与此同时，《理由与人格》问世已经 17 年了。牛津大学出版社期待着一部续作，哲学编辑彼得·莫姆奇洛夫发现，他的工作需要有忠实信徒一样的耐心。他每年都会在万灵学院与帕菲特会面，而这位哲学家每年都会解释为什么手稿尚未完成，并表示他现在有一个明确的推进计划。当一向温文尔雅的莫姆奇洛夫听说帕菲特拟转投加州大学出版社时，他表达了自己的不满。帕菲特感到懊悔，经过反思之后，他告诉谢弗勒，他对牛津大学出版社的长期承诺意味着他不能在另一家出版社出书。

纯属巧合的是，一个解决方案出现了。加州大学出版社当时正处于动荡时期，需要裁员和削减出版哲学著作。虽然这与帕菲特的窘境毫无关系，但该出版社还是决定将"坦纳讲座"的出版权转交给牛津大学出版社，从而解决了帕菲特的困境。得知这一消息后，帕菲特于 2002 年 7 月 4 日凌晨 2 时 08 分给谢弗勒发了一封邮件："好耶！"。[4]

2002年11月4日至6日，讲座在伯克利校友大厦顺利举行。每场讲座的标题各不相同——"康德的自在目的公式""康德的普遍法公式"和"契约论"（Contractualism），而每场讲座的回应者也不同：周一是斯坦福大学的艾伦·伍德（Allen Wood），周二是北卡罗来纳大学的苏珊·沃尔夫（Susan Wolf），周三是哈佛大学的蒂姆·斯坎伦。周四举行了总结研讨会，参与者包括帕菲特、伍德、沃尔夫和斯坎伦。塞缪尔·谢弗勒为系列讲座做了开场致辞，称帕菲特是一个"拥有无穷的辩论能量"的人。[5]

帕菲特的讲座中大部分内容后来出现在了《论重要之事》一书中。在开场讲座中，帕菲特分析了康德的主张，即我们应始终将他人视为自在目的，而不是仅仅作为手段。他探讨了这一主张是否涵盖了所有的不道德行为。他举了一个关于自己母亲与中国土匪的例子："在1930年代，我母亲在中国的一条河上旅行时，船被一群土匪劫持了，这些土匪的道德原则只允许他们拿走别人财产的一半。他们让我的母亲选择，是交出订婚戒指还是结婚戒指。即使这些人行为不对，但他们并没有将我母亲仅仅视作手段。"[6]因此，土匪的行为错误并不能被康德的这一准则所完全解释。如果他们只是将杰茜视作"纯粹的手段"，他们可能会把她所有的东西都拿走，肯定不会让她选择可以保留的物品。

帕菲特的土匪例子有一个问题：它不是真实的。这一故事是如何从母亲传到儿子那里的不得而知。但正如第一章所解释的，当时关于这次劫船事件的记载显示，土匪拿走了他们想要的东西——杰茜·帕菲特确实被当作了纯粹的手段。

抛开事实上的争议不谈，这个例子生动地说明了帕菲特所提出的一些更广泛的观点——即我们太容易接受康德的公式，而没有经过充分的反思。正如他在《论重要之事》中所说的，医生用手指按压我的胸口，问"哪里疼？"是在将我作为手段，但显然并不是"仅仅作为手段"。[7] 他认为，需要对"仅仅"一词的含义进行更详细的阐述。而无论我们如何理解它，显然，在不将人仅仅作为手段的情况下，我们仍然可以做出不道德的行为。比如，一个亿万富翁连一分钱也不捐给穷人，这可以说是不道德的行为——但他并没有把那些因他的吝啬而受害的人"仅仅作为手段"。

这就是第一讲的内容。第二讲的主题是康德的普遍法则，时间正值乔治·W. 布什总统第一个任期的美国选举日。苏珊·沃尔夫宣布，如果有人需要提前离开去投票，那是可以的，因为这符合康德普遍法则的公式——"仅依据你同时希望它成为普遍法则的准则行动"。当时，入侵伊拉克的战鼓已经隐约响起，尽管学术哲学家们的政治倾向普遍偏左，但共和党仍成功保持了众议院的控制权，并重新夺回了参议院。

康德的普遍法则一直被视为反对强迫、撒谎或违背承诺的论据。如果我们所有人都违背承诺，那么承诺的实践将会崩溃。但康德的普遍法则究竟有什么含义呢？帕菲特再一次对表面上看似合理的康德准则进行剖析，反复运用例证和反例探讨，用谢弗勒所称的那股"无穷的辩论能量"来分析这条法则，确定康德的观点：或许，例如，康德的意思是，除非我们全部能成功地践行某一准则，否则便不应依据该准则行事？然而，这个公式无法被接受，因为它会谴责这样的准则，例如"给予慈善的金额比他人更多"。

第三讲专注于契约论。粗略地说，契约论者认为，道德原则是在特定理想条件下通过讨论而可以达成共识的原则。历史上一些最重要的政治理论家——托马斯·霍布斯、约翰·洛克、让-雅克·卢梭——都可以被称为契约论者。但帕菲特选择了罗尔斯作为他的代表性契约论者。

如我们所见,根据罗尔斯的观点,理想条件要求"无知之幕"。我们想象并不知道自己是谁——我们是穷是富,是男是女,有何价值观和兴趣。我们在这种条件下选择的治理原则根据定义就是正义且公平的原则。而且我们依据这些原则行事就是理性的。那么在无知之幕下,我们会做出什么样的一般性判断呢?罗尔斯认为,如果我们不知道自己所处的位置,我们会选择让最不利者过得尽可能好。

对罗尔斯设计的"无知之幕"框架,还有他声称在此条件下会做出的判断,帕菲特提出了尖锐的批评。例如,罗尔斯希望我们不知道概率,不知道自己更可能是富还是穷;帕菲特认为,这一规定难以辩护。即便我们接受罗尔斯这种有些随意的设定,也并不能得出,我们应该始终选择总是让最不利者受益的原则。假设我们需要决定如何使用一些稀缺的医疗资源。一种可能性是,格林夫人活到25岁,而1000人活到80岁。另一种可能性是,格林夫人活到26岁,而1000人只能活到30岁。根据罗尔斯的理论,我们应该选择第二种方案。但帕菲特认为,显然我们应该选择第一种。

* * *

讲座结束后,将讲座内容转化成一本书肯定该是件简单的事。讲座本身已经超过三万字,本书所需要的只是一位编辑。"如果你有时间，我会非常高兴"，[8]帕菲特写信给萨姆·谢弗勒。谢弗勒并不热情，但由于他已经有了一些与这位逻辑思维超强的朋友打交道的经验，"我觉得我不能要求别人去做这件事"。[9]

系列书的格式是包含三场讲座的改编版。帕菲特希望在文本中增加第四场（未讲的）"讲座"，辩称这是有先例可循的。[10]部分原因是这第四章将用于讨论蒂姆·斯坎伦的契约论，帕菲特在讲座中几乎没有提到。至于实际的讲座内容，它们"也可以稍微增加一点长度"，[11]也许还可以再添加一篇评论。

"稍微增加一些长度"事后看来可能是自1914年8月第一次世界大战爆发时"圣诞节前一切都会结束"的承诺以来，最轻描淡写的低估。然而在2002年，帕菲特坚持认为，即使加上第四章，这也将是一本薄薄的小册子——他估计只有《重新发现理由》篇幅的三分之一。他看到了出版一本小书的优点，尽管他担忧这可能会影响他计划中的大部头著作。"我想人们会让他们的本科生买这本坦纳系列的书，而不是《重新发现理由》。在某种程度上，我对这个前景感到遗憾。自从我上一本书问世以来已经有很长时间了，我本希望能再出一本像《理由与人格》那样销量持续不错的大部头著作。这本坦纳书会降低这一可能性。"[12]

到2002年时，帕菲特已经积累了大量未出版的手稿。坦纳讲座一个月后，他年满六十岁。他自己可能不会注意到这一里程碑，但拉里·特姆金注意到了，并建议在罗格斯大学举办一次研讨会，以庆祝帕菲特已发表的著作。然而，帕菲特对此反应冷淡，于是特姆金提出了一个替代方案：举办一次讨论他未出版手稿的会议？这个提议显然更具吸引力。帕菲特很喜欢这一想法，渴望听到严肃哲学家对他正进行的工作的反馈。

第 19 章　攀登山峰

研讨会于 2003 年 4 月 10 日至 12 日举行，成了一场令人难忘的盛会。与会的顶尖道德哲学家包括约翰·布鲁姆、史蒂文·达沃尔（Steven Darwall）、艾伦·吉巴德（Allan Gibbard）、托马斯（汤姆）·胡尔卡、谢利·卡根、弗朗西丝·卡姆、克里斯蒂娜·科斯嘉德、杰夫·麦克马汉、涛慕斯·博格（Thomas Pogge）、彼得·雷尔顿（Peter Railton）和蒂姆·斯坎伦，他们都提交了论文，并由帕菲特做出回应。"每位都是各自领域的领军人物，许多被认为是其专长领域的顶尖专家。但在连续两天的会议中，帕菲特显然是会议之星。"[13] 多场演讲中出现了这样的模式：演讲者提出某些异议，而帕菲特则礼貌地指出他们误解了他的立场。

在周五晚上，六位发言者发表了简短演讲，讲述了帕菲特对他们生活的影响。据特姆金回忆，"当他们讲完时，会议室里无一不落泪。我在学术场合中从未见过如此情感的宣泄，充满感激、敬爱和尊重"。[14] 哲学家的记忆并不比普通人更可靠，这可能有些夸张。在场的其他人报告说，整体氛围更像是庆祝而非催泪。不过帕菲特确实被深深感动了。当他站起来准备回应时，情绪激动到难以开口，泪水夺眶而出，沉默了几秒后，他只能简单地说："你们让我非常开心。"[15] 然后他坐下，努力控制住自己的泪水。并非所有与会者都如此动容；有一位与会者抱怨称，这场会议弥漫着崇拜气氛。

* * *

在接下来的几年里，帕菲特和谢弗勒之间交换了数百封电子邮件。谢弗勒询问他所承诺的书的进展，帕菲特则回答说还有一个部分需要写，还有一个论证需要反驳。许多个生日和圣诞节都过去了，谢弗勒提醒他这本书应该是一本简短的书，并试图劝阻他不要添加新的内容。谢弗勒指出，他可以在那本大书里详细展开这些论证。有时这些交流变得有些紧张。谢弗勒会感到绝望，认为这本书可能永远不会出现，但如果他逼迫帕菲特，帕菲特就会回应道："难道你不希望我的书达到它应有的最佳状态？""他难以打交道，顽固且不体贴，铁石心肠，绝不会在任何问题上让步。"[16]2006年春天，谢弗勒决定举白旗投降。"我意识到，试图劝阻他离开他选择的道路已经毫无意义，他打算大幅扩展手稿，这与原来的计划大相径庭。"[17]

* * *

从2003年到2010年，帕菲特的生活和创作几乎没有什么值得明显区分的特征。正如《理由与人格》是他多种思想的结晶，最终在2011年面世的书籍也是多种思想的结合，经过重新包装，统一在一个标题下。他放弃了出版三本书的原初想法，而是将三本书合成一部两卷本手稿。标题也几经变更，最初定为《我们可以理性地意愿什么》，后来几经调整，变成了《攀登山峰》(*Climbing the Mountain*)，最终在漫长的"蛹化期"后，以《论重要之事》之名问世。

大多数学者都极力保护自己的思想，担心自己的知识产权得不到承认，通常只将未出版的作品展示给少数信任的朋友和同事。但帕菲特采取了完全相反的方式，他的手稿版本如迁徙的候鸟一样环游全球。他对知识窃取的淡然，反映了他对人性的深切信任。

事实上，他这一不同寻常的做法得到了验证：据我所知，没有任何一个哲学家利用他这种看似素朴的信任，将他的思想据为己有。

很多人被邀请对这本书进行评论，而且不仅是书稿的一个版本，而是二个、三个或四个版本。许多人怀疑这本书是否会真正出版。布拉德·胡克的感受具有代表性："修改已经到了如此痴迷的程度，我认为这本书永远不会出版。"[18] 一旦一位哲学家对初稿提出了意见，帕菲特就会把更新后的版本寄给他们。随着时间的推移，当他们已经看过第二、第三、第四、第五甚至第六个草稿时，许多评论者放弃了。这不仅因为他们还要过自己的生活，还要写自己的论文和著作，同时也是因为，像谢利·卡根一样，他们认为自己对帕菲特不会再有帮助了。"如果我不停止评论，我觉得我是在拖延出版，这既对他无益，也对这个领域无益。"[19] 鲍勃·亚当斯也采取了同样的做法，"因为我觉得如果我不停止，我就是在助长拖延。我没告诉他，只是停止了评论"。[20]

对帕菲特而言，其他哲学家已成为他追求最高目标的工具：他对反馈有着无穷尽的渴求。约翰·斯科鲁普斯基 2002 至 2003 学年在万灵学院做访问学者，与帕菲特就《攀登山峰》中的一些问题进行了许多对话——并非总是完全情愿。"我们会在午餐后在万灵学院的公共休息室开始交谈。有一次他跟着我走出餐厅，最终我们到了我的房间，我坐在扶手椅上，德里克跪在我面前，热情地阐述一个哲学观点。"[21]

在哈佛大学，帕菲特曾与蒂姆·斯坎伦一起在课堂上教授《攀登山峰》。2006 年春季，学生们被要求支付 30 美元购买资料包，其中包括《攀登山峰》，然而在第一节课上，学生们被告知，部分内容已经过时，因为文本已更新。此外，帕菲特准备并发给他们的替代文本也已过时。有位学生在邮件中问,直接发送完整手稿是否更简单。帕菲特立即用邮件发过去,但附带请求:"请周末结束时再发邮件给我,因为到时我将有第9—10章的更新版本"。[22]

到这个时候,已有数十甚至上百位哲学家至少读过部分草稿。同年11月,题为"帕菲特会见批评者"的会议在雷丁大学举行。会议召集人乐观地宣布,《攀登山峰》很快会出版。到下一年,这份手稿获得了新的(后来也成为最终的)标题——因此会议论文集结出版成书时名字是《关于帕菲特的〈论重要之事〉的论文集》。[23]

这是在2009年,距《论重要之事》真正出版还有两年。这种奇特的时间顺序——一本关于尚未出版的书的评论集先行问世——并非完全没有先例。詹姆斯·乔伊斯的《芬尼根守灵夜》(*Finnegans Wake*)在出版前被称为《进行中的作品》(*Work in Progress*),在小说出版的十年前便已有相关论文集问世。[24]

* * *

甚至在2000年之前,帕菲特对哲学的痴迷已经是挂第五档狂奔。现在他渐渐进入了他独有的第六档,把工作视为唯一的优先事项。他为完成任务开发了一套激励系统。他认为最重要的任务——全都与工作相关——在他脑海中会被标上"金星"。他从未有任何"金星"任务没有完成。他向一位学生解释了这个方法,学生回忆道:"这种做法有点孩子气,但对他来说很有效。他说,一旦系统运转起来,你可以让更多的事情变成金星任务"。[25]

这种对生活中非工作部分的无情安排,导致了无意的伤害。他对自己生活中的任何时期都没有怀念之情,也没有大多数人那样对曾经的恋人具有某种情感纽带。玛丽·克莱米，他的第一任女友，在一次万灵学院的纪念活动中遇见了他，提议他们再聚一聚。他冷漠地、随意地回答道："为什么，我们还能聊什么呢？"[26] 2007年3月，比尔·埃瓦尔德从美国来到牛津，他在《理由与人格》的最终阶段曾帮助过帕菲特。他们共同的朋友苏珊·赫尔利被诊断出癌症，不知道还能活多久。3月6日那天，赫尔利邀请埃瓦尔德到万灵学院共进晚餐，并邀请帕菲特一起参加，好让他们三人像过去那样团聚。但帕菲特拒绝了；他抽不出时间，因为他在忙着写书。晚餐后，比尔和苏珊去他的房间向他问好，但他告诉他们自己非常忙，并把他们请了出去。赫尔利虽然感到受伤，但只是耸耸肩道："唉，这就是德里克。"埃瓦尔德则想说："德里克，你在写一本叫《论重要之事》的道德哲学书。嗯，这很重要"。[27]

大约在同一时候，另一位老朋友爱德华·莫蒂默在牛津大学偶遇了帕菲特，邀请他去位于科茨沃尔德的家中共进晚餐。帕菲特回答说："我很想去，但我在准备一个研讨会。""我说：'不，我不是说今天，我是指下周或几周后。'但帕菲特说：'不，不，不——研讨会是在六个月后。'"[28] 类似的故事有很多。帕菲特在伊顿的朋友安东尼·奇塔姆，帕菲特学生时代与之一起编了一本书，试图与帕菲特重新建立联系，给他在万灵学院的办公室打电话。"我说我们一定要在伦敦见一面。他那边陷入了一片冷清的沉默。然后他说，'我会把你放进我的议程上'，我感觉被曾经最亲密的朋友冷落了。"[29]

"拒绝"成了帕菲特对所有请求的默认回答。有人请他到大学哲学社演讲?"抱歉,我太忙了。"愿意接受"一小口哲学"播客*的采访吗?"抱歉,我太忙了。"他会愿意参加牛津关于古代哲学中有关人格的研讨会吗?"我恐怕从不做古代哲学。"他是否会参加龙校(在2006年)的校友会呢?"不,因为我对人的面孔没有记忆。"他愿受邀去另一所学院参加晚餐吗?"不,尽管我很喜欢与你交谈,但我也得花时间和其他人交谈,而这是我不喜欢的。"

他的社交尴尬症状变得越来越严重。如果某个活动结束后有晚宴,他会为座位安排以及要与谁交谈而感到苦恼。一个本科时代的朋友,戴尔德丽·威尔逊(Deirdre Wilson),她足够了解他,曾在毕业考试后在诺斯穆尔路5号住了几个星期。她在一次万灵学院的晚宴上正好坐在他旁边,原本期待能聊聊过去的日子,重温曾经的友情。"他却说:'我不谈过去的事',然后转过身去,余下晚上没有再和我说过一句话。"[30]

另一方面,在2006年6月,他被家人施压参加了一场家庭聚会。这次聚会在他姐姐西奥多拉和姐夫范(Van)位于缅因州迪尔岛的度假屋举行,聚会上还有两个外甥、两位堂表亲以及他们的伴侣和子女。他意外地发现自己很喜欢这些堂表亲,而他们也很享受他的陪伴。当他从书堆中抽身、心情放松时,他可以就广泛话题进行流畅的交谈。他的堂兄加文(Gavin)回忆道:"德里克是个极好的谈话对象,他滔滔不绝,我们都听得入迷。"[31] 这是一次特殊的经历,但值得注意的是,当不干扰工作时,他的慷慨是无尽的。尽管他没时间见赫尔利,但她可以从他的摄影作品中挑选一张,作为特别的礼物送给两位帮助她抗癌的富有朋友。赫尔利

---

* 一小口哲学(Philosophy Bites)播客的两位主播之一即是本书作者。

在去世前四个月写信感谢帕菲特:"这是一种奇怪的感谢,因为是感谢让我能够送出礼物的一份礼物。而这份礼物又是送给对我帮助极大的那些人。通过这种方式,我以奇特的方式再次依赖于你非凡的慷慨……这对我意义重大。"[32]

除了偶尔参加哲学讲座或续签美国签证外,他几乎不去伦敦。在珍妮特搬到伦敦后,他们的关系主要通过电话维系。他每天会打几次电话,但通话通常都很简短。直到 2007 年,珍妮特成为牛津大学上广伦理学实践中心的杰出研究员后,他们才恢复了部分时间的同居生活。珍妮特开始每周会有几晚住在牛津,住在博蒙特的房子里,与其他哲学家租客一同居住。最初,她睡在为帕菲特保留的小顶楼房间里,里面有一张单人床。但在她为之前未使用的公共房间安装一张沙发床的那天,帕菲特打电话说,晚上他会"切换过来"。[33] 于是他来了,从那时起,这种晚上"切换过来"白天再回到万灵学院的做法,成为了他们的固定生活模式。

除珍妮特以外,还能够让帕菲特愿意从工作中抽时间出来的唯一一个人,就是帕特里夏·赞德,这位出生于英国、定居波士顿的钢琴家,他在 1965 年第一次遇见她。两人曾在 1990 年代初断了联系,但当帕菲特得知帕特里夏罹患癌症后,他们重新建立了联系。最初,他们大部分电子邮件往来都集中于帕菲特的摄影作品:他将许多作品寄给她,而她几乎和他一样痴迷于如何改进这些作品,给予他从颜色到尺寸以及是否应添加或移除云朵或雨滴等方面的建议。随着她病情的恶化,帕菲特开始定期给她打电话:帕特里夏的女儿说,这些通话常常持续一个小时。帕菲特在 2008 年春季和初夏时段在哈佛大学教学,然后返回英国。但到了 7 月,当她的病情明显恶化并且即将去世时,帕菲特在珍妮特的同意和鼓励下，特意飞回美国看望她。他坐在她的病床旁，朗读《爱丽丝梦游仙境》，当她睡觉时，他则安静地在笔记本电脑上工作。

* * *

帕菲特不再参加周二小组，因为大部分论文与他的研究工作没什么关系。他更喜欢万灵学院讨论小组，到世纪之交时，这个小组已经由他不断扩展的手稿主导。* 每次会议通常持续至少两个小时，有时更长。"这是一项充满挑战的内容，"克里斯特·比奎斯特（Krister Bykvist）回忆道，"到最后，我们都筋疲力尽，只有德里克除外，他还想继续。有时他会趴在地毯上，用手指在地板上隐形地画着东西，把各种概念分组，澄清他的思路。"[34] 会议结束时，他们会决定下次会议的重点，帕菲特总是很快说："我有一个新版本的第 X 章"——通常是他们之前讨论过的某个版本的略微修改版。有一位参与者，朱利安·瑟武列斯库，停止参加，"因为那只是德里克自己和他自己的书对话"。[35]

这种变化是逐渐发生的，作为哲学对话者，帕菲特慢慢不再是一个能够倾听对立观点并给予同情回应的听众。他那曾经灵活、富有想象力的思维方式渐渐消退，取而代之的是一种更为僵化的思维模式。这种转变尤其体现在他兴趣的收窄上。曾经有一段时间，他会与同事们一起深入探讨他们所面对的各种哲学问题，而现在，他只对那些对他而言至关重要的问题感兴趣。他做的每一件事，几乎都成了他自己项目的延伸。

278

---

* 周二小组即第 11 章中提到的众星云集的哲学讨论组，见 pp. 198-201；万灵学院讨论小组即张美露提议组织的那个小组，见 pp. 279-282。

第 19 章 攀登山峰　　339

这种日益增强的僵化性也体现在一种新的教条主义上。他在同一主题上工作了很多年,开始相信自己已经看到了所有可能的反驳。许多哲学家觉得他不再认真倾听,并且他自己的立场已经在他心中凝固。他们感到沮丧的是,他假设他们在提出的是某个特定的观点,而他对这个观点已有准备好的回应——而他们认为自己其实表达的是另一个观点。他常常在别人还没说完问题时就打断,认为自己能预见他们将要说什么。有时,回答一个问题时,他会像打印机打印文件一样,整段整段地从《攀登山峰》(《论重要之事》)的草稿中直接说出,字字不差。其他时候,若有两个人提出类似反驳,他也不会尝试改变答案,以不同的方式澄清,而是简单地重复一遍。

有一个故事,讲的是那些服无期徒刑的囚犯,他们听过彼此的笑话太多次,以至于给每个笑话都分配了一个号码。一个囚犯说:"42",大家都哄堂大笑。另一个说:"73",大家也都哈哈大笑。然后有人喊道:"219",其中一个囚犯笑得比其他人更大声、更持久。"怎么这么好笑?"有人问。他回答:"我以前没听过这个。"这个故事让罗杰·克里斯普想起了万灵学院的最后几年。到了 2000 年代初,每当有人提出对帕菲特立场的反驳时,他都会飞快地翻阅大脑中的名册,直到找到相关的对反驳的反驳。

因为帕菲特似乎不再具有思想上的灵活性,一些会议变得紧张起来。鲍勃·亚当斯和魏纪武对他关于元伦理学的论点提出质疑,认为这些论点太薄弱,不足以发表。约翰·布鲁姆则对帕菲特拒绝使用逻辑符号表示不满,布鲁姆认为逻辑符号可以消除一些模棱两可的地方。最紧张的一次会议发生在 2008 年 12 月 18 日。与会者们已经无法确定辩论的具体内容,但很可能是关于道德自然主义的争论。[36] 帕菲特反对某些自然主义者的类比，这些自然主义者认为，就像我们发现水是 H_2O 一样，我们可能发现道德正确性等同于某种自然属性。这场争论围绕什么算作"事实"展开。帕菲特坚持认为，"水是 H_2O"这一陈述与"好的东西是使人幸福的东西"这样的陈述属于完全不同的类型。无论如何，这次会议最终没有解决问题。一些与会者感到失望，因为分歧变得如此尖锐。帕菲特感到"彻底崩溃"。当晚 8 点，他写信给布鲁姆，为自己的"粗鲁行为"道歉。他在这一主题上投入了太多努力，以至于"当我最欣赏和信任的几个人批评我时，我太容易感到沮丧"。[37]

接下来的一年断断续续地进行着这样的会议，但越来越缺乏思想活力。最后一次会议是在 2010 年 2 月 15 日。

* * *

《理由与人格》曾自豪地是修正主义的。帕菲特认为，我们的一些日常的常识立场是错误的，他的目标是纠正这些立场，并通过理性论证来"挑战我们的假定"。[38] 他乐于站在主流之外——事实上，他认为哲学家的责任就是攻击和改变错误的信念。

但现在，他变得迫切地想要调和各种冲突的观点。他越来越担忧分歧。在晚年，当听众试图提出批评性观点时，其回应往往是，"实际上，我并不认为我们有分歧"。以色列哲学家索尔·斯米兰斯基（Saul Smilansky）更喜欢早期的帕菲特而非晚期的帕菲特。帕菲特是他 1990 年在牛津攻读博士学位时的考官之一。斯米兰斯基说，早期的帕菲特"更希望开启问题，而不是关闭问题；他希望人们感到兴奋，而不是追求一致；他寻求突破，而非共识"。[39]

帕菲特对分歧的这种厌恶，精神分析学家可能会将其追溯到他父母的争执婚姻，或是他与父亲的关系。这种倾向无疑成了他的核心心理特征。他自己则用哲学术语来解释这一点——他引用了自己最喜欢的书《伦理学方法》中他极为认可的一段文字。在这一段话中，西季威克指出："如果我发现我的任何判断，无论是直觉的还是推理的，和另一个人的判断直接冲突，那么肯定是某些地方存在错误；如果我没有更多理由怀疑对方的判断比我自己的判断更有错误，那么反思地对比这两个判断就必然让我陷入一种中立状态。"[40]

许多人都反思过这一段文字。不过帕菲特将其内化了，"与似乎可能和我一样正确的那些人有分歧，我对此深感担忧"。[41] 如果另一位哲学家，特别是他尊敬的哲学家，提出了一个重要的反驳，他感到有必要回应并说服对方，表明这个反驳是不成功的。如果他未能说服对方，他就不得不得出结论，认为自己的论证不优于对方的。

但这并不能完全解释，他为什么会觉得这种分歧如此深刻地扰乱他。毕竟，在哲学中，分歧和争论是常态。西方哲学的奠基人之一苏格拉底，就常常通过在公共广场和市场上向他的雅典同胞提出关于美和正义本质的挑衅性问题，来惹恼他们。然而，帕菲特开始认为，伦理学上的异议——特别是领军哲学家之间的异议——是伦理相对主义的证据。他认为，相对主义本质上会陷入虚无主义。如果你的道德真理与我的道德真理相冲突，但又不比我的道德真理更无效，那么这将表明，最终没有任何事情重要。

大多数道德哲学家能够从事元伦理学的辩论，而这根本不会渗透到他们的生活中——他们依然有爱好和计划，支持某些政党，相信并推广某些价值观，关心朋友和家人的幸福。而对帕菲特来说，道德价值可能仅仅是我们投射到世界上的东西，这个想法几乎给他带来了存在主义的痛苦。如果道德价值是相对的，那么他认为，我们必须得出结论：他生活中的几乎一切都是毫无意义的。

没有任何分歧比与伯纳德·威廉斯的分歧更令帕菲特感到痛苦，因为威廉斯是他如此敬重的人。正如我们所看到的，威廉斯主张，如果一个人没有做某事的欲望，那么他就没有做那件事的理由。帕菲特认为，这种观点把事情弄颠倒了。他认为，赋予我追求友谊的理由，不是我渴望有朋友，而是因为友谊本身有价值，我才有理由去渴望它。

帕菲特需要他的道德体系建立在坚实的基石上，必须有客观的理由去减轻那些不必要受苦之人的痛苦。这与语义学无关，也与我们如何使用语言无关。这不是单纯的意见问题，而涉及我们跟世界的关系。这独立于我们的欲望。如果我看到一个孩子在池塘里溺水，无论我是否想救她，我都有理由去救她。如果我没有动力去救这个孩子，那就证明我是非理性的——或者是邪恶的。

但是，我们真的能理解我们为何会有理由去做一些我们没有欲望做的事情吗？或者，相反，为什么会有理由不做一些我们渴望做的事呢？帕菲特认为可以。他构造了一个滑稽可笑的个体，他带有"未来周二无动于衷"（Future Tuesday Indifference）的状况。这个人对未来周二发生在他身上的一切都无动于衷。他宁愿在未来的周二遭受剧烈的痛苦，也不愿在周一承受任何轻微的疼痛。帕菲特说，我们都能同意，未来周二无动于衷者是非理性的。尽管他有这种欲望，他依然有理由选择周一的轻微痛苦，而不是周二的剧烈痛苦。这一简单的论证对一些哲学家产生了强大的影响。彼得·辛格写道:"在我作为哲学家的大部分时间中,我一直是一个休谟主义者,认为实践理性是基于欲望的。但这一例子说服了我,休谟是错的。"[42]

理由不仅存在于审慎或自利领域,它们还可以是客观的,独立于我们的欲望。例如,在认识论(即关于知识的问题)领域,我们也可以有理由相信某些事情。因此,我有理由相信巴黎是法国的首都;面对证据时,我应该相信这个事实。如果我有理由相信外面阳光明媚,同时我也有理由相信自己容易晒伤,那么这就给了我一个涂防晒霜的客观理由。我们有理由相信一些我们并不渴望的事情。帕菲特喜欢引用哲学家汤姆·凯利的一个例子:如果你没有看过一部电影,而朋友通过剧透结局坏了你的兴致,你有理由相信这是电影的结局,尽管你并不想相信这个事实。信仰上帝是另一个例子。有强有力的理由相信上帝并不存在,且没有来世;但你可能想要相信上帝确实存在,并且有来世。

这一切对帕菲特来说似乎如此显而易见,他完全无法理解为什么有些人会否认存在外在的行动理由。尤其是这些人中包括了杰出的伯纳德·威廉斯,这让他倍感困惑。多年来,许多人都成为过帕菲特痛苦对话的对象——"伯纳德怎么可能看不出来存在外在理由?伯纳德,伯纳德!"他会坚称——尽管这一说法显得不太可信——威廉斯有点误解了问题,并没有理解"规范性理由"这一概念。

他去找了威廉斯的门徒、哲学家阿德里安·摩尔,想看看摩尔能否给出解释。"对帕菲特来说,这就像是他完全崇敬的人说月亮是由奶油布丁做的。"[43]在哈佛时,他偶尔会与塞利姆·伯克(Selim Berker)会面。"威廉斯一直困扰着他,以至于他必须说出来。每次我们见面聊,我知道五分钟之内我们肯定会谈到威廉斯为什么没有'规范性理由'这一概念。"[44]

* * *

与此同时,《论重要之事》的手稿不断膨胀。谢弗勒作为编辑的工作之一,就是为这本书写引言。他决心等到帕菲特的文本完全完成后再动笔——否则,他可能需要根据书中新增的内容或(较不可能的)删减内容来重写自己的引言。帕菲特不断告诉他,书已经完成,但随后又会改变主意。这本书处于不断变化和发展的状态。它必须是完美的:他是为后人写的。最终,在 2007 年秋天,帕菲特坚持认为他快要在最后的附录画上最后一笔,才终于使谢弗勒相信他可以不再推迟写引言的时间了。

但他错了。帕菲特仍然在四处分发手稿,他那强迫症般的修改还在持续不断。埃米娅·斯里尼瓦桑于 2009 年到达万灵学院,并与帕菲特共进午餐,当时帕菲特被指定为她的学院导师。他问她是否有兴趣阅读他的作品,"第二天我就收到了两大箱书。"午餐时,她表示他认为道德没有帕菲特所说的那种强意义上的客观性,在她看来,道德客观性依赖于人的思维,帕菲特此时变得不高兴。"他说这意味着折磨人没有任何问题。"[45]

即使《论重要之事》在 2010 年进入制作阶段,帕菲特仍在推动加入新材料。那一年初,在排版工作已经开始后,又增加了一个新的附录。谢弗勒也不得不重新审视他的引言。在出版前的最后几年,几乎唯一相信这本书最终会出版的人,是其牛津大学出版社编辑彼得·莫姆奇洛夫。他注意到帕菲特动机的变化。"关键

第 19 章 攀登山峰

因素是死神的阴影。他越来越担心自己剩下的时间不多,不足以做完他想做的所有事情。他开始更加务实地思考自己能完成什么。"[46]

最终,手稿完成后,痛苦的接力棒交给了牛津大学出版社。

第 20 章　救生艇、隧道和桥梁

这本书是用什么字体印刷的？你很可能并不知道。事实上，读者往往很少关注一本书在制作过程中所做的许多决定。《论重要之事》外观上和其他书籍没有什么区别，有封面和页码、文字、句子和段落、标题和脚注。但当然，它有自己独特的外观，有特定的字型、字体、页边距和段落间距。

关于书籍的美学设计，帕菲特希望参与每一个决策，就这些问题有数十封邮件的来回。有多少作者会费心为自己的书籍挑选并推荐特定的印刷商呢？（比德尔斯公司，在金斯林的那家，谢了。）在莫姆奇洛夫的便条中，他讨论了缩进段落是否应该右对齐，缩进内容的上下留白应有多少。至于字型，帕菲特最初要求使用 Palatino，但牛津大学出版社认为它"过时了"。帕菲特罕见地让步了，尽管他对"过时"的反驳不以为然。他反驳道："例如，牛津大学出版社的主楼与沃尔顿街北侧的新楼相比确实显得过时，但过时的建筑却要好看得多。"[1] 他们最终决定使用 Minion Pro 字型。帕菲特希望字号要大一些。正如人们常说的，英国人在国外通常相信，只要嗓门够高，当地人就一定能听懂一样，帕菲特似乎也相信，只要他的哲学用够大的字母表达，人们就必定能被说服。

在与牛津大学出版社的沟通过程中,帕菲特采用了三种熟悉的策略。首先,他总能找到一本之前由牛津大学出版社出版的书,里面有他所追求的风格范例。其次,他选择单独联系牛津大学出版社制作团队的成员,而不是与整个团队对话。第三,如果对方对费用提出异议,他会主动表示愿意支付。这一策略他在《理由与人格》一书中也采用过。

随着这本书逐渐接近出版,帕菲特与牛津大学出版社之间的谈判愈发激烈。在 2009 年 10 月 4 日的一封电子邮件中,他写道:"如果这封信看起来有些敌意,我深表歉意。"这可能是他写过的最充满敌意的一封信。[2]《论重要之事》第一卷已经准备好进入印刷阶段,帕菲特看到书的样子,感到很失望。到了这个阶段,他觉得字型不合适。牛津大学出版社团队的一名成员路易丝·斯普雷克(Louise Sprake)试图坚持立场,声称已经进入生产流程,无法更改。

她的抵制让帕菲特感到非常不安。他写了许多回复的信,列出了他认为相关的事实。牛津大学出版社曾同意他可以参与书籍外观的决策。他浏览了牛津大学出版社以往的书籍,发现了一本他认可其外观的书籍——《摩尔之后的元伦理学》(*Metaethics after Moore*),[3] 他建议《论重要之事》应以类似方式印刷。然而,当这一提议被证明不可行时(因为《摩尔之后的元伦理学》是数字化印刷而非平版印刷的),帕菲特找到了一本平版印刷的书——《牛津现代科学写作书》(*The Oxford Book of Modern Science Writing*),这本书在他看来是理想之选。路易丝·斯普雷克对此表示反对,理由是第一卷的排版已经完成。而帕菲特回应称,这并非他的过错，但他仍愿支付由此产生的额外费用。

牛津大学出版社拒绝了这个提议，帕菲特恳求斯普雷克重新考虑。"当然我意识到，我不能合理地期望牛津大学出版社按照我的个人偏好来印刷我的书。许多请求可能完全不合理，但我的请求仅仅是，希望我的书能够以与牛津大学出版社近期出版的另一部类似的书相同的方式印刷，而不会给出版社带来额外的成本。"随后，他提出了一个"核武器选项"：如果他认为自己完全合理的要求被忽视，他就会转投其他出版社。虽然在技术上这可能构成违约，但他指出，牛津大学出版社不太可能起诉他。他还隐晦地威胁说，这样做会危及他们的声誉。他在信件的附言中为自己看似激进的语气道歉："这并非我的本意，如果看起来是这样，那只是因为我太沮丧，也许我太在意书的外观了。但近二十年来，我把大部分时间都花在了写这本书上，现在它似乎是我生命中最重要的部分。"[4]

斯普雷克很快离开了哲学部，她的继任者是珍·伦斯福德（Jen Lunsford），她对自己接替的这项敏感任务没有充分的了解，也没有完全意识到其中的复杂性。由于帕菲特的原因，该书的出版已经经历了多次延期。她的当务之急是推动这本书完成出版流程的最后阶段。她需要为第一卷委托校对，重新安排排版，并为第二卷找到文字编辑和索引编制。她说："我是那种必须遵循计划表的人。"对于一位生产编辑来说，这是一种值得赞赏的美德；但没有什么时间表能经受住帕菲特无法阻挡的坚持。"我曾与超过两百位作者合作过，但从未遇过他这样的，为了出版那本书，我耗尽了所有精力。"帕菲特直接回应了文字编辑的意见，但伦斯福德不得不面对他的排版要求。行间距跟字间距的问题再度浮出水面。

第 20 章 救生艇、隧道和桥梁　　349

"行间距和字间距是由程序设定的,但他会要求改变每个字之间的距离——这里多一点空间,那里少一点空间——而且涉及整本书,我简直要抓狂。"她试图解释,单独调整每个间距是不切实际的,但帕菲特坚持己见,而且修正工作从未停止。"我会说,'我需要最终、最终、最终的修正版本,周五前交上来',但到了周五,他总会说,'这里有个修正稿,但还会有更多的修正'。"[5]

与此同时,伦斯福德和莫姆奇洛夫面临着关于封面的多项要求——这比字间距更让帕菲特不安。第一卷封面的照片是从拱门拍摄的圣彼得堡的冬运河,第二卷封面则是一幅圣彼得堡大学堤岸的壮丽画面。"第一卷封面上的塔楼需要更多金色,第二卷封面上的雪需要更白。"[6]他还在照片中移动建筑物的位置,以为书脊腾出更多空间。"我们一般没有时间为大多数书籍做这样的调整,但我们为德里克破例了。"[7]

各种图像调整都已经完成,但帕菲特仍不满意。远不止是不满意;珍妮特打电话给莫姆奇洛夫,说"德里克完全绝望了"。[8]最终,当牛津大学出版社认为他们终于获得了封面的批准时,他们给他寄去了样张。然而,这仍然不够好,他想看看湿版印刷样本,换句话说,是从实际印刷版中出来的效果。这是一个前所未有的要求,牛津大学出版社不得不找印刷厂询问费用,得到的报价是3000英镑,这对于一家大学出版社来说实在是太贵了。帕菲特说:"我来付钱。"他还真的付了。

莫姆奇洛夫目睹了这些麻烦对作者带来的困扰:"我们不习惯看到作者在我们面前哭泣"[9]对于那些承受他焦虑的人,比如珍·伦斯福德来说,情况同样糟糕,甚至更糟。"我不想杀了德里克,但我不止一次地想,如果他再发一封邮件,我就从桥上跳下去！"[10]大学出版社从未有勇气告诉他，印刷是一门不精确的科学，印刷质量会因油墨的使用时间、温度、化学物质的相互作用以及纸张的类型等因素而变化。但当这本书出版时，帕菲特已经在心理上与之达成了某种默契。而且，在这本书出版后，牛津大学出版社再也没有收到他关于这本书外观的任何反馈。

《论重要之事》第一和第二卷最终于2011年出版，帕菲特旨在证明三种重要的道德理论是趋同的，道德是客观的。如果把1400页的内容浓缩成一条推文的长度，这就是帕菲特在这本书里要表达的。关于道德的客观性，上文第19章已有描述。从理论上讲，趋同性（convergence）和客观性是截然不同的问题。我们可以相信道德是客观的，而不相信主要道德体系之间的争议可以调和。但对帕菲特来说，这两个问题是相互关联的：他感觉争议会破坏理由的客观性。

帕菲特在序言中写道："我心中的两位大师是西季威克和康德，康德是自古希腊以来最伟大的道德哲学家。我认为西季威克的《伦理学方法》是有史以来最好的伦理学著作。"[11]帕菲特在比较他们的诸多优点的同时，也指出他们并非没有缺点。"例如，西季威克有时会令人感到乏味，而康德有时令人抓狂。"[12]尽管如此，他们仍是本书的双重指导精神。本书的核心思想已呈现在坦纳讲座中，书名虽然改变，但多年来《攀登山峰》这个标题似乎确实合适，因为这是帕菲特反复使用的隐喻。他认为，三大核心伦理传统的追随者——康德主义者、后果主义者和契约论者——正从不同的侧面攀登同一座山峰。只有当他们达到山顶时，才会意识到他们的共同目标。

多年来，许多人评论说这个登山的隐喻很生动，但实际上它并不完全是新颖的。这一隐喻源自约翰·斯图尔特·密尔的一句名言,并在《理由与人格》中被引用过。帕菲特在书中指出,常识道德与后果主义并不像人们想象的那样相距甚远,也许有可能大大减少二者之间的分歧。如果是这样,"我们可能会发现,用密尔的话来说,我们正是'从另一侧攀登高峰'"。[13] 帕菲特显然被密尔这一强有力的比喻所打动;他早在 1976 年 1 月就曾在给罗尔斯的信中提到过它。[14]

在帕菲特的坦纳讲座中,约翰·罗尔斯一直是契约论线路的登山者。但到了《论重要之事》时,这一思路的代表人物是蒂姆·斯坎伦,他在其著作《我们彼此负有什么义务》中阐述了这一观点,这对斯坎伦来说是极大的褒奖。帕菲特选择他的版本并不是因为它易于批判,恰恰相反,是因为他认为这是对契约论最可信的解释。

从表面上看,试图证明康德主义、后果主义和契约论是相容的计划似乎毫无希望。它们之间似乎存在不可调和的分歧:例如,在折磨某人是否可能正确的问题上(康德:"不可能",后果主义者:"有可能")。但是,帕菲特通过探讨各种假设案例,试图表明要保留各自传统中的精髓,需要对它们都做重构。经过他的"改良"过程后,情况就会得变清晰,它们不再冲突——它们只是表达同一事物的不同方式,它们就是同床共枕的伴侣。

这些假设案例是电车难题(见第 9 章)的变体,帕菲特为每种案例都起了一个名字。它们通常涉及在不幸情况下有危险的个体,面临救助的选项,但代价是伤害他人。它们包括"救生艇""隧道"和"桥梁"。在"救生艇"案例中,我在一块岩石上,而五个人在另一块岩石上,在涨潮淹没所有六个人之前,你可以使用救生艇救我或那五个人。在"隧道"案例中，一列无人驾驶的失控电车即将撞上五个人，你是一个旁观者，可以拨动开关，将电车转向另一条轨道，进入另一条隧道，不幸的是，我就在这条隧道里。在"桥梁"案例中，电车再次朝着五个人快速驶去，但这次没有其他轨道或隧道，只有一种方法可以拯救这五个人。我在一座桥上，你可以通过遥控打开我站立的陷阱门，使我掉到电车前面，触发它的自动刹车功能。当然我会死。

正如帕菲特所解释的，在"救生艇""隧道"和"桥梁"案例中，你拯救五人的结果都是我的死亡。然而在每种情况下，

> 我的死亡与救五个人在因果上的关联是不同的。在救生艇案例中，你会让我死去，因为在可用时间内，你无法同时拯救我和那五个人。在隧道案例中，你通过改变电车方向来拯救那五个人，但可以预见的副作用是你会因此而杀了我。在桥梁案例中，你是以杀死我作为拯救那五个人的手段。[15]

还有几个关于地震的思想实验。以"三号地震"为例，

> 你和你的孩子被困在逐渐崩塌的废墟中，这威胁到你们的生命。你无法拯救孩子的生命，除非在未经布莱克同意的情况下，将她的身体作为盾牌，以压碎她的一个脚趾为代价。如果你再让布莱克失去另一个脚趾，你就可以拯救自己的生命。[16]

所有这些思想实验都是用来检验某些道德原则之蕴含的合理性。在"三号地震"中，我们可能想说，以这种方式对待布莱克

是把她当作"单纯的手段",因此违反了康德的原则。但这并不正确,因为假设你选择救你的孩子,而不救自己,这样布莱克就只失去了一个脚趾,而不是两个——显然,在这种情况下,布莱克并没有被当作单纯的手段。

相反,有些情况下,A 确实把 B 当作单纯的手段,但他的行为并没有错。例如,假设一个利己主义者"冒极大风险救了一个溺水的孩子,但他唯一的目的是获得奖赏。既然这个人只是把他人当作一种手段,康德的原则就意味着,在拯救这个孩子的生命时,这个人的行为是错误的。然而,这种看法显然是错误的。"[17]

帕菲特认为,从传统观念来看,康德主义、后果主义和契约论这三种伦理学流派都不足以解释我们的直觉。但一旦这些理论经过重新构造,使其蕴含变得可信,它们便会趋于相同的真理。为了理解帕菲特的推理过程是如何进行的,可以考虑康德主义者在"救生艇"情境中的推理。六个人中的每一个都可能理性地希望自己获救。但我,一个人独自在岩石上,也可能理性地牺牲自己来拯救五条生命。理性并不强迫我这样做,但确实允许我这样选择。因此,选择拯救五个而不是一个,是我们六个人都能理性地做出的唯一选择。显然,后果主义者也会得出相同的结论,因为从后果主义的角度来看,拯救五条生命显然优于拯救一条生命。

最终,帕菲特的目标是证明,至少他满意地看到,三种理论的最佳版本之间并不存在差异。虽然攀登的过程很艰辛,但这三种道德传统的支持者现在可以在山顶相互拥抱了。帕菲特认为,道德的终极原则可以用三种方式表达,反映了三种传统:某个行为是错误的,当它不符合以下三者之一:

（1）它如果成为普遍法则会使得事情进展得最好的原则；

（2）它成为普遍法则是每个人都能够理性地（rationally）意愿的那少量原则之一；

（3）它是没有人能够合情理地（reasonably）拒绝的原则。

※　※　※

他终于做到了。他提出了道德的最高原则——这一任务曾被康德和西季威克等人所尝试过，但都未能充分实现。

只是他并没有满足所有批评者的要求。批评者纷纷向他提出各种反驳，有些人对他的整个方法论，尤其是对使用人为思想实验的做法，提出了严厉的批评。很难确切地指出，这些思想实验为何让一些哲学家如此反感，"为什么它会让［一些］哲学家的大脑皮层愤怒"[18]；但一个常见的抱怨是，由于这些思想实验往往荒谬且不真实，我们对它们的直觉是不可靠的，无法告诉我们应该如何在复杂、混乱的现实世界中做出判断。这一点在艾伦·伍德对坦纳讲座的回应中得到了有力阐述，该回应发表在《论重要之事》第2卷中。帕菲特在回复伍德时无视了这一反驳，但当他在讲座中被问及此事时，他提出的辩护是，这些思想实验的价值恰恰在于它们的人为性。正如科学家在保持其他变量不变的情况下，试图通过改变一个变量来找出其影响一样，道德哲学家也是在保持其他因素不变的情况下，试图理解一个因素的意义。

然而，对伍德而言，类似电车难题的困境不仅是不现实的，而且是令人厌恶的。这些问题要求我们界定在何种条件下，可以为了更大的利益而合理地杀害无辜的人。伍德认为，提出这个问题本身就是道德上的腐化，而帕菲特对此反驳显然无法理解。毕竟，既然这种两难的情况确实在罕见的情况下发生，那么假设性地考虑这些问题又怎么会是错的呢？

伍德的批评针对的主要是帕菲特的方法论。抛开这些不谈，帕菲特还必须应对更为根本的攻击。一些哲学家认为，试图得出一个统一的道德解释这一整个事业是错误的。价值观之间的紧张和冲突是不可避免的，试图理顺道德体系是徒劳的。这正是苏珊·沃尔夫的批评要点，她的观点受到以赛亚·伯林的影响，伯林认为存在理想之多元性，人们在具体情况下对自由和平等的相对重要性产生分歧是合理的。试图提供一个涵盖所有情况的单一公式，其荒谬性近乎道格拉斯·亚当斯在《银河系漫游指南》中的那台超级计算机回答"生命、宇宙和一切的意义是什么？"时给出答案"42"。

针对帕菲特的立场，还有一种常见批评值得注意，那就是帕菲特在"改进"他所研究的道德理论时，他抹去了这些理论的独特性。特别是通过"清理"康德，去掉缺陷和不一致，使康德的准则变得连贯且严密，他失去了康德的核心吸引力。

这一批评正是罗杰·斯克鲁顿评论《论重要之事》时的核心看法。在一个"救生艇"变体（被称为"二号救生艇"）中，我们面临的选择是救自己的孩子还是五个陌生人。后果主义可能暗示我们应救五个，但对一些人来说，这是一种令人愤怒的要求。然而，帕菲特解释了为何不会有这样的后果主义命令。诚然，要是我们没有那种优先帮助自己的孩子而非别人孩子的强烈倾向，有时情况可能会更好（如在"二号救生艇"中）。但更常见的情况是，事情会变得更糟。因此，帕菲特认为，后果主义允许我们给予自己孩子以强优先性。斯克鲁顿指出，这种得出正确结论的方式非常离奇。

> 这一推理的显著之处在于，即使它坚持了常识，但它所依据的理由却完全破坏了常识所依据的责任。它忽视了一个事实，即我们的孩子对我们有一种要求，其他人则没有这种要求，而这种要求已经成为在他们需要帮助时救助他们的理由，无需进一步的论证。可以说，它忽视了帕菲特声称所设想的那种人类现实的处境，而偏向于提供所有比较判衡量标准的抽象数学。[19]

尽管如此，斯克鲁顿认为这本书引人入胜，是"道德哲学的里程碑"。[20] 至少在这一点上，大家达成了共识。学术哲学是一项少数人的活动，对外界大都无足轻重。但大家对《论重要之事》翘首企盼多年，以至于在哲学界，它构成了一件以大写字母 E 标识的大事件（Event），至少在英美世界，所有严肃的报纸都承认了这部作品的诞生。《纽约客》为其刊登了一篇长文，《纽约书评》也为它发了一篇头条评论文章。

有些评论极为热烈。在《泰晤士报文学增刊》上，彼得·辛格对它的评价甚至高于《理由与人格》，称其为"自西季威克1874年的杰作出版以来，伦理学领域最重要的作品"。[21] 另有评论家称其为"几十年来对道德哲学最丰富、最激动人心的贡献之一"。[22] 还有一篇主要是批评性的文章也承认，该书仍然是"一位哲学天才的作品"。[23]

但评论的总体基调是，帕菲特的作品就像一座宏伟的巴洛克式大教堂,其震撼更多来自它的庞大结构,而非其美丽。《新共和》杂志称:"这是一次宏伟而专注的尝试,旨在阐述一个根本上错误的观点。"[24] 几篇评论提到了这两卷书令人生畏的篇幅;有位评论家甚至专门称了第一卷和第二卷的重量:它们重达"4.8磅"(2.18千克)。

最严厉的批评来自西蒙·布莱克本。这篇评论如此尖锐,以至于《金融时报》最终发表的是修改版。即使在发表版本中,也将帕菲特的论证形容为如此的"特立独行",以至于"那些决心找到理由关闭哲学系的校长们,肯定会拍手称快"。[25] 原版文章相当震撼。布莱克本是一位令人愉悦的优雅作家,他的批评就像一把包着天鹅绒的手术刀。他在文中问道:"这本书真的像一些人所说的那么重要吗,还是'只不过是一段驶向停滞不前的死水湾的漫长航程'?"[26] 布莱克本的判决毫不含糊。他指责帕菲特对休谟的理解极为粗浅。以下是文章的最后一段,足以代表整篇文章的语气:

> 他(帕菲特)在第二页告诉我们,"如果没有一种单一的真道德,那将是一场悲剧"。好吧,在万灵学院那座被神奇围墙环绕的地方,外面其实是有悲剧的。常常是相互冲突的多元道德要求——或者可以说,是对人类生命本身的冲突要求——构成了悲剧的一部分。在那座神奇的围墙内,我担心悲剧更像是埃阿斯杀羊的故事,或者说更像是堂吉诃德与风车作斗争的喜剧。[27]

* * *

然而,《论重要之事》面临的最大障碍,几乎不可避免地是反高潮感。就好像一部电影预告片激发了观众的热切期待,结果观众后来发现,预告片里包含了电影所有的精彩片段。《论重要之事》的文本已经以某种形式流传多年,许多潜在的读者在正式出版前早已读过其中的部分内容。确实,出版的这本书并没有足够的新颖性,让他们觉得有必要重新阅读一遍。还有一种感觉,正如《理由与人格》那样,帕菲特人为地将一些思想和主题拼凑在一起,这些内容如果分开来处理,效果可能会更好。他加入了一些不必要的材料。第一卷和第二卷加起来一共有十个附录,包括附录 D《为什么有东西,为什么是这个样子?》(Why Anything, Why This?),它重新阐述了帕菲特关于"为什么有东西而不是空无"以及"为什么我们的宇宙是这样的"这方面的工作。尽管这些材料可能令人着迷,但并不清楚为什么它们需要与其他内容放在一起。

然而,这本书能够出版,无疑是个奇迹。牛津大学出版社的珍·伦斯福德看到这本书出版后松了一口气,并且不愿再提起这段经历:"以至于虽然出版后我把他的作品放在公司的书架上,但我根本无法把它带回家。"[28]

第 20 章 救生艇、隧道和桥梁

第 21 章　婚姻与披萨

对帕菲特来说，最重要的事情就是《论重要之事》。但随着这本书接近尾声，他可以思考一些较为轻松的事情了，其中之一就是婚姻。

到 2010 年，帕菲特和理查兹已经在一起快三十年了。就像所有的恋情一样，他们的感情时有起伏，珍妮特不得不适应她伴侣那种不同寻常、固执己见的生活方式。他把大量的时间花在了美国，曾多次独自一人去度假拍照，即使他在英国，也总是把工作放在第一位。帕菲特表现出足够的自觉，形容自己在遇到珍妮特后，仍然继续每年去威尼斯和圣彼得堡的朝圣之旅是"可耻的无情"。[1] 很少有伴侣能够容忍这种行为。

婚姻的提议来自珍妮特，完全出于务实的原因。她希望他们具有正式的关系，使彼此成为对方的直系亲属。如果其中一方变得无能为力，无法行使自主权，另一方就有权为其做决定。德里克也愿意结婚，主要是为了税务和遗产继承的考虑。他和珍妮特都已立下遗嘱，将所有财产留给对方。

婚期定在 2010 年 8 月 31 日。8 月 29 日星期一，帕菲特打电话给他在世的至亲西奥多拉。"我想让你知道，珍妮特和我将在周三结婚。""太好了,"西奥多拉激动地说,"但我没法及时赶到。""没关系,"她弟弟说,"我不是在邀请你,只是想让你知道一下。"[2]

他们也没有邀请朋友们出席。仪式的两位正式见证人是珍妮特的姐姐和姐夫,朱迪丝和理查德。在一篇关于帕菲特和理查兹的文章中,我讲述了下面这个关于帕菲特字面理解的一个故事:

> 在他们结婚的前一天晚上[……],德里克和珍妮特正走在牛津的小克拉伦登街上,准备去一家印度餐厅低调地庆祝一下。他们前往餐厅时,路过了一家婚纱店。橱窗里摆放着一件蛋白色的蓬蓬婚纱裙,满是裙撑、裙环、裙裾和拖尾。珍妮特开玩笑地说:"明天我就穿这个。"德里克一本正经地回答:"你是说那一件,还是说一件跟它一模一样的?"[3]

婚礼当天阳光明媚。他们从博蒙特大厦步行几分钟就到了登记处。珍妮特穿着一件红色的裙子,不是那件蓬蓬婚纱裙,甚至也不是类似的婚纱。帕菲特打着一条红色领带。珍妮特的外甥女及她男朋友在外面等着,手里拿着彩纸。然后,六个人在无云的天空下划船,他们喝着香槟,吃着朱迪丝准备的野餐。没有伴郎或伴娘,没有宴会或帐篷,没有致辞或祝酒。这是一个没有压力的场合,朱迪丝说"这是我参加过的最好的婚礼"。[4]

有几个小时,他们没有讨论哲学,帕菲特异常放松,这一天最大的意外就是他乐在其中。他甚至开始说一些感性的话,他对珍妮特说,"我们应该看看结婚证书,得意洋洋地笑一笑"[5]。但是,当划船结束后,他就直接回了万灵学院。蜜月旅行从未被考虑过,

第 21 章 婚姻与披萨　　361

鉴于时机问题，也不可能了。帕菲特正处于《论重要之事》的最后阶段，而且，他必须搬出自己在万灵学院住了四十多年的房间，因为他已经到了法定的退休年龄。而且，在几天后，他就要飞往纽约，开始秋季学期的教学工作。

接下来的48小时异常忙碌，几乎都在万灵学院度过。帕菲特在学院办公室打印了大量文件，焦急地上下奔跑。书籍、婚姻、搬家、旅行——所有这些都在他的脑海中盘旋，彼此交织，触发了一种神经反应。突然，他的大脑一片空白。他完全不记得自己是怎么到达万灵学院的，也不记得自己在那儿做什么。自然地，他变得焦躁不安。珍妮特正确地诊断出他可能患上了短暂性全面性遗忘——一种快速且暂时的记忆丧失状况，她自己曾经也经历过。她打电话给紧急健康热线，然后他们打车去了约一英里外位于考利路上的24小时诊所。

短暂性全面性遗忘的患者通常会反复提问，因为他们记不住刚刚得到的答案。帕菲特也是如此。在车上，他不停地问："我是不是中风了？"他对妻子说了好几次："我真幸运有你。"医生让他回答一系列问题，帕菲特告诉医生，他正在写一本名为《理由与人格》的书。他记不起结婚的事，但当医生指着珍妮特问："那是谁？"时，帕菲特回答："她是我一生的挚爱。"

第二天，帕菲特的记忆恢复了，但他仍感到昏昏沉沉，因此不得不将美国之行推迟24小时。珍妮特花了三天才清空他万灵学院的房间。帕菲特在劳动节周末抵达美国，由于当天是法定假日，他无法及时进入自己的办公室。塞缪尔·谢弗勒当时正在纽约的公寓，家里的对讲机响了，是帕菲特。他说："我需要给我妻子打电话。"他解释说，珍妮特很担心他，他必须向她保证一切都好。

"你注意到我叫她'我妻子'了吗?"他问谢弗勒。然后他讲述了短暂性全面性遗忘事件,并提到医生问珍妮特是谁的情景:"幸好我回答的是'我一生的挚爱'。"谢弗勒察觉到他对这个回答感到满意。"他已经把自己训练得知道在这种情况下该说什么,他意识到这是一个紧急情况,他很高兴自己能做出合适的回应。"[6]

帕菲特在英国的正式退休日是 2010 年 9 月 30 日,次日,即 10 月 1 日,他当选为万灵学院的荣誉研究员。牛津大学哲学系没有为他举办退休活动,但在 2011 年 3 月 2 日,他从美国回到英国后,万灵学院举办了一场低调的告别晚宴。晚宴由院长约翰·维克斯主持。帕菲特被告知可以邀请一些好友,有人建议他也邀请一两个年轻的研究员。他平淡地告诉珍妮特:"但我真的没有朋友。"[7] 尽管如此,邀请函还是发出去了。除了院长及其夫人外,参加晚宴的人还有约翰·布鲁姆和安·布鲁姆、朱利安·瑟武列斯库和米丽娅姆·伍德(Miriam Wood)、汉娜·皮卡德和她的伴侣伊恩·菲利普斯(Ian Phillips)、杰里米·沃尔德伦(Jeremy Waldron,时任奇切尔社会与政治理论教授)、法律学者卡罗尔·桑格(Carol Sanger)、埃米娅·斯里尼瓦桑和英马尔·佩尔松。珍妮特身着她的红色婚纱;帕菲特穿的是他的传统套装:白衬衫和红领带。晚宴没有演讲,也没有赠送怀表或钢笔,整个过程大约持续了两个小时。

他在博蒙特大厦的租客已被要求离开。在被(男性)哲学家们住了十年之后,这栋房子亟须翻修。装修进行到一半时,帕菲特在博蒙特大厦接受了《纽约客》的拉丽莎·麦克法夸尔的采访。正如人们对《纽约客》所期待的那样,采访的结果是一篇写作精妙(且富有同情心)的人物特稿(尽管《纽约客》著名的事实核查员看起来那一周必定在度假)。[8]帕菲特是哲学家的哲学家,在此之前,他在象牙塔外几乎无人知晓。这篇报道对他的生活没有产生重大影响,即使在牛津街头,也没有人会认出他。但是,《纽约客》——他半个世纪前曾供职的杂志——对他的报道,是美国知识界对他的终极认可,帕菲特欣然(尽管稍有几分保留)接受了。

虽然帕菲特在牛津退休了,但他在美国的教学工作仍在继续。2010年、2012年和2015年,他分别在哈佛大学春季学期和纽约大学秋季学期任教,并在罗格斯大学度过了三个学期,与拉里·特姆金、杰夫·麦克马汉和张美露联合举办研讨课,主要讲授《论重要之事》的内容。2010年在哈佛的一堂课上,他讲授即将出版的元伦理学卷时,明显地感到苦恼,因为并非所有学生都被他的伦理客观性论证所说服。有一次,他跪在地上,几乎是在恳求全班同学:"你们难道不明白,如果道德不客观,我们的生活就将毫无意义吗?"他似乎真的担心,如果道德不客观的观念深入人心,就会左右人们的行为,人们就不会再关心"道德"了。只要能说服他的同行们相信道德的客观性,那么他们就能在世俗伦理学这个仍处于萌芽阶段的领域取得真正的进步……

* * *

六个月后,在罗格斯大学2011年春季学期,《论重要之事》第一卷和第二卷开始付梓。帕菲特再也不能做什么来改变这一切。但奇迹出现了,"他同意了去吃披萨!"。[9]

帕菲特不喜欢吃披萨,尤其不喜欢"休闲式披萨"。他吃果干麦片,还有沙拉。如果有哲学讨论,他可以偶尔外出吃上一顿。

他尽量避免所有大型社交聚会、小型晚宴、新书发布会、招待会和酒会。当特姆金打电话给他的朋友杰夫·麦克马汉，询问麦克马汉和他的妻子萨莉是否愿意和他及妻子梅格一起开车一小时去海边的一家披萨店时，出于客气还是邀请了帕菲特。很难想象帕菲特会同意和他们一起去。

然而，他竟然答应了。当他们表示惊讶时，他看着他们说："你们以为我是什么怪物吗？"[10] 特姆金意识到，或许帕菲特并不是完全反社会而自我封闭，而是因为他觉得自己有更高的使命。

2012年，朱利安·瑟武列斯库和米丽娅姆·伍德也成功说服他和珍妮特来牛津吃晚餐。帕菲特带来了一瓶价值200英镑的皮雄伯爵拉朗德葡萄酒，这瓶酒要么他是从一位心存感激的学生那里得到的，要么是从万灵学院酒窖廉价购得的。他在酒杯中倒入少量酒，然后加水稀释。"我的下巴都要惊掉了，"瑟武列斯库回忆道，"然后我又想，'好吧，这是他的酒，他想怎么喝就怎么喝'。"[11] 同年，他们邀请他参加六月在牛津郊外举行的婚礼，在珍妮特的坚持下，他出席了婚礼。罗杰·克里斯普开车载他们和英马尔·佩尔松一起去。

> 德里克的状态非常好。当我们开车经过不同村庄时，他会讲述那里在内战期间发生的事情，以及谁被埋葬在那里。我们的孩子都对他产生了浓厚的兴趣，他一直在讲历史，直到我们到达婚礼现场。但在婚礼上，他和英马尔开始了一场哲学对话，之后的谈话就只剩下哲学了。[12]

他还加入了一场热烈的讨论，彼得·辛格和安德斯·桑德伯格在烧烤架附近进行关于人体冷冻技术的讨论。人体冷冻技术是指人死后不久将其头部或身体冷冻保存起来，希望有一天可以复活。桑德伯格为自己的"神经暂停"每年支付大约1000美元的费用，只冷冻自己的头部（冷冻身体的费用更高），并公开佩戴冷冻标签。桑德伯格发现自己处于夹击之中。辛格反对冷冻技术，理由是这笔钱可以更好地用于帮助他人。帕菲特提出了人格同一性问题，即未来的这个人在多大程度上与自己相同？想要这个心理上与自己连结的人在未来出现，这在多大程度上是有意义的？帕菲特似乎非常享受这场辩论。这样的对话对他来说是一种形式的放松——书现在已经出版了，而且他相信自己已经确立了客观道德的存在。

2013年春，他回到罗格斯大学，与张美露一起教授一门高级伦理学课程。这个学期大致平稳过去了，除了五月份发生的一件奇怪事情。帕菲特正准备在神学院广场的哲学系主持一场研讨会，学生们陆续进入教室。会场里一片喧哗，学生们在研讨会前相互戏谑。空调系统出现故障，空气变得闷热。一位名叫蒂姆·坎贝尔（Tim Campbell）的博士生在和他聊天："我们坐在一张长桌的一边，德里克坐在桌子的一头，某一刻他说：'好热啊'，然后他解开裤子，把裤子拉到脚踝，就穿着内裤坐在那里。他在那里坐了至少两分钟，继续讲话，就好像什么怪事都没发生一样。就好像说，如果你很热，需要降温，还有比这更明智的做法吗？"[13]

* * *

如果说公众认可对帕菲特而言意义不大，那么同侪的评价则极其重要。因此，当 2014 年 2 月 12 日传来他获得罗尔夫·肖克奖（Rolf Schock Prize）的消息时，他感到非常高兴。哲学界没有诺贝尔奖，肖克奖是最接近诺贝尔奖的奖项。该奖项设立于 1993 年，与诺贝尔奖一样，由瑞典皇家科学院管理。肖克是一位哲学家和艺术家，但艺术的收入通常不及武器，而且他的捐赠也只有阿尔弗雷德·诺贝尔的一小部分。尽管如此，获奖者仍能获得一笔可观的金额，即 40 万瑞典克朗（在撰写本书时，相当于大约 3.2 万欧元或 4 万美元）。前面的获奖者包括奎因、迈克尔·达米特、约翰·罗尔斯、索尔·克里普克、托马斯·内格尔和希拉里·普特南。

在瑞典哲学的小圈子里，有一些帕菲特的忠实支持者。其中之一就是 2010 年成为肖克奖委员会主席的哲学家沃洛德克·拉比诺维奇，他是波兰犹太裔的瑞典哲学家。他曾是万灵学院的访问学者，在牛津及其他地方的多次讲座上见过帕菲特；他曾与帕菲特在一家印度餐厅共进晚餐，两人讨论哲学热烈到都忘了吃饭。

从一开始，肖克奖就偏向于那些在逻辑领域做出开创性贡献的人，该奖项的官方名称为"逻辑与哲学"。但这并不表示它排除了其他领域的哲学家，拉比诺维奇在幕后热情地为帕菲特游说。他说："并不需要太多劝说，因为大家都认可他的才华。"[14] 他撰写了帕菲特哲学思想的概要，并解释了他为何值得获奖。一旦哲学委员会通过了帕菲特的提名，就需要由学院内的社会科学组投票表决，最终再由学院整体表决。除非出现特殊情况，这些最终步骤通常只是走个过场。颁奖词强调了帕菲特在人格同一性、人口伦理学以及道德理论分析方面的开创性贡献。颁奖典礼和研讨会的日期定于 10 月 21 日至 23 日举行，届时哲学家和社会名流会受邀参加。

正是肖克奖帮助帕菲特在《前景》杂志于 2014 年 3 月举办的一场关于世界重要思想家的评选中赢得了一席之地。民调列出了一个有点随机的五十人长名单，我联系了《前景》杂志，指出他们名单上的另一个人珍妮特·拉德克利夫·理查兹与帕菲特相识颇深。（结果，诺贝尔奖得主阿马蒂亚·森，他曾介绍帕菲特与未来的妻子认识，在投票中名列榜首。）我的这一举动最终促成了在本书前言中提到的关于他们独特关系的长篇文章。[15] 在珍妮特位于塔夫内尔帕克的家中，我与德里克和珍妮特进行了交谈，并试图记录下他们谈话互动的一些内容：

> 珍妮特：德里克不知道，如果没有食堂管理员和生活事务员，一座建筑会是什么样子。
> 德里克：你是在暗示我需要人照顾吗？
> 珍妮特：完全不是。这正是有趣的地方。你根本不要求被人照顾。[16]

帕菲特很快就对我的私人问题感到厌烦，便上楼去工作了。但在随后的一次会面中，他允许杂志的摄影师为他和珍妮特拍一些照片——他们的合影非常稀少。摄影师事后给我发了一封邮件："他们非常友好、乐于助人，是人们期望遇见的最可爱的夫妇！"[17] 后来，帕菲特和我之间发生了一场几乎无法解释的误会（序言中有提到），但最终他对这篇报道表示满意。我在文中提到，珍妮特曾是 BBC "道德迷宫" 节目的常驻嘉宾。"尽管她不够粗鲁，不能在这个节目格式中脱颖而出，而且她有一个让人恼火的习惯，就是告诉主持人和其他嘉宾，他们提出了错误的问题。"[18] 帕菲特对这一说法很满意。他很少诋毁任何人，但在早些时候给我的一封电子邮件中，他对右翼论战家梅拉尼·菲利普斯（Melanie Philips）破了例。他写道："[珍妮特]应该成为这个节目的常驻嘉宾，取代梅拉尼·菲里普斯（或类似名字的那个人）。"[19]

后来，帕菲特在热播电视剧《善地》(*The Good Place*) 中又小获名气。该剧讲述了一个类似天堂的来世世界，那里的人们都过着无可指责的生活（也有一些人是被错误地送到那里的）。剧中有一个角色是道德哲学家，在第一季第二集的一个场景中，他在黑板上用粉笔写下了亚里士多德、康德和帕菲特的名字。该剧的编剧是哈佛的毕业生迈克尔·舒尔（Michael Schur），他曾在一次采访中解释说，帕菲特的书"完全主宰了我们这一代哲学专业学生的大学时光"。[20]

* * *

与此同时，在距肖克颁奖典礼还有几个月时，帕菲特又开始工作了。2014年2月，华威大学（University of Warwick）的哲学家维克托·塔德罗斯（Victor Tadros）造访了帕菲特在牛津的家。他们讨论了行为的意图能否决定该行为是否错误。好意图出发的行为是否一定就可以接受，而坏意图出发的行为是否就一定是错误的？塔德罗斯是这么认为的，帕菲特却不同意。他们开始谈话四个小时后，大约下午6时，塔德罗斯需要吃点东西，于是他们去了杰里科区的一家黎巴嫩餐馆，整个过程一直在聊哲学。用餐过程中，他们一直在争论，后来话题转到了第一次世界大战。

第 21 章 婚姻与披萨　　369

讨论过程中，德里克突然哭了起来，哭得很伤心。他为那些在战争中早逝的生命感到悲伤。我不知道该怎么理解这件事。难道德里克与那些在时间上与我们相距甚远的人，有着我们大多数人，包括我，都无法拥有的某种深厚的联系吗？我觉得这种反应真的很奇怪，当然，在某种程度上这是令人钦佩的。后来想想，我不确定这是否与大多数人希望与某些特定的人（比如家人和密友）建立深层关系的方式兼容。他对在第一次世界大战中丧生者的反应，有点像一个人在讨论最近去世的亲密朋友或家人时的反应。因此，或许这其中确实有值得钦佩的地方，但这可能也要付出代价——即以我们与对我们而言特殊的人之间的独特个人关系为代价。[21]

实际上，帕菲特的后果主义，以及我们不应将陌生人与我们最亲近的人截然区分开来的观点，可能是他理性哲学推理的产物，但他之所以能够轻松接受这一观点，是因为这与他非典型的情感反应相契合。他对苦难的感受既不受时间限制，也不受地点限制。有一个特定的例子总能令他感动落泪：那就是臭名昭著的密苏里州年轻女子南希·克鲁赞（Nancy Cruzan）的案例，她在一场车祸后，被维持在植物人状态多年。每当提到她的墓碑铭文"1983年1月11日去世，1990年12月26日安息"时，他都会感到难过。

尽管受到牛津大学出版社的劝阻，帕菲特仍在考虑对《理由与人格》进行修订，并将书名定为《理由、人格与实在》（*Reasons, Persons, and Reality*）。他没有放弃破解X理论的努力，这一理论既能把我们从"令人厌恶的结论"中解救出来，又能应对"非同一性问题"。他一直感到遗憾的是，"非同一性问题"对一些读者产生了他认为是反常的影响，这些读者认为，如果一项破坏环境的政策没有对任何个人造成伤害（因为这项政策导致不同的人出生），那么就没有理由去关心它。帕菲特希望强化他之前的观点，即这种想法是错误的。在其他条件相同的情况下，我们应该采取能给人们的生活带来最高福祉的政策，而不管这些生命与另一种政策下的生命是否保持同一。

5月，他的朋友萨姆·谢弗勒发表了哈特（H.L.A. Hart）演讲，帕菲特也参加了演讲后的招待会。[22]谢弗勒注意到自己的妻子凯蒂（Katy）与帕菲特进行了长时间的热烈交谈。他想知道他们在讨论什么，因为帕菲特以不善闲谈著称，而凯蒂也不是个哲学家："事后我问妻子谈话的主题，她说：'显然，伯纳德·威廉斯没有规范性理由的概念'。"[23]

2014年秋天，帕菲特来到罗格斯大学，随后在10月与珍妮特一起飞往瑞典参加肖克奖的颁奖典礼。按照惯例，他需要发表演讲，而他选择的主题是人口伦理。在为期一天的研讨会上，还有其他四位演讲者，他们分别是两位瑞典人古斯塔夫·阿雷纽斯（Gustaf Arrhenius）和英马尔·佩尔松，还有两位美国人张美露和拉里·特姆金。

在斯德哥尔摩，帕菲特的演讲是最后一个，每个人对这场演讲的记忆都差不多。他在台上踱来踱去，由于台上灯光太亮，而观众席上一片漆黑，几乎无法看清讲台的边缘。有几次，他险些跌落下去。演讲快结束时，他提到了巴赫最后一部未完成的作品《赋格的艺术》(The Art of Fugue)，他这么做只是想附带提出一种可能性，即可能存在一些更高或更优的价值，即一定数量的这些价值比任何数量的劣质价值更受青睐：例如，巴赫的一首作品可能被认为比巴里·曼尼洛的一万首歌曲更有价值。但还有一个被称为"词典式不精确"的问题：巴赫是否比瓦格纳更优秀，这可能是说不清楚的。

演讲进行到一半，帕菲特突然停下了说话，开始哭泣。并非只是眼眶湿润，而是完全哭了出来，不是几秒钟，而是持续了大约一分半钟。观众席上大约有一百多人，大家都显得坐立不安，不知道该看哪里或如何反应。最后，帕菲特勉强平复情绪，向大家道歉并继续演讲。

沃洛德克·拉比诺维奇和帕菲特住在同一家酒店，第二天，拉比诺维奇问他："你为什么哭了？"帕菲特回答说："那首曲子太美了，巴赫还没来得及完成它就去世了，太悲惨了"，然后他又哭了起来。[24]

* * *

到帕菲特退休时，他已成为万灵学院珍宝般的存在。他几乎完全退居哲学领域，但在学院里仍然是一个和蔼可亲、谦逊、受人尊敬的人。自苏珊·赫尔利来到学院以后，学院里发生了一场人口结构革命：女研究员的比例持续上升。尽管许多传统依然存在，但学院已经变得更加宽容、更加进步。没有人再公开怀疑帕菲特是否配得上研究员资格，事实上，他恰恰代表了那一类学者——他们本身就为这一特权机构的存在提供了辩护。帕菲特对万灵学院的需要与其他学者一样，如果万灵学院不适合帕菲特这样的人，那它还能适合谁呢？他在用餐时违反社会规范的行为，现在已经成为学院生活的一部分，就像餐前祷告一样传统。

他现在大多在家工作，住在博蒙特大厦，有时由珍妮特陪同，但往往是独自一人，只有一只巨大的长颈鹿毛绒玩具，那是之前的哲学家房客遗弃在房子里的，放在楼上的窗户旁。这只长颈鹿最终被送给了住在同一条街上的一个五岁女孩，女孩路过时经常和它聊天。[25] 自从帕菲特在万灵学院的房间被清空后，他就很少回到学院。他与学院长达几十年的联系没有让他产生任何怀旧之情。当他确实需要去学院时，他选择不去公共休息室，因为那可能会让他陷入不必要的闲聊。如果他与阿米娅·斯里尼瓦桑等万灵学院研究员有约，他更愿意在他们的房间见面。斯里尼瓦桑后来描述了他们在她书房里的最后一次会面："他在整理文件时打翻了一个杯子。他毫不在意。我们坐着聊了几个小时，他的脚就泡在一滩水和玻璃碎片中。"[26]

他并未完全与牛津大学或万灵学院的事务脱离关系。虽然他不是怀特道德哲学教席任命委员会的成员，但他与委员会的一些成员进行了多次交谈，讨论了他认为接替约翰·布鲁姆的不同候选人的优点和缺点。最后，两位候选人拒绝了这一职位，帕菲特很高兴第三位候选人杰夫·麦克马汉接任了。他还帮助制定了万灵学院奖学金的考试标准，他本人也曾于1967年获得过该奖学金。牛津大学的考试命题人最热衷于出一些模棱两可、开放解读的题目，其中一半的挑战就在于弄清楚问题到底是什么。帕菲特的倾向却恰恰相反。他力求让问题尽可能直截了当，比如"效用主义：对还是错？"，他认为，最好的哲学家并不一定总是在压力下反应最快、最敏捷的，我们需要的是让他们有机会展示深厚的先前知识。

由于帕菲特在万灵学院不再有自己的空间，他不得不到别处

第 21 章　婚姻与披萨

去辩论哲学。西伦·帕默尔约他在主街上的 Quod 餐厅共进午餐。他们就点什么菜进行了长时间的讨论,帕菲特没有解释什么原因。"吃了几口后,他说:'我觉得我们俩最好换换菜',我们就换了。又过了五分钟,他说'我觉得我们应该换三次',于是我们又交换了两次。"[27]

由于不再在学院用餐了,他在家里的饮食也变得单一而固定,就像他在美国教书时一样。早餐(很晚才吃)他要水果麦片、酸奶、果汁和速溶咖啡。晚上,他吃生胡萝卜、奶酪、罗马生菜和芹菜蘸花生酱。在某个不经意的阶段,他变成了素食主义者。几年前,他开始在睡前喝洋甘菊茶,因为张美露告诉他这可能有助于睡眠,他答应试一试。

* * *

帕菲特的新版《理由与人格》永远不会出版了。但他还有另外两个项目。彼得·辛格构思了一本关于帕菲特元伦理学的论文集,同时还会收录帕菲特的回应。帕菲特对此很感兴趣,最终共有多位杰出哲学家撰写的十三篇论文。2012 年 3 月 16 日,帕菲特收到了除一篇之外的所有章节,并告诉辛格,他会在不到一年的时间内寄回他的回应。然而,正如研究帕菲特生平的人都预料到的,这未免过于乐观。事实上,就像二十年前的《阅读帕菲特》一样,帕菲特的回应变得非常冗长,以至于将它们收录在一卷中已不再可行,牛津大学出版社、帕菲特和辛格一致认为,将这些文章和回应分别收录在《有任何事情真正重要吗?》(*Does Anything Really Matter?*)和《论重要之事》第 3 卷中更有意义,而且封面还采用了帕菲特在圣彼得堡冬宫拍摄的照片。《有任何事情真正重要吗？》长达 300 页，而帕菲特对每一页的回复平均达一页半。他的手稿足足延迟了两年半才交出。

即使是为帕菲特的书写序言，也是一个曲折的过程。令他高兴的是，辛格一书的两位重量级撰稿人艾伦·吉巴德和彼得·雷尔顿，在道德的客观性问题上与帕菲特达成了一定的共识，并为《论重要之事》第三卷贡献了额外的文章。雷尔顿与帕菲特不同，他是一个自然主义者，认为客观实在只能通过观察和实验来发现。吉巴德也与帕菲特不同，他是一个表达主义者，认为诸如"折磨无辜儿童是错误的"这样的句子的主要功能不是断言一个事实，而是表达一种态度（例如，此处的态度是反对）。

帕菲特曾给雷尔顿写过一封信，信中写道："我们之间的主要分歧似乎得到了解决，就像雾或云从山上飘走一样，这让我非常振奋。"[28] 他在给吉巴德的信中写道，他和雷尔顿都"渴望你能和我们一起去阳光普照的高坡"。[29] 但是，要想设计一个公式来描述他们的一致程度，就必须具备外交官通常需要的技能，即穿梭于交战双方之间起草和平条约。表达他们一致意见的不同版本的文本反反复复，直到帕菲特在他的序言中为以下内容开了绿灯："雷尔顿同意我们的分歧已完全解决，吉巴德同意我们的分歧已部分解决。我对与那些似乎和我一样有可能弄错事情的人之间的分歧深感忧虑。这就是为什么我和雷尔顿一样，认为雷尔顿、吉巴德和我现在有相似的信念'非常令人振奋'。"[30]

帕菲特还为劳特利奇出版社（Routledge）的一本新书收录的论文写回应。这本书由肯特大学的西蒙·柯钦（Simon Kirchin）编辑，与乔纳森·丹西关于帕菲特的书一样，书名为《阅读帕菲特》。书中收录了不同哲学家的文章，涉及《论重要之事》的各个方面，而不仅仅是元伦理学。柯钦于 2012 年向帕菲特提出了这一想法，并于 2014 年 6 月将一整套论文寄给了他。帕菲特承诺将回应限制在一章之内，不会重蹈覆辙，写出与原文章一样长的回复。2015 年 11 月，他提交了长达四十八页的一章，一个月后，他完成了《论重要之事》的第三卷。

* * *

在离开万灵学院的那一年，帕菲特接受了牛津大学上广实践伦理中心的聘任，珍妮特早已是该中心的杰出研究员。上广中心成立于 2003 年，致力于研究应用伦理学问题，即现实世界中的实际困境。该中心发展的推动力量是出生于澳大利亚的朱利安·瑟武列斯库；帕菲特本人与该中心的成立毫无关系，但该中心是他在四十年前与乔纳森·格洛弗和吉姆·格里芬共同举办的开创性研讨会的自然结晶。

实践伦理学在牛津大学正逐渐成为主流，尽管经历过一番挣扎的过程。2016 年，牛津大学哲学系就关于 PPE 学位中引入实践伦理学选修课进行了投票。该课程将涵盖战争、动物待遇、惩罚、生物伦理、慈善、种族和性别平等以及未来世代等主题。学院里的一些人反对这一新课，傲慢地认为其缺乏严谨性。帕菲特不再有投票权，但新课的发起人要求他到场默默支持，他照办了。他的出现就是为了嘲弄"实践伦理学不是真正哲学"的观念。投票通过了。

帕菲特毕生致力于思想领域的研究，对政治和政策一直保持距离。但他始终认为，哲学不应该仅仅是学术上的兴趣，而应该具有重要意义。退休后，一个与他有着天然亲近感的组织向他寻求支持。

牛津的慈善机构"量力而给"（Giving What We Can）是由澳大利亚哲学家托比·奥德（Toby Ord）和另一位年轻哲学家威尔·麦卡斯基尔（Will MacAskill）共同创建的。该慈善机构的直接灵感来自彼得·辛格。辛格设计了一个思想实验，这个实验虽然简单却极具震撼力，让人们反思自己的行为以及对需要帮助人群的态度。想象一下，你正经过一个浅浅的池塘，看到一个幼儿在水中挣扎。没有任何其他人来救她。你可以轻而易举地跳入水中救起这个幼儿，自己不会有任何危险，但你正穿着考究的西装和最好的布洛克皮鞋，清洗或更换它们需要花费150英镑。另外，这还会让你上班迟到几分钟。你该怎么办？是糟蹋西装救人一命，还是眼睁睁地看着这个幼儿死去？

当然，这不应该是真正的两难境地，这正是问题的关键所在。没有人会认为，让孩子溺亡是可以接受的。但辛格认为，这种假设场景与我们直接面对世界另一端极度贫困者的处境是类似的。如果我们捐出相对较少的一笔钱给有效的慈善机构，我们就可以轻而易举地拯救一条生命。与池塘情况唯一不同的是，那个人远在天边，我们不知道他是谁。但辛格说，这在道德上是无关紧要的。[31]

这一思想实验引发了大量的二手文献。显然，"量力而给"的发起人对此深信不疑。他们的使命是说服人们捐出更多的钱，捐给那些能够真正改变现状的有效组织。并非所有慈善机构都同样有效，有些机构比其他机构管理得更好，有些机构关注的问题比其他机构更紧迫，有些痛苦比其他痛苦更容易解决，成本也更低。

因此，捐赠 100 英镑所产生的影响将因资金的去向而大不相同。创建"量力而给"的目的就是帮助捐赠者选择能够发挥最大作用的慈善机构。

"量力而给"还衍生出其他组织，如"80000 小时"。这个数字指的是我们在职业生涯中可能拥有的大致小时数。"80000 小时"的目标是研究人们如何才能最有效地将时间（而非金钱）用于解决世界上最紧迫的问题。2012 年，"量力而给"和"80000 小时"合并，成立了"实效利他主义中心"（Centre for Effective Altruism）。

"实效利他主义"运动自启动以来，虽然发展缓慢，但一直稳步前行。早期的支持者大多是理想主义的年轻研究生，其中许多人是哲学家。如果说辛格是该运动的思想之父，那么帕菲特就是它的祖父。一些成员开玩笑说，凡是来"量力而给"工作的成员，都必须拥有一本《理由与人格》，有些人甚至拥有两本，一本放在家里，一本放在办公室。

但帕菲特直到 2014 年才签署了"量力而给"承诺书，而且他是在对措辞争论好久之后才同意签署的。起初，加入"量力而给"活动的人需要有公开宣誓（pledge），将至少 10% 的收入捐给致力于扶贫的慈善机构。帕菲特对此有几个问题。至于原因，组织者从未完全理解，他说，参与者应该做出"承诺"（promise），而不是"宣誓"：他可能认为，承诺意味着更深层次的责任。他也不喜欢"量力而给"这个名称。个人收入的 10% 无疑是一个慷慨的数额（与世界上一些宗教信徒被期望捐出的数额一致）。然而，帕菲特指出，人们显然可以捐出更多。"量力而给"组织之所以确定这个数字，是因为它足以产生重大影响，但又不至于让潜在的支持者望而却步。因此，这就成了一场哲学诚实与市场营销之间的小冲突。帕菲特还对"给予"一词提出异议。他认为，这暗示我们在道德上有权拥有我们交出的东西，在道义上有权得到我们的财富和高收入。他反对这种说法。发达国家的富裕人群只是幸运地出生在富裕的社会环境中，他们的财富并不是他们应得的。

抛开语言上的争论不谈，帕菲特感触最深的问题是该运动（最初）只关注贫困与发展问题。帕菲特认为，虽然减轻当代人的痛苦确实迫在眉睫，但至少应该将部分捐款用于解决未来的问题。人类人口已增至80亿，但却面临着诸如陨石、核战争、生物恐怖主义、大流行病和气候变化等生存风险。帕菲特认为，在（a）和平、（b）导致75亿人丧生的战争以及（c）导致所有人死亡的战争之间，（b）和（c）之间的差别远大于（a）和（b）之间的差别。

人类的灭绝为何会如此悲剧？帕菲特对此言之甚少，但他曾对一位朋友说，"他真正为人类可能灭绝而感到难过的是，那时再也没有人可以听到莫扎特的音乐了"。[32] 帕菲特认为，鉴于人类历史中大部分时间的生活都非常严酷，至今为止人类生活是否总体上是件好事并不显而易见。然而，他表示，只要我们不把事情搞砸，未来的生活有极大的可能性会更好——谁知道呢：也许智能生命会持续数十亿年，并在其他星系中繁衍生息。

无论如何，帕菲特希望实效利他主义运动能够转向长期目标，而不仅仅关注眼前的事情。这一观点得到了其他人的赞同。誓言被重写，现行誓言如下：

> 我认识到我可以把我的部分收入用于做出显著的善举。既然我可以靠较少的收入过上很好的生活，我承诺从现在起直到

第 21 章　婚姻与披萨　　379

____，我将捐赠____给那些能够最有效地利用这笔钱来改善他人生活的组织，无论是现在还是未来。我自愿、公开和真诚地做出这一承诺。

在 2016 年，该运动寻求帕菲特的明确支持。他立即热情地回应了第一封邮件。"非常愿意作为顾问参与。祝愿你们的活动一切顺利，衷心祝福，德里克。"[33]

现在，人们会自然而然地认为，一个倡导更多慈善捐款的运动应该是无可指责，并将获得普遍支持的。谁会反对呢？事实上，它却遭遇了意想不到的敌意和蔑视。部分原因在于其本能的后果主义产生了一些反直觉的建议。如果一个人想帮助发展中国家的穷人，那么就不应该在慈善部门工作——也许其他人也能做好这项工作——不如去华尔街做一名债券交易员，赚取足够的收入，将数百万美元捐献给慈善事业。这里的问题是伯纳德·威廉斯在《效用主义：赞成与反对》中指出的[34]（并在该书第 10 章《后果主义与正义》中提到）。批评者认为，后果主义将人视为庞大行善算法中的单纯输入，无法为个人的完整性和个人项目留出足够的空间。

但更根本的批评是，实效利他主义运动过于个人主义，缺乏历史视角，在某些方面又显得过于非政治化。也就是说，它没有质疑结构性不平等和不正义如何导致痛苦。它没有探讨我们应该关注的不仅仅是慈善捐赠的短期影响，而应是社会运作的系统性和根本性变革。

实效利他主义的支持者对此类攻击进行了反驳。他们承认，有时最有效的行善方式并不是直接的慈善工作，而是宣传或政治活动。但他们也为个体反思当前状况的合法性辩护，并询问："在当今世界，我个人能够为改善他人生活做出什么样的贡献呢？"一些支持者私下表达了更为冷峻的看法：他们猜测，一些批评者的动机是想要摆脱这种义务感，因为参与这一运动会要求较大的个人牺牲。

至于帕菲特，一旦帮助运动的方向转向长远发展后，他就再没有对运动存在的理由有根本性怀疑。在2014年7月7日至9日间，他参加了万灵学院举行的"善行正确"（Good Done Right）实效利他主义会议。次年，即2015年4月，他在哈佛大学发表了关于实效利他主义的演讲，2015年6月，他在学生管理的牛津大学联盟（Oxford Union）发表了演讲，听众踊跃。此时的他头发花白，略显驼背，微微气喘，倚靠在讲台上，不时从瓶子大口喝水，偶尔摆弄一下衬衫袖子或抓抓头发，提出一些切实可行的措施，以改善世界现状。我们应该吃素，甚至成为纯素食者，孩子不应多于两个；我们应当多投资，少消费。那些年轻时怀抱理想、曾承诺捐赠10%收入的人，不可避免会有失约的，而帕菲特提出一个建议，如何防止他们背离初衷。为什么不利用羞耻感，每年发布一份通讯，列出所有停止捐款者的名单呢？

这次演讲引人注目的地方在于，他七十多岁时的工作重点与他二十多岁时的工作重点如出一辙。回想他学生时代在《伊希斯》杂志当编辑的方针："所有行动的目标都应是减少痛苦。有两种痛苦最为突出：一种是假设性的痛苦——核战争带来的痛苦（它会带走世界三分之一的人口，10亿具尸体），另一种是其他三分之二人口现在遭受的实际痛苦。"[35] 半个世纪后，他仍在做出同样的论证。

第 21 章　婚姻与披萨

第 22 章　与生命不相容

2014 年秋天，帕菲特回到罗格斯大学，那时他几乎因一次外出就餐丧命。那是 9 月 2 日的晚上，拉里·特姆金带他去新泽西州高地公园的 Pad Thai 餐厅吃饭。他们通常会在联合授课后一起吃饭，而这次是他们本学期的第一堂课。他们俩的口味不同，特姆金总是选择清淡的菜肴，帕菲特每次都会质疑特姆金的菜是不是有点乏味，并建议他尝尝自己的更辣一点的菜。每次，特姆金都会解释说他不喜欢吃辣。

那晚 10 时左右，特姆金把帕菲特送回杰夫·麦克马汉的家，然后回自己家休息。凌晨 1 时左右，他被电话吵醒，线路那头麦克马汉的声音在颤抖，"杰夫显然认为德里克就要死了"。[1] 据悉，帕菲特此时已经住进了医院，插上了呼吸机，因为他无法自主呼吸。麦克马汉洗澡时听到帕菲特剧烈地咳嗽和喘息，便去查看他的情况，发现他坐在椅子上，喘不过气来。麦克马汉在互联网上查找了"肺萎缩"的相关信息，当帕菲特呼吸急促加重时，他迅速把帕菲特塞进自己车里，开车把他送到了离家不远的新不伦瑞克的罗伯特·伍德·约翰逊大学医院。

这个迅速的决定可能救了帕菲特的命。在医院里，一名护士请求帕菲特同意给他插管。他毫无反应，呼吸极浅且急促。麦克马汉让他点头表示同意，但他仍然没有反应。医务人员急忙把麦克马汉送了出去。当帕菲特的衣服最终被交还时，他们发现医务人员在麦克马汉离开病房后显然是撕开的衬衫，急得连扣子都没解。

帕菲特被全身麻醉，第二天麦克马汉回来时，他仍然昏迷不醒。帕菲特最终从昏迷中醒来时，喉咙里插着管子，无法说话，但示意要便笺和笔。"他没有问'我在哪里，我发生了什么事？我的情况如何？'，也没有问'我还能活下去吗？'。他写道，他本应列席约翰·弗里克（Johann Frick）的论文答辩委员会，需要去哈佛大学参加他的答辩。"[2] 弗里克是帕菲特的一个博士生。他们必须向帕菲特解释，他无法履行这项义务。

特姆金那天去见了帕菲特。"那情景很吓人。他看起来很憔悴，胡子拉碴的，简直是糟透了！"[3] 他仍然想进行哲学讨论，但只能通过写作交流。当他最终摘掉呼吸机时，说话还是很痛苦，声音沙哑，但这无法阻止他。弗里克的答辩还是必须照常进行，尽管帕菲特曾给考官写信建议推迟："抱歉这些错别字，我只用一根指头在打字。亲切地，德里克。"[4] 帕菲特住院几天后，弗里克获准去探望他："他还在重症监护室，身上插着管子，我把头伸进门里。德里克看到我，第一句话就是：'约翰，你能来太好了。你的论文我只读了两遍，但我有些问题想问你。'他给了我一场两三个小时的口试，比几天后我面对的答辩还要难。"[5]

更高兴见到弗里克的是麦克马汉和张美露，他们已经在帕菲特的床边待了好几个小时。弗里克回忆说："他们成了被俘的听众，当我出现时，他们非常感激，因为他们可以暂时从哲学中解

第22章 与生命不相容

脱出来。"之后，更多的访客陆续而至。一位护士对帕菲特开玩笑说，耶稣都只有十二个门徒，而他似乎有更多。"你是做什么的？""我做些，"他回答说，"重要之事。"[6]

帕菲特毫不在意被人看到他躺在床上。张女士曾在他不自觉暴露身体的部位时几次为他盖上被子。他一边接受医生们的检查，一边在询问张关于她最新的哲学论文。总的来说，他对自己的健康状况并不关注，却对美国医疗体系产生了好奇，开始阅读《患者保护与平价医疗法案》(ACA)，即"奥巴马医改"。他惊讶地发现，自己的一个护士认为医生的高收入是应得的，如果削减他们的薪水，那将是不公平的。

导致帕菲特健康危机的原因是什么？主治心脏外科医生推测，是辛辣食物引发了他的咳嗽，进而导致了气胸——左肺过度充气，空气被迫在上半身循环。经过检查发现，右肺完全失效，原因是帕菲特可能从小就有的一块瘫痪肌肉。这块肌肉大约为 2.5 英寸（6.5 厘米），完全被压扁了。医护人员不得不给之前正常工作的右肺充气，并等待其痊愈。在杰夫·麦克马汉在场并做记录时，外科医生向帕菲特展示了他的肺部 CAT 扫描，并告诉他，图像所显示的几乎与生命不相容。麦克马汉后来提醒帕菲特这个短语，这让帕菲特感到异常自豪。"我的身体几乎与生命不相容。"他向许多人夸耀道。他对那件撕裂的衬衫也很自豪，并将其保存了下来。

是否需要进行进一步手术来修复帕菲特不寻常的器官排列，对此曾有过讨论，但最终一致的结论是，手术风险太大。此外，医生告诉帕菲特，手术可能会让他拥有一个"美国大肚腩"。他之所以保持如此瘦，部分原因是本应在腹部的肠子被挤到了他的右胸腔。"我再也不登山了，"他总结道，"所以也许做手术不值得。"[7]

* * *

　　帕菲特的脚步并没有因这次生病而减缓。事实上，他的一些美国学生察觉到，他有了更强的紧迫感；这个人似乎意识到了自己的生命时钟正在滴答作响。在 2015 年春季的哈佛大学研讨会上，他与塞利姆·伯克共同主持了一场研讨会（蒂姆·斯坎伦已经退休）。塞利姆在一个技术问题上逼问帕菲特，帕菲特摇了摇头，打断了他的话。"塞利姆，"他用平静而严肃的语气说，"如果我们是永生的，也许值得尝试去解决这些问题。然而，我们的时间有限，我们必须转向更紧迫的事情。"[8]

　　那年夏天，帕菲特和珍妮特一起去了缅因州的迪尔岛，看望他的姐姐西奥多拉及其丈夫范，并住在他们的度假屋。他在那里主要是工作，坐在一把藤椅上，靠一台简陋的电风扇保持凉爽，但有照片显示，他至少乘了一次摩托艇，还有一次他穿了救生衣、戴了超大的太阳镜和米色钓鱼帽去划皮划艇。根据珍妮特的说法，他更愿意待在藤椅上，但觉得有义务去参与几次假期活动。

　　帕菲特的生命中只剩下两个学期的教学工作。它们差点没能如期进行，因为他在伦敦美国大使馆续签签证时，携带的一把大刀被金属探测器发现了。他对这些实际事务总是显得不耐烦，出门赶公交时，他抓起了一把刀，这是他看到的第一个可以用来削铅笔的东西。他声称，要求他知道刀具被禁止是不合情理的。幸运的是，安保人员接受了他的解释。

　　2015 年秋季，他与莎伦·斯特里特（Sharon Street）在纽约大学联合开设了一门元伦理学课程。他仍然对伯纳德·威廉斯没有规范性理由的概念耿耿于怀，但斯特里特却坚持威廉斯的观点，认为独立于心灵的理由毫无意义。"他认为我的立场是虚无主义的。他担心虚无主义为真，觉得需用论证驳倒它。"他们经常是各说各的，甚至打断对方。帕菲特会变得非常激动，每次研讨课结束后，他都觉得需要为自己打断对方道歉。"在最后一天的课堂上，有一位学生问我们是否觉得在研讨课上学到了什么。我的记忆是，我们俩都说'没有！'。"斯特里特说。[9] 尽管如此，她仍然欣赏他的激情：他对自己哲学立场的激情让她联想到一种宗教狂热。

帕菲特曾主动找到纽约大学的另一位教授戴尔·贾米森，称赞他的工作（环境伦理学），宣称将把余生投入到气候变化以及威胁人类的类似问题的思考中，贾米森对此很是惊讶。"我大吃一惊。然后，他毫不停顿地开始谈论理由的形而上学，以及威廉斯没有规范性理由的概念是多么令人费解。"[10]

2016 年春季，帕菲特在罗格斯大学与拉里·特姆金联合教授一门课。这将是他在美国的最后一个教学学期。

* * *

帕菲特需要面对的不仅仅是自己的健康问题。当他回到英国时，珍妮特也病得很重。两年前的 2014 年夏末，她开始感到脚部疼痛，这种疼痛加重并蔓延到她的双手。医生诊断她患有类风湿性关节炎，这是一种影响关节的慢性炎症疾病，会使人衰弱。

珍妮特本该再为牛津大学上广中心撰写一本书。2012 年 11 月，她做了年度上广讲座。该讲座的讲者需将三场讲座改编为一本简短的著作，由牛津大学出版社出版。拉德克利夫·理查兹的讲座题目为《变迁中的性》(*Sex in a Shifting Landscape*)。她在讲座中重新探讨了《怀疑论的女权主义者》中的一些内容，同时也借鉴了新兴的进化心理学领域，以及她的书《达尔文之后的人性》。她指出了人们在性方面对男性和女性有双重标准，多情的男性被赞誉为"种马"，而多情的女性则被羞辱为"荡妇"。她认为，一个解释是，DNA测试出现之前，男性不同于与女性，无法百分之百确定自己是否是伴侣孩子的父亲。性羞辱的存在是一种控制女性性行为的手段，以便那些在子女养育上投入时间和资源的男性，能更有信心地相信他们抚养的是自己的亲生子女。这是进化论的解释，但它具有歧视性影响——一夫一妻制的规范对女性的惩罚比对男性更为严厉。

拉德克利夫·理查兹在《怀疑论的女权主义者》一书中主张，下述推论是错误的：如果女性的平均工资低于男性，或者在某一特定职业中女性人数多于男性，那么从逻辑上讲，这就意味着她们受到了不正义的待遇。她再次借鉴了进化心理学的研究成果，认为选择的压力可能以不同方式塑造了男性和女性的思想。至少，不能先验地否定这种可能性，它是一个经验问题。但是，即使两性之间存在某些平均差异，"应该如何应对这种差异"这一规范性问题仍然悬而未决。

这就是她有争议的主题。2016年6月25日，帕菲特写信给上广中心主任朱利安·瑟武列斯库。珍妮特已经出院，但帕菲特请求瑟武列斯库不要给她出书的压力，因为她仍然在生病，长期处于疼痛中，并且很抑郁，而她的抑郁"部分是因为未能履行向你们承诺基于她的讲座写书的义务"。她对此"深感愧疚"。帕菲特写道，上广基金会可能会对这本书没有出版感到失望，这是很自然的，但他们不应因此认为珍妮特忽视了他们的慷慨。他写道："如果某位上广讲者因为去世而未能完成书稿，他们不会以这样的方式回应，而珍妮特的病痛和抑郁所带来的影响，就像她已经去世了一样。"[11]

帕菲特本人的健康状况也不佳。过去几年里，他变得越来越健忘，好几个人注意到了这一点并评论过。2016年7月20日，当年轻的剑桥哲学家西蒙·比尔德（Simon Beard）去牛津探望他时，他们讨论了人格同一性的问题。帕菲特中断了自己的独白，说道："我的医生告诉我，我患有早期阿尔茨海默症，所以我知道，二十年后肯定没人与现在的我有着心理的连续。但对我来说，到那时是否还有个人叫德里克·帕菲特并不重要。"然后，比尔德回忆道："他继续说着他的话题，就好像这个消息完全无关紧要。"[12]

比尔德很有可能听错了或者在某种程度上误解了这点；因为帕菲特没有向其他人提过这件事，甚至连珍妮特也没有。但这个故事与帕菲特的行为是一致的，而且他可能因为珍妮特的健康状况而没有告诉她。如果帕菲特真的将面临一个日益受痴呆影响的未来，那么根据他自己对同一性的理解，他将开启一段旅程，而这个旅程将慢慢剥夺掉"重要之事"。

几周后的9月9日，帕菲特与珍妮特待在她塔夫内尔帕克赫德尔斯顿路的家中时，珍妮特突然出现了另一次健康危机。她的四肢突然无法移动了。帕菲特在司机的帮助下设法将她带进了出租车，然后开车前往大学学院医院。她在那里住了一周，然后被转移到皇后广场的神经科医院，在那里住了两个月，直到11月10日。医生们起初感到困惑，但最终珍妮特被确诊为脑血管炎，这是另一种炎症类疾病（可能与她的类风湿性关节炎有关，也可能无关)。

帕菲特整整两个月都待在赫德尔斯顿路。珍妮特的姐姐朱迪丝搬到伦敦来帮忙,她教帕菲特如何使用洗衣机;帕菲特很高兴学会了使用,但不敢轻易去调整设置。他定期看望珍妮特——虽然不是每天都去——带着他的笔记本电脑,这样在他们不说话时可以继续工作。他忧心忡忡,情绪激动。他在对朱迪丝倾诉时流泪,表示自己让珍妮特失望了。他自己也不是完全健康,气喘越来越严重。他从尤斯顿车站步行到医院这段短短的路程,都需要中途停下来休息。有一次,他不慎将两个包落在了长椅旁,其中包括珍妮特的笔记本电脑,幸好有人将它交给了警察。

珍妮特终于在 11 月 10 日出院了。两天后,在一个阴雨绵绵的星期六,帕菲特前往牛津,查看《论重要之事》第三卷封面的最新样稿。他的斗志减弱许多,虽然他不太喜欢这个封面,但对英马尔·佩尔松和杰夫·麦克马汉说:"这并不重要,因为图书馆里的精装书没有封面。"[13] 如果他之前对前两卷也采用这一逻辑,那么就会省去与牛津大学出版社之间的无数麻烦。接下来的周末,即 2016 年 11 月 20 日,他在牛津大学举行的"实效利他主义"会议上发表了演讲。他哀叹自己关于非同一性问题的写作带来的负面影响,因为有些人错误地认为,如果破坏环境的政策不会伤害特定的人,那么我们就没那么多理由关心这些政策。

* * *

随着人们年龄的增长,他们无疑会更多地思考死亡,因为身体会逐渐虚弱,且有越来越多的朋友和同辈去世。以赛亚·伯林在 1997 年 11 月去世，伯纳德·威廉斯在 2003 年去世，苏珊·赫尔利在 2007 年去世，帕特里夏·赞德在 2008 年去世，杰瑞·科恩在 2009 年去世，罗纳德·德沃金在 2013 年去世。帕菲特在不同程度上受到这些逝世的影响。威廉斯去世大约一个月后，他的遗孀帕特里夏被邀请到万灵学院共进晚餐。她坐在帕菲特旁边，当谈话转向伯纳德时，帕菲特突然哭了起来。"我最终安慰了他。事后我才意识到这有多奇怪。"[14] 在杰瑞·科恩的葬礼上，杰瑞的女儿米丽娅姆提醒帕菲特，他曾打电话给科恩，询问是否可以称他为朋友。帕菲特随即泪流满面。

借助哲学的力量，帕菲特已经在某种程度接受了自己的死亡。他的老朋友比尔的妻子萨莉·鲁迪克（Sally Ruddick）于 2011 年去世，德里克在得知消息后立即于 6 月 27 日给比尔写了一封信。

> 当我想起已逝的挚爱时，想到就像远方的人不会因为不在这里而不真实一样，这个人并不会因为不在现在而变得不真实，这对我来说有些帮助。但知道萨莉现在不在了，还是令人痛苦不堪。[15]

鲁迪克思考了这封信，没有置之不理，而是第二天通过邮件做出了回复。他不清楚对过去和现在的反思如何影响日常的缺失感，而这种缺失感正是他悲伤的主要来源。对他来说，妻子的死并不像一个会愈合的伤口，而更像是失去了一部分的心。随后，双方进行了长时间的通信。帕菲特提到了他在《理由与人格》中塑造的人物"永恒者"，虽然我们无法期望与已故爱人建立持续的未来关系，但我们可以回顾过去关系中的美好时光。鲁迪克并未感到安慰，他对妻子的回忆并非独立的片断，几乎每一段美好的回忆"都会因他妻子现在的缺席而变得苦乐参半。永恒者显然没有现实中的这种酸涩反应"。[16]

事实上，帕菲特曾在乔伊斯·卡罗尔·欧茨（Joyce Carol Oates）的第一任丈夫雷蒙德·史密斯（Raymond Smith）去世时，给她发送了一封几乎完全相同的慰问信。"得知雷在几周前去世，我感到非常难过。当我所爱的人去世时，我发现自己会提醒自己，就像新西兰的人并不因为他们不在这里而变得不真实一样，这个人并不会因为她不在现在而变得不真实，这是很有帮助的。"[17] 帕菲特是通过他的朋友杰夫·麦克马汉认识了这位常驻普林斯顿的作家的，欧茨参加过他的一些讲座。欧茨对他的关切表示感激，甚至在她关于哀悼的书中引用了这段话；然而私下里，她并不认为帕菲特的建议能带来多少安慰。她将其比作试图安慰一位被截肢者，说他的腿仍然真实存在于新西兰。

至于帕菲特对自己死亡的看法，他曾在《理由与人格》中指出，身体的存续并不是真正重要的。他会对学生说："我觉得令人安慰的是，[死亡]只是意味着，未来不再有一个以某种方式与我相关的人存在。"[18] 这个想法确实让他感到轻松。

然而，只有把他的后半生理解为他对死亡的回应，才是可以理解的。他有许多事情想在去世前完成，回答一些问题，说服一些人。帕菲特很着急，即使到了七十多岁，他仍然是"哲学界的阿列克谢·斯达哈诺夫"，[19] 像过去几十年一样，每天工作，周末不休。塞缪尔·谢弗勒回忆说，帕菲特承认激发他所写的那一切的都是对死亡的恐惧。彼得·辛格认为，帕菲特有两种激发性的恐惧："死亡和被逐出万灵学院。"[20]

对死亡的预期自然会带来对过去的反思。他到底取得了什么成就？他的老友乔纳森·格洛弗在伦敦大学学院的一场关于人格同一性的讲座之前找到了他，问他的人生离他的期望有多近。"他说，'我的生命就是我的工作。我相信我已经找到了一些好的理由去相信价值并不只是主观的，确实有些东西很重要。如果我的论证失败了，我的生命就荒废了'。"[21]

这让格洛弗觉得荒谬。帕菲特的哲学论证并非都被普遍接受，这很正常。但是，"他写了一些我们这个时代最深刻、最杰出的哲学作品，它们极可能在我们这些人离世很久后还会被人反复思考。在那些让我们深思的讨论中，他对大量的同事、学生和朋友都是巨大的激励。如果他的生命是浪费的，那么我们这些哲学教师还有什么希望呢？"[22]

第 23 章　帕菲特的冒险

2017 年 1 月 1 日和 2 日之间的某个时刻，德里克·帕菲特停止了呼吸，当时他和珍妮特躺在赫德尔斯顿路 21 号家里的床上。虽然他患了重感冒，但元旦那天和往常没什么两样，唯一不同的是，他觉得没有精力骑自行车锻炼。尽管如此，他还是做了一整天的工作，向《哲学与公共事务》杂志寄去了一篇关于未来人口的文章草稿[1]，直到晚上 10 点才结束，期间只有吃晚饭才短暂休息了一会。

那天晚上晚些时候，他开始剧烈咳嗽；珍妮特有点担忧，提议去医院，但他坚持说自己没事，并短暂地离开房间以免打扰她。当他回来时，他要求拿个风扇。凌晨 1 点左右，珍妮特去看他，以为他终于睡着了。当她意识到自己的错误时，她拨打了急救电话，急救人员让她把帕菲特放到地板上，并进行心肺复苏。但为时已晚。

尸检结果显示，死亡的主要原因有两个。第一个与肺部有关，涉及肺部肉芽肿病（肺部炎性细胞异常聚集）和膈肌麻痹（导致疲惫和呼吸无力）。第二个则与心脏相关：帕菲特患有缺血性心脏病（他的心脏供血和供氧不足）。死亡原因被模糊地归结为"自然原因"，但很可能与在新泽西几乎夺去他生命的疾病有关。

二十年前，当哲学家以赛亚·伯林去世时，BBC停播了原有节目，立即插播了两小时纪念他的节目。但对于电视制作人或讣告编辑来说，帕菲特并不是一个熟悉的名字，既没有电视专题片，也没有广播专题片。直到后来，报纸才得知他是一个重要的哲学人物，并在一些——但不是所有——主流报纸上刊登了悼念。

帕菲特的遗体在伦敦北部的戈尔德斯格林火化。葬礼于2月9日在万灵学院的教堂举行。女王学院合唱团演唱了珀塞尔为玛丽女王所作的《葬礼弥撒》，还有他钟爱的巴赫的《圣约翰受难曲》。6月3日，在万灵学院科德灵顿图书馆举行了纪念活动，珍妮特收集了她能找到的所有红色领带，参加悼念活动的人可以随意挑选。虽然这些领带算不上是都灵裹尸布上的碎片，但人们还是热情地取用。每条红色领带上都"点缀着德里克晚餐的痕迹"。[2]

* * *

如何总结德里克·帕菲特的遗产呢？有些思想家生前声名显赫，但死后却很快被人遗忘；而有些思想家生前名不见传，但死后却获得了赞誉。帕菲特的遗产仍然存在争议；毫无疑问，几十年后将会形成更为确定的评判。当然，有许多德高望重的哲学家主张将他列入道德哲学的殿堂，与霍布斯、康德、密尔、尼采和西季威克等人并列。极少有哲学家能像帕菲特那样，展现出丰富的想象力、深度和严谨性；极少有哲学家能像他那样，为古老的难题带来全新的视角。哲学界没有多少重要的新发现，而帕菲特却有几个，包括非同一性问题和围绕人口数量的难题。用著名道德哲学家彼得·雷尔顿的话说，"他打开了一扇窗"。[3]

他的一些学生将《理由与人格》和《论重要之事》比作《旧约》和《新约》。帕菲特认为《论重要之事》是他经过二十五年的辛勤耕耘而成，是他经久不朽的杰作。这是少数派观点。广泛共识认为，帕菲特的"《旧约》"是一部更为重要的著作；许多人认为它是20世纪最伟大的道德哲学著作，在未来几十年里，人们都会阅读这本书。

如果帕菲特发现《论重要之事》迄今为止只获得了不瘟不火的声誉，他将感到非常失落。他不会仇恨，但会受到伤害，尤其是来自那些轻视他工作的人的。而他最严厉的批评者声称，他花了二十年在一条死胡同里徘徊。确实，从一本书所引发的文献数量及其播下了多少思想种子（彼得·雷尔顿称之为"输出价值"）来看，《理由与人格》的影响力更大。仅关于帕菲特未来人的研究而言，论文数量可能就超过一千篇了。很难想象还有哪部道德哲学著作具有如此广泛的影响，尽管在政治理论方面，约翰·罗尔斯的《正义论》可能具有更大的影响力。《论重要之事》只有一点点这样的输出价值。事实上，即使是帕菲特最亲密的哲学同事中，也有不少人没有阅读过这本书——通常是因为他们实际在多年前就读过早期草稿。

由于帕菲特在心理上需要覆盖每个观点和每个反驳，《理由与人格》和《论重要之事》都比实际需要的篇幅更长；这些书本可以更加简洁明了。帕菲特认为，如果一栋建筑添加了丑陋的扩展部分，它的美学价值就会受到影响。遗憾的是，他没有把同样的态度用在自己的书上。伯纳德·威廉斯曾赞扬一本书，因为作者"把最好的思考留在了书页之外"。[4] 而帕菲特则在书页上留下了太多内容。

***

在帕菲特去世后不到两周，彼得·辛格编辑的《有任何事情真正重要吗？》出版，接下来一周，帕菲特的回应作为《论重要之事》的第三卷出版。西蒙·柯钦编辑且由帕菲特做出了回应的另一本书《阅读帕菲特》，也于2017年问世。

在他去世时，帕菲特仍然有多个哲学计划未完成。一个抱负是研究"崇高"，即我们在看到壮观的瀑布或聆听莫扎特的歌剧时产生的那种感觉。在美学中，崇高通常与美相对比。美是可以被解释和分类的。我们可以通过叙事、节奏、张力、平衡、结构和对称性来解析一段音乐、一栋建筑或一本小说的美。然而，崇高在某种程度上无法归类，它就像疼痛一样：当你体验到它时，就知道它。崇高并非完全是美好的，它可能既令人敬畏又令人害怕。确实，根据一些观点，要让某物成为崇高的，阴郁、恐惧或不祥的感觉是先决条件。

帕菲特有深厚的美学感知力，但从未系统研究过美学。就个人而言，他更容易在音乐而非建筑中感受到崇高。他曾说："威尼斯和圣彼得堡最好的建筑，虽然非常美丽，却并不崇高。"[5] 珍妮特曾问他，是否愿意用自己的生命换取莫扎特再多作曲三十五年，他回答说会欣然接受。但他最感兴趣的是，崇高是否具有规范性成分。他认为确实具有。就像每个体验过痛苦的人都必须相信，痛苦是我们应该努力减少的，每个体验过崇高的人也不会说它不重要或没有价值。

除了对崇高的兴趣，帕菲特还考虑撰写一本关于实效利他主义的著作，探讨我们如何能够以最佳方式帮助那些比我们更需要帮助的人。他还在考虑更多关于时间的议题。而且他仍然希望自己能够破解 X 理论，它既能包容非同一性问题，又能避免令人厌恶的结论。

帕菲特的一生都在不停地写作。他去世后很可能会有一些遗作问世——因为他留下了大量未发表的材料。整理这些材料就像在浑浊的水中游泳。他的早期论文虽然被打印出来，但很少使用回形针或订书钉，页面常常混在一起且没有编号。后来的论文则保存在电脑文件中，但即便如此也有挑战，因为大多数文件存在多个版本。帕菲特还在电脑上建立了一个文件夹，专门放置可能用于身后出版的文件。

但不幸的是，这个文件夹是空的。

* * *

帕菲特的肖像现在悬挂在伊顿公学图书馆旁的"伊顿蓝"走廊里。走廊两旁挂满了伊顿公学杰出校友的肖像和照片。帕菲特被放在约翰·梅纳德·凯恩斯的左边，弗雷迪·艾耶尔的下面。

除了著作外，他还留下了一些具体的遗产。他庞大的藏书已捐赠给牛津大学的上广伦理中心，并设立了帕菲特奖学金[6]、年度帕菲特讲座，以及以他和珍妮特命名的奖学金。这其中还有一个感人的故事。2012 年，一位年轻学生乔尼·皮尤（Jonny Pugh）在将《论重要之事》中的观点应用到生命伦理学的辩论中，他联系了帕菲特。帕菲特一如既往地慷慨，给皮尤的草稿提供了大量评论。当时，皮尤的资金出现了问题，因为某项资助未能兑现。帕菲特给他写了一封鼓励信："如果你因经济原因不得不放弃成为一名受薪哲学家的希望,就像在过去资金和工作稀缺时许多优秀的哲学家不得不做的那样,你应该记住,你仍然可以成为一位兼做其他事情的无薪哲学家。"[7]在帕菲特去世后,皮尤成了帕菲特-拉德克利夫·理查兹奖学金的获得者,从而成了一名受薪哲学家。

帕菲特在学术界以外的影响难以评估。他显然没有罗尔斯那样广泛的影响力,至少目前还没有。罗尔斯的思想已逐渐渗透到民主世界的政策中。但帕菲特理论工作的一些方面,尤其是对未来还未出生之人的考虑,可能也会被逐步吸收。拉里·特姆金参加了许多会议和活动,与世界卫生组织和世界银行等机构合作,"感叹于帕菲特的深刻见解和论证如何从根本上影响了关于健康、贫困、不平等、老龄化和全球变暖等世界最紧迫问题的讨论"。[8]实效利他主义运动和近年来兴起的生存风险研究可以说也是帕菲特的间接产物。

*　*　*

关于帕菲特的思想遗产就讲这么多。那么,帕菲特不是作为哲学家而是作为一个人的评价又如何呢?由于他的生活几乎等同于他的工作,他或许会抵制这种区分。在非哲学家看来,正如作家乔伊斯·卡罗尔·欧茨所说,帕菲特是"超凡脱俗的哲学学者的典范,他生活在一种精致的知识探求泡沫中"。[9]由于他几乎将每个小时都奉献给了哲学,他认为自己的生活对他人而言毫无趣味。但正是这种专注至极的奉献让他成为一个令人着迷的人物。

著名伦理学家彼得·辛格说:"与帕菲特交谈是我最接近与天才交谈的经历。"[10]其他许多哲学界的重要人物也有类似的感受。

这是一把双刃剑。哲学界有一种"天才"的麻烦。历史学家一般不认为成为一名历史学家需要与生俱来的才能，但大多数哲学家却认为哲学确实如此。[11] 某些行为在其他领域则可能会被视为不妥，但在哲学领域中常被视为"天才"的作为而一笑了之。此外，这种天才的形象往往带有性别色彩：男性的古怪更有可能被视为天才的表现，而女性则不然。有一个反比关系显现出来：越是认为一个学科需要天生才华的领域，其女性代表就越少。尽管情况有极大改善，但哲学中的女性比例历来偏低，远低于其他学科。这并不是说帕菲特的生活有任何虚伪之处，或他有意营造天才的形象。相反，他异常真实，内心世界与外在行为高度一致。但他在哲学界的形象确实受到"天才崇拜"的影响。

在哲学家汤姆·凯利的记忆中，帕菲特是"独一无二的"；[12] 张美露在肖克奖颁奖典礼的演讲中说，他"可能是我认识的人中最奇怪的"。[13] 他在许多方面都是一个慷慨善良的人，许多学生和同事都证明了这一点。他也受到许多人的爱戴——本书采访的许多人在谈到他时，都情绪崩溃了。然而，在追求他认为更崇高的使命时，他会表现出可怕的自私。他的朋友比尔·埃瓦尔德的评判是，虽然"他从未做过任何残忍的事，但也从未做过任何深具自我牺牲精神的事"。[14] 万灵学院的同事理查德·詹金斯也得出了相关结论："我认为，他既完全自私，又完全仁慈，是一个不寻常的组合。"[15] 前万灵学院研究员汉娜·皮卡德形容他"既热情又冷酷"。[16]

帕菲特告诉一位朋友，他最大的遗憾是"没能为珍妮特做得更多"。[17] 他对待自己至亲的方式，我们很难不做出严厉评判。请注意一个奇怪的事实：帕菲特只写了两本哲学书，第二本分三卷。作者把一本书献给伴侣是很正常的，但《理由与人格》是献给他

第 23 章　帕菲特的冒险

的父母和姐妹的;《论重要之事》的前两卷是献给两位美国哲学家托马斯·内格尔和托马斯·斯坎伦的;而第三卷是献给另外三位美国哲学家拉里·特姆金、杰夫·麦克马汉和张美露的。在这些书中,还有数以百次——字面意义的成百上千次——对更多哲学家的致谢。而珍妮特·拉德克利夫·理查兹的名字甚至没有出现。

至少从撰写《理由与人格》一书时起,哲学对帕菲特来说就是核心生活,并且比他的私人生活更重要。德里克和珍妮特在一起长达三十多年,但珍妮特对自己在他生活中的地位有着清醒的认识:"我只是他生活中的插曲,真正的主角是哲学。"[18] 她还写道,"我们一起做的事情,我想不出有任何一件不是他想做的"。[19] 在这段关系中,她做出了所有的让步。另一方面,她并不后悔,她早就知道自己会陷入什么样的生活。她曾说过:"如果你想要一个正常的家庭关系,那么就不该和德里克交往。"[20]

* * *

直到 1997 年,珍妮特读了奥利弗·萨克斯(Oliver Sacks)出版的《火星上的人类学家》(*An Anthropologist on Mars*)一书后,[21] 她才觉得自己开始理解帕菲特。这本书是帕菲特自己推荐给她的,书中包含对神经系统疾病患者的个案研究,帕菲特对其中的一位动物行为学家坦普尔·葛兰汀(Temple Grandin)尤其感兴趣。珍妮特已经知道了她的情况,但帕菲特接着描述她如何拥有强大的专注力和一心一意的精神,以及强烈的是非感;她如何将整个清醒的生活都投入工作,以及她如何难以读懂社会规范。但是,"他没有意识到自己和这位女士有着惊人的相似之处"。[22]

葛兰汀被诊断出患有孤独症谱系障碍。[23] 在最近几年前，这种情况可能会被标记为阿斯伯格综合征，[24] 阿斯伯格综合征是根据 20 世纪 40 年代维也纳儿科医生汉斯·阿斯伯格（Hans Asperger）的名字命名的，他观察到，他诊治的一些问题儿童具有一系列迹象，包括只看字面意思，狭隘和偏执的关注点，不懂社会规范。帕菲特正好有这些迹象。张美露形容他"在正常的社会世界里极不自在"。在美国，当人们试图邀请他参加社交活动时，她会充当"守门人"。"他并不想去，我会告诉人们对此不要太介意。"[25] 即使是与哲学有关的活动，如果他认为不能推进他的工作，他也不会感兴趣。

当然，汉斯·阿斯伯格并不认为他所描述的情况完全是负面的。这往往伴随着"特别的思想和经验的独创性，很可能导致后来的非凡成就"。[26]

我自己对帕菲特的反思经历了三个阶段。当我开始写这本书时，我以为他确实患有孤独症谱系障碍。我曾直接向他提出，他患有阿斯伯格综合征，并把他对这个话题不感兴趣、只承认"这种说法可能有些道理"这一事实作为他患有阿斯伯格综合征的较弱证据。[27] 但他自己在几年前的一次反省中也考虑过这个问题。他给朋友帕特里夏·赞德发了一封电子邮件，谈到了自己"对心灵问题"的无知，他试图用一个括号来解释："（也许我有阿斯伯格综合征）"。[28] 2004 年，他请张美露阅读他写给另一位哲学家的文章草稿，"因为你可能会注意到我不该写的东西（我有阿斯伯格综合征）"。[29] 他在给蒂姆·斯坎伦的信中写道："我希望我没有表现得不友好，我知道我是阿斯伯格综合征的边缘型。"[30]

因此，帕菲特自己也认为这是一种可能性。但后来我对这一

第 23 章 帕菲特的冒险

诊断越来越没有信心了。当然，孤独症患者之间可能存在很大差异，但帕菲特和坦普尔·葛兰汀之间的差异与相似之处同样显著。坦普尔·葛兰汀不知道什么是恋爱，她对艺术相对无动于衷，也没有崇高感。帕菲特以前的一位学生说："我感觉（他）缺少了一些模块。"[31] 许多与我谈起他的人都不约而同地提到了孤独症，但这些人都是后来才认识他的。在他早年的生活中，没有一个人主动提起过孤独症这个话题，许多人对帕菲特的孤独症持嗤之以鼻的态度。孤独症不是人到中年才会患上的疾病：要么从小就有，要么根本就没有。

年轻时的帕菲特和年老时的帕菲特形成了鲜明的对比。六十出头时，他对朋友英马尔·佩尔松说："人是不会变的"，[32] 对一个自己发生了如此巨大变化的人来说，这实在是个奇怪的说法。帕菲特的前半生充满了生活，后半生则充满了哲学；而事实证明，生活和哲学并不完全兼容。年轻时的帕菲特轻松自在，对多个领域充满好奇，享受友谊和生活。而年长的帕菲特则极度专注，回避社交互动，非常狂热地投入自己的工作。回想一下，十岁的德里克在法国交流之旅中描绘的美味佳肴，开胃菜是水灵灵的甜瓜和黑橄榄，再对比一下他成年后功能性的、单调的、暗淡的、毫无乐趣的饮食。这怎么可能是同一个人！

帕菲特有一些性格特征贯穿了他一生——善良温和；缺乏负面的反应态度，如责备、嫉妒或敌意。但帕菲特其他方面的性格似乎出现了断裂，表现出孤独症的行为模式，而且后期比早期更为明显。

*　*　*

因此，在第二阶段，我得出结论，帕菲特一和帕菲特二之间的脱节一定有其他解释——与孤独症无关。也许是他每天服用的药片和伏特加的搭配起了作用？

后来，我接触了一些孤独症专家，我之前的孤独症假说又有了新的合理性。对孤独症的科学研究仍在继续。过去，人们认为孤独症主要影响男性。但最近研究人员逐渐发现，孤独症谱系中的女性人数比以前认为的要多，而且许多女性通过"伪装"来隐藏自己的病情，即模仿他人的社会行为以融入社会。

因此，这里有一种可能性。也许，帕菲特在他生命的前半段是一个男性伪装者？在他成长的那种环境中，伪装可能并不困难：私立学校、牛津大学；这些都是与世隔绝、隐居的世界。但是，常年戴面具会让人付出沉重的代价。向世界展示一个与自己本真自我不一致的形象会让人精疲力竭。而且有证据表明，在压力时期，这面具会滑落。如果出于某种原因，伪装变得多余，面具也可以被省去。

帕菲特行为的重大转变可以追溯到 20 世纪 80 年代初。从这一时期开始，他的非典型特征明显增强。当时有两个关键事件。对他来说压力最大的时期是 1981 年他在晋升上遭拒——他曾沾沾自喜地认为这次晋升是理所当然的。这迫使他花了两年时间疯狂地投入到《理由与人格》的撰写。然后在 1984 年，他被任命为高级研究员，这实际上是给了他终身的工作保障。他不再需要成为不是他自己的那个人。

也许正是因为这个原因，孤独症的诊断显得不合适，因为通常在一个人难以适应或运作，并因此受到伤害时，才会适用这种诊断。从这个意义上说，孤独症涉及社会因素。然而，帕菲特在他几乎度过了整个成年生活的学术机构中并没有遭受痛苦；相反，他蓬勃发展。正如一位研究孤独症谱系障碍的权威人士所说，"他不需要孤独症的诊断"[33]。

* * *

因为帕菲特不相信自由意志，他也不认为人们应该因坏行为而受到指责，或因好行为而受到称赞。但对我们大多数人来说，我们对因果关系的看法会调整我们对道德责任的态度；例如，如果一个人患有孤独症谱系障碍，我们可能会认为他们对某些行为的责任较小。

我们可以承认，帕菲特可能有非典型的神经结构。然而，世界并不是单一因果的。一种现象可能有不止一个原因。难道我们就不能允许帕菲特的不寻常选择有第二个原因吗？这个原因承认更多的主观能动性和自由，正如传统理解的那样，并因此扩大责任的空间。

也许帕菲特做出了一个头脑清醒的选择。他认为存在着某些根本性的问题，且他是少数几个有能力在寻找答案方面取得进展的人。这是一种特权，但也是一种负担。取得进展的需要使他担忧，说服他人的冲动让他感到不安，担心时间不够用使他焦虑。

英马尔·佩尔松将他比作那些经历了宗教皈依的人，比如方济各，他放弃了闲逸享乐的生活，转而崇尚清贫，完全沉浸于宗教之中。"年长的帕菲特对'重要之事'的态度中带着宗教式的热情。"[34] 这与帕菲特家族传教热情相呼应……

帕菲特牺牲了对大多数人来说构成美好生活的要素——从家庭、朋友、游戏、食物和爱中获得的简单快乐。因为他必须从四面八方攀登这座山峰，所以他错过了很多东西——错过了在蓝铃花林中散步，错过了懒洋洋地躺在沙滩上，感受脚趾间的细沙，错过了和喜欢的人在一起细品一杯酒，错过了生日派对和婚礼等欢乐时光。"普通人"认为这些就属于重要之事。

帕菲特将一本关于济慈的书送给他早期的一位女友朱迪丝·德维特，并告诉她："济慈宁愿选择英年早逝，成为最优秀的人，而不是活得更久，成为第二优秀的人。"[35] 成就是帕菲特最看重的美德。他最关心的成就是证明道德是客观的，因为他认为，如果道德不是客观的，他的生命就毫无用处，我们所有人的生命也是如此。他过去二十年的雄心壮志就是拯救伦理学。

对什么是重要之事，我们不需要采纳帕菲特狭隘的看法，就能认识到放弃在他人看来令人满足的东西是一种冒险的策略。如果由此做出的工作具有开创性的价值，那么尽管以自我牺牲为代价，我们仍有理由认为，这种献身的生命是值得的。但如果不是这样，那么这段生命就会显得浪费且贫乏。

读者可以阅读帕菲特的作品，得出自己的结论。我的观点，以及我写这本书的原因，是他的冒险最终确实得到了回报。

年表

德里克·安东尼·帕菲特

1939年：德里克的姐姐西奥多拉出生于四川成都

1942年12月11日：德里克出生于成都

1944年3月：帕菲特一家——诺曼、杰茜、西奥和德里克——离开中国，最终抵达美国

1944年5月—1945年6月：帕菲特一家居住在曼哈顿，靠近乔治·华盛顿大桥

1944年10月13日：乔安娜·帕菲特出生

1945年6月：一家人乘坐"玛丽皇后号"回到英国。杰茜在萨里找到了一份工作

1946年春：帕菲特一家搬到伦敦东南部的克罗克斯特德路116号

1947—1949年：就读于杜利奇学院预备学校

1949年夏：帕菲特一家购房并搬到牛津北部的诺斯穆尔路5号，德里克就读于格雷科茨小学。西奥多拉被送往德文的达廷顿霍尔学校

1950 年：进入牛津龙校

1956 年：获得伊顿公学奖学金，并于 13 岁时开始在那里就读

1958 年 12 月：参加 O-Level 考试，之后德里克专攻历史

1960 年 3 月：获得牛津大学贝利奥尔学院奖学金

1961 年 5 月—8 月：在纽约《纽约客》杂志担任实习生，和西奥一起住在上西区的公寓里

1961—1964 年：在牛津大学攻读历史学位

1962 年 6 月 3 日：帕菲特的诗《一位伯爵夫人的照片》发表于《纽约客》杂志

1963 年三一学期（夏季学期）：编辑牛津大学学生杂志《伊希斯》

1963 年 5 月 18 日：尝试午夜闯入贝利奥尔学院后被送进医院

1963 年 11 月：获得吉布斯奖

1964 年 6 月：获得一等历史学位

1964 年秋：出版与安东尼·奇塔姆共同撰写的《伊顿微观世界》

1964 年 10 月：申请失败，未能获得万灵奖学金

1965—1966 年：哈克尼斯学者，在纽约大学、哥伦比亚大学和哈佛大学学习。在哈佛，帕菲特与约翰·罗尔斯进行了广泛的对话

1965 年夏：与玛丽·克莱米进行美国公路旅行

1967 年 1 月：在牛津大学开始攻读 BPhil 学位

1967 年 11 月：当选为万灵奖学金研究员

1967—1974 年：万灵奖学金研究员

1970 年 1 月 27 日：未能成功通过申请成为贝利奥尔哲学导师

研究员的面试

1970 年三一学期：与詹姆斯·格里芬和乔纳森·格洛弗共同教授课程，该课程持续多年，吸引了研究生和知名哲学家参加

1971 年 1 月：帕菲特的突破性论文《人格同一性》发表在《哲学评论》上

1971 年秋季学期：在哈佛大学担任访问讲师

1972 年秋季学期：在纽约大学担任访问讲师

1973 年：成为牛津公民协会工作组的召集人，负责街道照明问题，到 1990 年代继续担任此职务

1974 年 3 月 9 日：当选为万灵初级研究员，七年期研究员资格

1977 年 6 月：凭长篇论文《反对审慎》获得 T. H. 格林奖

1978 年 10 月：与牛津大学出版社签订合同，撰写名为《反对审慎》的短书（未出版）

1978 年 11 月 16 日：在英国国家学术院发表讲座"审慎、道德和囚徒困境"

1979 年秋：在普林斯顿大学教授课程

1981 年 6 月 13 日：万灵初级研究员资格延期三年

1982 年 2 月 5 日至 12 日：领导万灵学院代表团访问列宁格勒

1983 年：认识珍妮特·拉德克利夫·理查兹

1983 年 9 月 10 日：完成《理由与人格》的最终截稿日

1984 年 4 月 12 日：《理由与人格》出版

1984 年 5 月 23 日：父亲诺曼·帕菲特去世

1984 年 6 月：当选为万灵学院高级研究员（实际上获得了终身职位保障）

1986年6月3日：成为英国国家学术院院士

1986年11月3日：妹妹乔安娜因车祸受伤去世

1988年1月15日：与珍妮特共同购买威尔特郡的西肯尼特住宅

1988年4月1日：母亲杰茜·帕菲特去世

1988年10月20日至22日：参加在得克萨斯州奥斯汀举行的自由基金会关于"代际关系"的会议

1990年秋：张美露讨论小组的第一次会议（尽管帕菲特劝阻张女士参加后续会议）

1991年：谢利·卡根的《道德的限度》出版，这是帕菲特编辑的"牛津伦理学"系列的第一本书

1991年春：论文《为什么宇宙存在？》发表在《哈佛哲学评论》上

1991年11月21日：在堪萨斯大学讲授林德利讲座，从中产生了他影响深远的论文《平等还是优先？》

1992—1994年：担任万灵学院副院长。在此期间，珍妮特教授一门关于平等的开放大学课程

1992年7月3日：在《泰晤士报文学增刊》上发表《实在之谜》

1995年9月：西肯尼特住宅出售，帕菲特和珍妮特搬到牛津市圣约翰街28号

1996年：圣约翰街的房子出售，珍妮特搬到伦敦北部塔夫内尔帕克的赫德尔斯顿路，帕菲特在牛津购买了博蒙特大厦的一处房产。

1997年：《阅读帕菲特》出版，由乔纳森·丹西编辑（但没有

帕菲特的论文）

1997 年 12 月：《平等与优先》（基于帕菲特 1991 年林德利讲座的内容）发表在 *Ratio* 上

1998 年 1 月和 2 月：《为什么有东西？为什么是这个样子？》分为两部分发表在《伦敦书评》上

1998 年秋学期：首次在哈佛大学授课

1999 年：珍妮特担任伦敦大学学院生物伦理学与医学哲学中心主任，并一直任职至 2007 年

2002 年 11 月 4 日至 6 日：在加州大学伯克利分校讲授三场坦纳讲座

2003 年 4 月 10 日至 12 日：在罗格斯大学举办的帕菲特纪念会议

2006 年 11 月 2 日至 3 日：雷丁大学举行"帕菲特会见批评者"会议，讨论《攀登山峰》手稿

2007 年春：在罗格斯大学授课

2007 年秋：珍妮特回到牛津，加入牛津大学上广实践伦理学中心

2008 年 7 月 23 日：帕特里夏·赞德去世

2009 年：《关于帕菲特的〈论重要之事〉论文集》出版，基于 2006 年雷丁大学会议的论文

2009 年 10 月：帕菲特和几位哲学家在博蒙特大厦 9 号未能杀死一只小鼠

2010 年 2 月 15 日：万灵学院讨论小组的最后一次会议

2010 年 8 月 31 日：帕菲特与珍妮特·拉德克利夫·理查兹在牛津市登记处结婚

2010 年 9 月 30 日：退休

2010 年 10 月 1 日：当选为万灵学院荣誉研究员

2011 年：《论重要之事》第一卷和第二卷出版

2011 年春：在哈佛大学的最后一次授课

2014 年 2 月 12 日：得知自己获得了罗尔夫·肖克奖（"哲学界的诺贝尔奖"），以表彰他在人格同一性、对未来世代的关注以及道德理论结构分析方面的开创性贡献

2014 年 7 月 7 日至 9 日：参加在万灵学院举办的实效利他主义会议"善行正确"

2014 年 8 月：珍妮特突然患上类风湿性关节炎

2014 年 9 月：在罗格斯大学授课期间生病，被紧急送往新不伦瑞克的医院

2014 年 10 月 21 日至 23 日：在斯德哥尔摩举行肖克奖的研讨会和颁奖仪式

2015 年 8 月 23 日至 9 月 5 日：与珍妮特在缅因州迪尔岛的西奥多拉和范的度假屋度过了一个难得的假期

2015 年秋季：在纽约大学的最后一个学期

2016 年：弗朗西丝·卡姆的《道德目标》出版，这是帕菲特编辑的"牛津伦理学"系列的最后一本书

2016 年春季：在罗格斯大学的最后一个学期

2016 年 9 月 9 日：珍妮特生病，并在伦敦的医院住院，直到 11 月 10 日。帕菲特一直陪伴她在塔夫内尔帕克的家中

2016 年 11 月 20 日：在牛津的实效利他主义会议上发表演讲

2017 年 1 月 2 日：帕菲特在凌晨去世

2017 年 1 月 12 日：《有任何事情真正重要吗？》由彼得·辛格

编辑出版

2017年1月19日:《论重要之事》第三卷出版

2017年2月9日：帕菲特的葬礼在万灵学院教堂举行

2017年3月21日:《阅读帕菲特》由西蒙·柯钦编辑出版

2017年6月3日：在万灵图书馆举行帕菲特的纪念活动

2017年12月15日至16日：在纽约大学和罗格斯大学联合举办的关于帕菲特的会议

2018年5月11日至6月30日：在伦敦市中心的Narrative Projects画廊举办帕菲特摄影作品展

2018年5月18日至20日：在牛津举行的会议，以纪念帕菲特的学术成就

注释

序言　重要之事

The Times, 4 January 2017.

第 1 章　中国制造

1. Obituary of A. H. Browne, Church Mission Society archive.
2. Ellen Browne (née Roughton), Church Mission Society archive.
3. Jessie Parfit's unpublished memoir.
4. Church Mission Society archive.
5. Jessie Parfit's unpublished memoir written for Joanna Parfit.
6. Ibid.
7. *Daily Mirror*, 12 July 1934.
8. Ibid.
9. Published in *Chengdu News Letter*, Church Mission Society archive.
10. https://www.youtube.com/watch?v=pQUc1ZZfSA8, accessed 18 May 2022.
11. Jessie and Norman Parfit's unpublished memoir, 'China There and Back 1935–1945'.
12. Ibid.
13. Jessie Parfit's unpublished memoir.
14. Ibid.
15. Jessie and Norman Parfit's unpublished memoir.
16. Ibid.

17　Ibid.
18　Ibid.

第 2 章　生活的准备

1　Joanna van Heyningen, interview with author.
2　Parfit (2011) (c).
3　1988 年 6 月 25 日 Annie Altschul 在杰茜·帕菲特的纪念活动上的发言，转录文字保存在帕菲特的私人文件中。
4　Michael Prestwich, email to author.
5　感谢 Stephen Jessel 向我提供了这些绰号（还有其他很多东西！）。
6　Bill Nimmo Smith, Parfit's memorial event, Oxford, 3 June 2017.
7　Ibid.
8　*The Draconian*, Easter 1951.
9　*The Draconian*, Summer 1954.
10　*The Draconian*, Christmas 1954.
11　*The Draconian*, Summer 1955.
12　*The Draconian*, Summer 1956.
13　指的是约瑟夫·T. 帕菲特，于 1953 年 7 月 21 日辞世。
14　Parfit's diary, 23 July 1953.
15　该公交总站实为格洛斯特格林站（Gloucester Green）。
16　Parfit's diary, 23 July 1953.
17　Ibid., 28 July 1953.
18　Ibid., 21 August 1953.
19　Ibid.
20　Parfit's diary, 23 August 1953.
21　Ibid., 25 July 1954.
22　Ibid., 23 July 1954.
23　Ibid., 2 August 1954.
24　Ibid., 7 August 1954.
25　Ibid., 17 August 1954.
26　Tim Hunt, interview with author.
27　*The Draconian*, Easter 1956.
28　Parfit (2011) (c).

29 *The Draconian*, Summer 1956.

30 As recalled by Bill Nimmo Smith, interview with author.

第 3 章 伊顿泰坦

1 Edward Mortimer, Parfit's memorial event, Oxford, 3 June 2017.

2 Sam Leith, 'The Social Politics of Eton', *The Spectator*, 6 July 2019.［编者按：tug 在英语中有（用力）拉、拽的意思。］

3 James Wood, 'These Etonians', *London Review of Books*, 4 July 2019.

4 Adam Ridley, interview with author.

5 Ibid.

6 Edward Mortimer, unpublished memoir.

7 Adam Ridley, interview with author.

8 Anthony Cheetham, interview with author.

9 公学的最后两年英国（除了苏格兰）的学生要准备 A-Level（高等级）考试。

10 As recalled by David Jessel, email to author.

11 *Eton Chronicle*, issue no. 3234 (1960).

12 Ibid.

13 *Eton Chronicle*, issue no. 3201 (1959).

14 *Eton Chronicle*, issue no. 3205 (1959).

15 *Eton Chronicle*, issue no. 3224 (1960).

16 *Eton Chronicle*, issue no. 3234 (1960).

17 *Eton Chronicle*, issue no. 3241 (1960).

18 *Eton Chronicle*, issue no. 3246 (1960).

19 Ibid.

20 在英国的教育体系中，公学指的是一流的私立收费学校。

21 *Eton Chronicle*, issue no. 3252 (1961).

22 1986 年普通中等教育证书（General Certificate of Secondary Education）考试取代了 O-Level 考试。

23 Parfit (2011) (c).

24 Parfit's handwritten note on his Trevelyan Prize essay, in his private papers.

25 Ibid., pp. 1–2.

26 Ibid., p. 4.

27　获得"蓝色荣誉"（Blue）的前提是运动员在牛津大学对阵剑桥大学的比赛中参赛。（编者按：该奖项是牛津大学颁发给运动员个人的最高荣誉。）

28　As recalled by Edward Mortimer, interview with author.

29　Balliol College Historic Collections, Derek Parfit dossier.

30　Parfit to Joanna, 11 October 1959, Parfit's private papers.

31　Ibid.

32　Parfit to Joanna, 14 February 1960, Parfit's private papers.

33　赫鲁晓夫谴责 Lorenzo Sumulong，称之为"混蛋、走狗、应声虫"，有一些记录称赫鲁晓夫用他的鞋子猛拍讲坛，但说法不一。

34　Parfit to Joanna, 12 October (probably 1960), Parfit's private papers.

35　An anecdote from Edward Mortimer, from the Parfit memorial event, Oxford, 3 June 2017.

36　Parfit to Joanna, 9 February 1961, Parfit's private papers.

37　Parfit (2011) (c).

38　Georgina Robinson, email to author.

第 4 章　历史男孩

1　Parfit (2011) (c).

2　MacFarquhar (2011).

3　Patten (2017), p. 55.

4　Forsyth (1989), p. 59.

5　Patten (2017), p. 53.

6　Cobb (1985), p. 18.

7　Stonier and Hague (1964).

8　Parfit (2011) (c).

9　Ibid.

10　Gareth Stedman Jones, email to author.

11　The information comes from Jonathan Glover, in McMahan (forthcoming).

12　The meeting was held on 27 February 1963.

13　27 February 1963, in Bodleian Libraries, University of Oxford, Dep. e. 335, ff. 61–62.

14　Ibid.

15　我们几乎没法确定这一事件的具体时间，但它可能发生在 1964 年。这则故事由艾特肯在接受我的采访时回忆。

16　Jonathan Aitken, email to author.

第 5 章　牛津单词

1　Rowbotham (2000), pp. 45–46.
2　*Isis*, 29 November 1961. 斯基德尔斯基后来成了一名经济史学家、约翰·梅纳德·凯恩斯的传记作者以及英国上议院成员。
3　*Isis*, 9 May 1962.
4　*Isis*, 23 May 1962.
5　*Isis*, 30 May 1962.
6　Parfit (2011) (c).
7　Parfit, Trevelyan Prize essay, 1960.（编注：这里的 ine / in 和 ived / ed 分别是诗歌原文第一节和第三节的韵脚。）
8　*Isis*, 13 March 1963.
9　*Isis*, 17 October 1962.
10　Wally Kaufman, *Isis*, 18 November 1962.
11　*Isis*, 28 November 1962.
12　*Isis*, 6 March 1963.
13　请勿与同名的生于 1957 年、毕业于剑桥大学的 Stephen Fry 混淆。
14　*Isis*, 1 May 1963.
15　*Isis*, 19 June 1963.
16　Parfit to Joanna Parfit, undated letter, Parfit's private papers.
17　Ibid.
18　Mary Clemmey, interview with author.
19　Ibid.
20　Parfit to Mary Clemmey, December 1962, Parfit's private papers.
21　Parfit to Mary Clemmey, undated, Parfit's private papers.
22　Ibid.
23　Mary Clemmey to Parfit, undated, Parfit's private papers.
24　Mary Clemmey to Parfit, undated, Parfit's private papers.
25　Mary Clemmey to Parfit, undated, Parfit's private papers.
26　Parfit to Mary Clemmey, 1964, Parfit's private papers.
27　Stephen Fry, *Isis*, 28 May 1963.

28 Parfit to Caroline Cracraft, recalled in email to author.
29 Stephen Fry, *Isis*, 28 May 1963.
30 Ibid.
31 Robin Briggs, interview with author.
32 Anthony Cheetham, email to author.
33 Cheetham and Parfit (1964), p. 11.
34 'The Fish', in ibid., pp. 182–83.
35 Cheetham and Parfit (1964), p. 100.
36 Ibid.
37 Cheetham and Parfit (1964), p. 101.
38 Ibid.
39 Anthony Cheetham, interview with author.
40 Balliol College Historic Collections, Derek Parfit dossier, letter to the Master, 14 October 1963.
41 Ibid.
42 Commonwealth Fund Archive, held at the Rockefeller Archive Center.
43 Ibid.
44 Ibid.
45 Ibid.
46 Ibid.
47 Ibid.
48 Ibid.
49 John B. Fox Jnr, 8 May 1964, Commonwealth Fund Archive.
50 Parfit, 11 May 1964, Commonwealth Fund Archive.
51 Commonwealth Fund Archive.
52 Ibid.
53 As recalled by Deirdre Wilson, interview with author.
54 Robin Briggs, email to author.
55 Edward Mortimer at Parfit's memorial event, Oxford, 3 June 2017. 在帕菲特的考试结束近二十年后，休·特雷弗-罗珀"鉴定"了伪造的希特勒日记；这或许证明，作为历史学家，他并不像自己认为的那样杰出。
56 Hugh Trevor-Roper, *The Sunday Times*, 2 August 1964.
57 Robin Briggs, interview with author.
58 Heald (2011), p. 101.

59	Commonwealth Fund Archive.
60	Parfit to Mary Clemmey, undated [1964]
61	感谢罗宾·布里格斯为我解释考试过程。
62	Sarah Lyall, *New York Times*, 27 May 2010.
63	A claim made by Lyall, ibid.
64	Armand d'Angour, https://www.armand-dangour.com/2013/07/failing-souls/, accessed 9 June 2022.

第 6 章　一场美国梦

1	在作为哈克尼斯研究员期间，戴维·洛奇写成了他的突破性小说《大英博物馆在倒塌》(*The British Museum is Falling Down*)。
2	Miller (1987), p. 513.
3	Miller (2002).
4	Parfit (2011) (c).
5	Ibid.
6	As recalled by David Wiggins, interview with author.
7	Lovibond and Williams (1996), p. 222.
8	Mary Clemmey, email to author.
9	Ibid.
10	Edward Mortimer, email to author.
11	Ben Zander, interview with author.
12	Ibid.
13	Bob Wolff, email to author.
14	Ibid.
15	Ibid.
16	Balliol College Historic Collections, Derek Parfit dossier.
17	Ibid., 20 February 1966.
18	Ibid., 3 February 1966.
19	Ibid., 28 February 1966.
20	Ibid., 2 March 1966.
21	Balliol College Historic Collections, Derek Parfit dossier.
22	Bob Wolff, Commonwealth Fund Archive.
23	约翰·罗尔斯，他在给万灵学院的一份推荐信中回忆他最初遇到帕菲特时

的情况，1981 年 4 月 27 日，帕菲特私人文件。

24 Parfit, Commonwealth Fund Archive, 31 October 1966.

25 Parfit, Commonwealth Fund Archive, 24 November 1966.

26 Ibid. 希拉里·普特南（Hilary Putnam）是 20 世纪后半叶美国最重要的哲学家之一。

27 Ibid.

28 Edward Mortimer, Parfit's memorial event, Oxford, 3 June 2017.

第 7 章　万灵人

1 关于维也纳学圈及其思想的更丰富的内容，可以参见 Edmonds (2020)。

2 John Passmore in Edwards (1967), pp. 52–57.

3 See Parfit (2011) (c).

4 See MacFarquhar (2011).

5 See Parfit (2011) (a), p. xl.

6 Ibid., p. xxxiii.

7 Crisp (2015), p. x.

8 Parfit, as recalled by Roger Crisp, interview with author.

9 Parfit to Joanna Parfit, 27 June 1967, Parfit's private papers.

10 Ibid.

11 Ibid.

12 Ibid.

13 Ibid.

14 Parfit to Joanna Parfit, undated, Parfit's private papers.

15 Ibid.

16 Briggs, *ODNB* online.

17 Isaiah Berlin to John Lowe, 27 February 1989, in Raina (2017), p. xvi.

18 为了让非牛津人保持警觉，牛津各学院的院长都有不同的称呼，在万灵学院叫 Warden，在贝利奥尔叫 Master，在萨默维尔则是 Principal。

19 Balliol College Historic Collections, Derek Parfit dossier, 1 November 1967.

20 Ibid.

21 Balliol College Historic Collections, Derek Parfit dossier.

22 Ibid.

23 Dancy (2020), p. 40.

24　Norma Aubertin-Potter, interview with author.

25　These quotes are from Budiansky (2021), p. 148.

26　Cohen (2010), p. 144. 科恩于 1985 年以社会与政治理论奇切尔讲席教授的身份加入万灵学院。

27　Willie Abraham 是第一个也是唯一的（至少直到 2023 年）非洲裔万灵学院研究员。

28　A. L. Rowse, quoted in a *Financial Times* article, 3 August 2018, available at https://www.ft.com/content/c57bc460-94c5-11e8-b67-b8205561c3fe, accessed 18 May 2022.

29　Balliol College Historic Collections, Derek Parfit dossier, 4 March 1968.

30　Parfit (c) 2011.

31　I was given this information by álvaro Rodríguez.

32　Parfit (1986), p. vii. 在该书 1987 年的平装版中，"初步"和"无情的"两个词被移除了。

33　他后来成了知名的儿童文学作家，即 Michael Rosen。

34　Mike Rosen, *Cherwell*, 6 November 1968, quoted in Raina (2017), p. 544.

35　Quoted in Raina (2017), p. 542.

36　Jonathan Glover, in McMahan (forthcoming).

37　Anthony Quinton, quoted by Jonathan Glover in McMahan (forthcoming).

38　Singer (2017) (b).

39　David Held, email to author.

40　Jonathan Glover, in McMahan (forthcoming).

41　这一思想实验重现于 J. Glover and M. Scott-Taggart, 'It Makes No Difference Whether or Not I Do It', *Proceedings of the Aristotelian Society*, Supplementary Volume 49/1 (1975), pp. 171–209。

42　Parfit, 7 January 1969, OUP archive.

43　Anthony Kenny, email to author.

第 8 章　远程传送机

1　Parfit (2011) (c).

2　Ibid.

3　我们从未被明确告知《星际迷航》中的传送机是如何工作的。柯克舰长是被分解成分子，传送到另一个地方，然后重新组装的吗？还是被复制和"再创造"的呢？在《星际迷航：下一代》(《理由与人格》出版几年后开始播出的剧集）中，"模式缓冲器"的说法可能表明传送者是被重新组装的。但《星际迷航》的编剧们在这个重要问题上采取了非常不一致的做法。我在推特上就此提出了一个问题，收到了几十条回复。我非常感谢 Stefan Forrester、Stephen Tweedale 和 Dominic Wilkinson 等人的回复。

4　See Shoemaker (1963) and Wiggins (1967).

5　正如我们所看到的，《理由与人格》是在最后一刻才交给 OUP 的。这就解释了为什么在早期版本中，会在文字编辑上有一些瑕疵。例如，这里的"远程传送"（Teletransported）是大写的"T"，而在上一段中"传送"（teletransported）却是小写的"t"。

6　Parfit (1986), p. 199.

7　Ibid., pp. 254–55.

8　神经科学家 V. S. Ramachandran 在以下这则视频中谈到了这个故事：https://youtu.be/PFJPtVRlI64, accessed 18 May 2022。

9　这里呈现的必然是一个经过深思熟虑的理论的高度删减。帕菲特给出了说得通的看法，如果只有一个兄弟幸存下来，我们可以说同一性得到了保留。如果兄弟俩都活了下来，由于给出的理由，我们就不能这么说。然而，这显然是一种双重成功，只会强化帕菲特的核心主张，即同一性并不重要。感谢保罗·斯诺登（Paul Snowdon）对这一节的帮助。

10　See Mill (1991), pp. 13–14.

11　Parfit (1986), p. 281.

12　Ibid., Appendix J, p. 502.

13　Ruth Chang, in a talk at the Schock Prize symposium, 21–23 October 2014.

14　Alan Montefiore, interview with author.

15　Janet Radcliffe Richards, interview with author.

16　Parfit to Mary Clemmey, Parfit's private papers.

17　Mary Clemmey to Parfit, October 1968. 理查德·尼克松于当年 11 月 5 日当选为美国总统。

18　1969 年的美国签证申请表, Parfit's private papers.

19　玛丽·克莱米不记得有收到过它。

20　Parfit to Mary Clemmey (undated letter), Parfit's private papers.

21　Ibid.

22　Patricia Zander to Parfit, undated letter, Parfit's private papers.

23　Patricia Zander to Parfit, undated letter, Parfit's private papers.

24	Patricia Zander to Parfit, 11 September (undated year), Parfit's private papers.
25	Patricia Zander to Parfit, undated letter, Parfit's private papers.
26	Patricia Zander to Parfit, undated letter, Parfit's private papers.
27	Patricia Zander to Parfit, undated letter, Parfit's private papers.
28	Parfit to Joanna Parfit, 3 July 1970, Parfit's private papers.
29	Ibid.
30	Patricia Zander to Parfit, undated letter, Parfit's private papers.
31	Judith De Witt, interview with author.
32	Richard Jenkyns, email to author.
33	Judith De Witt, interview with author.
34	Balliol College Historic Collections, Hare Papers, 5.35, 26 February 1973.
35	Peter Strawson review, in Parfit's private papers.
36	David Pears, in Parfit's private papers.
37	R. H. Hare, in Parfit's private papers.
38	John Rawls, in Parfit's private papers.
39	Isaiah Berlin, in Hardy, https://berlin.wolf.ox.ac.uk (Michael Ignatieff tape 27/31), accessed 3 December 2021.
40	Charles Wenden, as recalled by Edward Hussey in email to author.
41	Larry Temkin, email to author.

第9章 跨大西洋事件

1	Parfit (2011) (c).
2	Tim Scanlon, interview with author.
3	Voorhoeve (2009), p. 179.
4	Scanlon (1998), p. 235.
5	Thomas Nagel, *London Review of Books*, 4 February 1999.
6	以下对内格尔作品的记录引自 Edmonds (2018)。
7	Nozick (1974), p. 183.
8	Kamm (1996).
9	这些实验被称为"电车"两难，因为当它们第一次被引入哲学文献（在 Philippa Foot 写的一篇论文中），那辆失控的列车确实是一辆有轨电车。如果你需要一本关于"电车学"的简介，并且是一本被广泛（至少是在那位作者的家庭里）视为久经考验的杰作的书，参见 Edmonds (2014) (a)。

10　From the BBC World Service documentary *Would You Kill the Big Guy* (2010; available at https://www.bbc.co.uk/programmes/p00c1sw2, accessed 18 May 2022), and quoted in Edmonds (2014) (a), p. 53.

11　Kamm (1999), p. 186.

12　Parfit, in Edmonds (2014) (b).

13　Thomas Kelly, unpublished remarks for Parfit's Princeton remembrance day, 7 February 2017.

14　Ibid.

15　Simon Rippon, interview with author.

16　Larry Temkin, in McMahan (forthcoming)

第 10 章　帕菲特事件

1　Richard Jenkyns, email to author.

2.　OUP archive BLB 251/BACKB1355.

3　Nigel Warburton, told to author in conversation.

4　Quoted in several of his obituaries, e.g., *The Times*, 14 June 2003.

5　威廉斯所举的例子跟一位有创意的艺术家相关，"让我们管他叫高更吧"，Williams (1981), pp. 22–26。

6　Williams, in Smart and Williams (1973), p. 116.

7　Isaiah Berlin, in Hardy, https://berlin.wolf.ox.ac.uk (Michael Ignatieff tape 27/34), accessed 3 December 2021.

8　Ibid.

9　Ibid.

10　Patricia Williams, email to author.

11　Isaiah Berlin, in Hardy, https://berlin.wolf.ox.ac.uk (Michael Ignatieff tape 27/34), accessed 3 December 2021.

12.　Parfit to Marshall Cohen, 24 June 1981, Parfit's private papers.

13　尽管我们难以完全确定，这个论证最有可能是由 Rodney Needham 给出的。

14.　以赛亚·伯林在写给约翰·斯帕罗的信中如此描述万灵学院，保罗·西布赖特在苏珊·赫尔利 2007 年 8 月 24 日的葬礼上引用了这一描述。

15　Paul Seabright, interview with author.

16　Ibid.

17　Patricia Morison, interview with author.

18 Bill Ewald, interview with author.
19 Ehrlich (1971)（共同作者安妮·埃利希并未得到承认）。
20 Parfit, in Papers of John Rawls, 1942–2003, HUM 48, Box 19, Folder 3, Harvard University Archives.
21 The lecture was on 16 November 1978.
22 Adam Hodgkin, 9 August 1978, OUP Archive.
23 R. M. Hare, 28 October 1978, OUP Archive.
24 Taurek (1977), p. 309.
25 Parfit (1978).
26 Parfit to Ronald Dworkin, 15 August 1980, Parfit's private papers.
27 Balliol College Historic Collections, Hare Papers, 5.45, 9 October 1980.
28 Ibid., 5.45, 20 October 1981.
29 Parfit to Patrick Neill, 26 March 1981, Parfit's private papers.
30 Ibid.
31 Ibid.
32 Ibid.
33 *The Independent*, 13 December 2006.
34 Richard Jenkyns, email to author.
35 Ibid.
36 Adrian Wooldridge, interview with author.
37 Bill Ewald, interview with author.
38 Thomas Nagel to Parfit, Parfit's private papers.
39 R. M. Hare, 30 March 1981, Parfit's private papers.
40 John Rawls, 27 April 1981, Parfit's private papers.
41 Ronald Dworkin, undated, Parfit's private papers.
42 Jonathan Glover, undated, Parfit's private papers.
43 Ronald Dworkin, undated, Parfit's private papers.
44 Thomas Nagel, 20 April 1981.
45 Jonathan Glover, undated, Parfit's private papers.
46 Ibid.
47 Thomas Nagel, 20 April 1981, Parfit's private papers.
48 Parfit to Adam Hodgkin, 11 May 1981, OUP archive.
49 Adam Hodgkin to Parfit, 15 May 1981, OUP archive.
50 Amartya Sen, interview with author.

51 Amartya Sen, https://news.harvard.edu/gazette/story/2021/06/tracing-amartya-sens-path-from-childhood-during-the-raj-to-nobel-prize-and-beyond/, accessed 18 May 2022.

52 Amartya Sen, interview with author.

53 William Waldegrave, interview with author.

54 Parfit to 'Michael' (possibly Dummett), 23 June 1981, Parfit's private papers.

55 Parfit to Marshall Cohen, 24 June 1981, Parfit's private papers.

56 Quoted back at Marshall Cohen by Parfit, 24 June 1981.

57 Ibid.

58 Parfit to 'Michael', 23 June 1981, Parfit's private papers.

59 Isaiah Berlin to Bernard Williams, 22 November 1981, in 'Supplementary Letters 1975–1997', ed. Henry Hardy and Mark Pottle, in Hardy, https://berlin.wolf.ox.ac.uk, accessed 3 February 2021.

60 Isaiah Berlin, in Hardy, https://berlin.wolf.ox.ac.uk (Michael Ignatieff tape 27/35), accessed 3 December 2021.

61 Nick Bostrom, interview with author.

62 Jeff McMahan, email to author. 这场讨论发生于 2005 年 9 月 11 日。除了麦克马汉，到场者有谢利·卡根、拉里·特姆金、托马斯·胡尔卡和托马斯·内格尔。

63 Parfit, as recalled by Roger Crisp, interview with author.

64 Douglas Kremm, email to author.

65 Richard Jenkyns, email to author.

66 Tim Scanlon, 4 July 1981, Parfit's private papers.

67 Parfit to Marshall Cohen, 24 June 1981.

第 11 章　工作、工作、工作和珍妮特

1 Richard Jenkyns, email to author.

2 Balliol College Historic Collections, Hare Papers, 1a, 3 October 1981.

3 Ibid., 7 October 1981.

4 Dale Jamieson, interview with author.

5 Bernard Williams, as recalled by Galen Strawson in interview with author.

6 Simon Blackburn, email to author.

7 Hanna Pickard, email to author.

8 A. J. Ayer, in his 1973 reference for Parfit, Parfit's private papers.（编者按：弗雷迪是 A.J. 艾耶尔的昵称。）

9 Humaira Erfan-Ahmed, interview with author.

10 越战于 1975 年结束。这句妙语出自音乐学者 Alan Tyson。（编者按：draft 在此有双关的效果，因为它在英语中也有"征兵"的意思。）

11 Parfit (1986), p. viii.

12 Shelly Kagan, interview with author.

13 John Broome, interview with author.

14 Adam Hodgkin, letter to Parfit, 16 August 1983, Parfit's private papers.

15 Jeff McMahan, email to author.

16 Parfit, as recalled by Bill Ewald, interview with author.

17 Parfit (1986), p. 443.

18 Nietzsche(2001), p. 199, §343.

19 Susan Hurley, as recalled by Bill Ewald in interview with author.

20 Parfit (1986), p. 454.

21 OUP employee Angela Blackburn (wife of philosopher Simon Blackburn).

22 Parfit to Angela Blackburn and Adam Hodgkin, 29 October 1983, OUP archives.

23 Paul Seabright in an address delivered at Susan Hurley's funeral, 24 August 2007.

24 Paul Seabright, in a memorial for Susan Hurley, 26 April 2008.

25 Amartya Sen, interview with author.

26 Mill (1977), p. 27.

27 Janet Radcliffe Richards in Edmonds (2014) (b).

28 Janet Radcliffe Richards, interview with author.

29 Janet Radcliffe Richards in Edmonds (2014) (b).

30 这个现象在 20 世纪 80 年代比如今更明显。

31 Janet Radcliffe Richards, email to author.

第 12 章 道德数学

1 Parfit (1986), p. ix.

2 See Hannah Sparks, 'If cats were people, they'd probably be psychopaths, scientists say', *New York Post*, 6 December 2021, available at https://nypost.com/2021/12/06/if-cats-were-people-theyd-be-psychopaths-scientists-say/, ac-

cessed 18 May 2022.

3   Theodora Ooms, relayed to author by email.
4   Parfit's private papers.
5   Ibid.
6   Hobbes (2012), p. 192.
7   Parfit (1986), p. 68.
8   Ibid., p. 70.
9   Ibid., p. 80.
10 Ibid.
11 Parfit (1986), pp. 165–66.
12 Adapted from Parfit (1986), p. 358.
13 Kant (1996), p. 33.
14 Ibid., preface.
15 Jeff McMahan, email to author.
16 更灾难性的是，这位其他人可能就不会购买你手上这本书。
17 Parfit (1986), pp. 361–62.
18 Ibid., p. 367.
19 Ibid., p. 338.
20 McTaggart (1927), pp. 452–53.
21 Ibid., p. 453.

第 13 章　雾与雪中的心灵之眼

1   Larry Temkin, in a talk at Rutgers Philosophy Club.
2   Ibid.
3   Ingmar Persson, interview with author.
4   该栋建筑现名大都会保险公司大厦（MetLife Building）。
5   Edward Mortimer, interview with author.
6   Parfit, quoted in MacFarquhar (2011).
7   Edward Hussey, email to author.
8   Parfit to Jan Narveson, relayed in email to author.
9   Frances Kamm, email to author.
10 Parfit to Angelica and Neil Rudenstine, 3 May 2003, Parfit's private papers.
11 Simon Blackburn, interview with author.

12   Ibid.
13   John Vickers, at Parfit's funeral service, 9 February 2017.
14   Adrian Wooldridge, interview with author.
15   实际上那家牛津的著名书店叫布莱克威尔（Blackwells）书店。
16   Frances Kamm, email to author.
17   温瑟灯以照明先驱弗雷德里克·温瑟（Frederick Winsor）的名字命名。现在温瑟灯通常被称为温莎灯。但如果有人告诉你这些灯与温莎镇有关，那就是在对你进行心理操控。
18   Curl (1977), p. 95.
19   Parfit to John Ashdown, 13 March 1993.
20   Norma Aubertin-Potter, interview with author.
21   这一节的内容很大程度上归功于亚当·泽曼接受我采访时提供的信息。
22   As explained by Jake Nebel, in interview with author.
23   Srinivasan (2017).

第 14 章　荣耀！晋升！

1   Alan Ryan, *The Sunday Times*, 3 June 1984.
2   John Gray, *The Times Higher Educational Supplement*, 18 May 1984.
3   Samuel Scheffler, *The Times Literary Supplement*, 4 May 1984.
4   Roger Scruton, *New Society*, 19 April 1984.
5   Peter Strawson, *The New York Review of Books*, 14 June 1984.
6   John Banville, *The Guardian*, 23 March 2017.
7   Bernard Williams, *London Review of Books*, 7 June 1984.
8   David Wiggins, interview with author.
9   Mary Warnock was appointed a Dame in the 1984 New Year Honours list.
10   Mary Warnock, *The Listener*, 26 April 1984.
11   Shirley Letwin, *The Spectator*, 19 May 1984.
12   Shelly Kagan, interview with author.
13   https://www.amazon.com/Reasons-and-Persons.
14   Parfit (1986), p. 153.
15   See Nozick (1974), pp. 160–64.
16   Parfit to Robert Nozick, 12 May 1983, Parfit's private papers.
17   Ibid.

18 Parfit to John Rawls, 26 March 1984, Papers of John Rawls, 1942–2003, HUM 48, Box 40, Folder 30, Harvard University Archives.
19 Ibid.
20 Ibid.
21 Parfit to Isaiah Berlin, 3 March 1984, Parfit's private papers.
22 Ibid.
23 Williams (1985).
24 Bernard Williams to Parfit, 30 November 1983, Parfit's private papers.
25 Parfit to Isaiah Berlin, 3 March 1984, Parfit's private papers.
26 Ibid.
27 R. M. Hare, 24 April 1984, Parfit's private papers.
28 David Pears, 27 April 1984, Parfit's private papers.
29 Bernard Williams, 1 May 1984, Parfit's private papers.
30 R. M. Hare, 24 April 1984, Parfit's private papers.
31 David Pears, 27 April 1984, Parfit's private papers.
32 Bernard Williams, 1 May 1984, Parfit's private papers.
33 Stuart Hampshire, 14 March 1984, Parfit's private papers.
34 Geoffrey Warnock, 27 March 1984, Parfit's private papers.
35 Ibid.
36 Ibid.
37 Academic Purposes Committee, 14 May 1985, Parfit's private papers.
38 Isaiah Berlin to Bob Silvers, 15 May 1984, in 'Supplementary Letters, 1975–1997', ed. Henry Hardy and Mark Pottle, in Hardy, https://berlin.wolf.ox.ac.uk,accessed 3 December 2021.
39 Edward Hussey, email to author.
40 Isaiah Berlin, in Hardy, https://berlin.wolf.ox.ac.uk (Michael Ignatieff tape, 27/35), accessed 3 December 2021.
41 John Rawls, Papers of John Rawls, 1942–2003, HUM 48, Box 40, Folder 30, Harvard University Archives.
42 John Rawls to Isaiah Berlin, 20 June 1984.
43 Isaiah Berlin, 13 July 1984, Parfit's private papers.
44 Parfit to Robert Nozick, 16 July 1984.
45 Ibid.

第 15 章　蓝调与蓝铃花林

1　Angela Blackburn, interview with author.
2　Ibid.
3　Parfit (1986), p. vii.
4　1987 reprint of Parfit (1986), p. vii.
5　A copy of this affidavit is in Parfit's private papers.
6　Bill Ewald, interview with author.
7　Larry Temkin, in McMahan (forthcoming).
8　This story was relayed to the author by Ingmar Persson.
9　Larry Temkin, in McMahan (forthcoming).
10　Parfit, recalled by Janet Radcliffe Richards in email to author.
11　Janet Radcliffe Richards, in McMahan (forthcoming).
12　Parfit (1998 [22 January]).
13　Ruth Chang, interview with author.
14　Jerry Cohen to David Edmonds, 1986 or 1987.
15　Parfit, in Jerry Cohen's private papers.
16　Parfit to Jerry Cohen; as told to the author by Jerry's daughter, Miriam.
17　后来他给这部撰写中的处理这些问题的作品取了一个新的书名 *Truth, Evil, and the Sublime*。对于他几本书的计划他经常这么干，有时是把材料在两部计划的书稿之间腾挪。
18　Janet Radcliffe Richards, in McMahan (forthcoming).
19　Quoted by Parfit in his renewed fellowship application, 5 October 1990, Parfit's private papers.

第 16 章　优先性观点

1　The student was Timothy Sommers, who relayed this story in an email.
2　Nagel (1979), p. 124.
3　也许有理由认为，富人的贫困化在某种程度上会让穷人过得更好。但在这里让我们设想，穷人并不会因此过得更好。
4　See Temkin (1983), pp. 231–52.
5　Parfit (1995).

6　Parfit (1991).
7　Parfit (1992).
8　Parfit (1998).
9　Wittgenstein (1974), § 6.44.
10　Parfit (1998 [22 January]).
11　Parfit (1998).
12　See Jim Holt, https://artsbeat.blogs.nytimes.com/2012/07/18/no-small-talk-jim-holt-on-why-the-world-exists/, accessed 9 June 2022.［编者按：帕菲特这篇文章发表十多年后，霍尔特出版了一部几乎同题的、颇为畅销的跨学科科普书《世界为何存在？》(*Why Does the World Exist?*)。］
13　Leonard Pepper, *London Review of Books*, 19 February 1998.
14　或者至少是少一些痛苦。已经有各种各样的论证来解释全能全善的上帝与一些苦难的相容性。例如，有人论证，为了更大的善，有一些痛苦是必要的。也许没有痛苦就不可能有忍耐的美德。
15　Parfit and Cowen (1992).
16　Tyler Cowen, interview with author.
17　Ibid.
18　Parfit and Cowen (1992), pp. 166–67.
19　Quassim Cassam, interview with and email from author.
20　Ibid.
21　Parfit, as recalled by Karin Boxer in interview with author.
22　Paul Snowdon, as recalled by Karin Boxer in interview with author.
23　Quassim Cassam, interview with author.
24　Ibid. The paper, 'Parfit on Persons', was published in *Proceedings of the Aristotelian Society* 93/1 (1993), pp. 17–37.
25　Shelly Kagan, interview with author.
26　Parfit, OUP archive OP2708/1914.9
27　Jamie Mayerfield, email to author.
28　Shelly Kagan, interview with author.
29　Larry Temkin, in McMahan (forthcoming).
30　Kagan (1991).
31　Murphy (2000).
32　Scheffler (1982), pp. v–vi.（编者按："萨姆"是"塞缪尔"的昵称。）
33　https://www.law.ox.ac.uk /content/john-gardner-1965-2019, accessed 18 May

2022.

34　Janet Radcliffe Richards, in McMahan (forthcoming).［编者按：矮胖子（Humpty Dumpty）是一首英语儿歌中的虚构角色。］

第17章　德里卡尼亚

1　Parfit to Sophia Moreau, email to author.
2　Parfit to Anthony Gottlieb, in an email of 28 May 2014.
3　Matt Rohal, email to author.
4　Hermine Wittgenstein, in Rhees (1984), pp. 6–7.
5　The student was Johann Frick.
6　Ben Vilhauer, email to author.
7　Theron Pummer, interview with author.
8　Ruth Chang, interview with author.
9　Sophia Moreau, email to author.
10　Parfit to Sophia Moreau, recalled in interview with author. 这里的老虎指的是普林斯顿的吉祥物。
11　Sophia Moreau, interview with author
12　I.e., 'Derek Antony Parfit'.
13　Parfit, recalled by Bill Child in interview with author.
14　Parfit, email to Jake Nebel, 2 January 2014.
15　Ibid.
16　Bill Child, email to author.
17　Parfit, recalled by Rahul Kumar in interview with author.
18　Hanna Pickard, interview with author.
19　Jeff McMahan, interview with author.
20　Note from Parfit to Gustaf Arrhenius, 29 January 2013.
21　Parfit, as recalled by John Tomasi in email to author.
22　John Tomasi, email to author.
23　Parfit, as recalled by Sophia Moreau in interview with author.（编者按：莫罗当时获得的职位在多伦多大学。）
24　Dale Jamieson, interview with author.（编者按："德里卡尼亚"是对 Derekarnia 的音译，这个词可理解为"德里克的世界"或"德里克的圈子"。）

第 18 章 瑕不掩瑜的康德

1. Dancy (1997), p. viii.
2. 这种诘问的一个版本即游叙弗伦困境，在近 2500 年前由柏拉图提出过。
3. Larry Temkin, quoted in Singer (2017) (a), p. 2.
4. Parfit, speaking at the Oxford Union in June 2015, https://www.youtube.com/watch?v=xTUrwO9-B_I, accessed 18 May 20.
5. Quine (1976), p. 151 (ch. 14, reprinted from *Mind* 62/248 [1953], pp. 433–51).
6. Mackie (1977).
7. Putnam (2004), p. 2.
8. Hume (1978), p. 416.
9. Reproduced in Williams (1981), pp. 101–13.
10. This example is from 'Internal Reasons and the Obscurity of Blame', reproduced in Williams (1995), p. 39.
11. Parfit, as recalled by Larry Temkin in MacFarquhar (2011).
12. Parfit at his Harvard 'Effective Altruism' talk, 21 April 2015.
13. Parfit, as recalled by Shelly Kagan in interview with author.
14. Parfit (2011) (a), p. xli.
15. Krister Bykvist, interview with author.
16. See ch. 12 n. 13 above.
17. Parfit (2011) (a), p. xlv.
18. Ibid., p. xli.
19. Ibid. p. xliv.
20. Kant (1948). The book was first published in 1785.
21. Edmonds (2014) (b).
22. 在阿什莫林博物馆后边，人们给这只小鼠举行了一个庄严的葬礼。
23. Brad Hooker, interview with author.
24. Jonathan Dancy, interview with author.
25. Parfit, recalled by his sister Theodora in interview with author.

第 19 章 攀登山峰

1. Parfit, email to Sam Scheffler.
2. Sam Scheffler, interview with author.

3　Ibid.
4　Parfit, email to Sam Scheffler.
5　Tanner Lectures: https://tannerlectures.berkeley.edu/2002-2003/, accessed 9 June 2022.
6　Ibid.
7　See Parfit (2011) (a), p. 213.
8　Parfit, in email to Sam Scheffler
9　Sam Scheffler, interview with author.
10　指的是克里斯蒂娜·科斯嘉德的作品 *The Sources of Normativity*。（编者按：该书基于科斯嘉德于 1992 年在剑桥大学举办的坦纳讲座。）
11　Parfit, email to Sam Scheffler.
12　Parfit, email to Sam Scheffler.
13　Larry Temkin, in McMahan (forthcoming).
14　Larry Temkin, nomination of Parfit for the 2014 Rolf Schock Prize, 3 January 2013 unpublished).
15　Parfit, as recalled, with slightly different wording, by Jake Ross in interview with author, and Jeff McMahan, email to author.
16　Sam Scheffler, interview with author.
17　Sam Scheffler, email to author.
18　Brad Hooker, interview with author.
19　Shelly Kagan, interview with author.
20　Bob Adams, interview with author.（编者按："鲍勃"是"罗伯特"的昵称。）
21　John Skorupski, interview with author.
22　As recalled by Paul Schofield, tweet to author.
23　Suikkanan and Cottingham (2009).
24　感谢 Andy Wimbush 提醒我这个例子。
25　Johann Frick, interview with author.
26　Mary Clemmey, interview with author. 事情发生在 2001 年，纪念活动的主角是音乐理论家 Alan Tyson，他于 2000 年 11 月去世。
27　Bill Ewald, interview with author.
28　Edward Mortimer, interview with author.
29　Anthony Cheetham, interview with author.
30　Deirdre Wilson, interview with author.
31　Gavin Parfit, email to author.

32　Susan Hurley, email to Parfit, 4 April 2007.

33　As described by Janet Radcliffe Richards, in McMahan (forthcoming).

34　Krister Bykvist, interview with author.

35　Julian Savulescu, interview with author.

36　This is the recollection of Philip Stratton-Lake.

37　Parfit to John Broome, 18 December 2008.

38　Parfit (1986), p. x.

39　Saul Smilansky, email to author.

40　Sidgwick (1981), p. 342.

41　Parfit (2017), p. xiii.

42　Peter Singer, email to author.

43　Adrian Moore, interview with author.

44　Selim Berker, interview with author.

45　Srinivasan (2017).

46　Peter Momtchiloff, email to author.

第 20 章　救生艇、隧道和桥梁

1　Parfit to Peter Momtchiloff, 27 January 2009.

2　Parfit to Louise Sprake, 4 October 2009.

3　Edited by Terry Horgan and Mark Timmons (Oxford University Press, 2006).

4　Parfit to Louise Sprake, 4 October 2009.

5　Jen Rogers (née Lunsford), interview with author.

6　Ibid.

7　Peter Momtchiloff, interview with author.

8　Janet Radcliffe Richards to Peter Momtchiloff, recalled by Momtchiloff in interview with author.

9　Peter Momtchiloff, interview with author.

10　Jen Rogers, interview with author.

11　Parfit (2011) (a), p. xxxiii.

12　Ibid.

13　Parfit (1986), p. 114.

14　Parfit to John Rawls, 19 January 1976, Papers of John Rawls, 1942–2003, HUM 48, Box 40, Folder 30, Harvard University Archives. Parfit correctly gives the reference as 1, 373 in Russell and Russell (1937).

15　Parfit (2011) (a), p. 219.
16　Ibid., p. 222.
17　Ibid., p. 216.
18　Edmonds (2014), p. 169.
19　Scruton (2014), pp. 622–23.
20　Ibid., p. 621.
21　Peter Singer, *The Times Literary Supplement*, 20 May 2011, pp. 3-4.
22　Setiya (2011), p. 1288.
23　John Cottingham, *The Tablet*, 21 April 2012.
24　Philip Kitcher, *The New Republic*, 11 January 2012.
25　Simon Blackburn, *Financial Times*, 6 August 2011.
26　Simon Blackburn; the full version is available at Simon Blackburn's website www2.phil.cam.ac.uk/~swb24/,accessed 9 June 2022.
27　Ibid.
28　Jen Rogers, email to author.

第 21 章　婚姻与披萨

1　Parfit email, as recalled by Theodora Ooms.
2　Theodora Ooms, email to author.
3　Edmonds (2014) (b).
4　Judith Richards, interview with author.
5　Janet Radcliffe Richards, interview with author.
6　Sam Scheffler, interview with author.
7　Parfit, recalled by Janet Radcliffe Richards in interview with author.
8　这篇特稿中有许多（尽管大多是琐碎的）错误。例如报道说帕菲特不会一样乐器，乔安娜出车祸去世时是三十来岁等，都不符合事实。
9　Larry Temkin, interview with author.
10　Parfit (2011) (c).
11　Julian Savulescu, interview with author.
12　Roger Crisp, interview with author.
13　Tim Campbell, interview with author.
14　Wlodek Rabinowicz, interview with author.

15　Edmonds (2014) (b).
16　Ibid.
17　David Killen, 4 July 2014.
18　Edmonds (2014) (b).
19　Parfit to David Edmonds, 22 February 2012.
20　https://www.vox.com/future-perfect/2019/9/26/20874217/the-good-place-series-finale-season-4-moral-philosophy, accessed 18 May 2022.
21　Victor Tadros, email to author.
22　The date was 27 May 2014.
23　Katy Scheffler, as recounted by Sam Scheffler in interview with author.
24　Wlodek Rabinowicz, interview with author.
25　这只长颈鹿被命名为"哲学长颈鹿伊莫金"。
26　Srinivasan (2017)。阿米娅·斯里尼瓦桑后来成了万灵学院的奇切尔社会与政治理论教授。
27　Theron Pummer, interview with author.
28　Quoted in an email from Parfit to Allan Gibbard, 30 May 2013.
29　Ibid.
30　Parfit (2017), p. xii.
31　辛格的思想实验以多种形式呈现过，但它最初出现在 Singer (1972)。我们在第9章提到的弗朗西丝·卡姆的思想实验回应的正是辛格的这个难题。
32　Richard Jenkyns, note to author.
33　Parfit, email to Michelle Hutchinson, executive director of GWWC, 14 July 2011.
34　Smart and Williams (1973).
35　*Isis*, 1 May 1963.

第22章　与生命不相容

1　Larry Temkin, interview with author.
2　Jeff McMahan, interview with author.
3　Larry Temkin, interview with author.
4　Parfit, email to Tim Scanlon, Frances Kamm, and Johann Frick, 3 September 2014.
5　Johann Frick, interview with author.
6　As witnessed and recalled by Johann Frick, in interview with author.

7　Ditto.
8　Parfit, as recalled by Douglas Kremm in email to author.
9　Sharon Street, interview with author.
10　Dale Jamieson, interview with author.
11　Parfit to Julian Savulescu, 25 June 2016.
12　As recalled by Simon Beard in email to author.
13　Recalled by Ingmar Persson in email to author.
14　Patricia Williams, interview with author.
15　Parfit, email to Bill Ruddick.
16　Bill Ruddick, email to Parfit, 27 July 2011.
17　Oates (2011), p. ix.
18　Parfit, as reported, among others, by Paul Linton, in interview with author.
19　Edmonds (2014) (b).
20　Peter Singer, email to author.
21　Parfit, quoted by Jonathan Glover in McMahan (forthcoming).
22　Jonathan Glover, in McMahan (forthcoming).

第23章　帕菲特的冒险

1　The article, 'Future People, the Non-Identity Problem, and Person-Affecting Principles', was published later that year in *Philosophy and Public Affairs* 45/2.
2　Janet Radcliffe Richards, email to author.
3　Peter Railton, at a conference held at Rutgers, 15–16 December 2017, in memory of Derek Parfit, at which philosophical papers were presented.
4　Quoted by G. A. Cohen: Cohen (2011), p. 226.
5　Parfit (2011) (c).
6　https://globalprioritiesinstitute.org/parfit-scholarship/, accessed 18 May 2022.
7　Parfit, email to Jonathan Pugh, 5 May 2012.
8　Larry Temkin, unpublished submission in support of Parfit's Schock Prize, 3 January 2013.
9　Joyce Carol Oates, email to author.
10　Peter Singer, interview with author.
11　See Leslie et al. (2015).
12　Tom Kelly, interview with author.

13　Ruth Chang, at Schock symposium, Stockholm, 21–23 October 2014.
14　Bill Ewald, interview with author.
15　Richard Jenkyns, note to author.
16　Hanna Pickard, interview with author.
17　Ruth Chang, interview with author.
18　Janet Radcliffe Richards, interview with author.
19　Janet Radcliffe Richards, in McMahan (forthcoming).
20　Janet Radcliffe Richards, quoted in Edmonds (2014) (b).
21　Sacks (1997).
22　Janet Radcliffe Richards, interview with author.
23　感谢 Simon Baron-Cohen 和 Jessica Eccles 对这一节内容的帮助。
24　阿斯伯格综合征已从最新的 *Diagnostic and Statistical Manual of Mental Disorders (DSM-5)* 作为一种不相关的失调而被移除，但它仍被世界卫生组织承认。
25　Ruth Chang, interview with author.
26　Quoted in Sacks (1997), p. 234.
27　Quoted in Edmonds (2014) (b).
28　Parfit to Patricia Zander, undated note, probably early 2003.
29　Parfit to Ruth Chang, 2 June 2004.
30　Parfit to Tim Scanlon, 9 June 2007.［编者按：帕菲特此处用的"边缘型"（borderline）本身也指边缘型人格障碍，这是另一种心理障碍。］
31　Galen Strawson, interview with author.
32　Parfit to Ingmar Persson, in McMahan (forthcoming).
33　Simon Baron-Cohen, email to author.
34　Ingmar Persson, email to author.
35　Judith De Witt, interview with author.